THE COLLECTED WORKS OF
TIAN XUEYUAN

5

田雪原

文集

社会科学文献出版社
SOCIAL SCIENCES ACADEMIC PRESS (CHINA)

目　录
CONTENTS

四 人口流动与城市化

五 生态文明与可持续发展

六 人口学研究与学科建设

附　录

导　论

《田雪原文集》（五）选取 2010～2018 年间发表和尚未发表的论文 21 篇，序言、绪论、前言等 7 篇，新闻媒体采访报道 6 篇。全书以论文为主，占篇幅 80% 以上。按本文集所列六个专题，分别概述导读如下。

一　人口转变与人口发展战略

将人口转变与人口发展战略放在同一个专题，是因为人口发展战略具有时间、阶段性质，需要随着时间的推移和形势的变化，不失时机地过渡到下一个阶段。自 20 世纪 80 年代以来，笔者提出和论证了控制人口数量、提高人口素质、调整人口结构相结合"三步走"中国人口发展战略。第一步，在数量控制、素质提升、结构调整协同推进中，侧重人口的数量控制，以数量控制为重点。1991 年总和生育率、妇女净再生产率均下降到更替水平以下，标志着这一步的基本完成。第二步，逐步实现由以数量控制为主向以素质提升以及同素质提升相关的人口结构调整为主转变；同时加大人口与资源、环境、经济、社会相协调的分量，与可持续发展战略相衔接。预计这一步可在 2030 年人口达到零增长时完成。第三步人口零增长以后，由于人口的惯性作用，总体人口将呈现一定程度的减少趋势，再依据届时的经济、社会和资源、环境状况，做出全方位适度人口抉择。收入本专题的 5 篇文章，前两篇《人口转变理论与中国人口转变实践》《论"三步走"人口发展战略》，分析中国人口转变步入低出生、低死亡、低增长阶段，人口发展战略过渡到第二步。对后人口转变做出有一定独立见解的阐发，从中外比较研究中，阐释中国人口转变加速推进的态势和特点，对人口发展战略阶段和人口政策调整的制约。指出，当前走好第二步是关键。走好这一步，对"三步走"战略承上启下、对转变经济发展方式和实现高质量发展、乃至实现两个

100 年奋斗目标，都具有不可替代的意义。论文《中国人口素质步入全面提升新阶段》，论述进入第二步以全面提升人口素质为主旋律，对人口素质"三要素"及其相互关系做出新的界定和概括。定位智能科教素质是核心，体能健康素质是基础，素养文明素质是保障，好比主体与两翼的关系。既要明确智能科教素质核心、支配、主导的地位和作用，也要认识三者相互依存、相互作用、相互影响，是不可分割的整体。给出突出主体、带动两翼全面提升的改革思路。特别是提升智能科教素质改革应试式体制机制是治本之策。指出，恢复高考功不可没，但走到为考试而学习，为职称而科研，跌落到应试式体制机制，不利于人才的培养。倡导"立德树人"教育方针，大力推进教材内容、教导方式改革，朝着培养智能、创新型人才方向改革。科技也要突破职务、团队形式局限，创造有利于发挥科技工作者积极性、创造性的环境，朝着培养创新型人才方向改革。

适应人口转变、践行人口发展战略，要求调整包括人口生育政策在内的相关政策。2009 年笔者在《人民日报》上公开发文，提出应履行 1980 年提倡一对夫妇生育一个孩子时做出的承诺，尽快进行生育政策调整。如今"二孩政策"已全面放开，人口变动形势平稳。2013 年笔者撰著的《适时进行生育政策调整》论文，对我国人口变动形势做出具体分析，除呼吁生育政策调整外，还提出未来"走中国式的'家庭计划'之路"方向。对于同生育政策相关的出生性别比升高，《出生性别比升高治理与生育政策调整》一文做出贴切实际的分析，提出调整生育政策、改善政策环境、强化对非医学胎儿性别鉴定监管等对策建议。

二　人口变动与社会经济发展

集纳《把握人口"后黄金时代"机遇期提速经济转型升级》《新常态经济增长速度之我见》《论人口走低与消费疲软》《"中等收入陷阱"的人口老龄化视角》等论文 5 篇。主要阐述：

其一，对人口"后黄金时代"做出界定。人口"后黄金时代"，是人口"黄金时代"总体的后半段。提出人口"黄金时代"划分的标准为：$(0 \sim 14) + 65^{+} / (15 \sim 64) \leqslant 0.5$。"后黄金时代"是自 15 ~ 64 岁劳动年龄人口占比达到峰值以后至 $(0 \sim 14) + 65^{+} / (15 \sim 64) \geqslant 0.5$ 止的特定时间段。结合我国实际，其时间跨度为 2010 ~ 2030 年。如此，整个"黄金时代"大约 40 年，分割为前后各 20 年左右两个时期。

其二，"后黄金时代"与经济下行变动的关系。对于中国经济步入新常态、增速下行，给出经济发展方式滞后，发展不可持续性增强；盲目扩大产能，以过度投资刺激消费需求乏力；发展方式粗放，质量安全问题凸显；资源短缺瓶颈收紧，生态环境逼近上限；人口盈利、人口红利衰减，劳动成本推高；国际经济不景气，外贸出口受阻等六个方面的原因。就"后黄金时代"人口盈利、人口红利衰减和劳动成本推高而言，作用和影响是明显而深刻的。2010 年劳动年龄人口占比达到峰值，越过峰值经济增长率应声而下，目前 6.7% 的增速还有下行的压力。但是"后黄金时代"尚未结束，衰减的人口盈利、人口红利尚存，经济增速有可能回到并维持中高速—中速正常状态。

其三，"后黄金时代"为经济转型升级提供的机遇。"后黄金时代"人口盈利、人口红利衰减要到 15 年以后才会消失殆尽。因此，经济减速而不失速是一种新常态，为转方式、调结构、提质增效、转型升级创造了有利的环境。劳动年龄人口占比和绝对数量的持续下降，就业压力的持续减轻，为大幅度提高技术装备、提升劳动生产率、走创新驱动和高质量发展道路提供了可能。走以提高劳动生产率为主、内涵发展的路子，也就有了希望。

其四，人口走低与消费疲软。传统消费函数理论认为，消费是利息的函数。J. M. 凯恩斯、S. S. 库兹涅茨、M. 弗里德曼等，更强调消费与收入、人均消费水平和消费偏好的作用。统计数据显示，造成我国消费疲软的主要原因，一是人均收入增长滞后。1979～2013 年，国民收入与国内生产总值年平均增长率均为 9.8%，而城镇居民人均可支配收入增长率却落后 2.4 个百分点，农村居民人均纯收入增长率落后 2.2 个百分点。二是收入分配不公，贫富差距拉大。改革开放以来，衡量收入差距高低的基尼系数持续走高，近 20 年来处于 4.0～5.0 差距较大区间。突出的一点，是占人口总数 10% 的富有者财富高度集中。三是社会保障体制障碍仍在。城乡分割、城市内部企业与事业单位"双二元"养老保险体制机制一直存在，改革刚刚开始；医疗保险体制改革走了不少弯路，医疗人、财、物资源垄断难以打破，形成知名医院看病一号难求局面。还有失业、工伤等保险，也都存在不到位、水平不高问题，严重地限制了消费。针对上述情况，《论人口走低与消费疲软》等，提出全面贯彻实施"三步走"人口发展战略，做好人口生育政策调整，为不断提高消费质量奠定基础；改革现行分配体制，注重一次分配适当向劳动者倾斜，二次分配向公平和缩小差距倾斜；建立健全养老、医疗等社会保障体系和保险制度，解除消费者的后顾之忧等改革思路和建议。

三　人口老龄化与养老体制改革

集纳《人口老龄化与养老保险体制创新》《全面深化养老体制改革》等4篇论文。主要阐发：

其一，提出和论证养老保障体系顶层设计。从中国人口老龄化具有速度比较快、达到的水平比较高、阶段性推进和城乡/地区分布不平衡特点，尤其是从未富先老实际出发，在厘清养老保障、养老保险和养老体系、体制、机制概念基础上，推出养老保障体系顶层设计框架。顶端第一层次，主要由养老社会保险、养老社会福利、养老社会救助三根支柱支撑（医疗保险、商业保险处于养老辅助地位）。养老社会保险是主体，具有中心、主导、辐射性质和功能；养老社会福利和养老社会救助是补充，不过这种补充对于高龄、病、残等更为弱势的老年群体说来，是很有必要和不可或缺的。第二层次为养老社会保险体制运行的家庭户、聚居（公共）、流动三类机制及其相应的养老类型，以保障国家、企业（单位）、家庭、老年人本人不同功能和作用的发挥，主体为家庭户养老。第三层次为支撑家庭户、聚居（公共）、流动三种养老机制的具体形式，主体为支撑家庭户养老的老年户型、父母子女户型、老年复合户型。从发展角度观察，聚居类养老的老年公寓型、老年医护型以及流动类养老的托老所型等，有不断增强的趋势。

其二，破除"双二元结构"养老保险体制改革思路。《全面深化养老体制改革》《中国启动新一轮养老保险改革》等，论证破除城乡之间、城市内部企业与事业单位之间的"双二元体制"，是改革的重点。从实际出发并总结几十年来取得的经验，吸取国际社会传统型、福利型、储金型、混合型、统包型等养老保险类型成功的经验，提出建立"积累补充型"养老保险新体制改革思路。养老金积累主要由两部分组成。一部分为基本养老保险基金，由个人和所在单位（机关事业单位、企业），按照确定的养老金缴纳比例（缴纳额/原工资）按月定期缴纳。基金全部计入个人账户，为退休后领取养老金的唯一凭证。另一部分为补充养老保险基金，由个人、单位自主决定缴纳等级并按规定等级金额定期缴纳。政策上给予优惠，可以实行缴纳养老金部分不缴纳个人所得税，并且保证多缴能够累进式多得。设立补充养老保险基金账户，按照个人、单位缴纳比例合理分配领取份额，形成补充养老保险积累机制。参照过去经验并通过精算，合理确定养老金替代率和缴费年限；完善养老金管理和监督体制机制，确保养老金保值增值。

建立全国统一、公平、可持续的养老保险体制，需从改革现存的城乡养老制度做起。在城市，当务之急是积极稳妥地推进养老金并轨改革，建立积累补充型养老保险新体制。农村养老保险体制改革，要沿着已经启动三年的新型农村养老保险的路子推进下去。目前，"新农保"存在认识和宣传不到位、保险的水平比较低、激励机制缺失和管理不够严格、不够规范等问题，严重地影响到新制度的功效。最突出的是农民选择参保档次过低。2010年20个省区市抽样调查表明，农户选择个人年参保金额以100元以下占比最高，达到70.0%；与此相反，高缴费者占比却很低，起不到对老年农民的保障作用。结果"新农保""全覆盖"实现了，但是覆盖的是薄薄的一层"床单"，难以御寒。原因何在？激励机制缺失，不能吸引农民多缴保费。因此，农村养老保险改革也必须着眼顶层设计，纳入积累补充型养老保险新体制。提出：一要坚持养老基金积累以个人缴费为主，个人所在乡镇政府补贴为辅；二要建立健全相应的激励机制，确保多缴能够累进多得；三要加强管理，确保"新农保"基金保值增值。与城市比较，农村"新农保"管理的一大缺陷是人才缺乏。需要吸引和培训双管齐下，在补充人员同时，提高员工素质。

其三，增进养老服务，发展养老服务产业。《推进国际交流协作提升养老服务质量》等提出，发展养老服务产业既要从中国实际出发，又要吸取国际社会有益的经验。应当看到，在现代养老服务方面我们的差距。发达国家养老服务项目繁多，应有尽有；形式多样，不仅有定点服务场所，更多的则是分片包干，提供上门流动式服务；队伍专业性强，大都受过良好教育和训练，提供规范化、周到细致的服务。基本的经验是政府主导、市场运作。政府通过一系列关于养老金、保险、健康、护理等法律法规，从人、财、物各方面支持养老服务产业持续发展，起到关键的作用。同时，发挥市场在养老产业发展中的作用，养老资源主要通过市场进行有效配置。政府扶持各类养老产业发展，实行必要的政策倾斜。

四 人口流动与人口城市化

本专题选入《以改革推动城市化转型升级》《提高城市化质量重在改革》《警惕"失市"风险推进"兴市"改革》《为"城市化"正名》论文4篇，对城市化理论、中国城市化问题和改革的方向、路径等，做出理论与实际相结合的分析和阐发。主要是：

其一，理论定位：城镇化还是城市化？城市化（urbanization）指居住在城市地区人口比例不断增长的过程。城镇化则是"中国制造"或"中国创造"，提出和广泛传播有着历史的特殊背景，对推动以小城镇为主的城镇化起到过促进作用。然而"城镇化"却不是规范化的概念，将城镇化＝城＋小城镇化，把"市"这个最重的经济基础抽象掉，将城、镇与"市"分离开来、割裂起来，在概念上违背了以"市"为基础的合理内涵；在外延上，也必然失去"市"对城镇规模、地理范畴的自然界定，变成可以由人的主观意志决定的东西。在实践上，将"市"从城镇中抽象掉，变成城归城、镇归镇、市归市，城镇可以不依赖"市"而单独存在和发展，混淆了正常的城市化与人为造城的界限。甚至出现为城镇化而城镇化，先造城镇、后兴市"倒过来"的城镇化。使城镇盲目发展，有些城镇失去"市"的应有支撑，变成人们所说的"空城""鬼城"。

其二，方针：以小为主还是以大为主？长期以来，我国一直奉行积极发展小城镇、适当发展中等城市、严格限制大城市规模的城市化方针。这一方针符合改革开放前期人口多尤其是农村人口多、生产力不发达基本国情。实行"以小为主"的城市化方针，投入少、见效快，有利于农村剩余劳动力向以乡镇企业为主的就业转移，有利于加快人口城市化进程，也促进了农村经济的发展，赢得"小城镇解决了大问题"的赞誉。然而，到了世纪之交前夜，资源消耗高、环境污染重、效率和效益低的矛盾凸显，小城镇的过度发展"成了大问题"。国际城市化发展的历史表明，几乎毫无例外地走出S曲线三阶段模式：第一阶段为S曲线底部，以农村人口向中小城镇转移和集中为主，可称之为乡村城市化阶段；第二阶段为S曲线挺起中部，以乡村和中小城镇人口向大城市、超大城市转移和集中为主，可称之为大城市主导阶段；第三阶段为S曲线顶部，以大城市尤其是超大城市中心区人口向郊区和其他乡村迁移为标志，可称之为逆城市化阶段。这是人口城市化发展的普遍规律。中国城市化经过改革开放前期20年的快速推进，临近20世纪末挺进第二阶段是符合规律的发展，应当不失时机地转入以大为主的发展阶段。

其三，问题：是抓手还是结果？当前城市化问题出在哪里？根本性的一点，是对城市化本质、功能、作用的认识存在问题。笔者以为，现阶段城市化主要存在四个方面的问题。一是城市化速度过快，"有城无市"严重。1987～2015年人口城市化率由17.92%提升到56.10%，年平均提升1.03个百分点，为中国历史上不曾有、国际城市化史上少有。二是土地城市化超前，人口城市化滞后。城市化土地来源和运行的基本模式是：政府出面向具有土地经营使用权的农民征购土地，通过拍卖等方式将土地转卖给开发商，开发商投资建设后再将房地产卖给用户。久而久之，使城市化沾染上圈地色彩，土地城市化超前，人口城市化严重滞后，政府则主导土地财政。三是城市规模盲目扩张，城市功能难以正常发挥。不仅城市规模"摊大饼"式向周边伸展蔓延，而且还向空中伸展蔓延——城市化"大饼"越摊越大、越摊越厚、"垂直城市化热"持续升温。城市化规模虚张，基础设施和城市产业发展滞后，影响到中心、辐射、主导功能的发挥，有些则根本就不具备这样的功能。四是资源瓶颈凸显，环境质量堪忧。以追求速度、规模为主要目标的城市化，往往忽视城市建设成本，习惯性依赖高投入、高消耗外延粗放方式推进，使本来就很稀缺的土地、淡水、能源等自然资源变得更加短缺。环境约束瓶颈收紧，使城市化陷入首尾两头瓶颈约束，交通拥挤，基础设施不配套，空气、水、固体废物、噪声、光照辐射等污染严重起来。

城市化问题的产生有着多方面的原因，充分体现出粗放型经济特征，同政府政策导向密切相关，是将城市化作为经济发展的手段或抓手运用和发展的结果。经济发展形势好，想要好上加好、快上加快，运用这一手段或抓手可以达到目的；经济形势变化、增速下滑，要想抑制下行、挽救颓势、起死回生，更需要运用和发挥这一手段和抓手具有的功能，往往会取得立竿见影的效果。如此，城市化成为调节经济运行得心应手的工具，而不是经济发展、社会进步、人口转变和流动的结果。这就从根本上颠倒了城市化与发展的关系。城市化是什么？从经济学视角观察，是经济发展、三次产业结构改变的结果；从人口学视角观察，是人口迁移和流动，农村人口流向城镇的结果；从社会学视角观察，是科技、文化、交往关系发展和进步的结果。如果本末倒置，必然带来某种程度上的城市化虚张、空心化倾向。

其四，改革：政府还是市场？上述城市化问题，站在生产力立场，也可以说是资源分配不合理造成的。资源配置不合理主要表现为"三个错位"。一是土地资源配置错位。强势政府主宰，对土地的依赖性大，造成土地财政和不断增加的地方债，市场没有起到对资源配置的决定性作用。二是人力资源配置错位。2亿以上农民工流入城镇，在抽样调查中被统计为城镇常住人口，实际上的身份仍为原农村居住地的农业人口。人口管理和户籍制度城乡分割的"二元体制"，影响着人力资源的利用和潜力的发挥。三是财力资源配置错位。改革开放以来，依靠廉价的农村转移劳动力，降低了城市建设的劳动成本；依靠廉价的土地资源出让，降低了土地成本。二者组合到一起，成就了快速推进的城镇化。政府还以土地为担保进行财政贷款，地方债在很大程度上由房地产而生、而增，使财力资源配置错位越陷越深。

这"三个错位"，有理论和认识方面的原因，根本还在体制机制上，出路也在体制机制改革上。核心是通过改革，实现城市化过程中政府和市场功能与角色的回归。政府功能与角色回归，一要转变观念，转变把城市化作为拉动经济增长及挽救GDP下滑的手段和工具观念。将立足点转变到以统筹城乡发展、提高城乡人民福祉为宗旨上来。二要转变角色，政府从亲力亲为的"演员"角色，转变到发展战略、规划、政策、标准等的制定和实施，监管市场活动，提供各类公共服务的"导演"角色上来。三要从不当的审批、交易等旧的规定和制度中退出，强化城市化各种法律法规和政策，依法行政。

市场功能和角色回归，要明确城市化个人、组织等的法人资格和地位，成为真正的独立法人代表。明确农村土地承包人应当享有的合法权利，鼓励承包经营者发展多种形式的规模经营。城市化资源配置由市场决定，土地、劳动力价值回归有了基础，扭转过低的土地、劳动力价格和过高的房产价格也就有了可能，农民、开发商、购房者和国家利益分配不合理现状，也就可以得到相应的调整。

五 生态文明与可持续发展

本专题选取《生态文明：人类控制系统PK自然控制系统》《走现代文明发展之路》《论人口与可持续发展》3篇论文。立足人类400多万年发展的历史，以人类为一方、人类之外为另一方的时空观观察，生态文明演变就是人类控制系统与自然控制系统博弈的结果。由此阐发了生态文明运动的轨迹，生态文明与人类进步的阶段性相呼应、相对称的发展史。经济时代的划分不是依据生产什么，而是按照怎样生产、使用什么样的工具进行生产来衡量。粗略划分的三大工具时代，对应不同的文明。

手工工具时代对应原始文明和农业文明。对原始社会无文明提出质疑，虽然看起来原始文明十分简单，但可能是人类文明中最难取得、最具影响力的文明。农业文明距今已有五千年历史，生产工具有很大改进，可以"铁犁牛耕水灌溉"为典型。放到人类控制系统 PK 自然控制系统天平上衡量，自然控制系统居于主导地位，人类控制系统受制于自然控制系统。

机器工具时代对应工业文明。18 世纪中叶产业革命发生后，蒸汽磨取代手推磨、纺纱机取代手摇纺车，劳动生产率获得巨大提升，人类在自然界面前头一次以强有力的对手面目出现，自然控制系统不断被冲破，人类控制系统表现出强有力的征服力。然而在这种巨大征服力背后，是自然控制系统以同样的手段报复人类，气候变得恶劣，水旱灾害频发，水、土、大气污染日益严重，生态文明遭到空前的摧残。实践证明，"战胜自然"是不可能也是不应该、错误的。

智能工具时期对应现代生态文明。第二次世界大战后，以微电子技术为前导的新技术革命风起云涌、一日千里。人们从机器工业时代生态文明惨遭破坏中吸取教训，探索建立一个使人类控制系统与自然控制系统相协调、相统一的大系统。这个大系统，就是现代生态文明系统。现代科学技术日新月异地进步，提供了这样的手段。人造气象卫星，可以提供准确的灾害预报、揭示大气运动的规律；潜水、声呐等技术的发展，可以潜入海洋深层探测那里的千古之谜；而基因工程、克隆技术等的新突破，则可以揭开人类生命的奥秘……为人类控制系统适应、融入自然控制系统提供了可能，从而创造出新的现代生态文明。现代生态文明怎样实现？归根结底就是一句话，实施人口、资源、环境、经济、社会可持续发展战略，走可持续发展之路。

六　人口学研究与学科建设

本专题分为两部分：前一部分包括为《人口学研究与学科建设》《人口老龄化与中等收入陷阱》《大国之路——21 世纪中国人口与发展宏观》等论著所作的序言、绪论、评介等 7 篇，从宏观上阐述人口与发展，特别是 21 世纪人口与经济、社会发展的关系，以及存在的主要问题，谋求解决的方略和具体建议。后一部分选入《国家社科基金：人口学研究的坚强后盾》《大国决策：提倡一对夫妇生育一个孩子始末》《养老事业发展需要民营资本参与》等相关媒体报道6篇，力求概括性地回答《光明日报》《21世纪经济报道》《华商报》等记者提出的问题，阐发相关专题的观点、主张、评论和建议。通过这些采访报道，展露媒体社会反映之冰山一角。

之所以在本文集（五）前端放此"导论"，一是对相关专题最主要的观点、主张做出阐释，说明尽管文集类体例每一篇文章都是独立的，但是放在同一个专题内，彼此之间也有着一定的联系，可以起到某种拾遗补缺、加深印象功效。二是可以起到导读的作用，方便读者随意抽选阅读，不致浪费别人的时间。有句名言说得好：生命是时间的延续。浪费别人的时间无异于缩短人家的生命。我们自当多做一点儿节约时间、延长他人生命的事情。

（撰于2018年8月1日）

一　人口转变与人口发展战略

人口转变理论与中国人口转变实践

人口（population）作为总体，生活在特定的自然和社会环境之中，形成不同历史阶段出生、死亡、自然增长带有规律性的变动。人口学对其进行总结和概括，产生比较成熟的人口转变理论（theory of population transformation）。不过这一理论是不断发展的，随着实践的发展而发展，因而需要对新条件下人口转变的态势和特点做出研究和阐发，为人口战略、策略和政策的制定提供依据和导向。

传统人口转变理论

1. 产生和形成的过程

18 世纪中叶产业革命发生后，科技进步不断给经济发展注入活力，劳动生产率获得前所未曾有过的提升，工农业产品产量迅速增加，导致出生率上升、死亡率下降、自然增长率不断创出新高走势，人口神话般地增长起来。进入 19 世纪后情况开始发生变化，法国率先打破人口高增长的局面。1801～1810 年法国人口出生率为 32.0‰、死亡率为 27.8‰、增长率为 4.2‰；到 1891～1900 年出生率下降到 22.1‰、死亡率下降到 21.4‰、增长率下降到 0.7‰，进入很低的增长状态。[①] 英、德等西欧一些国家紧随其后，虽然出生率、增长率没有达到法国那样低的程度，但是均出现明显下降，人口转变波及西欧工业化水平较高国家。法国社会人口学家杜蒙特（A. Dumont）注意到这种情况，企图用"社会毛细管说"解释。他认为，人的生育行为与向上发展欲望成反比，类似毛细管虹吸现象：向上发展力量越强，生育欲望下降越明显，人口增长率下降越是不可避免。以马歇尔（A. Marshall）为代

---

① 参见 John R. Weeks，*Population—An Introduction to Concepts and Issues*，San Diego State University Updated Fifth Edition，上海译文出版社中译本，1975 年版，第 210 页表 10－2。

表的新古典经济学派，侧重于微观经济行为分析，引进边际效用理论，对人口转变研究做出另辟蹊径的解读。不过他们的研究还是初步的，没有对人口转变的成因、表象和特征做出进一步的探讨。能够做出进一步探讨的，当属法国人口学家兰德里（A. Landry）。他在《人口的三种理论》一文中，提出和论证了人口变动和发展的三个阶段，即初始阶段、中期阶段、现代阶段，并给出相应的理论解释。其后在《人口革命》一书中，将人口变动"三阶段"同经济、社会发展联系起来，论证"三阶段"是经济、社会发展的一种必然的过程，告诫人们不要忘记雅典和罗马因为人口减少而衰败的教训，认识不同发展阶段可能带来的问题。与此同时，美国社会人口学家 W. 汤普森（W. S. Thompson），比较不同经济和社会发展地区的人口状况，将其归结为三个不同的人口发展阶段，与兰德里的"三阶段"论可谓异曲同工，已经具备初创时期的人口转变理论特色。第二次世界大战结束后，美国人口学家诺特斯坦（F. W. Notestein）集前人研究成果之大成，创立了比较全面系统的人口转变理论，在人口转变的前提、基础、形式、内容、结果等方面做出比较完整的阐发。

上述情况表明，人口转变理论是逐步形成、逐渐走向完善的。尽管诺特斯坦集前人研究之大成，一般也将他的论述作为人口转变理论的代表；但是人口转变理论和其他事物一样，是不断发展着的，需要加以补充和完善，是一个在实践推动下发展着的概念和理论。可以概括为：人口转变理论是对人口自然变动本质的一种理论抽象，主要阐释出生率、死亡率、增长率规律性变动的基础、图像、特征、结果和影响。包括两层涵义：

一是对人口自然变动本质的理论抽象。人口自然变动，指由出生、死亡、迁移三因素造成的人口规模和数量变动。出生使人口规模和数量增大，死亡使人口规模和数量减少，迁移分为迁入——从而造成人口规模和数量增大；迁出——从而造成人口规模和数量减少。然而人口原本即为总体之义，后演变为不加注明即专指人口总体而言。人口不是单独的个人存在，每个人的行为受到经济、社会、观念、家庭等的制约，出生、死亡、迁移概莫能外。以出生为例，前提是受孕，受孕的前提是男女之间的两性关系，由此牵涉到婚姻、家庭、生育观念，以及每个家庭在社会经济中所处的地位等。随着生产力的不断增进和人的智力的不断提升，生育旋即从单纯的生物行为中分离出来，在越来越大的程度上将个人行为置于家庭和社会行为之中。人口转变理论透过生育现象，揭示出生育率变动中人口、经济、科技、社会等各种因素，揭示出生育率带有规律性变动的内涵。人口转变理论旨在通过对出生、死亡、增长带有规律性变动的研究，阐发人口怎样与不同社会经济发展阶段相适应，从中找出可以驾驭的规律。

二是对影响人口转变的相关要素做出科学阐释。这是人口转变理论的主要内容，重点是对作用于人口出生率、死亡率、增长率转变的基础、图像、特征、结果和影响，做出符合客观发展规律的科学分析和概括。虽然在人口转变形成之前，关于出生、死亡、自然增长等的研究已经存在，并且取得相当数量的研究成果；但是将三者放在一起探寻变动和发展的规律，取得的成果是有限的。正因为这样，人口转变理论才能作为独立的人口学理论存在和发展起来。

2. 基本的理论观点

人口转变理论的产生和发展，既有人口再生产发生根本性改变的原因，也有产业革命经过一个世纪左右的发展，社会经济发生新变动的背景。进入19世纪，法、英、德等西欧一些国家，死亡率、出生率出现长期持续的下降，人口转变理论正是对"三率"带有规律变动的合理抽象。什么是合理抽象的理论？是对实践中带有规律性的现象，做出符合事物本质的概括和总结，是来源于实践并且应用于实践、被实践检验是正确的理论。人口转变理论之所以具有生命力，为不同学派所公认，要义源于对实践的科学抽象和合理概括，又被诸多实践证明是正确的。基本的观点是：

其一，人口再生产类型的转变。提到人口转变，不能不涉及人口再生产类型的转变，二者既有联系又有区别。都以人口出生、死亡、自然增长变动为基础，将人口再生产按照一定的标准区分为不同的类型。一般区分为高出生、高死亡、低增长类型，高出生、低死亡、高增长类型，低出生、低死亡、低增长类型三种。人口转变，旨在探索不同类型之间的转换，包括转换的原因、图像、特征、结果和影响等，涉及人口、经济、科技、社会诸多范畴。三种或多种人口再生产类型被看作人口转变的三个或多个平台，研究从一个平台转变到另一个平台的规律性变动，找出影响的决定性因素。从这样的视角观察，人口转变图像要更全面、更广泛一些，人口再生产三种类型也可包含在其中，成为转换的三个阶段性平台。参见图1。

图1显示，X轴1~3为人口再生产高、高、低类型区，3~6为扩展区，6~9为收缩区，9~11为低、低、低类型区。1~3区和9~11区，表现为简单人口再生产类型特有的特征，只是1~3以人口高出生、高死亡、低增长

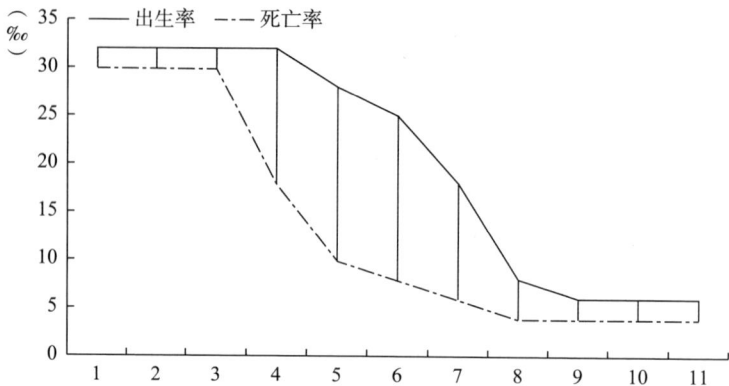

图1 人口再生产三种类型与人口转变示意

为基本特征；9～11以人口低出生、低死亡、低增长为基本特征。3～9区间人口转变最为活跃，出生率、死亡率、增长率均发生剧烈变动，总体上表现为高、高、低——高、低、高——低、低、低转变过程，只是3～6为人口增量转变区间，6～9为人口缩量转变区间，最终完成向低、低、低类型的转变。

其二，人口转变的基本特征。在人口转变阶段性背后，潜藏着经济、人口、科技、社会等的多种因素变动，人口转变是多种因素交叉、综合作用的结果。其图像和基本的特征，表现为：

第一，人口转变从死亡率下降开始。图1与X轴3对应的图像部分，为死亡率曲线开始下降的起点，一直下降至与X轴8对应的图像部分。任何一个数量足够多的人口群体，进入人口转变必然从死亡率下降开始。这是因为，总体人口死亡率下降是生产力发展和劳动生产率提高，从而使人口再生产对食物的需求得以满足；科学技术特别是医学技术进步取得较大突破，从而降低了某些疾病的致死率等所致。科学技术和人的智能总是不断发展的，因而劳动生产率和医学等的技术进步是不断前行和不可逆的，因而死亡率的下降也是带有持续性质的。

第二，关键的转变。在第一种向第二种、第二种向第三种人口再生产类型转变过程中，发生人口增长率由增到减不同方向的转变，这是人口转变全局最重要的转变。由于不同国家和地域人口年龄结构不尽相同，这个转变拐点出现的时间可能很不相同；但是应在生育率下降到更替水平以下至劳动年龄人口占比上升到峰值之前，大致是可以肯定的。如图1 X轴6对应的区域。人口转变到此位置，说明传统人口转变已接近完成，需要高度重视人口转变这个节点出现的时间。因为越过此点，人口再生产即开始向"三低"类型转变。

第三，出生率下降到"三低"类型以后继续下降的惯性比较强。对此，可以在许多出生率接近死亡率国家或地区找到佐证。然而近年来发现，"三低"类型也并非不可救药、一成不变，北欧和西欧某些国家出现少许出生率和增长率回升，就是值得关注的例证。目前，对此下任何结论都为时过早，需要等待和观察，由实践做出最终的结论。

第四，人口转变的结果。人口转变的结果，走向"三低"人口再生产类型。较早完成转变的西欧、北欧、日本等国是典型，正在转变的一些国家亦可证明。然而如前所述，是否出生率、增长率降下去以后便一去不复返了，还有待观察和实践检验，不能就此下结论。不管怎样，总体人口、劳动年龄人口增速放缓，甚至走到或接近零增长，是有可能并且已有先例的。

第五，人口转变的影响。人口转变遵循"高、高、低——高、低、高——低、低、低"变动规律，为达到一定数量人口群体的变动规范出转变的轨迹，从而为制定相应的政策提供科学依据，彰显其实证研究的价值。对于经济发展而言，不仅揭示出总体人口的数量变动，为社会再生产提供相应的数据支持；而且提供了每个阶段人口变动的基本特征，制约和影响着经济发展的速度和结构。特别是由高、低、高向低、低、低转变，普遍出现劳动年龄人口占比上升、老少被抚养人口之和占比下降，有利于经济发展的人口年龄结构变动的"黄金时代"，提供相应的人口盈利、人口红利，成为促进经济发展的决定性要素之一。而越过峰值之后，则出现劳动年龄人口占比下降、老少被抚养人口之和占比上升的人口亏损、人口负债期，不利于经济发展的因素呈增强趋势，在颇大的程度上制约着经济增长的速度和节奏。而老龄化的推进和逐步加深，虽然有利和不利的因素同时存在，不过从总体上观察，前期有利因素要多一些，后期不利因素更多一些，而且随着老龄化的加深呈不断加剧态势。因此，需要在老龄化严重阶段到来之前，未雨绸缪地做好应对老龄化挑战的各种准备，尤其需要建立覆盖全社会、公平、可持续的养老保障体系，积累必要的养老保险基金，则成为共同的遵循。

后人口转变理论

自从后工业化提出以来，在原来词语、命题、概念前面加上一个"后"

字，以赋予新的涵义，显得颇为时髦并很快流行开来，诸如后城市化、后现代化、后金融危机时代等。还有将"后"字加到后面的，像 80 后、90 后、博士后一类。"后人口转变"同其他"后"字加到前面的新词语类似，是相对原来已有的命题、概念而提出并赋予新的涵义的。因此，要弄清带"后"字新词语、新概念，首先要清楚不带"后"字原词语、原概念的内涵和外延，将不带与带有"后"字的词语、概念联系起来、区别开来进行考量。其实上述不带"后"字、一般或传统意义上的人口转变，本身便留有一个缺口：转变到"三低"阶段以后，转变是停止还是要继续进行下去，继续进行下去又转变到何方？对此，美国人口学家 H. 莱宾斯坦（Harvey Lebenstein）提出：在完成城市工业社会转变和实现现代化的阶段，出生率和死亡率都降到很低的水平，死亡率保持稳定的低水平，出生率略有波动但趋于世代更替水平，人口增长率可能下降到很低水平，甚至下降到零以下。这就突破了一般人口转变三阶段、三类型模型束缚。另有人口社会转变论者提出仅从经济因素考量人口转变是不够的，还必须纳入社会学视野；也有学者对死亡率率先下降提出质疑，认为出生率与死亡率可能同时下降，甚至有的出生率下降先于死亡率下降。其中尤为值得提出的是布莱克（C. P. Blacker）、柯尔（A. Coale）和胡佛（E. M. Hoover），他们的论证有些已超出传统人口转变范畴，触角已经伸到后人口转变边缘。

1947 年英国人口学家 C. P. 布莱克发表《人口增长的阶段》一文，将人口转变分为五个阶段：

①高位静止阶段。出生率和死亡率在很高的水平上实现均衡，人口增长处于静止状态。

②早期扩张阶段。死亡率率先出现下降，与出生率之间的差距逐渐加大，由此造成人口的加速增长。

③后早期扩张阶段。死亡率继续下降并达到较低水平，出生率也开始下降，二者之间的差距扩大到最大值，人口增长率最高；出生率进一步下降，则导致增长率开始下降。

④低位静止阶段。死亡率和出生率先后下降到低水平并达到新的均衡，只是二者是在低水平基础上的均衡，不同于高位静止阶段的均衡。

⑤减退阶段。下降的出生率具有一定的惯性，下降至与死亡率相等时仍有一定的下降空间，出现人口向着负增长方向的转变。

美国人口学家 A. 柯尔于 1973 年发表《人口转变理论再思考》，也将人口转变分为5个阶段，不过每个阶段的含义与布莱克的不尽相同。柯尔给出每个阶段人口出生率、死亡率、自然增长率的量化指标。参见表1：

表1 柯尔人口转变五阶段指标划分

单位：‰

指标	原始静止阶段	前现代阶段	转变阶段	现代阶段	现代静止阶段
出生率	5.0	4.37	4.57	2.04	1.29
死亡率	5.0	3.37	1.57	1.04	1.29
自然增长率	0.0	1.0	3.0	1.00	0.0

勿需多加说明，柯尔的划分标准并非金科玉律，不一定那么科学和好用；重要的一点在于，他提出量化指标表明，人口转变是"三率"不断变动的过程，5个阶段是可以度量和计量的。而布莱克则明确提出和论证人口转变最后进入减退阶段，留下人口负增长继续转变的空间。

我国生育率进入低水平之后，"后人口转变"讨论异常活跃。经查阅相关文献资料，罗淳最早提出和阐述了"后人口转变"，并且认为是他学术生涯中"最为耀眼"的一笔。[①] 1992年《人口》杂志发表朱国宏文章《苏南模式：后人口转变时期》。文章标题即含"后人口转变"字样，内容着重"后人口转变"的人口学分析。进入21世纪以来，有关"后人口转变"研究的文章增多，并有质疑的文章发表。综合起来，"后人口转变"相对传统人口转变、人口学一般意义上的人口转变而言，是在完成了传统人口转变之后新的人口转变。其标志是生育率下降到更替水平以下，人口再生产步入"三低"类型以后的人口转变。显然，"后人口转变"亦可分为前后两个不同的时期。因为总体人口生育率下降到更替水平以下和进入"三低"类型以后，可能有三种不同的变动趋势或转变：震荡、反复、单鞭下跌式。如果是有升有降的横向震荡，要经过比较长的时间，方能达到或接近人口的零增长，因而需要经过较长时间的过渡期；如果是触底反弹，不管是政策原因还是其他什么原因，生育率重新回到更替水平以上，人口零增长一天的到来将变得十分遥远，需要从传统人口转变走出来并重新过渡到"后人口转变"；如果是单鞭下跌式转变，就会缩短人口达到或接近零增长的进程，提前过渡到"后人口转变"后期。一般情况下，震荡并伴随

---

① 参见 http//blog. 163. com/keke 1987. 06. 09。

单鞭下跌式转变居多；然而不论哪种情况，都应当注意到"后人口转变"前期一定程度的波动性质。这个波动要多长时间？笔者认为，至少需要一个人口再生产周期的时间，即25年左右。因为进入"三低"类型以后，经过一个人口再生产周期，即处于更替水平以下新出生的人口成长到进入婚育年龄并将陆续通过生育旺盛期，"后人口转变"便有了延续下去的坚实基础，就可以顺理成章地过渡到人口的零增长，以及零增长以后一定程度负增长的转变。

中国人口转变实践

按照上面的界定，中国在20世纪90年代初期总和生育率、净再生产率均下降到更替水平以下，进入"后人口转变"时代。"后人口转变"建立在传统人口转变基础之上，是传统人口转变的继续和延伸。因此，有必要对新中国成立以来的人口转变，做出概要的描述和分析。

1. 曲折的人口转变历程

在讨论具体的"后人口转变"之前，有必要明确人口再生产类型的区分，结合我国实际给出划分的合理区间。前面柯尔提出的标准，同目前实际相距远了一些，那样高的出生率和增长率同当代人口变动实际有较大距离。应从实际出发，在进行横向和竖向比较以后，找到区分不同类型的合适标识。众所周知，出生率、死亡率、自然增长率均是粗率，受年龄结构影响大，要比较应该先进行年龄结构标准化。不进行标准化而将粗率直接拿来进行比较，可能造成一定误差和误判。但也不能因此就否定粗率的意义，粗一些的衡量指标还有一定的参考价值。从中国实际情况出发，笔者提出：高、高、低类型，以出生率30.0‰以上、死亡率20.0‰以上、自然增长率10.0‰以下衡量，是比较适当的；高、低、高类型，以出生率在20.0‰以上、死亡率在10.0‰以下、自然增长率在10.0‰以上衡量，是比较适当的；低、低、低类型，以出生率在20.0‰以下、死亡率在10.0‰以下、自然增长率在10.0‰以下衡量，是比较适当的。需要指出，这样的衡量并不是严格意义上的界定，而是就65年来中国人口变动而言，阶段划分的几个分区界限。还要注意，这样的划分具体到一定的历史时期"三率"的表现并不完全相符。如有些年份出生率在30.0‰以上，死亡率却下降到20.0‰甚至10.0‰以下，表明人口再生产类型正在由高、高、低向着高、低、高类型转变，抑或已经步入高、低、高类型。实际的人口转变区分，在进入高、低、高类型以后，以总和生育率（TFR）、净再生产率（NRR）指标为准，可能更为准确、快捷、方便。即 TFR ≥ 2.1 或 NRR ≥ 1.0，为高、高、低或高、低、高阶段；TFR ≤ 2.1 或 NRR ≤ 1.0，为低、低、低阶段，长期持续下去将出现人口零增长、负增长。人口转变是一个缓慢的、渐进的过程，一般不具有可逆性质。因此，把握转变的节点和标识，是十分必要和有实际应用价值的。

中国是世界文明古国之一，创造出早期先进发达的农业文明。以男耕女织、手工工具和工匠技巧为基础的农业生产，需要源源不断的劳动力供给做支撑。家庭是人口再生产的基本单位，农业社会生产孩子的成本很低，边际孩子成本还呈现下降趋势。而孩子给家庭父母带来的劳动经济效益、养老保险效益、安全保卫效益、精神享乐效益等却比较高。孩子成本—效益自然形成的这种倾斜，造就了多子多福、多生多育的生育观、生育文化和人口文化。而国家在人口政策，抑或与人口相关的土地、赋税政策中，往往实行有利于生育的政策，营造出鼓励生育和人口增长的外部环境。在这种情况下，人口出生率很高，一般估计在 30.0‰ ~ 40.0‰。但是由于死亡率也很高，自然增长率却比较低。多子多福、多生多育生育观念根深蒂固，高出生率成为维系人口再生产的核心和纽带。

与高出生率相伴的是高死亡率。一方面，受手工工具农业劳动生产率低下限制，生产力发展水平低，人口再生产需求的满足受到限制，人口健康素质不高；另一方面，受封建地主阶级统治剥削，广大农民只能落得个养家糊口境地，挣扎在饥饿与温饱边缘线上，经受不起疾病特别是传染性疾病侵扰，也经受不住水旱等自然灾害袭击，人口死亡率居高不下。到了近代，由于帝国主义列强侵略，战乱、疫病、饥荒不断，人民流离失所，生活苦不堪言，人口死亡率处于 30.0‰ 以上的高水平，人口再生产具有高出生、高死亡、低增长显著特点。1945 年日本侵略者投降，这是近百年来中国人民反抗外国侵略者取得的首次全面胜利，结束了长期战乱、飘忽不定的生活，得到一定的喘息机会。尽管国内战争并未终止，但是毕竟属于国内的战争，与反抗外来侵略战争性质不同。反映到人口再生产上，人口死亡率有所下降，增长率有所回升。到 1949 年中华人民共和国成立，人口出生率为 36.0‰、死亡率为 20.0‰、自然增长率为 16.0‰，表明人口再生产已由高、高、低向高、低、高转变，已经到达高、低、高边缘。1952 年出生率微升至

37.0‰，死亡率下降到 17.0‰，自然增长率上升到 20.0‰，标志着人口再生产正式挺进到高、低、高类型。

由于中国特有的政治、经济、社会制度及其体制机制，尤其是 1958 年"大跃进"后三年国民经济困难时期影响，1958～1961 年出现了低出生率、高死亡率、低增长率人口再生产的畸形。这几年，出生率下降到 30.0‰以下，1961 年更下降到 18.0‰超低水平；死亡率上升到 12.0‰以上，1960 年更上升到 25.4‰超高水平；自然增长率下降到 17.2‰以下，1960 年更下降到 -4.6‰，出现自 1949 年以来唯一的一次负增长超级低水平。显然，这是超越正常人口再生产规律的一种畸形，是社会经济发展发生意外在人口再生产上的一种折射。这种意外畸形一旦结束，出生率和增长率便出现带有补偿性的增长，死亡率则呈现加速下降趋势。1962 年出生率重新上升到前期峰值水平，1963 年则创出 43.4‰新高，成为新中国成立 65 年来的最高年份。自然增长率也创出 33.3‰新高，使该年成为新中国人口增长陡然突起的"珠穆朗玛峰"。因此，考察新中国人口转变历史，1958～1961 年出现的畸形当属特例，只有将其剔除在外，才能更清楚地考量带有规律性的人口转变。

除去这一特殊阶段，1962～1971 年出生率保持在 30.0‰以上，1971～1990 年保持在 20.0‰以上；死亡率在 1964 年以前一直保持在 10.0‰以上，其后则迅速下降并长期保持在 7.5‰～6.2‰低水平；自然增长率 1962～1973 年保持在 20.0‰以上，1974～1997 年保持在 20.0‰～10.0‰，1998 年以后则一路下行，2009 年以来下降到 5.0‰以下。如此，出生率、死亡率、自然增长率变动的速率并不完全同步，如以自然增长率为主划线，高、低、高又可分为前后两个阶段。前期指 1962～1973 年，人口年平均增长率为 26.0‰，为新中国成立以来持续时间最长、增长率最高的一次生育高潮，属于典型的高、低、高人口再生产类型。后期指 1974 年以后，增长率下降到 20.0‰以下，至 1998 年下降到 10.0‰以下，2005 年下降到 5.0‰以下，近两年略有回升。如此，高、低、高人口转变后期当在 1998 年结束。但是出生率早在 1991 年便下降到 19.68‰，与同年人口增长率 12.98‰不相匹配，哪一年更接近人口转变实际？前已论及，关键是生育率水平，高、低、高人口再生产类型的终结要以 TFR≤2.1、NRR≤1.0 为准。1991 年总和生育率下降到 1.98，妇女净再生产率也下降到 1.0 以下，标志着已经进入低、低、低人口再生产类型，传统人口转变的结束和步入

"后人口转变"阶段。参见表2：[①]

表2　1949～2017年人口自然变动情况

单位：‰

年份	出生率	死亡率	自然增长率
1949	36.00	20.00	16.00
1950	37.00	18.00	19.00
1951	37.80	17.80	20.00
1952	37.00	17.00	20.00
1953	37.00	14.00	23.00
1958	29.22	11.98	17.24
1959	24.78	14.59	10.19
1960	20.86	25.43	-4.57
1961	18.02	14.24	3.78
1962	37.01	10.02	26.99
1963	43.37	10.04	33.33
1964	39.14	11.50	27.64
1965	37.88	9.50	28.38
1966	35.05	8.83	26.22
1967	33.96	8.43	25.53
1968	35.59	8.21	27.38
1969	34.11	8.03	26.08
1970	33.43	7.69	25.83
1971	30.65	7.65	23.33
1972	29.77	7.61	22.16
1973	27.93	7.04	20.89
1974	24.82	7.34	17.48
1975	23.01	7.32	15.69

---

① 《中国统计年鉴1986》，第92页；《中国统计年鉴2014》，第26页；国家统计局编《中华人民共和国2014年国民经济和社会发展统计公报》，参见《当代中国人口》2015年NO.2，第19～35页；国家统计局编《中华人民共和国2015年国民经济和社会发展统计公报》；中国产业信息网，2018年1月19日。

年份	出生率	死亡率	自然增长率
1976	19.91	7.25	12.66
1977	18.93	6.87	12.06
1978	18.25	6.25	12.00
1979	17.82	6.21	11.61
1980	18.21	6.34	11.87
1981	20.91	6.36	14.55
1982	22.28	6.60	15.68
1983	20.19	6.90	13.29
1984	19.90	6.82	13.08
1985	21.04	6.78	14.26
1986	22.43	6.86	15.57
1987	23.33	6.72	16.61
1988	22.37	6.64	15.73
1989	21.58	6.54	15.04
1990	21.06	6.87	14.39
1991	19.68	6.70	12.98
1992	18.24	6.64	11.60
1993	18.09	6.64	11.45
1994	17.70	6.49	11.21
1995	17.12	6.57	10.55
1996	16.98	6.56	10.42
1997	16.57	6.51	10.06
1998	15.64	6.50	9.14
1999	14.64	6.46	8.18
2000	14.03	6.45	7.58
2001	13.38	6.43	6.95
2002	12.86	6.41	6.45
2003	12.41	6.40	6.01
2004	12.29	6.42	5.87
2005	12.40	6.51	5.89
2006	12.09	6.81	5.28
2007	12.10	6.93	5.17

年份	出生率	死亡率	自然增长率
2008	12.14	7.06	5.08
2009	11.95	7.08	4.87
2010	11.98	7.11	4.79
2011	11.93	7.14	4.79
2012	12.10	7.15	4.95
2013	12.08	7.16	4.92
2014	12.37	7.16	5.21
2015	12.07	7.11	4.96
2016	12.95	7.09	5.86
2017	12.43	7.11	5.52

表2表明，新中国人口转变也由死亡率下降开始，然后是出生率下降，人口增长率呈先升后降趋势。这符合高、高、低——高、低、高——低、低、低一般转变规律。唯一的特例，是1958~1961年出现的低、高、低人口转变畸形。这个人口转变畸形打破正常人口转变规律，不仅造成其间4年出现人口"三率"的畸形变动，而且对后来人口转变产生一定的影响。走出这个畸形之后，立即迎来出生率报复性反弹，1963年创造出生率、增长率最高纪录。由此形成的人口增长惯性，带来1962~1973年最大的一次生育高潮。这部分庞大人口组群在人口年龄结构金字塔中显得格外抢眼，随着时间推移而不断上移，走到哪里便将最突出的人口问题带到那里。

2. "后人口转变"特征

结合我国出生率、死亡率、自然增长率变动，以1991年生育率下降到更替水平以下为标志跨进"后人口转变"时代。"后人口转变"依然要继续转变，到目前已经在转变路上走过将近27年，表现出与传统人口转变不尽相同的某些特征。

从出生率变动情况看，下降明显而迅速。1991年下降到19.68‰，1994年下降到17.70‰，1996年下降到16.98‰，1998年下降到15.64‰，1999下降到14.64‰，2001年下降到13.38‰，2002年下降到12.86‰，2009年下降到11.95‰。其后2009~2017年则在11.90‰~12.95‰之间徘徊震荡，呈相对稳定态势。由于人口生育政策调整已经准许夫妇一方为独生子女的家庭再生育一个孩子，全面放开二孩政策也已出台，出生率小幅震荡走势可能延续，短期内掉头向下幅度有限。

与出生率下行趋势比较，死亡率呈比较稳定态势。1991 年死亡率下降到 6.70‰，此后将近 17 年出现小幅上升趋势，2013 年和 2014 年上升到 7.16‰。这主要是人口年龄结构老龄化不断加深的结果，近年来在 7.0‰ 之上徘徊。老年人口年龄别死亡率高，而且年岁越高死亡率越高，从而导致总体人口死亡率呈上升走势。

由上述出生率、死亡率变动所决定，人口增长率总体上与出生率变动成正相关关系。1991 年自然增长率下降到 12.98‰，其后继续下降，1994 年下降到 11.21‰；再其后 3 年下降到 11.0‰ 以下，1997 年下降至 10.06‰；随后 3 年每年下降一个台阶，1998 年下降到 9.14‰、1999 年下降到 8.18‰、2000 年下降到 7.58‰；进入 21 世纪下降速度趋缓，2001～2003 年在 6.0‰ 略高一些平台，2004～2008 年在 5.0‰ 略高一些平台，2009～2013 年在 4.0‰ 略高一些平台；2014 年出现自然增长率回升新动向，重返 5.0‰ 平台，达到 5.21‰；2015 年稍有下降，2016 年、2017 年分别达到 5.86‰、5.32‰，保持在较高一些水平。[①] 笔者以为，随着人口生育政策调整逐步到位，一定程度的回升是必然的，持续相当长一段时间在预料之中。

上述三率变动趋势说明，"后人口转变"在出生率、死亡率、自然增长率三率较低路上前行，走势基本上是正常的。近年来人们对"后人口转变"关注和研究增多，提出若干需要进一步讨论和有待实践解决的问题。笔者以为，"后人口转变"是一个相当长的人口转换时期，人口出生率、死亡率、自然增长率都将发生新的变动。以中国的实践而论，"后人口转变"可分为前后两个时期：前期以生育率下降到更替水平以下——相应的出生率、自然增长率均下降到较低水平——开始，至人口零增长——出生率＝死亡率＝自然增长率＝零为止，是出生率、自然增长率逐步下降至零阶段；后期以一定程度的出生率继续下降、人口自然增长率下降到零以下为标志，发生一定程度的出生率等于、低于死亡率和人口自然增长率为负值的转变。人口负增长以后如何转变？尚缺乏更长时间的实践和权威性数据佐证，一时还难以得出准确的结论；但是有一点似可预料，即经过出生、死亡、增长率的长期震荡以后，达到新的均衡状态，可能过渡到"三率"大致相近的稳态人口状态。

---

① 《中国统计年鉴 2015》，第 34 页；国家统计局编《中华人民共和国 2015 年国民经济和社会发展统计公报》；中国产业信息网，2018 年 1 月 19 日。

参考文献

［1］ 罗淳：《试论后人口转变》，《中国人口科学》2001 年第 1 期。

［2］ 叶明德：《对中国进入后人口转变时期的质疑》，《中国人口科学》2001 年第
1 期。

［3］ 田雪原：《后人口转变迎来新改革机遇》，社会科学文献出版社，2014。

［4］ 田雪原：《解放思想，应对转变，谋求人口科学新发展》，中国人口学会《通
讯》2001 年 4 月。

［5］ 于学军：《再论中国进入后人口转变时期》，《中国人口科学》2001 年第 3 期。

［6］ 向志强：《试论人口转变完成的标准》，《人口学刊》2002 年第 1 期。

［7］ D. J. Van，"Europe's second demographic transition"，*Population Bulletin*，1987.

［8］ J. C. Caldwell，"Toward a restatement of demographic transition theory"，*Population
& Development Review*，1976.

（撰于 2014 年，选入本文集做了增改）

论"三步走"人口发展战略

人口由数量、素质、结构三部分组合而成。从中国实际出发，实施集控制人口数量、提高人口素质、调整人口结构于一体，控制、提高、调整相结合，不同时期重点有所不同、"三步走"的人口发展战略，是科学、合理的必然选择。

人口发展战略立足点

一个时期以来，"战略"一词风靡全球，无数战略竞相出台，弄得人们眼花缭乱。因此，在讨论人口发展战略之前，有必要对"战略"概念做点儿讨论。战略（strategy），最早应用在军事上。在西方，strategy源于希腊语 strategos，指军事和地方长官而言。后来发展成为军事术语，意指指挥战争总体的计谋和策略。在中国，战略思想的出现和应用可追溯到 2500 年前问世的《孙子兵法》，亦称《孙武兵法》《孙子兵书》等。该兵法讲的是普遍适用的战争方略、计谋和策略，是克敌制胜的大智慧、大谋划，因而是一部战略性质的兵书。由此而下，千百年来将指挥战争谋略的战略推进到经济、社会诸多领域，形成当下工业、农业、科技、教育、文化、人口、资源、环境、国防等各个领域的发展战略。然而不管战略何其多，都要遵循一定的质的规定性、共同的属性。主要是：

一为长期性。发展战略的宗旨，是要取得最终的胜利，一切以"谁笑到最后谁就笑得最好"为转移，而不计较一时一地的得失。历史上楚汉相争的故事，就是一例。汉王刘邦屡战屡败，然而在战败之后，他能够重新整顿队伍，除暴安民取得民心，因而战败一次又以更强的姿态站立起来，直到最后取得胜利、夺取天下。楚王项羽倒是屡战屡胜，但是每一次胜利都要以一定数量士兵的牺牲和思想上的某种松懈为代价，趋势是越战越弱，直到最后霸王别姬而自刎于乌江，以彻底失败告终。短期内小打小闹式的胜利并非不重要，因为可以积小胜为大胜；但是小胜不能替代大胜，最终要靠大胜解决问题、获取全胜。发展战略需要的是最终的胜利，有一个以时间换空间演变推进过程，长期性是一般发展战略的一个共同属性。

二为全局性。这是发展战略另一个重要的属性。即发展战略所要的是全局的最终胜利，而不是某些局部的胜利。不错，全局性的胜利是由一个个局部性胜利积攒而来的，因而不可忽视局部的胜利；但是局部的胜利不能替代全局的胜利，谁取得全局性的胜利，谁才是真正的胜利者。因此，在取得全局性胜利的征途上，要经得起波折和失败考验，以"失败是成功之母"认真总结经验教训，不断提升战斗能力，直至夺取全面的胜利。

三为阶段性。但凡一个比较大的战略，一般都要分几个阶段进行，不可能一蹴而就。譬如，抗日战争时期，我们的战略可分为战略防御、战略相持和战略反攻三个阶段。按照不同阶段，分别实行敌进我退、敌疲我打、敌退我追等不同的策略和战术，最后取得抗战的全面胜利。当前我们实行可持续发展战略、科教兴国战略等，同样也可分解为不同的发展阶段，每个阶段的主攻目标、推进的路径和方式等不尽相同。

这里之所以讲一点儿发展战略具有的共同属性，是因为人口发展战略也具备这样的属性，应从上述"三个属性"上去把握。特殊地说，人口自身所具有的数量、素质、结构及其三者之间的关系，与经济、社会发展以及资源、环境之间的关系，则是决定人口发展战略的前提条件，制约着发展战略的长期性、全面性和阶段性。而且需要铭记"有所得必有所失"至理名言，人口发展战略目标的选择和向前推进，只能遵循所得值最大、所失值最小原则。

按照这样的要求和思路选择和制定人口发展战略，早在 20 世纪 80 年代前期笔者主持并主撰《2000 年中国的人口和就业》（《2000 年的中国》首篇）研究报告时，便提出和论证了集控制人口数量、提高人口素质、调整人口结构于一体，当前以数量控制为重点的人口发展战略。30 多年的实践表明，战略推进比较顺利，成效比较显著。同时也表明，无论人口还是资源、环境、经济、社会，变动和发展均十分显著，人口发展战略也需要与时俱进，适时做出重点转移的调整。进入 21 世纪以后，笔者主持并同课题组同事一道撰写并出版《21 世纪中国人口发展战略研究》，给出低位预测"硬着陆"、中位预测"软着陆"、高位预测"缓着陆"三种预测结果。以上述发展战略"三性"与这三种人口预测结果结合起来分析，21世纪中国人口发展战略思路、图像和决策选择便逐渐清晰起来。高位、中位、低位三种预测人口变动的趋势如下。①

"缓着陆"高位预测。生育率逐步有所回升，达到更替水平后保持在相对稳定状态，人口零增长目标要推迟到来。总和生育率2000～2005年平均为1.90，2005～2010年为2.00，2010～2020年为2.13，2020～2050年为2.15，则2010年全国人口为13.75亿（31个省、自治区、直辖市人口，未包括台湾省和香港、澳门特别行政区，下同），2020年为14.90亿，2030年为15.48亿，2040年为15.85亿，2050年接近峰值时为15.99亿。如果2.15的总和生育率一直保持下去，总人口将在16亿上下波动，2100年为16.05亿。

"软着陆"中位预测。生育率保持相对稳定，稍有回升后即基本稳定在略高于现在的水平。总和生育率2000～2005年平均为1.75，2005～2010年为1.80，2010～2020年为1.83，2020～2050年为1.80，则2010年全国人口为13.60亿，2020年为14.44亿，2030年达到峰值时为14.65亿；其后转为缓慢下降，2040年可降至14.51亿，2050年可降至14.02亿。如果1.80的总和生育率一直保持下去，2100年全国人口可降至10.24亿。

"硬着陆"低位预测。生育率在现在基础上略有下降，没有更多顾及生育率的继续下降对人口年龄结构以及对经济、社会发展的影响，故称之为"硬着陆"。总和生育率设定：2000～2005年平均为1.65，2005～2010年为1.56，2010～2020年为1.44，2020～2050年为1.32，则2010年全国人口为13.43亿，2020年为13.86亿，2021年达到峰值时为13.87亿；其后出现逐步减少趋势，2030年可减至13.67亿，2040年可减至13.02亿，2050年可减至11.92亿。如果1.32的总和生育率一直保持下去，2100年全国人口将减至5.56亿。

比较上述三种预测方案，无疑以低位预测"硬着陆"方案控制人口数量增长最为有效，达到峰值时的人口数量分别比中、高方案减少0.78亿、2.13亿，时间也分别提前9年、29年；到2050年则分别减少2.10亿、4.08亿，数量之差悬殊，优点突出。最大的缺点是人口年龄结构变动过于急速，造成老龄化过于严重：2020年65岁以上老年人口比例将分别高出中位预测、高位预测0.50、0.88个百分点，2050年将分别高出4.07、6.91个百分点；特别是2045年该低位预测方案老年人口比例将上升到25.62%，高

① 参见田雪原等：《21世纪中国人口发展战略研究》，社会科学文献出版社，2007，第447～454页。

出届时发达国家 25.30% 水平 0.32 个百分点，其后还要继续升高，这对于"未富先老"的中国说来，养老负担颇显过重。此外，劳动年龄人口减少过快也值得注意。该低方案 2020 年 15~64 岁劳动年龄人口将分别比中、高方案减少 488 万、864 万，2050 年将分别减少 1.21 亿、2.25 亿；而且，劳动年龄人口中 50~64 岁占 15~64 岁之比，即劳动年龄人口的相对高龄化也要严重得多。虽然总体上说中国不至于发生劳动力绝对数量短缺，但是劳动年龄人口减少过快和相对高龄化，则会加重劳动力的结构性短缺和人力资本活力的减退，给经济、社会发展带来不利影响，因而是不宜采纳的。

"缓着陆"高方案预测同"硬着陆"低方案预测相反，最大的优点是人口年龄结构变动比较缓慢，老龄化水平比较低一些，劳动年龄人口占比较高的人口年龄结构变动的"黄金时代"提供的"人口盈利""人口红利"可以维持较长时间，有利于保持中国劳动力廉价优势。最突出的缺点是人口数量控制较差，2020 年将分别比中位、低位预测方案多出 0.46 亿、1.05 亿人口，2050 将分别多出 1.97 亿、4.07 亿人口。显然，这对于人口和劳动力过剩的中国说来，是难以接受的。

相比之下，"软着陆"中方案兼顾了"硬着陆"低方案人口数量控制比较有效、"缓着陆"高方案人口结构比较合理的优点；同时较好地克服了低方案人口结构不尽合理，高方案人口数量控制较差方面的缺点。人口总量 2030 年达到 14.65 亿峰值以后出现缓慢下降趋势，人口老龄化即 65 岁以上老年比例 2050 年达到 23.07% 峰值以后逐步缓解，劳动年龄人口比例和结构比较适当，是适应 21 世纪中国人口态势和未来数量变动与结构合理化，促进人口与经济、社会以及资源、环境可持续发展比较理想的方案。按照发展战略"三性"和人口发展战略"所得值最大、所失值最小"原则，"软着陆"中位预测方案给出比较合适的综合指标，应成为 21 世纪中国人口发展战略的基本遵循。

中国人口发展战略"三步走"

"软着陆"中方案，侧重人口数量控制、素质提高、结构调整相结合，不同时期战略重点有所不同。所谓"不同时期"，系指总和生育率在更替水平以上的第一阶段、处于更替水平以下至人口零增长的第二阶段和人口零增长以后的第三阶段。为什么将总和生育率更替水平作为区分第一与第二阶段的标志？因为总和生育率下降到更替水平以下，意味着人口内在自然增长率已经下降到零以下，长期保持下去即可在未来的某一时点达到零增长、负增长。因而要特别关注生育率继续下降的速度和节奏、人口数量与年龄结构之间的变动是否协调。为什么将人口零增长作为区分第二与第三阶段的标志？因为一般情况下，自然增长率下降到零的时候，还有着一定的下降惯性而步入负增长，过渡到人口数量减少的新阶段。少年人口呈下降徘徊、老年人口占比继续上升，需要特别重视少子高龄化对生育率下降的约束作用。无论是立足人口自身数量变动与年龄结构合理化，还是着眼于人口与资源、环境、经济、社会可持续发展，都需要摆正人口数量、素质、结构之间的关系，最终达到三者之间以及与社会经济发展之间的协调和可持续发展。

如此，控制人口数量、提高人口素质、调整人口结构相结合的中国人口发展战略，可分作"三步走"进行。

第一步，在"控制""提高""调整"协同推进中，更注重人口的数量控制，以"控制"为重点。目标是将高生育率降下来，实现人口再生产由高出生、低死亡、高增长向低出生、低死亡、低增长类型的转变。统计数据显示，20世纪70年代处于典型高出生、低死亡、高增长类型；90年代则步入低出生、低死亡、低增长类型，标志着人口发展战略第一步的完成和第二步起步。参见图1：[①]

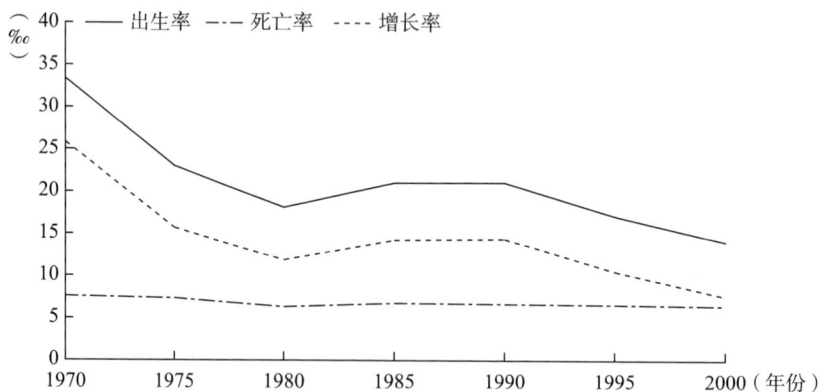

图 1　中国 1970～2000 年人口自然变动

第二步，逐步实现由以人口数量控制为主，向人口数量控制、素质提

[①] 《中国统计年鉴1986》，第92页；《中国统计年鉴2015》，第34页。

高、结构调整并重，再向以素质提升以及同素质提升相关联的结构调整为主转变。目标是在低生育水平基本稳定条件下，推进低出生、低死亡、低增长"后人口转变"继续前行，直至增长势能释放殆尽，实现人口零增长。按照"软着陆"中方案预测，2030年前后第二步可基本完成。战略着重点放在人口素质的全面提升上，同时要把握好生育率继续下降、少子高龄化推进的速度和节奏，有利于人口与资源、环境、经济、社会的可持续发展。

第三步，由于人口的惯性作用，零增长以后总体人口将呈现一定程度的减少趋势，再依据经济、社会以及资源、环境的具体状况，做出全方位的适度人口抉择。所谓全方位适度人口，即人口的数量是适度的，人口的素质是比较高的，人口的结构是比较合理的；同时人口与资源、环境、经济、社会的发展是逐步协调的，发展是可持续的。虽然第三步是2030年以后的事情，但是需要在此之前打好基础，为人口自身、人口与可持续发展打好基础。按照"软着陆"中方案，第二步、第三步人口自然变动，参见图2：①

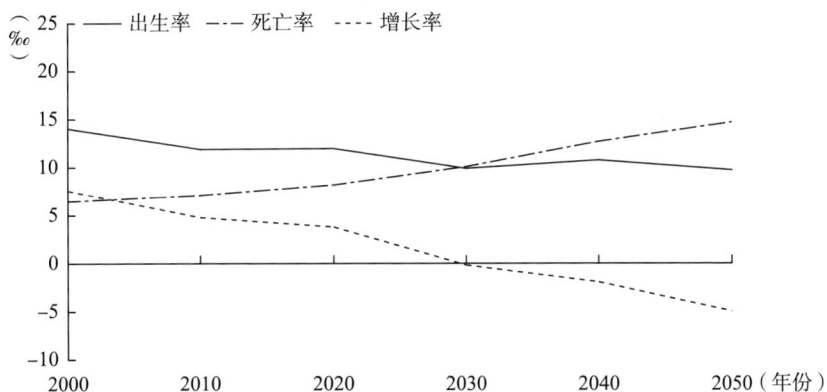

图2　2000~2050年人口自然变动预测

图2中出生率、死亡率、增长率都是粗率（crude rate），反映的是出生、死亡、自然增长人口的自然变动。前面讲过，粗率受人口年龄结构变动影响较大。最明显的是，粗死亡率的持续上升主要受到年龄结构老龄化影响，由老年人口年龄别死亡率较高并且随着年龄增高呈指数升高趋势所致。如果进行年龄结构标准化，则可消除年龄结构因素的影响，未来人口死亡率将不是比现在更高而是更低了。这种影响的阶段性质也比较明显，2000~2030年

① 依据田雪原等著《21世纪中国人口发展战略研究》，社会科学文献出版社，2007，第443~445页数据计算。

与 2030～2050 年比较，死亡率由年均上升 0.12 个千分点提升到 0.23 个千分点，呈倍增式加速上升。出生率变动则相反，由年均下降 0.14 个千分点降至 0.01 个千分点，21 世纪中叶出生率已步入基本稳定状态。从总体和长期变动趋势上观察，无论死亡率、出生率、人口增长率变动都比较平稳，没有剧烈升高或剧烈下降的情况，是渐进式变动积累起来的趋势，在人口自身正常变动范畴以内。

人口结构特别是作为人口数量变动主要约束条件的人口年龄结构变动，包括 0～14 岁少年、15～64 岁成年、65 岁以上老年人口占比变动，毫无疑问，应当受到更多的关注。人口发展战略第二步、第三步人口年龄结构变动的趋势，参见图 3:[①]

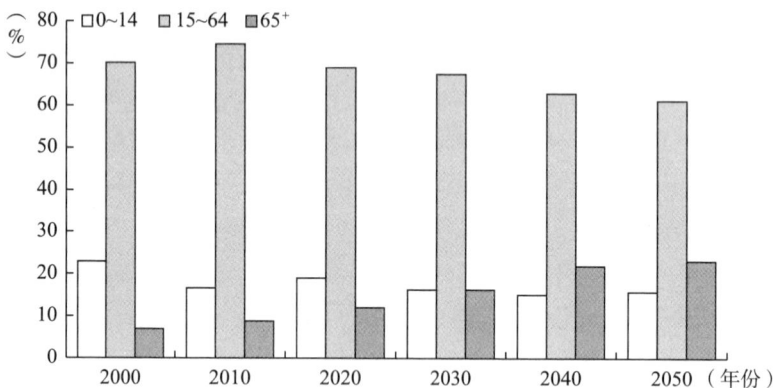

图 3 2000～2050 年年龄结构变动预测

图 3 表明，2000～2050 年 0～14 岁少年人口占比，由 22.9% 下降到 15.74%，下降 7.16 个百分点，年平均下降 0.14 个百分点。15～64 岁劳动年龄人口占比，由 70.1% 下降到 61.18%，下降 8.92 个百分点，年平均下降 0.18 个百分点。65 岁以上老年人口占比，由 7.0% 上升到 23.07%，上升 16.07 个百分点，年平均上升 0.32 个百分点。虽然少年、成年、老年人口占比减少或上升的速率有一定差别，但是总体上变动并不过于急速，比较好地协调了人口数量变动与年龄结构变动之间的关系，体现了"两利取其重、两害取其轻"原则，为包括"后人口转变"在内的长期人口年龄结构变动所能承受。与经济、社会发展以及与资源、环境的关系，比较协调是主流。对

---

① 依据田雪原等著《21 世纪中国人口发展战略研究》，社会科学文献出版社，2007，第 450～452 页数据计算。

于全面深化改革和经济转方式、调结构来说，有利是主导和主要的方面。需要注意的是，"所能承受""主导方面"并不等于没有问题或问题不大。相反，有些问题比较严重，有些负面影响风险级别也比较高。人口发展战略第二步就必须出台应对之策，使之逐步化解。

当前走好第二步是关键

人口发展战略跨入第二步，是承上启下关键的一步。走好第二步，全面提升人口素质是关键，需要另外做出专门的阐发。这里就控制人口数量与调整人口结构之间的关系、把握好变动的速度和节奏，做出探讨并提出改革的思路。

1. 把握好人口数量变动的方向和节奏

如前所述，人口发展战略第二步人口数量变动的方向和目标，是人口数量由增到减、2030 年前后实现零增长趋势。也就是说，人口发展战略控制人口增长的目标还没有完成，不能轻言放弃。然而一个时期尤其是人口生育政策调整以来，反对的声音多了起来，对于还要不要控制人口增长、要不要零增长目标、要不要保住"第一人口大国"地位等，发表一些言词颇为激烈的意见。有的宣称中国计划生育已经"走入歧途"，甚至对政策以及主张控制人口增长的人士进行谩骂和人身攻击，个别人达到近似疯狂的程度。实质性问题，是在当今中国人口已达 13.9 亿情况下，人口数量是"多了"还是"少了"，计划生育基本国策是坚持还是丢弃。这是不同观点分歧的根本所在，也是人口发展战略第二步必须回答的问题。可从理论与实践的结合上稍加讨论。

理论层面。反对控制人口增长、认为中国人口"少了"论者，举出国内外经济增长一般均伴随人口的聚集和增长为理由，说明人口是经济成长的重要条件，还是人口多一些好，中国不应放弃"世界第一人口大国"桂冠；指责控制人口和计划生育政策"走入歧途"，人口基本国策应退出历史舞台等。在此我们看到的，仍然是千百年来众民主义的老调子，也再现了 20 世纪 50 年代后期批判马寅初《新人口论》的场景。牵动的理论问题是：人——从而总体人口，是生产者还是消费者。其实无需多费笔墨，人口经济学已经说得很清楚：将人口总体纳入经济活动中分析，人既不是单一的消费者，也不是单一的生产者，而是消费者和生产者的统一。不过作为消费者是无条件的，适用于各类人口。无论少年、成年还是老年人口，也无论健康还是残疾人口，统统是消费者。而作为生产者是有条件的，人口学将 15～59 岁或 15～64 岁定义为劳动年龄人口，是劳动力的源泉。除很少一部分丧失劳动能力者外，均可成长为正常的劳动力，成为名副其实的生产劳动者。因此，每年新增人口，首先是消费人口的增加；14 年以后，方能转变为新增加的劳动年龄人口。因此，需要从消费者与生产者相统一、相区别、相关联角度，看待人口增减变动，不可片面强调一个方面。重要的一点是，要结合社会经济发展实际，进行具体的分析，才能得出人口"少了"还是"多了"的结论。

第二次世界大战后，以微电子技术为前导的新技术革命迅速推进，远远超出人们的预料，当前已进展到以生命科学为主导学科的新阶段。谁都知道，当今经济发展的根本驱动力在人力资本，而不在人口数量多寡。当然，不同经济发展阶段人口数量、素质对经济发展作用有所不同，经济发展水平越高，越在更大的程度上依赖人口素质、人力资本；经济发展水平越低，对人口和劳动力数量的依赖程度越高。就我国情况而论，新中国成立近 70 年来，总体上粗放型经济发展方式占据主导地位是公认的事实。然而改革开放以来，特别是 2010 年劳动年龄人口占比越过峰值、2013 年绝对数量超过峰值以后，情况正在发生变化。尽管经济转方式、调结构、提质增效改革还有很长的路要走，然而科技尤其是高科技在经济发展中的含量不断提升，发展质量不断提高，走"以速度换质量效益"之路——牺牲一点儿速度，换取发展质量和效益的更大提升——取得越来越多的共识，收到越来越明显的效果。未来社会经济发展主要走以提高劳动生产率为主的发展道路，因而主要依赖人口素质提升和人力资本积聚的增强，这是毫无疑义的。再以人口、劳动力数量增长为发展的主要驱动力，并以此为由鼓吹新形势下的众民主义、否定人口控制和计划生育基本国策，是与时代前进的步伐背道而驰的，显得与手摇纺车一样古老了。

实践层面。中国人口是"多了"还是"少了"，是几千年来争执不下的一个带有传统性的问题。实践证明，以某些国家人口、经济、科技、社会发展水平等做简单类比，难以得出科学的结论。因为当今世界 200 多个国家发展水平参差不齐，在中国之上、之下均为数不少，"国别比较论"难以得出统一的结论。后来提出的"人口问题说到底是发展问题"，有一定的说服力。论证经济、科技、社会发展水平较低，人口和劳动力过剩，因而贫困、失业、落后等人口问题表现突出。相反，经济、科技、社会发展水平较高，人口和劳动力不足,因而消费乏力、劳动力短缺、老年社会负担较重等,成为滞缓社会经济发展的重要因素。不过"发展论"也存在明显的缺陷,主要是将发展的前提和发展的后果舍去,即舍去资源和环境的改变对发展的制约和影响。因而论证和结论的科学性与全面性,也受到某种质疑。

论证人口"多了"还是"少了",需要另辟蹊径。从一个国家人口、经济、社会发展以及资源、环境具体状况出发,从方法论与实际相结合角度推出适当的评价指标和研究方法,或许是一种实际的推动。有三点可讨论:

其一,同世界总体水平比较。人口"多了"还是"少了",人口密度不失为判断的一项标准。以往在进行比较时,往往选出一个或几个国家加以比较,因而得出不尽相同的结论。为什么选择那样的国家,是科学抽样还是为已有的结论寻找例证?依笔者所见,寻找例证者不在少数。这种有目的的选择一个或几个国家做类比式论证,确实没有多少说服力。如果不选择一个或几个国家,而是选择世界总体或平均水平进行比较,则可免除这种先有结论、后找例证方法论上的缺陷。依据能够代表世界总体或者平均水平的中间数,便可以明确该国家是在世界总体或平均水平之上还是之下,给出相应的排位,人口"多了"还是"少子"也就有一个基本的判断。依据《中国统计年鉴2015》提供的数据资料,2014年中国人口与发展同世界总体或平均水平比较,几项主要指标情况是:[1]

人口密度(人/平方公里),中国为145,世界为56,中国为世界258.9%。人均国内生产总值(美元/人),中国为7594,世界为10804,中国为世界70.3%。此外,中国人均耕地面积为世界33.5%,人均淡水拥有量为世界31.9%,人均领海面积为世界10.0%,人均森林面积为世界13.0%,人均草原面积为世界50.0%左右。至于石油、天然气等化石能源,铁、锰、铜等矿产资源,我国总量和人均拥有量均远低于世界水平。由此也就不难做出中国人口"多了"还是"少了"的研判,战略的指向比较明确。

其二,分清人口问题的性质。如前所述,当今世界主要存在两类人口问题:一类为人口压迫生产力,表现为人口和劳动力过剩,贫困、失业严重,人均GDP和人均收入水平低,出生率、增长率和少年人口占比比较高;另一类为生产力压迫人口,表现为人口和劳动力不足,消费和经济增长疲软,出生率和增长率持续走低,老龄化程度高和社会负担重。我国属于哪一种类

---

[1] 《中国统计年鉴2015》,第961~966页;张维庆、孙文盛、解振华主编《人口、资源、环境与可持续发展干部读本》,浙江人民出版社,2004,第171~187页。

型？笔者以为，处于由前一种向后一种类型过渡，目前处于过渡中前期状态。主要表现在：

人口态势。"后人口转变"行进到中期，距离人口增长势能全部释放、实现零增长，尚有15年左右的时间；劳动年龄人口占比和绝对数量双双越过峰值，出现逐步下降和减少的趋势。但是尚在年龄结构变动"黄金时代"中后期，走出"后黄金时代"还要10多年时间。"民工荒"一类劳动力结构性短缺已经显现，但是非绝对性质的短缺，而是相对意义上的短缺。以大学生就业难为代表的劳动就业问题，压力仍然较大，对社会经济发展有着较强的制约作用。

改革开放以来我国经济持续高速增长，快速成长为世界第二大经济体，已走出温饱进入全面建设小康社会中等收入阶段。然而目前人均GDP 8000美元与世界人均11000美元比较，尚有不小的距离，走出中等收入陷阱尚需时日。与发达国家相差悬殊，仅相当于美国的1/6、日本的1/6。改革开放以来劳动生产率有了明显的提升，但是仅相当于美国、日本的十几分之一，与一般后工业化国家的差距也很显著，甚至还不抵亚洲、南美洲某些发展中国家。劳动生产率增长不够快，同劳动年龄人口不断增长、越过峰值后长期维持在较大规模，从而形成持续的就业压力不无关系。

总体上处在由人口压迫生产力向生产力压迫人口转变过程之中，目前位置在转变中前期，还没有完全脱离人口压迫生产力，更没有到达生产力压迫人口阶段。这种情况在现实生活中淋漓尽致地表现出来。众所周知，转变经济增长方式、转变经济发展方式早在二十多年前便提了出来，然而时至今日收效并不显著。究其原因，固然主要出在经济、社会体制机制上，长期以GDP论英雄、说政绩；然而也同人口多基本国情长期存在不无关系，很大程度上是人口和劳动力压迫生产力使然。2008年美国金融危机爆发后，我们接连多年提出经济增长率保持在8.0%左右，业内人士称之为"老八路"。为什么一定要坚持"老八路"呢？笔者曾问及参与中央相关文献起草的同志，回答是：主要为了保就业。因为就业直接关系着社会稳定，不能不保。相关分析表明，经济增长率掉下来1.0个百分点，失业率就会随着升高0.5个百分点。因此，要想保就业、保稳定，就要保经济增长。2010年劳动年龄人口占比越过峰值，出现下降趋势；然而由于人口和育龄妇女基数庞大，每年出生人口在1500万以上，放开二孩后最近几年每年还可能增加出生人口二三百万，相当长时间内就业压力仍将继续存在。消化就业压力，就要保持一定的经济增长速度。即使现在社会经济步入新常态，也只能保持经济减速而不失速，以保障比较充分合理的就业为前提。

在技术水平和劳动者技术装备一定条件下，劳动生产率同劳动者技术装备成正比、同劳动者人数成反比是普遍的规律。就业人口压力长期存在，势必影响到劳动生产率的提高。尽管改革开放以来劳动生产率不断提高，但是经济发展方式粗放，又要维持较高的就业率，劳动生产率的提高就要受到抑制，劳动生产率不够高问题突出。这有经济体制机制方面的原因，表现为科学技术水平和在劳动中转化应用的程度不够高，管理水平不够高，作为劳动对象的原料、材料品质不够高等；同时，劳动年龄人口供给居高不下、产业后备军储备充足、劳动者技能总体水平不够高等，也阻碍着劳动生产率的提升。实践证明，在劳动年龄人口供给充足，甚至近乎无限供给条件下，劳动生产率提升受到的阻碍是相当巨大的。

其三，对人口问题的实际感受。一个时期以来，"幸福指数"颇受人们青睐，从一个侧面渗透出人口生产和再生产的目的性。2012年11月15日，十八届一中全会当选的中共中央总书记习近平和其他政治局常委举行与中外记者见面会。习近平在讲话中说："人民对美好生活的向往，就是我们的奋斗目标！"赢得全场热烈掌声。人民对美好生活的向往，包含物质、精神、环境、社会等诸多方面，每个方面又包含着若干层面，每个方面、层面都不同程度地同人口的数量、素质、结构相关联，影响着幸福指数的高低和走向。衡量幸福指数，有同人口状态关系密切的显性指标，如人均收入水平、耐用消费品拥有量、居住环境污染指数等，人口数量往往以分母姿态出现；也有隐性的难以量化的感性度量指标——这种度量指标常常因为难以量化而被忽视——事实上却长期与人们朝夕相伴、魂牵梦绕般影响着人们的幸福感和幸福指数。

举一个笔者亲身感受过的例子。以地广人稀的美国和地窄人多的日本比较，可以说是冰火两重天，幸福指数隐性的"感性度量"截然不同。2012年美国陆地面积983.2万平方公里，占世界7.32%；人口3.32亿，占世界4.61%；GDP 156848亿美元，占世界21.87%。日本陆地面积37.8万平方公里，占世界0.28%；人口1.28亿，占世界1.78%；GDP 59640亿美元，占世界8.32%。[①] 以人口经济密度（GDP美元/人）比较，美国为47243.37，日本为46593.75，水平相当接近；然而地理经济密度（GDP亿美元/万平方公

① 《中国统计年鉴2013》，第953~956页；United Nations：*World Population Prospects*，*The 2008 Recision*，New York，2009，p.48，p.292，p.494。

里）美国为 159.53，日本为 1577.78，日本为美国 9.89 倍，足见日本地理经济密度之高。凭借建立在如此高密度之上连片的城市群，鳞次栉比的工厂，蛛网交织般的铁路、公路、空中航线等，高度集约化的工业化、信息化、经济全球化，日本方才打造出与美国相近的人均产值和收入。然而不同的是，虽然美国也有如纽约那样高度密集的城市群，与以东京都为中心的城市群相类似；但更多的是分散的、与乡村结合在一起的组合型城市。像中部以芝加哥为中心的五大湖城市群、西部以洛杉矶为中心的西海岸城市群，就是这种分散型城市的典型。在这类城市里，较少有像日本城市那种狭小、喧闹、拥挤的地下铁，缺少休闲生活空间、使人窒息的生活环境；代之而来的是宽大的住宅和乡间别墅，足够的公园、湖泊、草地等休闲场所。除个别特大城市外，人们多以开车出行为主，使居民成为生活在汽车轮子之上、被誉为汽车王国的国民。无怪乎有日本朋友常常抱怨：有钱也买不到更大一些的住房、更宽广一些的道路、更舒适一些的生活空间，除非在狭长四岛南北两端——九州和北海道，那里可以获得稍微宽裕一些放飞自己的环境。可是故土难离啊，而且随着人口迁移和流动的增加，那些稍显宽裕一些的环境也在变化着。美国朋友则不然，他们说：在美国只要有钱，多大、多好的住房和别墅都可以买得到，在自己家里便可以打网球、游泳和开化装舞会。许多人喜欢将现代化融入原始生态环境之中，无拘无束、亲近自然的自由生活。

目前我国人均国内生产总值与美、日相差甚远，2050 年可望达到中等发达国家水平，将来还要达到高度发达国家水平，逐步走向富裕阶段的发展目标几乎无人怀疑。然而，我们选择美国式还是日本式的富裕，哪一种才真正是我们对未来美好生活的向往？美国式恐怕很难，因为中美两国国土面积相近，2015 年人口之比却为 137462 万：33233 万，即 4.1：1.0。像芝加哥五大湖都市圈、洛杉矶西海岸都市群那样，随意占据土地、不计成本扁平式地推进城市化，是没有可能的。工业化、城市化等都不可随意动用土地、森林、草场等自然资源，节约资源和保护环境已定为基本国策。原则上，无论工业化、城市化，还是信息化、农业现代化，都要走集约化发展道路，节约土地尤其是耕地等自然资源，是不可动摇的基本国策，谁都不可逾越的"红线"。在这方面，日本的经验有可借鉴之处。只是中国的情况比日本要好一些，工厂、矿山、交通网络密集程度可能要低一些、宽松一些。但是放到可持续发展一盘棋上考量，走集约化发展道路是既定的大方向，基本的模式只能在这个大方向之内谋划。

上述情况说明,人口发展战略第二步还必须适当控制人口的数量增长,实现2030年人口零增长目标。计划生育基本国策不能丢弃,只是控制人口数量战略定位、指标设计、方式方法等,都要十分科学、从实际出发。显然,这样说不等于要沿袭第一阶段以人口数量控制为重点的发展战略定式不变,而是要稳妥地推进由以人口数量控制为重点向以素质提升为重点的转变,把握好转变的速度和节奏。将人口数量控制目标与年龄结构变动合理化约束条件结合起来,图2给出的至2050年人口出生率、死亡率、自然增长率变动预测,基本上符合第二步对人口数量要求的变动速度和节奏,也符合"两利取其重、两害取其轻"原则。

2. 把握好少子高龄化变动的速度和节奏

这是人口发展战略第二步重点转移的落脚点,也是对人口数量控制进行约束的出发点。21世纪是少子高龄化的世纪,中国少子高龄化比较突出,值得重视。不过按照上述"软着陆"中方案,2000~2050年少子高龄化变动并不过于急速,在人口自身变动规律允许范围之内。对经济、社会发展以及资源、环境产生的影响,正面与负面的影响同时存在,需要做出具体分析。如劳动年龄人口越过峰值以后,可能给经济增速带来某些不利的影响。不过那是对于粗放的传统发展方式而言的。对于转方式、调结构、促改革来说,就业压力减轻则提供了难得的机遇,有利于技术进步和劳动生产率的提升。实现由粗放型向集约型、由传统产业结构向现代产业结构转变,发展方式由高投入、高消耗、高污染、低产出、低效率、低效益转变为低投入、低消耗、低污染、高产出、高效率、高效益,人口发展战略第二步、第三步创造的有利条件是相当重要、值得高度重视的,也是节约资源和保护环境基本国策不可或缺的。

虽然"软着陆"中方案给出的少子高龄化是可以接受的,但是必须明确,这是所能接受的上限。越过这一上限,如继续坚持第一步以人口数量控制为重点,生育率延续下降趋势走下去,类似"硬着陆"低方案预测的那样,是不可接受和应当避免的。如与国际社会比较,我国少子高龄化速度比较快、达到的水平比较高,而且是在"未富先老"形势下迎来老龄化高潮,使年龄结构约束条件的弹性变得很小。按照"硬着陆"低位预测,2045年我国少子高龄化即可超过发达国家总体水平,而社会经济发展还有一段差距。因此,"硬着陆"低方案不能接受也不可行,人口生育政策必须适时进行调整,"放开二孩"就是带有决定意义的一次根本性的调整。

人口发展战略第三步以全方位适度人口为最终目标,即人口自身数量、素质、结构是适当的，人口与资源、环境、经济、社会发展是可持续的。时至今日，适度人口（optimum population）还是一个学术性质的概念，距离实际较远。但是，人类从 400 多万年的历史长河中走过来，在人类力量增长到无比强大、大自然疲态日益显现，而且长期处在此长彼消变动之中时，地球承载多少人口数量以及相应的素质和结构最为适宜，无疑越来越现实地摆在全人类面前。某些国家尤其是面积较大、人口较多、自然资源储备已经亮出"黄牌警告"的大国，探讨涵盖人口自身，以及包括外部自然环境和社会环境在内的全方位适度人口，可以说是最具战略意义的课题。中国正是这样的国家，理应在研究和破解这样的难题上有所突破，取得新的有价值的研究成果，为自己也为人类命运共同体建设，做出应有的贡献。

参考文献

［1］ United Nations：*World Population Prospects*，*The 2008 Revision*，New York，2009.

［2］ United Nations：*Long-range World Population Projections*：*Based on the 1998 Revision*，New York，2000.

［3］〔英〕赫胥黎：《人类在自然界的位置》（中译本），蔡重阳等译，北京大学出版社，2010。

［4］〔瑞典〕拉斯洛·松鲍法维：《人类风险与全球治理》（中译本），周亚敏译，中央编译出版社，2012。

［5］《21 世纪议程》，联合国环境与发展会议（1992），国家环保局译，环境科学出版社，1993。

［6］《中国 21 世纪议程——中国 21 世纪人口、环境与发展白皮书》，中国环境科学出版社，1994。

［7］田雪原等：《21 世纪中国人口发展战略研究》，社会科学文献出版社，2007。

［8］田雪原主编《人口老龄化与"中等收入陷阱"》，社会科学文献出版社，2013。

（原载《东岳论丛》2012 年第 10 期，选入本文集做了增改）

中国人口素质步入全面提升新阶段

全面建成小康社会、全面深化改革、全面依法治国、全面从严治党"四个全面"战略布局实施两年多来的实践表明，我国已进入全面发展新的历史时期。人口在"四个全面"战略布局中占有重要位置，全面提升人口素质具有举足轻重的作用和影响。立足全面发展和人口发展战略重点转移视角，可以说，全面提升人口素质新的历史时期已经到来。

全面提升：融入"四个全面"战略布局

全面提升人口素质，既是"四个全面"战略布局的应有之义，又是推进战略实施的动力。考察迄今为止400多万年人类社会发展的历史，可以发现，不同发展阶段对人口有着不同的诉求。众所周知，经济社会发展时代或阶段的划分不是依据生产什么，而是以怎样生产、使用什么样的工具进行生产为标志。如此，可粗略地将人类诞生以来的社会发展分为三个基本的时代或阶段。第一阶段为手工工具时代。时间跨度从盘古开天地至农业社会结束，包括原始、奴隶、封建社会在内，占据人类全部发展史99%以上。虽然这一阶段科学技术不断进步，人类在与大自然的抗争中不断壮大和发展自我；但是进步极其缓慢，始终未能脱离手工工具基本特征。生产工具是手工制造的，使用也以人、畜为主要动力，辅之以少量水能、风能等自然力。生产的基本方式为劳动者使用手工工具从事各种生产劳动。在这种情势下，社会生产力发展主要依靠人口要素，依赖人口众多、人丁兴旺，劳动者的手臂就是其力量所在。因此，从氏族公社到农业社会，国家大多实行不同形式鼓励生育的政策。将"土地是财富之母、劳动是财富之父"发展到极致，手工工具取得的成果得以充分展现。

第二阶段为机器工具时代。机器工具与手工工具比较，动力不再以人、畜为主，转而依赖蒸汽机、内燃机、电动机之类，以消耗大量化石能源等为主要特征。机械已不再是简单的运转和传递工具，材料更发生革命性变革，强度、硬度、弹性、耐腐蚀、耐高温等性能不断增强。适应工业化社会的发展战略，第一需要广阔的市场，需求是市场经济发展的动力；第二需要充足的原材料，以保证生产过程不间断地进行；第三需要不断补充的劳动力，以满足扩大再生产的劳动需要。因此，工业化前期主要资本主义国家无不大力向外扩张，开拓国外市场，以不等价交换和掠夺方式争夺原材料和劳动力。

第三阶段为智力工具时代。无论手工工具还是机器工具，均可视为手、足等人体功能的延长和提升。智力工具则是人大脑和智能的放大、延伸、物质化和外在化，是第二次世界大战后新技术革命蓬勃发展的产物。第二次世界大战结束后，出现了一个相对稳定的和平时期，以微电子技术为前导的新技术革命迅速兴起，当前推进到以生命科学为主导的新的阶段。信息技术突飞猛进地发展，极大地改变着人们的生产、生活、交往的方式。信息化意味着在商品生产和劳务中，物质财富消耗占比不断降低，信息劳动消耗占比不断升高，信息市场规模不断扩大并成为整个市场经济的主导，最终导致信息资源价值的不断增值。当前，颇具人脑功能的机器人产业的迅速崛起，带动着智力工具时代砥砺前行。

按照这样的分析并结合新中国成立以来社会经济发展实际，可以看出，不同历史时期人口素质对社会经济发展产生不尽相同的影响。笔者以为，新中国成立67年来的社会经济发展，可以粗略地分为1949～1966年计划经济、1966～1978年震荡停滞和1978年改革开放以来快速发展三个阶段。1949年中华人民共和国成立后的第一阶段。国家在医治战争创伤的同时，大力发展卫生、医药、体育等事业，人口体能健康素质得到迅速提升，很快甩掉"东亚病夫"的帽子；人口智能科教素质迅速提升，大、中、小学和职业教育蓬勃发展，科学技术顶住种种压力攀上新的台阶；人口素养文明素质显著提升，建立了新型的人与人之间、上下级之间、内外部之间的关系，雷锋精神成为时代文明的标杆。正是人口素质大幅度的提升，构成人力资本对社会经济发展强有力的支撑，方才迎来"一五"时期国民经济既迅速又平稳的发展，人民物质文化生活获得显著改善和提高，社会风气出现前所未曾有过的风清气正局面。之所以在其后能够度过三年国民经济困难时期，这种良好人口素质所起的作用不容小觑。即使在物资生活资料极度匮乏的条件下，人们对国家仍然抱有信心，齐心协力战天斗地，迎来国民经济的根本好转。

1966年"文革"发生后至改革开放前的第二阶段。在"打倒反动学术权威""知识越多越反动"宣传引导下，大专院校"停课闹革命"，复课后变成工农兵大学生"一统天下"，使新中国建立后辛勤培育起来的人口体能健康素质、智能科教素质，尤其是素养文明素质遭到无情摧残，造成历史性的倒退。其恶劣影响使我们吃尽苦头：经济停滞不前，甚至临近崩溃的边缘；传统、伦理、思想、道德、文化、社会秩序颠三倒四、一塌糊涂，只剩下"造反有理"一条，社会经济发展进的脚步被迫停了下来。

1978年改革开放以来的第三阶段。经过理论和各条战线的拨乱反正、正本清源，全国科学大会、教育大会的相继召开，恢复高考犹如平地上一声雷，揭开提升人口素质的大幕。不仅为后来社会经济发展输送着源源不断的人才，而且重新开启尊师重教的社会风气，起到牵一发而动全身的作用。恰在此时，国家推出控制人口增长基本国策，加快了人口转变的步伐，加速了劳动年龄人口占比上升、老少被抚养人口占比下降人口年龄结构变动"黄金时代"的到来。"黄金时代"长达三四十年，提供相应的人口盈利、人口红利，有力地支持了经济的高速增长，为中国跻身世界第二大经济体做出不可磨灭的贡献。虽然恢复高考后一不留神走入"应试教育"误区，其负面影响不可低估；但是其对提升人口智能科教素质的关键作用，对增强人力资本的决定性作用，是必须肯定和不容抹煞的。人力资本是什么？是人的知识、技能、经验和健康具有的价值，是由体能健康素质、智能科教素质、素养文明素质综合而成的总体人口素质具有的价值，是当今经济、科技、社会发展主要的推动力。

三十年河东，三十年河西。从一个特定的角度观察，改革开放前三十年侧重打破平均主义，倡导一部分人先富裕起来，通过把蛋糕做大，带动共同富裕。三十多年以后，则要在继续做大蛋糕同时，重点转向切好和分好蛋糕，实现共同富裕。这是一个关系发展全局的转向，由重点发展走向全面发展的转向。这种转向有的是大张旗鼓的，如转变经济发展方式声音越来越响，率先转变的典型不断涌现；政治上"老虎苍蝇一齐打"声势浩大，反腐倡廉、从严治党步入新阶段；国家法治建设速度加快，依法治国踏上新征程等。某些转向则是悄然发生的，如经济增长由高速下降到中高速，步入新常态；人口发展战略由以数量控制为主向数量控制与素质提升、结构调整并重，再向以素质提升、结构调整为主的转变等。2014年12月，习近平总书记在江苏调研时，提出全面建成小康社会、全面深化改革、全面推进依法治国、全面从严治党"四个全面"战略思想。2015 年 10 月召开的党的十八届五中全会，强调必须牢固树立并切实贯彻创新、协调、绿色、开放、共享发展"五大理念"，标志着已由重点发展进入全面发展新的历史时期。人口是综合国力的体现，包括提升人口素质在内的人口发展战略及其变动和发展，无疑应树立"四个全面""五大理念"意识，纳入总体战略布局。

首先，纳入全面建成小康社会发展目标。"四个全面"战略布局，不同层面是相互联系、相互制约、相互促进的整体。"五大理念"是破解发展难题应当遵循的原则和要求。全面建成小康社会发展目标，当属综合和具有战略引领意义层面；全面深化改革、全面依法治国、全面从严治党和创新、协调、绿色、开放、共享发展，当属实现战略目标的策略和行动层面。全面提升人口素质，首先体现在全面建成小康社会发展目标层面上。《中华人民共和国国民经济和社会发展第十三个五年规划纲要》描绘出全面建成小康社会美好愿景，提出经济保持中高速增长、创新驱动发展成效显著、国民素质和社会文明程度显著提高等六个方面发展指标。提出国民道德素质、科学文化素质、健康素质提高能够达到的程度，给出相关的具体指标。主要的约束性指标，如人均预期寿命由 2010 年 74.83 岁、2015 年 76.34 岁，提高到 2020 年 77.34 岁、2030 年 79.0 岁；劳动年龄人口平均受教育年限，由 2015 年 10.23 年，提高到 2020 年 10.8 年。与人口素质密切相关的预期性指标，如人均可支配收入年平均增长率高于 6.5%；全员劳动生产率，由 8.7 万元/人提高到 12 万元/人以上，年均增长率高于 6.6%。[①] 此外，还提出推进健康中国建设、教育现代化、科技创新、提升国民文明素质等发展目标。虽然这些目标大多属于非量化指标，但是要求是明确的，实施方案和行动计划是具体的。这里需要说明的一点是，包括人口素质在内的人口变动和发展，具有缓慢、累进增长的性质。即短期内变动不甚明显，长期观察则是循序渐进、势能不断增强、影响深远的变动。目前在我国某些指标已经达到较高水平情况下，如 5 年时间平均预期寿命提升 1 岁、劳动年龄人口平均所受教育年限提升 0.57 年，看起来不高，实则已在提升较快之列，形成人力资本积聚不断增强之势。

---

① 参见《中国统计年鉴 2016》，第 35 页；新华网，2016 年 3 月 17 日；中国经济网，2016 年 12 月 26 日。

其次，纳入发展策略和行动计划层面。全面提升人口素质，既是全面建成小康社会目标不可或缺的组成部分，又是实现这一目标策略层面的重要支撑和动力。站在以人为本立场看待实体经济发展，归根结底仍是增加劳动量和提高劳动生产率两条途径、两种类型。增加劳动量类型，一是与当今智力工具时代要求相悖，那是手工工具时代、机器工具时代前期扩大再生产的主要方式。二是与我国人口年龄结构变动相悖，2010年劳动年龄人口占比达到峰值，越过刘易斯拐点后呈逐步下降态势。对于此点后面还要做进一步分析。剩下只有以提高劳动生产率为主一条途径、一种类型。这符合信息化、经济全球化、新技术革命潮流，也符合我国经济发展、人口变动实际。

从一个特定的视角观察，改革开放前30年，是解放劳动力、释放巨大劳动能量的发展。众所周知，在高度集中统一的计划经济时代，实际上劳动力沦为部门单位所有制。农业与非农业、各行业之间的劳动力及其附属人口严格界定，不能随意流动，造成三个人的活五个人干、劳动生产率低下的尴尬局面。改革伊始，打破农业与非农业界限，农民从土地上解放出来，形成超2亿的农民工流动大军。城市改革从扩大企业自主权起步，部门、行业限制的篱笆逐渐被拆除，还劳动者自然人所有权本义。正是这样的劳动力解放和劳动能量的释放，方才成就了城市化、基础设施建设等突飞猛进的发展，我国国内生产总值长期、持续地快速增长，成为世界第二大经济实体。然而在依靠海量劳动投入取得巨大经济增长同时，发展方式粗放、结构失衡、质量和效益不高、资源匮乏、环境破坏逼近上限等问题凸显，到了再也无法继续下去的地步。在投资、消费、外贸出口"三驾马车"不同程度失灵的情况下，只能向内生要动力，重点转向供给侧改革，走转方式、调结构、促改革，以提高劳动生产率为主路子。提高劳动生产率，无外乎提高劳动者技术装备和提高劳动者技术水平两条，二者都同人口素质休戚相关。前者，技术装备水平提高后，需要劳动者素质的提高与之相配合，才能产生相应的经济效益；后者，提高劳动者技术水平，直接表现为劳动者素质的提升，尤其是智能科教素质的提升。按照全面发展战略要求，无论2020年全面建成小康社会还是21世纪中叶达到中等发达国家水平，都要义无反顾地走以技术进步、创新驱动为引领的发展道路。核心内涵是人力资本的积聚和集中，本质是人口素质的提升。只有人口体能健康素质、智能科教素质、素养文明素质不断提升，才能为"四个全面""五大理念"要求的发展提供人力支撑，才能将人才强国、科教兴国落到实处。

素质提升：人口战略重点转移的自然承接

全面提升人口素质，是人口发展战略重点转移的自然承接。关于中国人口发展战略，笔者早在30多年前就提出并做出阐释。其一，人口发展战略出发点和应当遵循的原则，一是要按照人口数量、素质、结构变动的自身规律行事，保持其变动和发展的合理性。既要突出重点，又要彼此关照，不能顾此失彼。二要遵循人口与资源、环境、经济、社会发展之间的协调性，促进人口与各要素之间的协调发展和可持续发展，而不能危害其发展。其二，人口发展战略定位和表述。总体思路是：控制人口数量、提高人口素质、调整人口结构相结合，三者相互联系、相互补充、"三位一体"；不同时期战略重点有所不同，逐步实现由以人口数量控制为重点，向以人口素质提升、人口结构调整为重点转移，可用"三步走"人口发展战略概括。① 三四十年的实践证明，该"三步走"人口发展战略与实际人口变动和发展走过的轨迹基本吻合。参见图1、图2：②

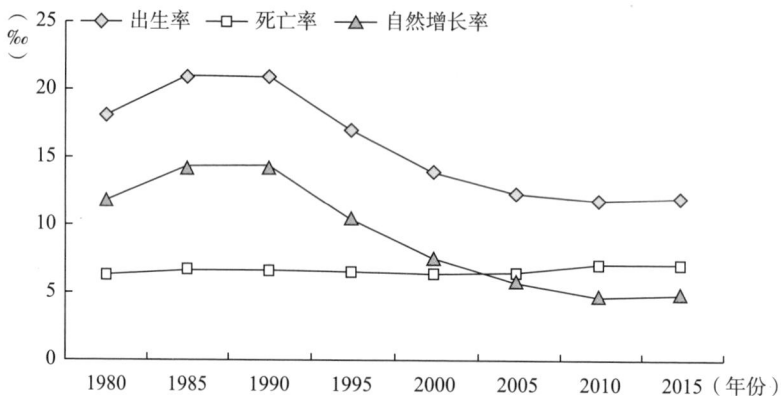

图1　1980～2015年中国人口自然变动

---

① 参见田雪原：《控制人口是一项战略任务》，《北京大学学报》1979年第5期；《关于人口发展战略问题》，载邬沧萍等主编《中国人口发展战略研究》，武汉出版社，1988；《21世纪中国人口发展战略》，载田雪原等著《21世纪中国人口发展战略研究》，社会科学文献出版社，2007；《三步走：中国人口发展战略的理性选择》，载《田雪原文集》（三），社会科学文献出版社，2011，第309～316页。
② 《中国统计年鉴2016》，中国统计出版社，2016，第34页。

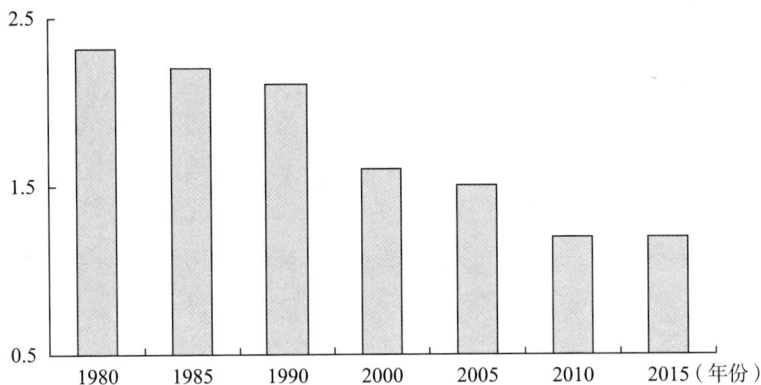

图2 1980~2015年总和生育率逐步下降趋势

图1、图2显示，控制人口数量、提高人口素质、调整人口结构相结合"三步走"人口发展战略，到1992年总和生育率（TFR）下降到2.1更替水平以下，出生率、自然增长率分别下降到18.64‰、11.6‰较低水平，标志着已经走过以人口数量控制为重点的人口发展战略第一步。虽然此时尚有一定甚至较强的人口增长势能，但是人口内在自然增长率已经转为负数，经过较长一段时间增长后，即可达到零增长、负增长。因此，客观上人口发展战略第二步已经起步。第二阶段亦称转变后人口或后人口转变，时间跨度直至人口零增长时止。从中国实际出发，又可分为前后两个时期。前期以总和生育率下降到更替水平以下至劳动年龄人口上升到峰值时止，实施战略重点由以人口数量控制为主，过渡到数量控制、素质提升、结构调整并重，属平稳惯性过渡性质，时间为1992~2010年。后期为2010年以后至人口零增长时止，过渡到以人口素质提升、结构调整为主。国内外大同小异的预测表明，2030年前后可实现人口零增长，应为第二阶段终结时点。此后开启现代人口转变阶段，人口发展战略第三步启航。重点转向人口与资源、环境、经济、社会之间关系的协调，以推进可持续发展战略目标的最终实现。依据这样的战略目标，确立全方位的适度人口。包括人口规模是适当的，人口体能健康素质、智能科教素质、素养文明素质是比较高的，人口年龄、性别、城乡、职业、婚姻、家庭等结构是合理的和符合时代进步要求的。当前已步入第二阶段后期，即以人口素质提升、结构调整为主阶段。显然，人口素质提升能否承接这一重点转移十分重要，关系到发展战略全局。

一方面，人口发展战略重点转移需要人口素质提高承接。由于人口转变的顺利推进，人口年龄结构越过刘易斯拐点以后，劳动年龄人口从而劳动力供给发生根本性变化。劳动年龄人口占比在 2010 年以后、绝对数量在 2013 年以后呈双降趋势，标志着劳动力无限供给时代的结束，需要以人口素质提升来对冲和承接。参见图 3：[①]

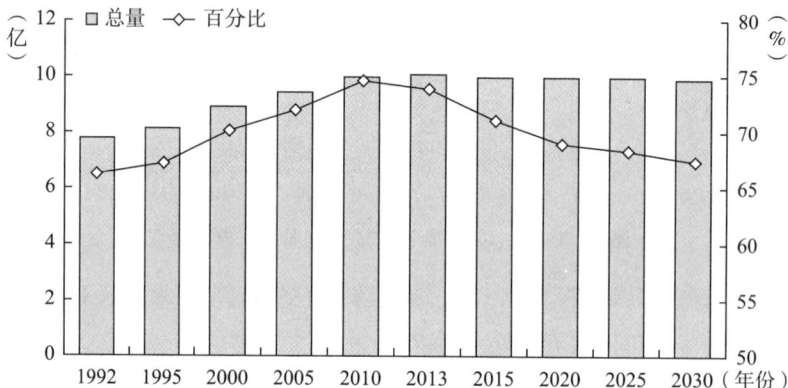

图 3　1992 ~ 2030 年劳动年龄人口变动及预测

图 3 显示，2010 年中国人口越过刘易斯拐点以后，占比已从 2010 年 74.5% 下降到 2015 年 73.0%。预测显示，2030 年可下降到 67.4%。绝对数量 2013 年峰值为 100582 万，2015 年已下降到 100361 万，减少 221 万。预测表明，2030 年可下降到 98800 万。显然，要想保持人口变动对经济较快发展的支撑力，只能采取"以数量换质量"策略。主要依赖包括劳动年龄人口在内的人口素质的有效提升，对冲劳动力占比和数量下行的压力。这种以劳动者数量换质量方略，完全符合我国人口年龄结构变动客观规律，是自然的、合理的承接。同时，也符合转方式、调结构、惠民生深化改革的方向和大局，适应以提高劳动生产率为主的发展方式。

另一方面，需要明确当前我国人口素质有无这样的承接能力，劳动年龄人口素质的提升能否对冲数量下行的压力。回答是肯定的。主要的理由，是当今中国人口和劳动力素质已经有了相当巨大的提升，并且继续提升的潜力还很大。

体能健康素质提升显著。人口体能健康素质高低主要取决于人脑、四肢、脏器、各种器官是否健全、符合标准，构成和支撑运转的神经、骨骼、呼吸、血液等各系统是否完好；其表现为由此形成的身高、体重、胸围、四

---

①　田雪原等：《21 世纪中国人口发展战略研究》，社会科学文献出版社，2007，第 450 ~ 452 页。

肢、骨骼、肌肉、脏器、神经系统等，整合到一起形成的能力、达到的量级。健康，按照世界卫生组织给出的定义，不仅是有没有疾病，还包括生理、心理健康和环境状态，集生理健康、心理健康和环境健康于一体的完好程度。衡量体能健康素质有多种指标。不过人口作为总体，指居住在一定地域的全体居民，婴儿死亡率和出生时的平均预期寿命最具综合性和代表性。我国这两项指标提升迅速，均超过世界平均水平。1949 年以前，一般估计婴儿死亡率（infant mortality rate）在 200‰ 左右，目前已下降到 10.0‰ 以内。不过，对于新中国成立 67 年来婴儿死亡率下降的轨迹，相关部门、科研机构调查取得的数据出入较大。联合国参照国内和国际若干统计数据资料，同时应用人口卫生统计方法给出系列数据，可能同实际比较接近。这里，应用该数据并结合世界婴儿死亡率下降趋势，绘制出 1950～2015 年婴儿死亡率下降走势。如图 4 所示：[①]

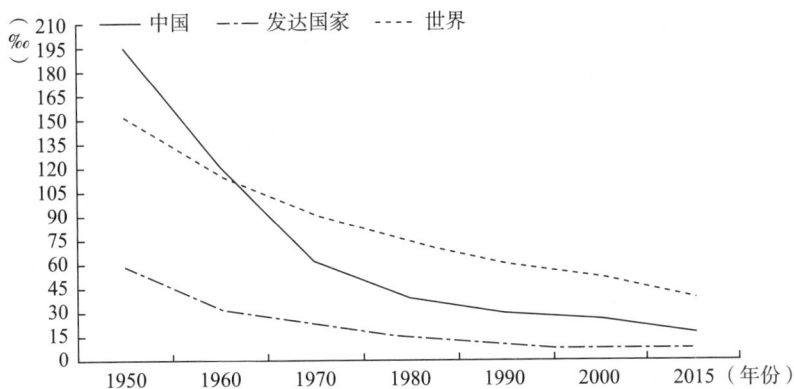

图 4　1950～2015 年中外婴儿死亡率下降比较

图 4 显示，在过去的 65 年间，无论世界、发达国家还是中国，都经历了婴儿死亡率长期持续下降过程，中国下降更为明显。1950～2015 年，世界婴儿死亡率由 152.0‰ 下降到 40.0‰，下降 112 个千分点；发达国家由 59.0‰ 下降到 6.0‰，下降 53 个千分点；中国由 195.0‰ 下降到 18.0‰，下降 177 个千分点，同发达国家的差距只有 12 个千分点，已进入低婴儿死亡率国家行列。

---

① United Nations: *World Population Prospects*, *The 2008 Revision*, New York, 2009, p. 48, p. 50, p. 184.

平均预期寿命（life expectancy）不断延长。对于人口寿命长短，先天遗传是首要的影响因素。其次为后天因素，主要为不同个体的体质、有无疾病、经济条件、医疗卫生、心理健康、社会康复功能完善程度等。依据联合国给出的数据，1950～2015 年，世界人口出生时的预期寿命由 46.6 岁提高到 67.9 岁，提高 21.3 岁，年平均提高 0.3 岁；发达国家由 66.0 岁提高到 78.9 岁，提高 12.9 岁，年平均提高 0.2 岁；发展中国家由 41.0 岁提高到 67.0 岁，提高 26.0 岁，年平均提高 0.4 岁；中国由 40.8 岁提高到 74.9 岁，提高 34.1 岁，年平均提高 0.5 岁。[①] 可见，中国人口预期寿命提高的速度比发展中国家快，比世界、发达国家总体水平也快许多。中国人口出生时的预期寿命由原来低于发展中国家 0.2 岁、低于世界平均水平 5.8 岁、低于发达国家 25.2 岁，提高到目前高出发展中国家 7.9 岁、高出世界 7.0 岁，与发达国家的差距缩小到 4.0 岁。参见图 5：[②]

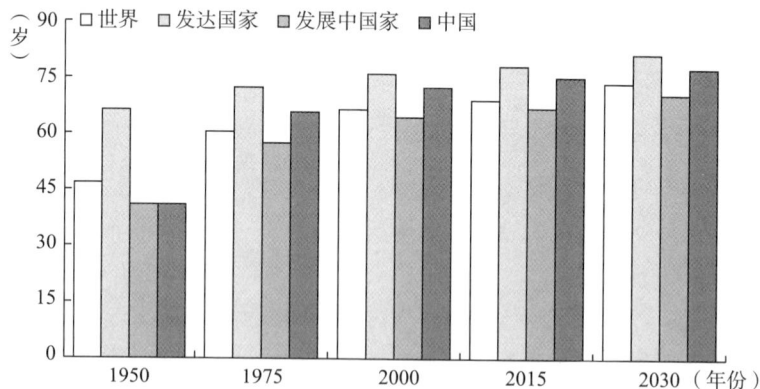

图 5　1950～2030 年中外人口预期寿命提升比较

智能科教素质大幅度提升。智能科教素质由人口教育素养素质、科技素养素质两部分组成。教育素养素质主要由人口受教育水平决定，同教育事业的发展密切相关。新中国成立以来，各级各类学校、教师、学生数量呈翻番式增长。其中各类学校招生和毕业人数的增长情况，参见表 1、表 2：[③]

---

① United Nations：*World Population Prospects*，*The 2008 Revision*，New York，2009，p. 48，p. 50，p. 184.
② United Nations：*World Population Prospects*，*The 2008 Revision*，New York，2009，p. 48，p. 50，p. 184.
③ 《中国统计年鉴 2006》，第 805 页；《中国统计年鉴 2016》，第 689 页。

表1 1952～2015年各级各类学校招生情况

单位：万人

年份	普通高校	普通中学	中等职业教育	普通小学	学前教育
1952	7.9	138.3	35.1	1149.3	
1965	16.4	673.0	20.8	345.7	
1978	40.1	2743.6	44.7	3206.4	
2000	220.6	2768.3	81.0	1946.5	1531.1
2010	661.8	2552.8	871.5	1691.7	1700.4
2015	737.8	2207.6	601.2	1729.0	2008.8

表2 1952～2015年各级各类学校毕业生情况

单位：万人

年份	普通高校	普通中学	中等职业教育	普通小学	学前教育
1952	3.2	22.1	6.8	149.0	
1965	18.6	209.8	9.1	667.6	
1978	16.5	2375.3	23.2	2287.9	
2000	95.0	1935.0	26.4	2419.2	
2010	575.4	2544.8	667.1	1739.6	1057.6
2015	680.9	2215.3	567.9	1437.3	1590.3

表1和表2提供了新中国成立后教育事业发展经历的1949～1965年较快发展、"文革"10年停滞和倒退、改革开放以来加速发展三个阶段的基本情况。总体上，发展还是比较迅速的，尤以高等教育发展最为突出。1952与2015年比较，招生人数增长92.4倍，毕业生人数增长211.8倍。20世纪下半叶，普通中学、中等职业教育、普通小学增长也比较迅速，进入21世纪特别是2010年以来则出现下降趋势。这是出生率下降、人口转变推进使然，呈现人口平均所受教育年限不断提高态势。依历次人口普查提供的数据计算，6岁以上人口平均受教育年限已自1982年4.7年，提升到1990年5.7年、2000年6.8年、2010年9.3年。2015年劳动年龄人口受教育年限已经提升至10.23年。①

人口科技素养素质提升显著。人口科技素养素质哪里来？一是从学习中

---

① 依据1982年、1990年、2000年、2010年历年《人口普查资料》数据计算；2015年数据参见《中华人民共和国国民经济和社会发展第十三个五年规划纲要》。

来，学习同所受教育水平直接相关。二是从实践中来，通过科学实验、生产实践提高科技水平。无论从哪里来，都要以人口教育素养素质的提升为基础。高等教育中理、工、农、医专业的发展，教师、招生、在校、毕业人数的增加，基本上反映了人口科技素养素质提升概貌。2015 年该四类专业普通本科招生 191.46 万人，占比达到 49.2%；毕业生 172.1 万人，占比达到 48.0%。尤其值得注意的是，在当今新技术革命和信息化、经济全球化蓬勃发展的背景下，网络院校和专业快速增长。2005 年与 2015 年比较，网络本、专科招生数由 89.1 万人，增加到 128.5 万人，增加 39.4 万人，增长 44.3%；在校学生由 265.3 万人，增加到 399.0 万人，增加 133.7 万人，增长 50.4%；毕业生由 76.0 万人，增加到 115.1 万人，增加 39.1 万人，增长 51.5%。[①] 此外，反映从事拥有自主知识产权研究开发活动人力规模的 P&D 人员全时当量（万人年）的扩大、发明专利等科技成果数量的增加和质量的提升、高技术产品出口额的迅速增长、研究与试验投入经费的增加等，从不同的角度诠释着人口科技素养素质的快速提升。

素养文明素质有所提升。素养即平素的修养，包括政治、思想、品德、意志、文化以及文学、艺术、科学、技术等的修养，在相关方面形成的行为准则和规范。关于文明的诠注颇多，综合起来可分为三个层次：

第一层次为广义文明。即人类创造的物质财富和精神财富总和。这同历史发展阶段相关联。文明，英语 Civilization 源自拉丁文 Civis，是城市居民之义，表示人们生活于城市之中的状态和水准。这种状态和水准高出以前社会一筹，代表着先进的文化和社会发展方向，从而构成一种文明。这样的阐释有着积极的意义，也有一定的局限性，随着历史发展不断拓宽，形成囊括物质财富和精神财富总和的文明。既包括古埃及文明、农业文明，也包括工业文明、现代文明。还形成不同时空概念的西方文明、阿拉伯文明、东方文明、印度文明为主导的"四大文明"，以及巴尔干、俄罗斯、东南亚、澳洲文明等。

第二层次为不同范畴的文明。最具影响力的是物质文明、精神文明、生态文明"三分法"文明。三者既有区别又有联系，分别占据不同的领域。物质文明是人类认识和改造物质世界取得的成果，创造与手工工具、机器工具、智力工具相对应的农业文明、工业文明和现代文明。精神文明是人类在

---

① 《中国统计年鉴 2006》，第 805 页；《中国统计年鉴 2016》，第 689 页。

认识和改造客观世界和主观世界过程中，取得的精神财富总和。精神文明的基础在物质文明，是物质文明的集中表现。精神文明素质可以分为两个层面：精神生产层面，包括科学、技术、教育、文化等发展取得的成果和达到的水平；意识形态层面，包括政治、思想、观念、伦理、道德、价值观等取得的成果和达到的水平。前者表现为人的知识素养，后者表现为人的道德素养，是相辅相成的统一体。生态文明是建立在生态平衡基础上的文明，指一定时空范围内，生态系统内部生产者、消费者、分解者和非生物环境之间，能量流动、信息传递、物质循环达到相互适应、协调和统一的状态。站在以人为本立场，人类活动是维持系统内部各组成部分能量、物质输入与输出的关键。科学规范人口的变动与发展和人类活动的能量流动，是生态文明的核心。

第三层次为狭义文明。即思想、观念、道德、情操、礼仪、觉悟等达到的水平和行为规范。此与精神文明有交叉，狭义文明更侧重实际的表现、效果、影响和行为。人口素养文明素质，主要取该意识形态意义上的文明之义。

新中国成立以来的人口素养文明素质变动，尽管存在"下降""难说""有所提升"不同观点，但是从上述三个不同层次上评价，总能找到一些具体的评价指标。至关重要的一点是，要用发展的眼光和方法论去看待和评价。依笔者所见，"下降"论主要以传统观念去评说，"提高"论则以现代眼光进行评价。这里真的遇到了立场、观点、方法问题。是站在过去传统的立场、用一成不变的标准去评说，还是面对今天变化了的实际、用发展的眼光和标准去度量？要害在于弄清人口素养文明素质的时代性质，因为每个时代均有其特定的文明内涵。在中国长达几千年的封建社会，忠、孝、仁、义、礼、智、信是伦理道德的精神支柱，文明的象征，也成为评价人口文明素养素质最主要的标准。到了近代，随着西方民主思想传入和民主革命的艰难推进，封建的观念逐步淡化，科学、民主思想逐步滋长。1949年中华人民共和国成立后步入新的时代，对文明有了新的解读。2012年党的十八大提出"富强、民主、文明、和谐、自由、平等、公正、法治、爱国、敬业、诚信、友善"核心价值观，亦可视之为评价当今国民道德、素养文明素质的12支标杆。从总体上观察，笔者赞成人口素养文明素质"有所提高"论：传统素养文明素质有所下降，现代素养文明素质有所提升，总体上有所提升。2010年与2015年比较，公安机关受理案件数由12757660件减少到

11795124 件，减少 962536 件，下降 7.5%；每万人受理案件数，由 94.8 起下降到 85.7 起；查处案件数由 12122138 件减少到 10971620 件，减少 1150518 件，下降 9.5%。至于"下降"论常常引用的青少年犯罪率，则以 1998 年青少年罪犯占刑事罪犯 39.4% 为最高，之前呈上升趋势，之后呈下降态势，2010 年下降到 28.6%，2015 年下降到 19.2%。[①]

深化改革：全面提升人口素质的关键

在肯定 68 年来人口素质提升取得巨大成绩的同时，随着时间推移，存在的问题也越来越明显地暴露出来。同社会经济发展类似，成绩更明显地体现在量的扩张上，问题更多表现在质的提升出现偏差、体制机制不适应上。因此，全面深化改革，目标应放在提质增效、重点放在体制机制上。

1. 深化同体能健康素质相关的体制改革

同人口体能健康素质相关的部门、事业和企业单位很多，最密切的当属医药、卫生和体育部门，是改革的重点。医药和卫生密不可分，可将二者放到一起阐述。医药体制改革起步很早，改革伊始便提了出来。然而 30 多年过后，却得出医药体制改革基本失败的结论。因为改来改去，主要在医药费用由谁支付上打主意，导致居民个人付费不断上升，国家、社会付费持续下降，看病难、看病贵愈演愈烈。统计资料显示，1978～2000 年政府卫生支出占比由 32.16% 下降到 15.47%，下降 16.69 个百分点；社会支出占比由 47.41% 下降到 25.55%，下降 21.86 个百分点；个人支出占比由 20.43% 上升到 58.98%，上升 38.55 个百分点。进入 21 世纪以后，这种情况才逐渐有所改变，2015 年政府卫生支出占比回升到 30.45%，接近改革前水平；社会支出回升到占 40.29%，距改革前还有 7.12 个百分点差距；个人支出下降到占 29.27%，比改革前还高出 8.84 个百分点。[②] 笔者以为，当前医改必须跳出"谁出钱"旧圈子，真正跨入体制改革大门。最重要的是打破医药资源特别是优质资源的垄断半垄断状态。改变优质资源过度集中于城市，特别是集中于北京、上海等特大城市的失衡状态，按照市场在资源配置中起决定性作用去改革，优化配置、合理使用各种医药资源。当前，为什么日均进京看病人数达到 23 万之众？要害在于优质医疗资源的高度集中，配置不合理。

---

① 《中国统计年鉴 2011》，第 932、940 页；《中国统计年鉴 2016》，第 792、799 页。

② 《中国统计年鉴 2016》，第 726 页。

医疗体制改革，要在坚持国家医药标准前提下，大力发展集体、个体、股份制、股份合作制等多种形式的医疗、医药机构，从根本上缓解和解决医药供给与需求的矛盾，改变配置不合理的失衡状况。

深化体育体制改革，近来讨论热烈，格外受到关注。笔者以为，首先要自上而下地树立正确的体育方针。众所周知，新中国成立后遵循"发展体育运动，增强人民体质"十二字方针，无论群众体育还是竞技体育，都获得长足进步。劳卫制、运动员等级制等积极推进，广播体操等群众性体育活动蓬勃开展，人民群众成为体育运动的主体，身体素质得到迅速提升。然而一个时期以来，却悄然走进竞技体育独大、群众性体育下滑误区。试看当今各级体育组织部门，谁不把争第一、拿冠军放在首位，有多少人真正关心和热衷群众性体育？这种现象有悖体育事业初衷，必须进行改革。我们不是不要竞技体育，竞技体育给人以向上的精神、勇气和活力；拿冠军应当鼓励，因为它是提振国威和民族进取精神的一条重要途径，也是全面提升人口素质不可或缺的重要环节，需要有相应的激励机制和政策。但是若将发展竞技体育、拿冠军作为主要甚至是唯一的目的，整个体育事业围绕这一目的和目标运行，那就脱离了增进健康、增强体质之本，有本末倒置之嫌。而且需要清醒地认识，群众性体育是竞技体育的基础。只有群众性体育健康、蓬勃地发展起来，才能砥砺竞技体育前行，冠军才能不断涌现，可持续性才能不断增强。深化体育体制机制改革，就要摆正竞技体育与群众体育的关系，将立足点转移到服务人民群众健康上来，将运动主体回归到人民群众上来。这是体育运动本质的回归，也是巩固竞技体育发展的基石，是整个体育事业的生命力所在。

2. 深化教育科技体制改革

实现现代化，科技是关键、基础在教育。全面提升人口素质，重点是科教素养素质的提升。前已论及，新中国成立以来尤其是改革开放以来，教育和科技发展异常迅速，取得令世人瞩目的成绩。然而也存在一些问题，主要是"应试"式教育科技体制问题。

（1）深化教育体制改革

目前的教育体制是什么，或者教育体制存在的主要问题是什么，笔者以为，可用"应试"式教育体制概括。由此，改革"应试"式教育体制，应成为教育改革的重点。所谓"应试"式教育，顾名思义，在教师教、学生学过程中，始终贯穿为了考试、应对考试、考好考试一条轴心，师生被绑架在考试"战车"上。或许这样说有点儿过分，然而当你走进那些典型"考试工厂""考试军营"的时候，甚至觉得这样说还有些苍白，还有更深刻的内涵没有表达出来。几年前，笔者曾回到50年前就读的高中母校探访。刚到校门口，就见紧闭着的大门上挂着一幅醒目的"免战牌"："本校封闭式教学，一律谢绝会客"。询问门卫得知：要想进门，需到20多公里外的市政府教育局办理准入手续。我顿时惊呆也明白了：母校也入围"高考工厂"了！又到当年一些相邻的中学走访一番，大多程度不同地"入围"了。只是笔者就读的独立高中，因成绩优秀、考入顶级高校考生占比较高，"入围"的深度更胜一筹罢了。这就发生了一种奇怪的社会现象：如将中外中学生放在一起比较，论考试成绩，中国学生可能占优，高考的升学率比较高。论独立思考和动手能力，外国学生可能表现更突出一些，应对能力更强一些。在独生子女占比较高的中国，人们望子成龙心切，中学上完上大学、名牌大学，大学上完读研究生、出国深造，是完全可以理解的。俗话讲"人往高处走，水往低处流"。然而必须懂得：真正的"高处"是智能、真才实学，而不在于表面上的"名气""牌子"。

这就不能不说到风传一时的"钱学森之问"。长期以来，"钱学森之问"被传成"为什么我们的学校总是培养不出杰出人才"。实则这是一种误解。实际情况是：2005年7月，时任国务院总理的温家宝到解放军总医院探望钱老，在谈到未来15年科技自主创新等问题时，钱老表示同意并说："我要补充一个教育问题。现在中国没有完全发展起来，一个重要原因是没有一所大学能够按照培养科学技术发明创造人才的模式去办学，没有自己独特的创新的东西，老是'冒'不出杰出人才。这是很大的问题。"显然，这里钱老指的是在培养科技创新人才和办学模式上存在的问题，是教育体制问题。①笔者以为，这是钱老对我国科教事业发展所做的最后一大贡献。提出了要"按照培养科学技术发明创造人才的模式去办学"，即教育体制创新改革问题。多年来，教育体制改革取得不少进展，但是应试式教育体制并未真正打破。"没有一所大学能够按照培养科学技术发明创造人才的模式去办学"，画龙点睛地击中我国教育存在的体制障碍。由于办学模式不同，后果自然也就不同，杰出人才老是"冒"不出来也在情理之中。办学模式是本、是前

---

① 参见张瑜：《正确解读"钱学森之问"》，《红旗文稿》2013年第4期。

因，人才是末、是后果。社会上流传的"钱学森之问"只讲后果，没有前因，因而有悖"钱学森之问"本意。办学模式、教育体制带有根本的性质，是能否培养出创新性杰出人才的关键，教育改革应由此迸发。

从实际出发，教育体制改革要特别注重以下三个方面。

其一，明确"立德树人"教育方针。现在的教育方针，经历内容几次增加过程，故显得很全面。问题是在涵盖面宽泛情况下，概括不够精炼，重点不够突出。教育方针应是指导教育的方向和目标，服务于满足国民全面发展，包括生理、心理、交往和文化发展的需要；适应经济发展和社会进步对人力资本的需求，以增强人力资本积聚为己任；促进资源节约型、环境友好型社会建设，发挥教育的基础性作用。如此，笔者认为教育方针的精髓在"立德树人"，以培养德才兼备的劳动者和接班人为宗旨。"立德"，就是要倡导高尚的道德和品行，既要继承前人的高尚品德，也要培养具有时代精神的道德风范。因而不是一时之计，而是百年大计、千年大计，是实现中华民族伟大复兴中国梦的重要根基。"树人"就是要树立起有知识、有本领并且能够将知识转化为本领的有用之才；而不是将所学知识束之高阁、理论脱离实际的清客。

"立德"与"树人"是相辅相成的统一体，密不可分，不能偏废、顾此失彼。

其二，改革招生考试制度。实践已经证明，"一考定终身"的应试式教育危害很大，偏离了立德树人教育方针和培养什么人的大目标。我们的目标是培养德、智、体、美、劳全面发展的劳动者和接班人；而不是置经济、政治、科技、文化、社会实践于不顾，仅仅在考试、录取、文凭上面的良好表现者。前面提到，中央全面深化改革决定中已经提出了教育改革的方向和主要方面，现在的问题是怎样落到实处。落实既要明确方向、政策、重点，更要勇于试点，从实际改革中总结经验。事实上已经涌现出一批这样的试点学校。如复旦附中开展的"菁英计划"，让学生到条件比较艰苦的农村中学去，同当地学生共同学习生活一周，体验不同环境下生活和学习的艰辛，磨炼意志和增进智慧，加强对劳动的热爱和集体精神的培养。有的学校组织学生到条件较差的偏远地区"山村游学"，利用所学知识，自己动手砍柴、生火、烧水、做饭、拉电线、装电灯、组装太阳能热水器。一些学生还自愿当起村校"支教老师"，互相听课、评比和改进教学，将带来的课本和图书分发给村校同学，深切体验与他们在学习和生活上的巨大差距，感觉上受到震撼，思想上得到某种净化。①

其三，推进高校"去行政化"改革。尽管对高校"去行政化"存在争论，但是对目前行政干预过多、必须进行改革，则取得普遍共识。大学"行政化"，是指学校建制、制度、管理、观念等，沿用政府行政的一套体制和办法。在政府与大学之间的关系上，政府对制定学校发展规划，人、财、物主要资源的配置和使用管理等干预过多。学校要向政府主管部门打报告，经审核、批准后才能实施。在学校内部，机构设置、干部任免、师资配备、级别待遇等，也主要由行政领导决定。如此一来，一所大学关起门来就像一个小社会，通行的是同门外的社会一样的行政管理制度。在市场经济条件下，大学已经成为相对独立的主体并同各种市场主体建立了密切的联系，成为社会经济发展不可或缺的重要组成部分。而这一套行政化的机构设置、资源配置和管理体制，再加上来自政府的干预不断，分散了学校专心致志办学的精力，阻碍了学校自主办教育的创造力，削弱了学校出人才、出成果的能力。"去行政化"改革并非不要行政制度和行政管理，而是要将这一套纳入教育体系、体制和机制中去。重点是体制改革。要赋予学校更多的自主权，考试招生、教学科研、职称评定、经营管理等，主要由学校自主决定，充分发挥学校自主办教育的积极性、创造性。

（2）深化科技体制改革

新中国成立近70年来，在科学技术上取得的巨大成就有目共睹。不仅"两弹一星"，在计算机、宇航、海洋、生物、新材料、高铁等研究和应用上，均取得新的突破，许多已经站到国际前沿。但是除医学界一人拿到诺贝尔奖外，却找不到其他身影。相反，海外华人数量不多，却有杨振宁、李政道、丁肇中等陆续摘冠。原因何在？恐怕和科技体制有着某种关系。第二次世界大战后特别是进入21世纪以来，边缘、交叉、综合学科发展迅速，以课题组团队出现的研究逐渐增多起来。毫无疑问，这是一种具有生命力的科研模式，我国"两弹一星"就是成功的范例。不过一般的课题组团队研究的课题，大都为应用性研究。课题来源，或者由政府有关部门直接委派；或者采取招标，包括各种基金组织的项目招标和评审，都具有明显的自上而下性质。这种团队课题组式研究，有它的优势和可取

---

① 参见《文汇报》2012年10月25日、2014年5月8日、2014年5月9日。

之处，尤其是大型工程项目优势更为明显。然而也有着明显的弱点：与个人研究的兴趣不完全吻合，学术创新能力不容易完全发挥出来，重大发明创造和专利成果偏少。洞察古今中外重大科学技术发明，很少来自这种课题组式团队研究，更多来自以学者个人为主的独立研究。这很值得思考。为什么我们的科技投资效益不够高？统计资料显示，2011 年与 2015 年比较，R&D（全时人员数加非全时人员按工作量折算为全时人员数总和）由 288.3 万人，增加到 375.9 万人，增长 30.4%；R&D 经费支出由 8687.0 亿元，增加到 14169.9 亿元，增长 63.1%；占国内生产总值的比例由 1.78%，上升到 2.07%，升高 0.29 个百分点。科研产出及成果相关的几项数据为：发表科研论文数由 150 万篇，增加到 164 万篇，增长 9.3%；科技成果登记数由 44208 项，增加到 55284 项，增长 25.1%；高技术产品进出口额由 10120 亿美元，增加到 12046 亿美元，增长 19.0%。① 仅以这几项指标比较，足见研究与试验人员、经费投入增长远高于科技产品及成果的增长，效益不够高的情况比较明显。一些科研机构中，领导、管理人员占比过高，一线直接从事科研的研究人员占比偏低。"婆婆"过多阻碍着科研成果的数量和质量，妨碍着效率、效益的提升。

改革这种类似教育"应试"式的科技体制，《中共中央关于全面深化改革若干重大问题的决定》给出基本的遵循。笔者以为，当前首要的一条，仍是厘清政府与市场的关系。团队课题组式科研体制，往往是政府意志的直接担当者，控制着资源的供给、分配和使用。改革就需要澄清政府和市场的关系与责任，明确政府应该干什么、怎么干。从实际出发，笔者以为，政府应当把握好基础性、战略性、前沿性科学研究和共性技术研究的方向与重心，整合科技规划和资源，按照这"四性"建立与之相应的支持体制机制。扎根基础性研究、把握战略性研究、推进共同性研究、提升前沿性研究是改革重点，按照这样的要求建立政府支持体制和体系。市场则侧重专业的前沿性研究，运用市场体制机制，发挥专业技术人才的积极性、创造性。坚持面向经济建设主战场基本方针，发挥市场对技术研发方向、路线选择、要素价格、各类创新要素配置的导向作用。努力推进产、学、研相结合、一体化，大力推进科技体制创新。健全技术创新激励机制，加强知识产权的运用和保

---

① 《中国统计年鉴 2016》，中国统计出版社，2016，第 638 页。

护。发展技术市场，建立规范化的技术转让、交易平台，加强法治化管理。建立主要由市场决定的管理机制。打破过去行政主导、部门分割的旧体制，谋求建立资源配置、管理由市场决定和调节的新机制。

3. 深化同素养文明素质相关的体制改革

全面提升人口素质，当然包括人口素养文明素质。不过，关于文明素质概念，至今仍有歧义。有的称之为人口政治、思想素质，突出政治、阶级层面的含义；有的称之为人口道德、文化素质，彰显观念、文化内涵。这就牵涉到人口素质概念问题。什么是人口素质？人口（population），指居住在特定地域内的人的总体。素质（quality），指事物本来具有的性质和特点。二者组合到一起，指特定地域内总体人口具有的质的规定性和表现出的基本特点。如此，无论偏向政治还是偏向观念层面的定义，均难以揭示人口素养的性质和特点。还要考虑到素质是可以度量、不断发展着的，具有可比性和连续性特征。这也是以上两种定义很难做到的。有鉴于此，笔者提出素养文明素质概念。素养（accomplishment）即平素的修养，具有本原性质；文明（civilization），取意识形态意义层面。如此，人口素养文明素质可定义为一定地域内总体人口平素的文明修养。包括信仰、诚信、人际关系、代际关系等道德修养；遵纪、守法等法治意识和行为的修养；保护自然环境、维护生态平衡等人与自然和谐的修养等。这样的素养文明素质均有相应的衡量指标。如包括环境保护在内的遵纪、守法素养文明素质，可有成年人、青少年犯罪率等指标；尊老爱幼、救死扶伤、克己奉公等道德素养文明素质，可通过专项调查获得相应的数据，在设定的指标上反映出来。素养文明素质涉及的面较宽，深化相关体制改革涉及领域广泛。一方面要进行正面宣传教育，尤其是思想、道德修养的宣传教育，以生动的案例树起提倡什么、反对什么的样板，形成常态化的宣传教育体制机制；另一方面要纳入法治建设轨道，凡是能够纳入法律规范的公共事物，都要制定出尽可能详尽的法律法规，做到有法可依、违法必究。同素养文明素质提升相关的体制改革，要按照宣传和法治两条路径双管齐下、软硬兼施，融入全面发展战略布局。

这里需要讨论一下社会主义核心价值观问题。因为素养文明素质的形成和演进，在颇大程度上取决于价值判断。当前，社会主义核心价值观无疑是影响个人、群体、组织价值判断的重要因素。定义准确、概括得好，影响力可能大一些；定义不够清晰、概括不够恰当，影响力、作用力可能就小一些。现在提出的富强、民主、文明、和谐、自由、平等、公正、法治、爱国、敬业、诚信、友善社会主义核心价值观，一般解释为三个层面：前8个字4个词组为国家层面，中间8个字4个词组为社会层面，最后8个字4个词组为个人层面，是互相联系、互相促进的统一体。应当说，这24个字、12个词组涵盖了价值观方方面面的内涵，是比较全面的。不过"核心价值观"内涵如此之多，究竟哪一个或哪几个"重心"，才足以托起诸多"核心"？2012年11月，习近平总书记在党的十八届一中全会的讲话中指出："全面建设小康社会、进行改革开放和社会主义现代化建设的根本目的，就是要通过发展社会生产力，不断提高人民物质文化生活水平，促进人的全面发展。"①　随后，在十八届中共中央政治局常委同中外记者见面时的讲话中又指出："人民对美好生活的向往，就是我们的奋斗目标。"②　笔者以为，习总书记的讲话，给我们认识社会主义核心价值观指出了方向。需要沿着经济是基础、经济基础决定上层建筑的唯物史观，去提炼、聚焦、浓缩社会主义核心价值观。如此，笔者提出：可用"共同富裕"概括。不讲一般的哲学道理，仅就"共同富裕"四个字的涵义而论，可以说，涵盖了上述24字的基本内涵。"富裕"宣布：贫穷不是社会主义，彰显人民对美好生活向往的愿景。怎么才能富裕？发展社会生产力，坚持以经济建设为中心。怎样发展社会生产力？以人为本，协调推进，落实"四个全面""五大发展理念"战略布局。坚持改革开放，把握好步入全面发展新阶段的战略、策略、方针、政策。"共同"是共产党人不同于历代统治阶级的根本区别。革命战争时期，遵循相信群众、发动群众、组织群众，依靠人民战争夺取革命胜利。和平建设时期，同样要践行发展为了人民、发展依靠人民、发展成果人民共享基本准则。"人民共享"，包括经济成果、政治成果、精神层面成果由全体国民共享，共同捍卫发展成果。"共同富裕"既是发展的目标，又蕴含发展必须遵循的基本原则、战略和策略。由此决定着意识形态、国家机器等上层建筑的性质、改革和发展的方向。"共同富裕"核心价值观和相应的体制机制，引领和规范着人口素养文明素质的提升，也就有了相应的方向和制度保证。

---

① 参见《党的群众路线教育实践活动学习文件选编》，党建读物出版社，2013，第8页。
② 参见《党的群众路线教育实践活动学习文件选编》，党建读物出版社，2013，第8页。

参考文献

［1］《中共中央关于全面深化改革若干重大问题的决定》，载《改革开放以来历届三中全会文件汇编》，人民出版社，2013。

［2］《中共中央关于制定国民经济和社会发展第十三个五年规划的建议》，载《人民日报》2015 年 11 月 4 日。

［3］习近平：《在党的十八届一中全会上的讲话》，载《党的群众路线教育实践活动学习文件选编》，党建读物出版社，2016。

［4］欧阳淞、高永中主编《改革开放口述史》，中国人民大学出版社，2014。

［5］《国家中长期教育改革和发展规划纲要》（2010～2020 年），载《博士后交流》2010 年第 3 期。

［6］田雪原：《大国之路——21 世纪中国人口与发展宏观》，中国社会科学出版社，2016。

［7］张瑜：《正确解读"钱学森之问"》，《红旗文稿》2013 年第 4 期。

［8］陈希：《加快建设人才强国》，《人民日报》2015 年 11 月 11 日。

［9］唐俊超：《入学阶段的教育不平等现象更为严重》，《社会学研究》2015 年第 3 期。

（原载《东岳论丛》2018 年第 1 期）

适时进行生育政策调整

人口生育政策同其他许多政策一样，既具有相对的稳定性，使政策的威力和作用得以充分发挥；也具有一定的阶段性，随着人口转变、社会经济发展进入新的阶段，需要做出适时的调整。

逐步趋于稳定的生育政策

提倡一对夫妇生育一个孩子政策出台后，一时间，独生子女率成为追逐的目标，一些宣传也简单化为"一孩政策"（one child policy）、"一胎化政策"。实际上，"提倡一对夫妇生育一个孩子"并不等于"一孩政策""一胎化政策"。《中共中央关于控制我国人口增长问题致全体共产党员共青团员的公开信》（以下简称《公开信》）指出："某些群众确实有符合政策规定的实际困难，可以同意他们生育两个孩子，但是不能生三个孩子。对于少数民族，按照政策规定，也可以放宽一些。节育措施要以避孕为主，方法由群众自愿选择。"[①] 可见，最初提倡生育一个孩子就不是"一刀切""一胎化"的政策，已经有了照顾确有实际困难群众、对少数民族放宽一些、方法以避孕为主并尊重群众自愿选择的明确要求。

1981 年 9 月，中央书记处召开会议，明确人口和计划生育政策制定的原则，提出调查研究后再拿出农村人口生育政策的具体意见。会议指出："必须根据新的形势和实践经验，对计划生育工作的方针政策进一步加以研究，使其更加符合实际情况，易为广大群众接受，经过工作可能实现。"显然，这次会议强调了人口生育政策要更加符合实际，注重现实可行性。具体政策方面，提出"今后在城市仍然应该毫不动摇地继续提倡每对夫妇只生一

---

① 参见彭珮云主编《中国计划生育全书》，中国人口出版社，1987，第 16~17 页。

胎，在农村则要根据农村实行责任制以后的新情况，一方面抓紧工作，另一方面适当放宽，至于农村放宽到什么程度，有两个方案：第一，提倡每对夫妇只生一胎，允许生两胎，杜绝三胎；第二，一般提倡每对夫妇只生一胎，有实际困难的，可以批准生两胎"。还决定"走群众路线，找有关专家和基层同志，讨论一下这个问题。再征求各省、市、自治区党委书记的意见"。①

会后，中央办公厅将这次会议的有关文件发往各省、自治区、直辖市征求意见。反馈回来的结果是：6 个省、自治区同意第一方案，15 个省、自治区、直辖市及全军计划生育领导小组同意第二方案，5 个省、直辖市赞成《公开信》的口径，3 个自治区没有反馈意见。根据这一情况，1981 年 12 月，中央召开由各省、自治区、直辖市党委第一书记参加的座谈会，经过反复讨论，第二方案得到多数与会同志的认同。在此基础上，1982 年 2 月 9 日，中共中央、国务院发出《关于进一步做好计划生育工作的指示》（以下简称《指标》），明确要"继续提倡晚婚、晚育、少生、优生。具体要求是：国家干部和职工、城镇居民，除特殊情况经过批准者外，一对夫妇只生育一个孩子。农村普遍提倡一对夫妇只生育一个孩子，某些群众确有实际困难要求生二胎的，经过审批可以有计划地安排。不论哪一种情况都不能生三胎。对于少数民族，也要提倡计划生育，在要求上，可适当放宽一些。具体规定由民族自治地方和有关省、自治区，根据当地实际情况制定，报上一级人大常委会或人民政府批准后执行"。中央和国务院的《指示》，还明确了奖励和限制的具体政策。对独生子女及其家庭的奖励和照顾中，有"发给独生子女保健费""适当延长产假，产假期间工资照发，并不影响其调资、晋级"；农村实行生产责任制的地区和单位，"对独生子女家庭包产低一些，或多承包责任田"等。对不按计划生育的居民，"国家干部和职工、城镇居民，计划外生第二胎的，要取消其按合理生育所享受的医药、福利等待遇，还可视情况扣发一定比例的工资，或不得享受困难补助、托幼补助"；"对农村社员超生的子女不得划给责任田、自留地；或对超生子女的社员给予少包责任田，或提高包产指标等限制"。②

---

① 国家人口和计划生育委员会编《中国人口和计划生育史》，中国人口出版社，2007，第 125 ~ 126 页。

② 国家人口和计划生育委员会编《中国人口和计划生育史》，中国人口出版社，2007，第 126 ~ 127 页。

在实施上述人口生育政策过程中，对于什么样情况下可以生育第二个孩子，在宽严掌握上各地有很大出入。1982年8月，国家计划生育委员会召开全国计划生育工作会议，学习贯彻中央11号文件，会后向中共中央、国务院上报了《全国计划生育工作会议纪要》（以下简称《纪要》）。10月20日，中共中央办公厅、国务院办公厅转发了《纪要》。《纪要》强调要把实现计划生育的奋斗目标和照顾群众的实际困难结合起来，把政策建立在更加切合实际的基础上。《纪要》综合了当前各地执行计划生育政策的总体情况："在《指示》（指1982年中共中央、国务院《关于进一步做好计划生育工作的指示》）下达之前，各省、市、自治区规定了三种情况可以生育二胎：1. 第一个孩子有非遗传性残疾，不能成为正常劳动力的；2. 重新组合的家庭，一方原只有一个孩子，另一方系初婚的；3. 婚后多年不育，抱养一个孩子后又怀孕的。在贯彻《指示》的过程中，很多省、市、自治区在上述三种情况之外，对农村又新增加了四五种或六七种，主要有：1. 两代或三代单传的；2. 几兄弟只有一个有生育能力的；3. 男到独女户家结婚落户的；4. 独子独女结婚的；5. 残疾军人；6. 夫妇均系归国华侨的；7. 边远山区和沿海渔区的特殊困难户"。[①]

针对这些情况，1984年4月13日，中共中央在《批转国家计划生育委员会党组〈关于计划生育工作情况的汇报〉》（即中央〔1984〕7号文件）中，在肯定过去几年计划生育工作取得很大成绩的基础上，指出今后抓紧抓好工作的标志是"发扬成绩，克服缺点，解决问题"。强调"要把计划生育政策建立在合情合理、群众拥护、干部好做工作的基础上"。指出："要继续提倡一对夫妇只生育一个孩子。同时要进一步完善计划生育工作的具体政策，当前主要是：1. 对农村继续有控制地把口子开得稍大一些，按照规定的条件，经过批准，可以生二胎；2. 坚决制止大口子，即严禁生育超计划的二胎和多胎；3. 严禁徇私舞弊，对在生育问题上搞不正之风的干部要坚决予以处分；4. 对少数民族的计划生育问题，要规定适当的政策。可以考虑，人口在1000万以下的少数民族，允许一对夫妇生育二胎，个别的可以生育三胎，不准生育四胎。具体规定由民族自治地方的人大和政府，有关的省、自治区，根据当地实际情况制定，报上一级人大常委会或人民政府批准后执行"。7号文件还对提倡优生学、加强科学技术指导、经费的使用和管

---

① 国家人口和计划生育委员会编《中国人口和计划生育史》，中国人口出版社，2007，第127页。

理、改进工作作风等，做出批示和提出意见。①

中央〔1984〕7号文件下发，给计生工作带来一定影响，在"开小口""堵大口"中，出生率有小幅回升。经过几年的实践，1988年3月31日中共中央政治局常委会举行会议，讨论国家计划生育委员会《关于计划生育工作汇报提纲》。会议回顾了人口生育政策，指出大体经历的过程如下。1980年中央发出《公开信》，提倡一对夫妇只生一个孩子。同时指出"某些群众确实有符合政策规定的实际困难，可以同意他们生育两个孩子，但是不能生三个孩子"。《公开信》发表以后的几年间，广大干部做了大量艰苦的工作，计划生育工作取得很大成绩，工作中也存在一些问题。在这种情况下，山东省从实际出发提出"开小口、堵大口"，实行的效果较好，中央肯定了他们的做法。这次会议重申，"我国计划生育工作的现行政策是：提倡晚婚晚育、少生优生，提倡一对夫妇只生育一个孩子；国家干部和职工、城镇居民除特殊情况经过批准外，一对夫妇只生育一个孩子；农村某些群众确有实际困难，包括独女户，要求生二胎的，经过批准可以间隔几年以后生第二胎；不论哪种情况都不能生三胎；少数民族地区也要提倡计划生育，具体要求和做法可由有关省、自治区根据当地实际情况制定"。② 据笔者所知，这是中央首次明确提出农村独女户可以生育第二胎，这一具体政策对后来的人口变动，特别是出生性别比影响很大。会议还特别指出，上述政策是今后相当长时期内必须坚持贯彻执行的。要保持这个政策的稳定，以利于控制人口增长。

根据中央制定的这一政策，1989年国家计生委主任彭珮云同志在全国计生委主任会上的讲话中指出："要继续全面贯彻落实中共中央制定的计划生育现行政策，各地必须严格执行，决不能政出多门，不允许自行开'新口子'，凡执行的政策比中共中央现行政策宽的地方，必须向中共中央写出正式的请示报告。要继续大力提倡晚婚晚育、少生优生，提倡一对夫妇只生育一个孩子，在城市、城市郊区和经济文化比较发达的农村，要巩固和发展已经取得的成绩，努力为国家控制人口增长做出更大的贡献。在广大农村，在提倡一对夫妇只生育一个孩子的同时，要认真贯彻落实照顾'独女户'间

---

① 国家人口和计划生育委员会编《中国人口和计划生育史》，中国人口出版社，2007，第127~128页。

② 国家人口和计划生育委员会编《中国人口和计划生育史》，中国人口出版社，2007，第128~129页。

隔几年以后生第二胎的政策。"① 由此，经过长达近 10 年之久的实践、讨论、修改，人口生育政策基本上稳定下来。各地结合本地区实际，按照中央政策制定了本省、自治区、直辖市贯彻落实的具体政策。根据国家人口和计划生育委员会编辑的《中国人口和计划生育史》，全国 31 个省、自治区、直辖市，大致可分为 5 类。

第一类为一对夫妇生育一个孩子，有特殊情况（各地规定的特殊情况一般在 10 种左右）的可以再生育一个子女的政策。属于这种类型的有北京、天津、上海、江苏等省、直辖市。

第二类为依据不同条件进行分类指导，有区别地在农村实行只有一个女孩的农民生育两个子女的政策。属于这种类型的，根据地理条件分类指导的有重庆、四川等省、直辖市；根据计划生育工作水平分类指导的有浙江、福建等省。重庆市的山区、四川省大山区的农民，可以生育两个子女。

第三类为农村只有一个女孩的农民，实行可以生育两个孩子的政策。属于这种类型的有河北、山西、内蒙古（仅对汉族居民）、辽宁、吉林、黑龙江、安徽、江西、山东、河南、湖北、湖南、广西、贵州、陕四、甘肃等省、自治区。

第四类为农村实行普遍生育两个子女的政策。属于这种类型的有广东（1998 年以前）、海南、云南等省，以及一些省的局部地区，如河北省的山区、坝上、沿海渔区，黑龙江省的边境地区，安徽省的大山区，福建省的人少地多地区，广西壮族自治区的边境地区，重庆市的部分山区，四川省的大山区，以及开展计划生育工作试点的山西省翼城县、甘肃省酒泉地区等。

第五类为由民族自治地方确定的少数民族生育政策。属于这种类型的有内蒙古自治区（一般少数民族可以生育两个子女，夫妻双方为农牧业人口的可以再生育一个子女，对达翰尔、鄂温克、鄂伦春等族有节育要求的，提供计划生育技术服务），广西壮族自治区（人口在 1000 万以下的少数民族可以生育两个子女），西藏自治区（区内藏族干部、职工等城镇居民可以生育两个子女，有特殊情况的可以生育三个子女；核心农牧区以自愿为主，提倡生育三个子女；对边境农牧区、门巴、珞巴族及夏尔巴人、僜人只进行计划生育宣传），青海省（农村普遍生育两个子女；牧区的少数民族牧民可以生育三个子女），宁夏回族自治区（农村夫妻以及双方中一方是城镇居民、一方

---

① 国家人口和计划生育委员会编《中国人口和计划生育史》，中国人口出版社，2007，第129 页。

是农民的夫妻普遍生育两个子女；固原、海原、西吉、隆德、泾源、彭阳、盐池、同心等 8 县少数民族农民可以生育三个子女），新疆维吾尔自治区（农牧民可以生育两个子女；少数民族农牧民可以生育三个子女，有特殊情况的可以生育四个子女）。①

与时俱进的生育政策调整

1980 年人口座谈会向中央书记处的报告，阐述的中心之一，是提倡一对夫妇生育一个孩子既非权宜之计，也非永久之计，主要是着眼于控制一代人的生育率，即 25 年左右、最多不超过 30 年的一项特殊的生育政策。一代人过后，人口形势发生变化，就要进行必要的调整，实行与时俱进的人口生育政策。眼望着 25 年政策调整时间节点到来，生育政策却不见调整的任何迹象。笔者心中委实无法平静，于是在 30 年最后一个时间节点到来之际，在《人民日报》公开发表署名文章《新中国人口政策回顾与展望》；同时发表专著《中国人口政策 60 年》，该书入选中央宣传部、新闻出版总署“辉煌历程——庆祝新中国成立 60 周年重点书系”。在论文和专著中，笔者从理论与实践的结合上并以亲身的经历，阐发了新中国人口生育政策的来龙去脉，当前的人口形势，生育政策必须进行调整和调整的具体建议。提出双独生二：全国不分城乡，夫妇双方均为独生子女者，可以无条件地生育两个孩子；一独生二：夫妇一方为独生子女者，可以生育两个孩子，农村即可开始，城镇可晚二年实行；限三生二：由于在计划生育框架下，具体的生育政策制定权在各省、自治区、直辖市人民代表大会或人大常务委员会，除人数较少的少数民族之外，能够保证不生育三个及以上孩子的省、区、市，可以普遍生育两个孩子。实施这样的生育政策，可能带来小幅度的生育率、出生率反弹；但是不会引起大幅度的反弹，既定的人口控制目标不会受到大的影响，人口发展战略仍可沿着原来的“三步走”推进。

人口学界对于生育政策调整呼声颇高，尽管预测结果有所不同，建议调整的力度有所不同。不过基本的调整方向和思路是大同小异、有基本共识的。然而调整却迟迟不能启动。到 2013 年 11 月，党的十八届三中全会召开，本次会议通过的《中共中央关于全面深化改革若干重大问题的决定》

---

① 国家人口和计划生育委员会编《中国人口和计划生育史》，中国人口出版社，2007，第 129 ~ 130 页。

（以下简称《决定》）发布，标志着继党的十一届三中全会之后，新一轮改革的再启程、再进发。《决定》关于人口和计划生育工作写道："坚持计划生育基本国策，启动实施一方是独生子女的夫妇可生育两个孩子的政策，逐步调整完善生育政策，促进人口长期均衡发展。"① 至此，"一独生二"政策调整始得落地，是与时俱进政策调整重要的一步。

此后，人口生育政策调整的步伐有所加快。两年后，2015 年《中共中央关于制定国民经济和社会发展第十三个五年规划的建议》提出：坚持计划生育的基本国策，完善人口发展战略。全面实施一对夫妇可生育两个孩子政策。提高生殖健康、妇幼保健、托幼等公共服务水平。帮扶存在特殊困难的计划生育家庭。注重家庭发展。"全面二孩"生育政策终于获准通过，生育政策调整基本到位。

实施"一独生二""全面二孩"政策，是"提倡一对夫妇生育一个孩子"生育政策带有根本性的转变，战略性的调整。它标志着以生育一个孩子为主的生育政策的终结，"全面二孩"时代的正式开启。会不会由此带来生育率和出生率的反弹升高？笔者以为，一定程度的反弹和升高是必然的，问题是反弹的力度有多大，升高的幅度有多高。匡算一下，最近几年每年可能多出生人口 200 万～300 万。2015 年末全国总人口 137462 万，出生人口 1655 万，出生率为 12.07‰；死亡人口 975 万，死亡率为 7.11‰；自然增长人口 681.81 万，自然增长率为 4.96‰。若出生人口增加 200 万～300 万，即上升到 1855 万～1955 万，那么出生率当为 13.49‰～14.22‰，如果死亡率保持为 7.11‰，则自然增长率当为 6.38‰～7.11‰，增加 1.42～2.15 个千分点。不过出生率变动受到多种因素作用，譬如 2016 年是丙申猴年，一些人有猴年生人聪明的观念，图个吉利便抢着生，出生率就可能高一些。但是"十月怀胎、一朝分娩"，"全面二孩"政策实施不久，抢着生也不一定来得及，这又从相反的方面制约着出生率的升高。笔者预料，五六年以后，已有一孩想再生一孩的父母走出生育旺盛期，出生率升高反弹的势能基本上释放出来以后，出生率和自然增长率则可步入新的常态化，处于比较稳定的状态。因此，"一独生二""全面二孩"政策调整以后，出生率和自然增长率升高反弹的高度不会很高，基本上不会影响到全国人口零增长目标的实现，是"三步走"人口发展战略的应有之义，可以预测的结果。

---

① 《中国共产党第十八届中央委员会第三次全体会议文件汇编》，人民出版社，2013，第 69 页。

走中国式"家庭计划"之路

"家庭计划"（family planning）是国际社会服务生育的一种组织形式，以家庭为单位着眼于家庭经济、妻子健康和生育行为的一项安排。众所周知，18 世纪中叶产业革命兴起后，人口神话般增长起来，引起广泛的社会关注，各种控制人口增长的主张和学说破土而出。尤其是 1798 年马尔萨斯（Thomas Robert Malthus）匿名发表《论影响于社会改良前途的人口原理并论葛德文、孔多塞和其他作家的推论》，此书实为马尔萨斯《人口原理》初版。1803 年其用实名发表《人口原理》（实为第二版）以后，如何解决人口过剩成为社会关注的一大热点。然而无论马氏不结婚、不生育的"消极抑制"，还是通过战争、瘟疫等手段的"积极抑制"，均遭到舆论的强烈反对。在这种背景下，避孕节育悄然而起，在西方得到广泛传播，以至于演变成新马尔萨斯主义。美国的 M. 桑格夫人表现尤为抢眼。1915 年她在纽约组织了美国节育协会，出版了《节育评论》；之后到日本、印度等国家进行宣传活动，1923 年在纽约成立全球首家节育指导机构——节育门诊研究室。在她的倡议下，1927 年第一次世界人口大会在瑞士日内瓦召开，节育成为会议的主题。时光进入 20 世纪 30 年代，"家庭计划"一词率先在英国出现并正式使用，随后迅速传播开来，对节制生育、生育计划等产生深刻的影响。

第二次世界大战结束后，桑格夫人联合多国从事家庭计划工作的女性，于 1952 年成立国际计划生育联合会（International Planned Parenthood Federation, IPPF，以下简称国际计生联），宗旨是：促进各国家庭生育计划，保护父母和儿童身心健康，对世界人民进行人口教育，促进对人类生育和生育调节的研究，并推广相应的科研成果。国际计生联成立后，吸收 120 多个国家和地区的全国性家庭计划机构加盟，发挥了国际组织应有的作用，受到各国人士的积极评价。

国际计生联及各国的计划生育协会，旨在大力推进家庭生育计划、以保护妇幼健康为主导的政策、措施和行动计划。由于各国的国情不同，经济、科技、文化、社会发展差异很大，家庭计划的重点和取向也不尽相同。在西方发达国家，家庭夫妇有权自主决定生育等家庭计划；许多发展中国家由于经济、文化、社会发展比较落后，生育率普遍比较高，遂将家庭计划的目标锁定在限制生育的数量上，有的则等同于生育控制。中国作为当今世界最大的发展中国家，中国计划生育协会作为同国际计生联对接的组织，有着同绝大多数发展中国家类似的情况。然而在中国，真正起着领导作用的是国家和各省、自治区、直辖市及下属的各级计划生育委员会（后陆续更名为人口和计划生育委员会、卫生和计划生育委员会、卫生健康委员会），是国务院和各级地方政府组织的一个部门。这与其他国家主持家庭计划的民间组织截然不同——那些组织包括某些发展中国家也将家庭计划纳入本国人口规划的组织，均属于非政府组织（NGO）或非营利组织（NPO），不在政府组织机构系列。

"全面二孩"生育政策实施后，社会上已有人在讨论中国政府的计划生育机构向何处去的问题，观点不尽一致。有长期保留"不变论"，主张现存各级政府计生机构继续下去，体制不变、性质不变、职能不变；也有"取消论"，认为随着我国人口问题的逐步解决，未来不是控制人口增长而是要鼓励人口增长，如同西方某些国家那样，将生育权完全归还于民只是时间问题。笔者以为，"不变论"既没有看到我国人口再生产发生的根本性转变——目前已步入后人口转变中期，再过12年左右将实现人口零增长，然后转入一定程度的负增长；也没有看到当前已经进入全面建成小康社会、全面深化改革、全面依法治国、全面从严治党"四个全面"的社会背景，人口管理如何与这种大背景相适应。特别是在全面依法治国布局下，人口管理体制、机制、政策等如何纳入法治化建设轨道，将生育决定权最终回归个人和家庭的发展大势。"取消论"虽然看到这种发展大势，但是在如何看待我国人口问题性质、人口政策调整取向和人口政策调整步骤上，还需要具体问题具体分析，有深入讨论之必要。如怎样看待我国人口问题性质，是否已经到了由人口压迫生产力转变到生产力压迫人口？怎样看待人口生育政策调整，是否已经到了需要鼓励人口增长的时候？笔者认为，当前和今后一定时期内，从根本上说人口问题依然属于人口压迫生产力，即人口过剩性质。因而不但不需要大量增加人口，相反需要进行适当地节制。实现人口零增长和一定程度的负增长，是"三步走"人口发展战略最终目标的应有之义，是实现人口与资源、环境、经济、社会可持续发展的应有诉求。不过，实现人口、资源、环境、经济、社会可持续发展战略是一个长期的发展过程，在人口零增长、一定程度负增长过程中，可能出现人口和劳动力结构性短缺、人口年龄结构老龄化比较严重、社会负担较重等问题，以及由此给社会经济发展带来正反两方面的影响。我们的任务，就是要发扬光大正面的影响，减轻缩小负面的影响，尽可能地扬长避短、趋利避害。按照党的十八届三中全会通过的《中共中央关于全面深化改革若干重大问题的决定》和其后历次会议精神，改革目前政府人口管理体制机制，积极吸纳国际社会家庭计划合理成分，建立具有中国特点的家庭计划生育机制机构，是今后改革的任务和方向。

推进政府人口计生机构体制改革，首先要从中国实际出发，总结我们自己的经验。新中国成立68年来，人口计生道路几经波折，积累了不少成功和不成功正反两方面的经验，走到今天实属不易。当前最重要的，是要认清形势，明确改革的方向。前已叙及，人口形势步入后人口转变中期，人口内在自然增长率下降到负值已经20多年，人口零增长一天的到来已经依稀可见，具备了旨在适当调高生育率的生育政策调整的人口条件。经济形势进入新常态，在"人口盈利""人口红利"衰减情况下，适当调高生育率是中长期经济持续发展的需要。迈向全面小康、和谐发展的社会形势，要求协调好人口政策与人口老龄化、劳动年龄人口变动、人口性别结构变动、人口城乡结构变动等的关系，促进健康、协调、可持续发展，向着服务型政府转变，可说是大势所趋。应当说，政府人口计生机构向服务型转变并不困难，与经济、社会其他部门比较可能要容易一些。为什么呢？因为计划生育原本就是家庭范畴的事情，政府转向服务型为主，广大群众会举双手赞成，没有多少阻力。阻力主要来自体制内部，人口机构职能转变后，机构的性质和设置要发生变化，人员构成要发生变化，工资待遇要发生变化，需要全面部署、统筹安排、合理过渡。

其次要合理借鉴国际社会开展"家庭计划"的经验。虽然对"家庭计划"有着不同的诠释，但是如前所述，对其基本的涵义、性质、运作形式等则取得较多共识。尽管对非政府组织（NGO）、非营利组织（NPO）也存在许多争议，然而对二者均属政府组织之外和不以营利为目的，也取得基本的共识。借鉴这"两个基本共识"，政府人口计生机构逐步实现由行政体制机制为主向非政府、非营利体制机制为主转变，成为家庭生育、生存、生计的得力助手，为家庭生育健康提供经济、技术和社会服务的社会组织。不过要清楚，由于中国推行计划生育几十年，计划生育作为第一项出台的基本国策也已实施30多年，可以说深入千家万户、尽人皆知，包括"一票否决"在内彰显强势政府的形象，政府行政职能不可能戛然而止。同时，距离人口发展战略"三步走"最终发展目标尚有很长的路要走，还需要一定的政府行政力量的功能，完全放手式的西方家庭计划难以担此重任。因此，既要肯定

"家庭计划"改革和发展的方向，又要从中国国情实际出发，把握好改革和转变的速度和节奏。在行政干预逐步减退、家庭决定逐步增强改革中，走出一条中国式"家庭计划"道路。

参考文献

［1］彭珮云主编《中国计划生育全书》，中国人口出版社，1997。

［2］国家人口和计划生育委员会编《中国人口和计划生育史》，中国人口出版社，2007。

［3］国家统计局人口统计司翻印《中华人民共和国第二次人口普查统计数字汇编》，1986。

［4］国务院人口普查办公室、国家统计局人口统计司编《中国1982年人口普查资料》，中国统计出版社，1985。

［5］张维庆主编《2006年全国人口和计划生育调查数据集》，中国人口出版社，2008。

［6］杨魁孚、梁济民、张凡编《中国人口与计划生育大事要览》，中国人口出版社，2001。

［7］《2000年中国的人口和就业》，国务院技术经济研究中心《2000年的中国》研究报告之一，1984。

［8］田雪原：《中国人口政策60年》，社会科学文献出版社，2009。

［9］田雪原：《中国人口政策回顾与展望》，《人民日报》2009年12月4日。

［10］哈根·拜因豪尔、恩斯特·施马克：《展望公元2000年的世界》，郑慕琦、徐新民、贡光禹译，北京人民出版社，1976。

［11］P. 塞尔比、M. 谢克特主编《老龄化的2000年》，新蔚、黄育馥译，生活·读书·新知三联书店，1987。

（撰于2015年，选入本文集稍加修改）

出生性别比升高治理与生育政策调整

中国自 1980 年提倡一对夫妇生育一个孩子以来，控制人口增长取得举世瞩目的成绩。同时，出生性别比升高积累的潜在风险或危机，随着年龄结构推移开始走出潜伏期，成为倍受关注和必须解决的一个突出的人口问题。实践证明，按照目前按部就班的办法去解决很难奏效，必须政策调整和法制监管双管齐下，才能走出突破围城的改革之路。

出生性别比升高风险开始显现

如果说，出生性别比升高当年只影响 0 岁组性别比，那么，随着时间推移影响的年龄组群越积越多，将导致 20 世纪 80 年代提倡一对夫妇生育一个孩子以来积累的潜在风险或危机，开始逐步释放并日趋严重起来。

考察世界人口出生性别比，绝大多数国家为 103 ~ 107，低于 103 和高于 107 的只有少数国家。中国属于出生性别比较高国家由来已久。不过新中国成立后，出生性别比即快速下降到接近正常值，20 世纪 50 ~ 70 年代在正常值或稍高于正常值上下波动；80 年代伊始呈现持续攀升趋势，进入 21 世纪后曾突破 120.0 高限，最近三年稍有回落，然而仍然在 117.0 左右高位震荡。参见图 1。①

出生性别比年复一年地升高，逐渐改变着由低至高不同年龄组别的性别结构。目前较低年龄组高性别比结构堆积已经显现，成为格外引人注目的人

---

① 资料来源：依据《中国 2000 年人口普查资料》第 570 页、《中国人口统计年鉴 2003》第 4 页、《中国 2010 年人口普查资料》（下册）第 3024 页提供的数据计算；2013 年引自 "2013 年统计年报"，参见 2014 年 1 月 20 日国家统计局网站。

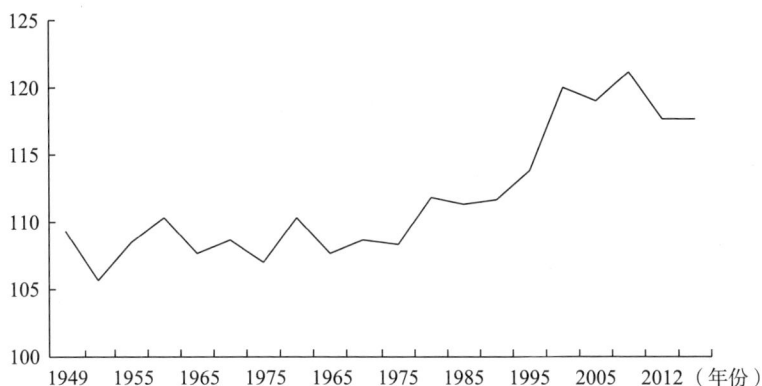

图 1　1949～2013 年出生性别比变动

口社会问题。参见表 1：①

表 1　1982、1990、2000、2010 年人口普查部分年龄组别性别比

单位：万人，%

年龄组	1982 年			1990 年			2000 年			2010 年		
	男	女	性别比	男	女	性别比	男	女	性别比	男	女	性别比
0 岁	1079	1002	107.6	1226	1097	111.8	746	633	117.8	746	632	118.0
0～19 岁	23765	22497	105.6	22452	20865	107.6	20418	18338	111.3	17170	14952	114.8
20～29 岁	8563	8330	102.8	11775	11228	104.9	10817	10401	104.0	11485	11358	101.1
30～49 岁	11740	10562	111.2	14747	13556	108.8	20768	19554	106.2	22730	21821	104.2

　　表 1 显示，2010 年处于 20～29 岁婚育旺盛期人口性别比还比较低，男性仅多出女性 127 万人，毋需更多忧虑；然而 0～19 岁人口性别比却已由 1982 年 105.6，上升到 1990 年 107.6、2000 年 111.3、2010 年 114.8，2010年比 1982 年提升 9.2 个基准点，呈节节上升趋势。0～19 岁男性与女性绝对人数比较，则由 1982 年男性多出女性 1269 万人，上升到 2010 年多出 2219万人，增长 74.9%。这 2219 万多出的男性人口，将在未来 20 年内陆续进入婚育年龄，首先带来的就是婚姻性别挤压或婚姻性别堆积问题。如果出生性别比升高就此打住，以比较快的速度下降到正常水平，多出的 2219 万男性

---

① 依据《中国 1982 年人口普查资料》第 272～273 页、《中国 1992 年人口普查资料》（第二册）第 2～3 页、《中国 1990 年人口普查》（上册）第 215～216 页、《中国 2010 年人口普查》（上册）第 265～266 页数据计算。

堆积分作 20 年陆续进入结婚年龄，也不会对婚姻性别平衡产生太大的影响；问题在于出生性别比久居高位而不下，继续下去问题就会越积越大，并且日益显性化。依据 2013 年全国人口抽样调查提供的数据资料，2012 年全国 0～19 岁人口男性多出女性 2335 万人，比 2010 年增加 116 万人。以男 22 岁、女 20 岁为结婚最低年龄比较，1982 年该年龄组别性别比为 92.6，女性比男性还多出 59.0 万人；按照年龄结构推移，2013 年该年龄组别性别比当为 110.6，男性比女性多出 106.5 万人左右。① 进入最低结婚年龄人口男性多出女性超过 100 万人，证明潜在的婚姻性别挤压、堆积的风险或危机开始显现。

与婚姻性别挤压风险或危机开始显现的同时，其他与性别比升高相关问题也逐渐浮出水面。主要是：

①对家庭婚姻的冲击。婚姻的基本形式是未婚、有配偶、离婚和丧偶四种，加上非婚同居补充形式。按照年龄结构推移，20 世纪 80 年代出生性别比升高对家庭婚姻的冲击，要到 2000 年以后方能逐步显现。故比较 2000 年、2010 年两次人口普查相关数据资料，可窥探出大致的变动趋势。参见表 2：②

表 2　2000、2010 年人口普查婚姻家庭变动比较

	2000 年			2010 年		
	合计	男	女	合计	男	女
未婚（%）	20.3	23.7	16.7	21.6	24.7	18.5
有配偶（%）	73.3	71.8	74.8	71.3	70.4	72.3
丧偶（%）	5.6	3.4	7.8	5.7	3.4	8.0
离婚（%）	0.9	1.1	0.7	1.4	1.5	1.2
户均人口（人）	3.4			3.1		
一人户（%）	8.7			14.5		

表 2 表明，2000 年、2010 年两次人口普查比较，未婚占比升高 1.3 个百分点，有配偶占比下降 2.0 个百分点，离婚率升高 0.5 个百分点。家庭户规模由户均 3.4 人下降到 3.1 人，减少 0.3 人；一人户占比由 8.7% 上升到

---

① 依据《中国 2010 年人口普查》（上册）第 265 页数据计算。
② 资料来源：《中国 1990 年人口普查资料》（第三册），第 2～18 页、第 514 页。《中国 2000 年人口普查资料》（上册），第 643 页；（下册），第 1586～1587 页。《中国 2010 年人口普查资料》（上册），第 345 页；（下册），第 1850～1851 页；《中国统计年鉴 2013》，第 101 页。

14.5%，升高 5.8 个百分点，为历史上上升速度最快时期。显然，未婚率、离婚率和一人户家庭占比上升，有配偶率、户均人口数减少"三升二降"趋势，都同婚育年龄人口性别比失衡相关联，是出生性别比升高积累效应的体现。

②对妇女权益的冲击。出生性别比长期居高不下，增加了女性的稀缺性，似乎对于女性更为有利。实则不然，不愿意做单身的男性人口的累积增加，性别失衡增大了女性被侵犯的风险，形成对女性正当权益的冲击。结婚性别比失衡，增大了女性落入婚外情和婚外性的风险，各种性侵案件呈上升趋势。暗娼屡禁不止，一次次扫黄打非像割韭菜一样一茬又一茬地进行着，而买卖婚姻、重婚和拐卖妇女案件也从未间断过。这些伤害妇女权益行为的根源，在于旧社会遗留下来的积垢未能根除，有些则是新条件下的死灰复燃；而出生性别比一年又一年的升高，则显现出外部条件的促成作用。

对妇女权益的侵害不仅是生理上的，还有心理、经济、社会的等诸多方面。由全国妇联和国家统计局联合组织实施的第三期中国妇女社会地位调查，提供的 2010 年数据显示，农村女性受心理健康困扰的比例高出男性许多：京、津、沪三市女性为 36.7%，男性为 15.2%，女性高出男性 21.5 个百分点；农村女性留守人口占比较高的中西部地区，女性更高达 42.2%。在就业方面，18～64 岁城镇女性在业率为 60.8%，低于男性 80.5% 19.7 个百分点；在收入方面，女性年平均收入仅相当于男性的 67.3%。[①] 在农村，妇女失地和土地收益、难以参与决策、家务劳动过重等问题突出，女性合法权益受侵严重。

③对社会秩序的冲击。人口再生产的正常进行，是社会稳定和发展的前提；而人口性别比保持基本平衡，又是人口再生产得以正常进行的条件。如果人口性别比失去平衡，人口再生产的前提条件受到损害，正常的社会秩序就要受到冲击。

一是对婚姻秩序的冲击。现实的婚姻秩序，建立在以一夫一妻制和以核心家庭为基础的家庭关系之上。出生性别比持续升高和非意愿独身男性人口的不断增加，婚外恋、婚外情、婚外性的增多，以及卖淫、嫖娼等色情业滋长，必然冲击现在的婚姻制度，危及家庭的稳定。

二是对就业性别结构的冲击。由于出生性别比升高和男性堆积的累进增

---

① 参见全国妇联、国家统计局：《第三期中国妇女社会地位调查主要数据报告》，2011，第 4～5、16～17 页。

长，由性别比失衡引发就业性别结构失衡，部分男性人口挤进以女性为主的就业部门和行业。尽管就业结构并没有明确的性别界定，绝大多数产业都有男女相间的就业状况；但是有一些产业性别分工较强，形成自然的就业偏好。如煤炭、冶金、建筑、石化等重化工业，以男性就业为主；纺织、幼儿教育、医疗护理等行业，以女性就业为主。出生性别比和劳动年龄组群性别比长期持续升高后，部分男性过剩劳动力将转向传统的以女性就业为主的领域，打破原来的就业格局。有的西方国家称我国为了解决过剩男性劳动力就业而大兴土木，推行高速铁路、高速公路、城市基础设施建设等"男性工程"。这是他们的偏见。不过由此看到国际社会对于解决性别就业问题的立场，也颇值得我们思考。

三是对教育性别结构的冲击。出生性别比失衡，也在教育中顽强地表现出来。一些地方特别是西部落后地区，女孩不能享受同男孩平等的受教育权利。调查表明，西部一些农村女童辍学率、流失率远远高于男童，年级越高性别失衡越是严重。一般家庭对女童上学寄予的希望并不很高，能够认字读书读报也就可以了。女生小升初和中升高的升学率，要远比男生为低。

④对性别平等文化的冲击。离婚率上升，婚外恋、婚外情、婚外性增多，甚至溺女婴、弃女婴、非医学女性胎儿人工流产等，严重冲击着现代先进文化男女平等的观念。新中国成立后，在"时代不同了男女都一样"旗帜下，促进男女平等性别文化建设取得长足进步。然而一个时期以来，在追逐生育男孩动机下，种种不法行为泛滥，对传统优秀文化和当代先进文化不能不说是严重的冲击。其对意识形态意义上的文化的负面影响，不可估计过低。

出生性别比升高与生育政策调整

自从出生性别比升高以来，学术界和社会各界对其产生的原因做出各种阐释，可谓见仁见智。有的侧重传统的重男轻女、男尊女卑思想影响，有的偏重男性与女性在经济活动、经济收益中的差距，有的注重在政治参与、社会地位男女之间的不平等，有的着重婚姻家庭、妇女弱势地位仍然存在等。而在讨论出生性别比升高与生育政策之间的关系时，则有三种不同意见的争论。

一为无关论。即出生性别比升高与人口生育政策没有什么关系，是中国千百年来重男轻女传统文化作祟的结果。尤其是"不孝有三，无后为大"思想根深蒂固，家庭千方百计要生育一个男孩，以传宗接代、继承家业。有些家庭特别是农民家庭，即使征收多高的计划外生育费，哪怕砸锅卖铁也要再生育一个儿子，绝不能让家庭世代断了"香火"，沦为"绝户"。

二为决定论。即出生性别比升高，是贯彻一对夫妇生育一个孩子政策的产物。因为在提倡一对夫妇生育一个孩子强大政策压力下，人们又要响应政府号召，又要不放弃生育男孩强烈欲望，就只好在生育一个男孩上下功夫了。功夫怎么下？主要通过胎儿性别鉴定和进行性别选择性人工流产，以保住男孩这棵独苗。

三为相关论。即出生性别比升高与提倡一对夫妇生育一个孩子政策之间，存在着一定的关系。不过在相关的程度上则有很大差别。一曰高度相关论——出生性别比升高是生育政策收紧造成的，20世纪80年代以来二者同步推进就是证明；二曰一般相关论——将提倡一对夫妇生育一个孩子生育政策作为影响出生性别比升高诸多原因之一考量，与"无关论""决定论"不同，也与高度相关论有差别；三曰次要相关论——决定出生性别比升高的主要原因在政治、经济、文化等方面，生育政策收紧的影响是次要的。由此认定，出生性别比升高"治本"主要在文化观念以及经济、政治上，政策则属于"治标"范畴。

可以讲，上述诸论都有一定的道理。然而在这诸多论点、论据、论证中，有无主次和轻、重、缓、急之分，主要的矛盾在哪里，这是问题的根本和关键。绝大多数论证都将各种因素以开中药方式的罗列起来，得出各种因素综合作用的结果。因而要综合治理，解决出生性别比升高是一个长期的过程。多数还将经济、文化、社会因素列为"治本"，而将生育政策列为"治标"范畴，需要长期"标本兼治"。这样一来，出生性别比一直降不下来也就有了依据，似乎这是事物发展的客观规律；而主张快一些解决的意见反倒有"急于求成"之嫌。面对30多年来出生性别比升高实际，这种主导性意见需要反思。到底出生性别比升高能不能治理并在较短时间内见到成效？关键在于有没有真正找到出生性别比升高的最主要原因。问题与解决问题的手段总是同时发生的。最主要的原因找到了，问题也就迎刃而解了。

实践是检验真理的唯一标准。新中国成立后前30年出生性别比下降到接近正常值的实践，说明当时社会经济发展和相关政策是符合客观实际和行之有效的。为什么后30年出生性别比陡然拉升而且长期居高不下呢？政治、经济、文化并没有发生剧烈的变动，更没有发生促使性别比升高的剧烈变动。唯一较大的变动，是 1980 年中央公开发出提倡一对夫妇生育一个孩子的号召，人口生育政策随之转移到以生育一个孩子为中心的轨道上来。该项政策的权威解释，见之于 1982 年中共中央、国务院发出的《关于进一步做好计划生育工作的指示》。要求"国家干部和职工、城镇居民，除特殊情况经过批准者外，一对夫妇只生育一个孩子。农村普遍提倡一对夫妇只生育一个孩子，某些群众确有实际困难要求生二胎的，经过审批可以有计划地安排"。1988 年中共中央政治局常委举行会议，讨论国家计划生育委员会《关于计划生育工作汇报提纲》，重申"我国计划生育工作的现行政策是：提倡晚婚晚育、少生优生，提倡一对夫妇只生育一个孩子；国家干部和职工、城镇居民除特殊情况经过批准外，一对夫妇只生育一个孩子；农村某些群众确有实际困难，包括独女户，要求生二胎的，经过批准可以间隔几年以后生第二胎；不论哪种情况都不能生三胎；少数民族地区也要提倡计划生育，具体要求和做法可由有关省、自治区根据当地实际情况制定"。① 30 多年来的人口生育政策，基本上按照这样的基调走下来，问题也随着衍生出来。

其一，生育政策将家庭生育子女数量压缩到最低限度，导致部分家庭将生育男孩列为首选，提高了一孩性别比。1990 年人口普查，一孩性别比为 105.1，2000 年普查上升到 119.9，提高 14.8 个基准点；2010 年普查下降到 113.7，比 2000 年下降 6.2 个基准点，但比 1990 年高出 8.6 个基准点，比正常值上限高出 6.7 个基准点。笔者主持的联合国人口基金项目"中国家庭经济与生育研究"，于 1992 年完成的中国 10 省市家庭经济与生育抽样调查资料显示，部分家庭之所以第一个孩子即选择生育男孩，是因为城市基本上只能生育一个孩子；农村独女户可生育二个孩子，但还是先有一个男孩最保险，可将家庭代际延续和养儿防老落到实处。

其二，农村独女户间隔几年（一般为三四年）可以生育第二个孩子，为生育性别选择开了方便之门。近几次人口普查数据表明，1990 年二孩出生性别比即上升到 121.5，2000 年上升到 151.9，2010 回落到 130.3。对此，1992 年中国家庭经济与生育 10 省市抽样调查数据贡献了有力的佐证和说明。该数据显示，全国已有一个女孩的家庭选择再生育一个男孩占比，丈夫达到占全部再生育意愿的 73.4%，妻子达到 63.8%，反映了已有一个女孩

---

① 国家人口和计划生育委员会编《中国人口和计划生育史》，中国人口出版社，2007，第 127、128 页。

的家庭再生育一个男孩的意愿强烈。以后的调查进一步证明，"一男一女一枝花""儿女双全"是绝大多数家庭理想的生育意愿、追求的目标。而一般间隔三四年的地方法规，则正好使这种生育性别选择有了充分的余地，可以从容地进行周密的选择性人工流产。这是造成出生性别比持续升高最主要、最重要的原因。

其三，三孩以上出生性别比升高，主要出于再要一个男孩的生育动机。1990 年三孩出生性别比为 124.2，四孩为 178.1，五孩以上为 127.3。2010 年与 1990 年比较，三孩出生性别比为 161.6，升高 37.4 个基准点；四孩为 146.5，下降 31.6 个基准点；五孩以上为 143.7，升高 16.4 个基准点。两次人口普查比较，三四孩出生性别比均比二孩高出一截，反映了多孩生育的主要目的是要男孩。五孩以上性别比变动，一是所占比例过低，仅占不足总出生人口的 1.0%；二是多为特殊情况，主要是子女意外死亡、迁移国外等原因所致，不能用来解释出生性别比升高现象。

如此说来，出生性别比升高是否就是生育政策收紧直接造成的呢？从现象上看似乎是这样，然而二者之间不可以直接用等号连接起来。回过头来看，如果在出台一对夫妇生育一个孩子政策时即推出限制非医学胎儿性别鉴定和选择性人工流产的法律法规，严厉打击违规选择性人工流产，以及溺女婴、弃女婴等违法行为，高出生性别比或许不会出现，即使出现也不至于如此严重。需要指出，在 1980 年启动一对夫妇生育一个孩子政策前夕，中央人口座谈会向中央书记处的报告中，就曾关注到出生性别比升高问题。《报告》写道"一些人由于受子嗣思想影响，'重男轻女'，甚至溺女婴、弃女婴，值得重视，并应在法律上加以禁止"。不幸的是，该《报告》的这一警示长时间内并没有引起足够重视，相关部门更没有采取切实有效的政策措施。不错，其间颁布过不少与出生性别比相关的政策和法令，诸如 20 世纪 90 年代发布的《中华人民共和国妇女权益保障法》、《中华人民共和国母婴保健法》、《中国计划生育纲要》、《中国妇女发展纲要（1995－2000）》、《关于依法严惩破坏计划生育犯罪活动的通知》等；进入 21 世纪发布过《中共中央国务院关于加强人口与计划生育工作稳定低生育水平的决定》、《中华人民共和国人口与计划生育法》、《中华人民共和国妇女权益保障法》（第十届全国人民代表大会常务委员会第十七次〈关于修改中华人民共和国妇女权益保障法的决定〉修正）、《中国妇女发展纲要》、《国务院关于修改计划生育技术服务条例的决定》、《中国性别平等与妇女发展状况》等。此外，自

20 世纪 90 年代至 2005 年，中央在每年的"两会"期间都要召开人口资源环境座谈会，中央领导都要发表重要讲话，多次提到要抑制出生性别比升高。学术界包括笔者在内通过不同渠道上报党中央、国务院的研究报告，相关领导也曾经做出重要批示。如中国社会科学院《信息专报》2001 年第 29 期刊载笔者《应高度重视潜在的"性别危机"》研究报告，中共中央政治局常委李岚清、国务委员兼国务院秘书长王忠禹等在该报告上批示："这个问题越来越突出，应引起重视，并采取措施。否则多年后会造成重大社会问题"，并建议国家计生委组织力量深入调查研究这个问题，提出对策。翌年，国务院主管领导主持召开国家计生委兼职委员会议，专门研究解决出生性别比升高问题。按照会议安排，笔者在会上做了题为"出生性别比升高的社会问题与应对的决策选择"专题发言。会议结束时，主管领导对治理出生性别比升高做出部署，力求尽快地有效解决。应当说，党中央、国务院对治理出生性别比升高给予了相当的关注，也出台了不少政策法令。然而为什么收效不大呢？值得认真研究和总结。尤其是以下三个方面的情况。

第一，对待非医学胎儿性别鉴定和选择性人工流产的态度。可以说，从上到下态度明确，意见一致。但是当此类事件发生后如何处置，态度却不尽相同。有的主张认真查处，依法追究相关人员的责任，进行严肃处理；有的认为既然事情已经发生了，非医学人工流产很难找到确凿证据，相关责任人性质也不好确定，最后大事化小、小事化了。还有的认为公开曝光有损于计划生育基本国策形象，还是应"私下处理""下不为例"了之。

第二，"私下处理"带来的后果。对非医学胎儿性别鉴定和选择性人工流产"私下处理"，对于当事人家庭而言，最多按照相关规定缴纳点儿罚款了之；对于进行胎儿性别鉴定和人工流产的医生说来，因为证据不足、长期处理不下来，最后不了了之，真正受到处罚的屈指可数；至于基层计划生育组织负责人，更是很难追究其责任，一个"不知情"便可以推得一干二净。如此轻描淡写的"私下处理"，带来很大、很深刻的影响。它冲淡了人们的法律意识，助长了投机行为和侥幸心理，把各种政策、法令、法规变为一纸空文，使之不能起到应有的作用。违规进行性别选择人工流产的家庭、医务工作者和基层计划生育工作人员轻松过关，助长了藐视法律、弄虚作假行为，使政策、法令、法规流于形式，不能发挥应有的作用。

第三，如何对待"家丑不可外扬"。人们之所以赞同"私下处理"，其中一个重要原因是"家丑不可外扬"。应当说，这样的担心不无道理。自从大力控制人口增长、提倡一对夫妇生育一个孩子以来，国际社会一股敌对势力造谣中伤从未间断过，"屠杀无辜""侵犯人权"等是他们经常罗织的罪名。另有一些不明真相者跟着起哄，抓住几个个案如获至宝，随意横加指责。有鉴于此，不给他们提供攻击的口实，是理所当然的。然而一要清醒：真正反对者是极少数，多数是不明真相者，只要我们说清情况、讲明道理，多数人是会转变态度和做法的。二要清醒：中国属于性别偏好较强国家，近30 多年来因选择性人工流产发生的事件客观存在，已不是什么秘密，也不需要多加掩饰。其实，一个拥有 13 亿以上的泱泱人口大国，还有什么找不到的人口现象吗？有一点儿性别选择性人工流产发生也没有什么了不起！我们坦率承认、公开纠正非但无伤大雅，反而证明我们的事业是进步的、光明的、问题可以自行解决的。更为重要的是，公开处理和抱着"家丑不可外扬"态度"私下处理"的效果截然不同，后者是收效不大的一个极其重要的原因。

政策调整与法制监管

以上的分析给出两点明确的认识：一是自 1980 年生育政策收紧以来，将生育子女数量压缩到一个、农村独女户可生育二个，将生育空间压缩到极其狭小范围之内，形成出生性别比升高特殊的政策环境；其二，出生性别比升高之所以成为事实，关键在于没有针对这个特殊的政策环境推出相关的应对决策，并且认真监督执行到底。有鉴于此，打破生育政策狭小空间、进行适当的政策调整；依法整治非医学性别鉴定和选择性人工流产、严禁溺女婴和弃女婴，就成为治理出生性别比升高最重要的两项决策选择，"突围"的当务之急、重中之重。

是的，治理出生性别比升高涉及人口、经济、政治、文化、社会等诸多领域，需要综合治理。然而 30 多年正反两方面的经验证明，没有重点的"综合治理"难以收到实效，很容易演变为没有明确目标的"长期任务"。现在到了一个新的历史节点：出生性别比升高风险或危机开始显现，但是尚未达到风险或危机全面爆发的时刻。我们已经错过了生育政策收紧初期即应出台相应政策的良机，造成后来出生性别比持续升高的困境；如今切不可再次错过历史的节点，迫切需要拿出对症下药、药到病除的良方。

1. 调整生育政策和改善政策环境

1980 年中央人口座谈会向中央书记处的《报告》，着力阐述提倡一对夫妇生育一个孩子既非权宜之计，也非永久之计，而是一定时期的一项特定政策。"一定时期"即指一个人口再生产周期一代人的时间，一般在 25 年左右，最多不超过 30 年。一代人过后，应当依据变化了的情况，适时做出生育政策的调整。关于这一点不仅《报告》做出重点阐述，而且后来公开发表的《中共中央关于控制我国人口增长问题致全体共产党员共青团员的公开信》也十分明确地指出："到 30 年以后，目前特别紧张的人口增长问题就可以缓和，也就可以采取不同的人口政策了。"[①] 不过 30 年到来时，并未如期进行调整。笔者作为当时向中央书记处《报告》起草人，委实有些坐卧不安，于是 2009 年在《人民日报》发表署名文章《中国人口政策回顾与展望》。阐述中国人口政策的来龙去脉，当前的决策选择。提出"双独生二""一独生二""限三生二"三条具体政策调整建议。几年后，中央关于人口生育政策的两次调整，原农村独女户可以生育第二个孩子的政策已经自行退出历史舞台，由此引发的二孩性别比持续升高问题，有望在很大程度上得以解决。

2. 依法整治非医学性别鉴定和选择性人工流产

前已论及，党中央、国务院对于出生性别比升高给予很大关注，相继出台一系列政策、法令、法规，许多讲话、批示强调要抑制出生性别比升高。相关部门在实际工作中，也处理过某些违法案件。现在的问题是，要在整合已有法律条款基础上，拿出针对性强、定罪量刑明确的惩治非医学胎儿性别鉴定和选择性人工流产的专项法规，并且确保其不折不扣地贯彻执行。有 30 多年出生性别比升高治理的实践，有过去发布过的多部法律法规，有生育政策调整后改善了的政策环境，出台惩治非医学胎儿性别鉴定和选择性人工流产的专项法规，应该不是一件难事。最重要的还是认真贯彻执行，这是成败的关键。一打纲领抵不过一个实际行动。经验证明，以往许多决定、条例、通知等之所以收效甚微，没有在贯彻执行上下硬功夫，"雷声大雨点小"是重要原因。当前强调依法治理，一定要说到做到，增强法律法规的严肃性、权威性和公开性。公开性很重要。要以中央公开惩治腐败为样板，抓住典型案例公开曝光，充分发挥新闻媒体传播和监督作用。可以组织专门队伍，集中整治非医学胎儿性别鉴定和选择性人工流产案件，依法对当事人、非医学胎儿性别鉴定进行人工流产的医务人员、政府和相关部门责任人进行处理，新闻

---

① 参见彭珮云主编《中国计划生育全书》，中国人口出版社，1997，第 16 页。

媒体如实报道，在一定期间内形成足够强大的震慑力，起到惩一戒百的作用。同时也不要忘记做深入细致的思想工作，让违法者现身说法。要让全体人民群众懂得：正常的出生性别比受国家法律保护，提高敬畏法律、遵守法规、依法生育意识，一切按照法律规范行事。

参考文献

［1］《中国共产党第十八届中央委员会第三次全体会议文件汇编》，人民出版社，2013。

［2］国家人口和计划生育委员会编《中国人口和计划生育史》，中国人口出版社，2007。

［3］彭珮云主编《中国计划生育全书》，中国人口出版社，1997。

［4］全国妇联、国家统计局《第三期中国妇女社会地位调查主要数据报告》，2011。

［5］田雪原：《应高度重视潜在的"性别危机"》，中国社会科学院《信息专报》2001年第29期，载《田雪原文集》（第三卷），社会科学文献出版社，2011。

［6］田雪原主编、胡伟略副主编《中国家庭经济与生育研究》，中国经济出版社，1997。

［7］陈煦等主编《女儿也是传后人》，内部图书准印证：甘新出001字总1026号，1993。

［8］向华丽、李波平：《农村育龄妇女生育偏好现状考察——以湖北省为例》，《南京人口管理干部学院学报》2010年第4期。

（撰于 2013 年 12 月）

二　人口变动与社会经济发展

把握"后黄金时代"机遇期
提速经济转型升级

当前，在对经济步入新常态并有继续下行空间的诸多阐释中，人口红利"消失"常常作为一条最主要的论据。然而人口年龄结构步入"后黄金时代"以后人口红利并未消失，而是处在不断衰减之中。这给经济发展带来新的挑战和机遇。挑战：继续保持原来的高速增长已无可能，必须回归到中高—中速增长新常态；机遇："后黄金时代"提供的不断衰减的人口红利可延续到 2030 年前后，应不失时机地抓住尚余的 15 年时间，坚定不移地推进经济转方式、调结构改革，提速转型升级。

人口变动"后黄金时代"

1982 年党的十二大报告《全面开创社会主义现代化建设的新局面》，提出力争 2000 年全国工农业总产值比 1980 年翻两番奋斗目标。这是改革开放工作重心转移到经济建设上来以后，最具号召力和影响力的一个战略目标，各条战线无不为之开动脑筋、献计献策。笔者研究人口与经济发展之间的关系，考察第二次世界大战后包括日本等发达国家、亚洲某些发展较快国家经济"起飞"的历史，发现人口在经历短暂的生育高潮之后，均过渡到出生率、增长率持续下降阶段，形成年龄结构 0 ~ 14 岁少年人口占比持续下降、15 ~ 64 岁劳动年龄人口占比持续上升、65 岁以上老年人口占比持续上升趋势。即处在劳动年龄人口占比上升、少年和老年人口之和占比——社会抚养比或从属比（dependency ratio）下降凸显的阶段。如果说，发达国家总体人口密度不高，人口问题属人口和劳动力短缺性质，劳动年龄人口占比上升、少年与老年人口之和占比下降阶段的出现，起到促进社会经济发展的作用在情理之中；那么日本和亚洲几个人口密度较高、经济发展较快国家也出现类似情况，理论上应当做出何种解释？是否为一种带有普遍规律的现象？研究后得出一个基本的结论：这是人口年龄结构变动中出现的一段"黄金时代"，如果劳动就业问题解决得好、实现比较充分的就业，便可以转换成有利于社会经济发展的人口盈利、人口红利。中国人口出生率持续下降以后，这样的"黄金时代"就会呼之欲出、不可避免地向我们走来。

　　然而在当时的中国，这样的研究却有些不那么合拍。众所周知，1980年《中共中央关于控制我国人口增长问题致全体共产党员共青团员的公开信》发布，号召党团员夫妇带头只生育一个孩子。1982 年党的十二大将控制人口增长实行计划生育作为一项基本国策确定下来，关于人口问题的宣传和社会舆论，一时间形成一边倒的倾向。即中国人口和劳动年龄人口数量过多、素质不够高，解决人口与消费、劳动年龄人口就业压力很大，需要大力控制人口数量和提高质量。这样的宣传和舆论没有错，问题出在对人口特别是劳动年龄人口辩证分析不够，对社会经济发展正能量的研究、挖掘不够。不言而喻，这对于世界第一人口大国来说，其影响力是相当巨大的；对于实现"2000 年翻两番"来说，其影响力更是直接的和不可替代的。于是笔者将研究成果写成论文《利用人口年龄构成变动促进现代化建设》送到《人民日报》社，1983 年 6 月 5 日该报在理论版头条刊发。[①] 提出并阐发：少年和老年人口之和占比即从属比或抚养比越高，劳动年龄人口占比就越低，社会负担越重，于社会经济发展越是不利；相反，劳动年龄人口占比越高，社会负担越轻，对社会经济发展越是有利，可称之为人口年龄结构变动的"黄金时代"。预测表明，中国大力控制人口增长、实行计划生育基本国策，将很快迎来这样的"黄金时代"，并可延续三四十年。指出这与"实现 2000 年工农业总产值翻两番和现代化建设关系极大"：到 20 世纪末将近 20 年时间，由于从属比或社会抚养比大幅度下降，可减少数千亿元的抚养费用支出，用来投资建设可对翻两番起到重要的作用；针对劳动年龄人口占比上升对经济建设和翻两番的影响，指出：新中国成立 30 多年来，人口和劳动年龄人口增长比较迅速，使就业成为人口问题中的一个突出问题。从这个角度说，今后劳动年龄人口最好不再增加。然而由人口年龄构成轻的特点所决定，未来 20 多年人口继续增长的趋势是不可改变的，就业压力将继续增大。这就要学习日本、新加坡等国经济"起飞"的做法和经验，实现尽可能比

---

① 参见田雪原：《利用人口年龄构成变动促进现代化建设》，《人民日报》1983 年 6 月 5 日。

较充分合理的就业,将本国廉价的劳动力资源挖掘出来、利用起来,成为支撑经济高速成长的重要基础条件。我们实现翻两番和加快现代化进程,应当充分利用出生率下降、劳动年龄人口上升、从属年龄比下降——人口年龄结构变动的"黄金时代",加快推进发展的步伐。30多年来经济高速增长的实践证明,人口年龄结构变动"黄金时代"提供的"人口盈利""人口红利"和"人口视窗"的开启,是一股巨大的推动力,大约1/3新增GDP是由新增劳动创造和贡献的。

人口年龄结构变动"黄金时代"应有一定的划分标准。参照国内外人口年龄结构变动与经济发展轨迹,笔者提出,可以从属比0.5为界:$(0 \sim 14) + 65^+/(15 \sim 64) \leq 0.5$,即为"黄金时代"所处区间;$(0 \sim 14) + 65^+/(15 \sim 64) \geq 0.5$,则为未进入或者已经走出"黄金时代"区间。如此,从进入到走出"黄金时代",又可分为前后两个时期:前期为进入至从属比下降到最低值、劳动年龄人口占比上升到最高值,为"人口盈利""人口红利"不断增长时期,"人口视窗"经历由开启到最大化过程;后期为从属比越过最低值转而上升到0.5为止,为"人口盈利""人口红利"衰减、"人口视窗"经历由最大到完全关闭过程。这是一条倒U形抛物线变动过程。我国1991年0~14岁少年人口占比下降到27.7%,15~64岁上升到66.3%,65岁以上上升到6.0%,从属比下降到0.5,标志着人口年龄结构正式步入"黄金时代","人口视窗"开启。2010年15~64岁劳动年龄人口占比上升到74.5%峰值,从属比下降到0.34最低值,标志着"黄金时代"前期的终结和后期——"后黄金时代"的开始。何时结束?国内外大同小异的预测表明,2030年从属比可重新回升到接近0.5,"黄金时代"提供的"人口盈利""人口红利"接近于零,"人口视窗"关闭,人口"后黄金时代"即告结束。因此,以2010年劳动年龄人口越过刘易斯拐点、从属比下降到最低值为分界线,将人口"黄金时代"分为前后两个时期,后期亦称"后黄金时代"。"后黄金时代"人口盈利、人口红利并未"消失",只是由过去不断上升转变为逐步衰减而已。宣称人口盈利、人口红利"消失""结束"论者,是将2010年劳动年龄人口占比峰值或拐点当作终点,无视其后20年呈衰减态势的人口盈利、人口红利的客观存在,因而是不符合实际的。参见图1:[①]

---

① 参见田雪原等:《21世纪中国人口发展战略研究》,社会科学文献出版社,2007,第450~452页。

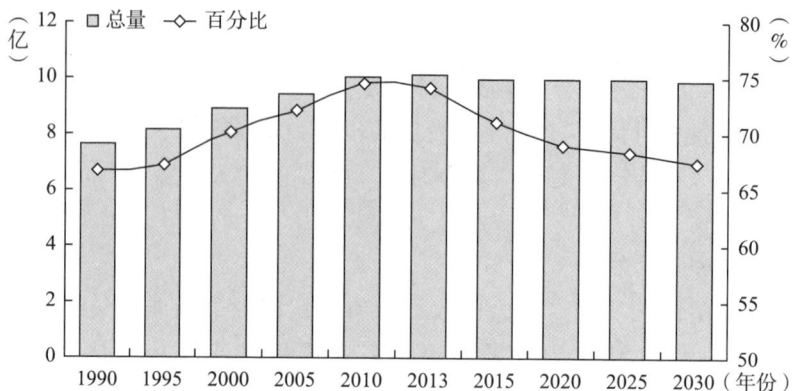

图1 1990～2030年15～64岁劳动年龄人口变动预测

图1 TFR给出的假设是：2000～2005年为1.75，2005～2010年为1.80，2010～2020年为1.83，2020～2050年为1.80，与人口发展战略"三步走"进入第二步，重点逐步由以人口数量控制为主转移到以素质提升和结构调整为主，人口数量控制和生育政策应当适当放宽相契合。当前处于2010～2020年微升阶段，恰同全面放开一对夫妇可生育两个孩子政策相协调一致。亦即目前生育政策调整带来的出生率小幅回升，不仅不会影响到上述"后黄金时代"的基本走势，而且已经蕴含其中，很可能走出与其相当接近的轨迹。

经济走势下行探源

与人口"后黄金时代"提供的"人口盈利""人口红利"衰减同时，中国经济出现连续下行走势，步入新常态。2011年GDP增长率跌破10.0%，下行至9.5%；2012年跌破8.0%，下行至7.8%；2015年跌破7.0%，下行至6.9%；2016年上半年，进一步下行到6.7%。目前继续下行的压力依然存在，一些行业和地区露出中高速向中速下行的冰山一角。怎样认识和科学应对经济新常态？需要弄清经济为什么下行、下行反映出什么样的客观要求，找准下行的直接动因和深层次的原因。

1. 经济下行的直接动因

提到经济增速下行，人们首先想到的便是拉动经济增长的消费、投资、出口"三驾马车"出了问题，是"车子"失灵或动力不足的结果。改革开放以来"三大需求"对国内生产总值增长的贡献率和拉动、投资与GDP之

比，参见表1、表2：①

表1 1978~2014年三大需求对GDP增长的贡献率和拉动

单位：%

年份	消费贡献率	拉动	资本贡献率	拉动	净出口贡献率	拉动
1978	39.4	4.6	66.0	7.7	- 5.4	- 0.6
1990	81.0	3.1	- 54.2	- 2.1	73.3	2.9
2000	78.9	6.6	21.6	1.8	- 0.5	0.0
2010	46.3	4.9	65.2	6.9	- 11.5	- 1.2
2011	62.8	6.0	45.4	4.2	- 8.2	- 0.8
2012	56.5	4.3	41.8	3.2	1.7	0.1
2013	48.2	3.7	54.2	4.2	- 2.4	- 0.2
2014	51.6	3.8	46.7	3.4	1.7	0.1

表2 2000~2014年投资与GDP之比

年份	全社会投资（亿元）	国内生产总值（亿元）	投资/GDP
2000	32917.7	50664.7	0.650
2010	251683.8	408903.0	0.616
2011	311485.1	447690.4	0.646
2012	374694.7	482381.9	0.777
2013	446294.1	519454.6	0.859
2014	512020.7	630015.1	0.813

表1表明，货物和服务净出口贡献率和拉动处在低水平震荡状态，明显受到国际社会金融危机、经济危机冲击，是众多国家纷纷祭起贸易保护主义旗帜所致。当然也有我国出口商品的质量、结构、品种、价格等因素的影响，震荡下滑在意料之中。好在从总体上观察，出口对拉动经济增长的作用已很有限，权重在不断降低。

虽然固定资产投资独大局面难改，但是拉动作用也出现减弱态势。进入21世纪特别是近年来，边际投资效益日益下降，则使投资的拉动作用大为减色，已经到了难以为继的地步。表2显示，2000年固定资产全社会投资

---

① 依据《中国统计年鉴2015》第66页数据计算。参见《国家统计局2016年年报》，新华网，2016年7月13日。

与 GDP 之比为 0.65：1.00，2012 年上升至 0.78：1.00，2013 年上升到 0.86：1.00，2014 年略下降到 0.81：1.00，2015 年又回升到 0.83：1.00。似此等边际固定资产投资效益大幅度的下降，着实难以继续担当拉动经济增长的重任。

世纪之交消费经历由升转降，步入 21 世纪以来呈现明显疲软走势。2000 年与 2014 年比较，贡献率由 78.9% 下降到 51.6%，降低 27.3 个百分点，年平均下降 1.95 个百分点；由拉动 GDP 增长 6.6 个百分点下降到 3.8 个百分点，下降幅度达到 42.4%，下降速度之快、降幅之大为以往所未见。最近两年有所回升，贡献率和拉动作用均超过固定资产投资；但是远未达到应有的高度，提振经济增长的作用也很有限。由于消费对 GDP 增长的贡献率超过 51.0%，成为拉动经济增长的首要因素，因而要对其疲软走势形成的原因做出深入一步的分析，以找准改革的方向和重点。

造成消费疲软直接的原因之一，是收入增长滞后制约着消费的增长。统计数据显示，国民总收入与国内生产总值同步增长，1979～2014 年平均增长速度均为 9.7%。然而城乡居民人均收入增长速度却要低一截，城镇居民人均可支配收入由 343 元增长到 29381 元，按不变比价计算年平均增长 7.4%，低于国民收入增速 2.3 个百分点；农村居民人均纯收入由 134 元增长到 9892 元，按不变比价计算年平均增长 7.6%，低于国民收入增速 2.1 个百分点。按照消费是收入函数的理论，人均收入增长落后于国民收入和国内生产总值的增长，使消费颇感底气不足。

造成消费疲软直接的原因之二，是影响消费的相关体制不给力。可以通过对消费市场现象的剥离分析窥其一斑。

其一，"买不起"背后的体制原因。为什么买不起？直接的回答是收入和支付能力有限。前已论及，改革开放以来城乡居民收入增长滞后于国民收入和国内生产总值的增长。不过这是就三者相比较而言，单就消费增长来说，城乡居民人均年收入增长 7.4%～7.6% 已属不低，与国际社会比较应在较高之列。2014 年我国 GDP 总量达到 636463 亿元，人均 GDP 46531 元。按当年人民币对美元比价中间价 6.1152：1.0000 计算，折合人均 7609 美元。世界银行给出的划分标准为：低收入人均 GDP 在 3000 美元以下；中等收入为 3000～11000 美元，其中 3000～5000 美元为中低收入，5000～11000 美元为中高收入；高收入在 11000 美元以上。2008 年我国人均 GDP 达到 3314 美元，跨进中低收入门槛；2012 年达到 6093 美元，跨进中高收入门槛；如今

又继续前行将近 4 年,水平有了新的提升。虽然 2014 年世界人均 GDP 达到
10804 美元,但是发展中国家绝大多数是"被平均"的,许多尚在 3000 美
元以下。中国城乡居民收入也有类似的情况。以基尼系数(Gini Coefficient)
衡量,一般基尼系数在 0.2 以下为收入绝对平均、0.2 ~ 0.3 为比较平均、
0.3 ~ 0.4 为相对合理、0.4 ~ 0.5 为差距较大、0.5 ~ 0.6 为差距很大、0.6
以上为差距悬殊。我国 2013 年基尼系数为 0.473,处在差距较大区间中上位
置。笔者搜集到国家统计局公布和其他相关部门陆续公布的数据,摘取改革
开放以来若干年份的居民收入基尼系数,可以从中看出变动的轨迹:1981
年 0.288,1985 年 0.2656,1990 年 0.343,1995 年 0.445,2000 年 0.412,
2005 年 0.485,2008 年 0.491(官方公布年份最高值),2010 年 0.481,
2011 年 0.477,2012 年 0.474,2013 年 0.473,2014 年 0.469。[①] 从 30 多年
基尼系数变动趋势看,有两点基本的共识。

一是总体上基尼系数处于较高水平。自 1994 年基尼系数上升到 0.436
进入较高水平以来,除 1999 年下降到 0.397 特殊情况外,其余年份一直处
在 0.4 ~ 0.5 较高水平,2003 ~ 2013 年更处在 0.473 ~ 0.491 较高水平的较高
区间。2014 年稍下降到 0.469,仍在这一区间中上水平。

二是近年来呈略有下降震荡趋势。1994 年基尼系数突破 0.4 进入差距较
大区间以后继续攀升,2008 年升至 0.491 最高值;此后转入略有下降小幅震
荡趋势,目前仍处在差距较大区间的中高位置。2008 年 0.491 是否真的成为
峰值?一些相关研究给出更高一些的数值,质疑官方公布的基尼系数偏低;
不过笔者以为,提出不同观点可以,只是要有充分的证据,证据不足则不具
有权威性。

基尼系数较高、收入差距较大,潜台词是高低收入者均"被平均"了。
这就是体制问题了。例如,房价贵人人都深切地感受到。2013 年北京二环
路以内的房价,均价已经上涨到 5 万元/m² 左右,一套 60m² 单元住房需要
300 万元,80m² 需要 400 万元,100m² 需要 500 万元。以当年城镇居民人均
可支配收入 11433.7 元、三口之家年收入为 34301.1 元计算,即使将全部收
入累积起来用作买房,购买一套 60m² 住房仍需要 87 年,如何实现住房梦?
如要购买 80m²、100m² 的住房,恐怕长命百岁也难梦圆!只有高收入特别是
高收入中的更高收入者,可以轻而易举地去圆住房梦、别墅梦、豪宅梦。在

---

① 参见相关年份《中国统计年鉴》;王志平:《基尼系数公布:值得欢迎》,《文汇报》2013 年 1
月 21 日;《中国历年基尼系数统计(1981 ~ 2014)》(最新版),百度文库·专业资料,2015。

这种情况下，政府出台经济适用房新政，向低收入家庭出售、出租廉价经济适用房。笔者以为，经济适用房新政并不那么值得称赞，因为它不符合市场经济游戏规则，给诸多徇私舞弊行为提供可能；然而由于客观存在的居民收入差距如此之大，为了解决低收入群体居者有其屋不得已而为之，是为解决"买不起"开出的一剂药方，也有可用之处。又如，教育、医疗资源稀缺，行业垄断也比较严重，加上不法分子从中进行欺诈、倒骗，致使低收入群体只好止步于名校、三甲医院门前，不能平等消费。而财大气粗者只要随行就市，就可以随意消费，并且把价格抬得很高。这是市场经济的一种"怪胎"，根源在于存在一定程度的资源垄断，在于教育、医疗的体制机制。

其二，"不敢买"背后的体制原因。所谓"不敢买"，是指消费者需要具有一定的支付能力，但是由于存在后顾之忧而不敢消费。究其原因，主要还在体制上。国际社会对中国消费文化有过一种舆论，认为"储蓄偏好"妨碍了消费。的确，中国居民储蓄意识较强、储蓄增长十分迅速。统计数据显示，1978年城乡居民储蓄存款余额占国民总收入5.8%，2000年提高到65.3%，2014年提高到76.5%。[①] 然而将"储蓄偏好"视为消费走低和"不敢买"的主要原因，实是一种表象。关键是居民消费存在后顾之忧，尤其是养老、医疗保险上的后顾之忧。养老体制改革前，城乡养老、医疗保险截然不同，是有无问题。改革后，打破城乡之间、城市内部事业与企业之间"双二元"结构，逐步建立起全国统一的体制机制。但是实际的差距依然很大，短期内难以达到保基本、全覆盖、有弹性、可持续目标。养老体制改革，城市机关事业单位与企业相统一、农村新型养老保险全覆盖基本实现了；然而差别依然存在，新农保水平过低，不能真正起到保障作用。近年来医疗保险改革取得一定进展，看病难和看病贵得到某些缓解，但是医疗体制机制、资源分配不合理仍然没有多大改变，个人和家庭难以从健康担忧中解脱出来，不得不增加作为"保命钱"的储蓄而减少消费。

其三，"买不到"背后的体制原因。这里的"买不到"，是指具有一定普遍性的居民消费，却很难从市场上购买到。众所周知，在市场竞争和平均利润率作用下，一般的普遍性消费很少出现短缺、买不到现象；如若出现，多数情况下是体制机制出了问题。当下我国消费"买不到"现象，也是如此。如看病难、看病贵首先难、贵在挂号尤其是挂专家号上。在北京协和医

① 《中国统计年鉴2015》，中国统计出版社，2005，第4~5页。

院，一张专家号被票贩子炒到一百元甚至几百元，致使打击票贩子如同割韭菜一样，割了一茬又长出一茬。其结果，"无利不起早"和"重赏之下必有勇夫"打败"杀一儆百"，致使这样的打非难以取得斩草除根效果。为什么专家号一号难求到如此程度？笔者以为，根源在医疗体制机制。目前知名医疗专家大多集中在类似北京协和医院的三甲医院，这在人民收入提高和健康升值情况下，看病就去名医院找名大夫成为常态，遂使医患矛盾尖锐起来。根源在哪里？在医疗体制机制。医疗改革进行数十年，但是医疗资源特别是优质资源垄断问题，却没有根本解决。三甲医院拥有的高大上的医疗设备、人才、技术，一般的医院很难获取。因为优质医疗资源是垄断或半垄断式分配的，"国老大""京老大"优先获得是理所当然的。这种不公平的体制，是造成医疗资源特别是高档次稀缺资源分配不公的重要原因。

2. 经济下行的深层次原因

上述消费疲软的体制机制原因，已经触及经济下行的深层次问题。从经济下行宏观层面观察，主要是：

其一，经济发展方式滞后，发展不可持续性增强。1982年，党的十二大提出工农业总产值2000年比1980年翻两番时，前面有一句话："在不断提高经济效益条件下"；1985年党的十四届五中全会提出"实现经济增长方式从粗放型到集约型转变"；其后在党和国家重要会议文献中，多次重申和阐述转方式、调结构、促改革，并将转变经济增长方式改为转变经济发展方式。应当承认，原来的经济增长方式、发展方式曾经起到过积极的作用，依赖这套方式获得30年经济的持续高速增长；然而转、调始终未能真正提到议事日程上来。随着经济发展达到中等收入水平、技术进步达到新的高度、结构失衡也达到新的深度，旧有的发展方式的缺陷积聚起来、日益明显地暴露出来，最终危及经济的健康发展，走到再也继续不下去的地步。主要是以下三个方面的缺陷，使发展变得不可持续。

一是片面追求高速度，掩盖了经济发展为了满足人的全面发展需要宗旨。容易陷入为生产而生产、为发展而发展、以GDP论英雄等盲目追求产值产量的发展观。造成重复建设、重复生产、产能过剩和泡沫堆积日趋严重等缺陷，发展变得不可持续。

二是盲目扩大产能，以过度投资刺激消费需求不可持续。在消费疲软状态下，以海量人、财、物投入，强行通过扩大生产力、创造新的需求推动经济增长。然后再以更大的投资去消耗过剩的产能，形成脱离居民消费的"体外循环"新模式。长期以来水泥、钢铁等产能严重过剩。1978 年与 2014 年比较，水泥由 6524 万吨增加到 249207 万吨，增长 37.2 倍，年平均增长 10.6%；钢材由 2208 万吨，增加到 112513 万吨，增长 50.0 倍，年平均增长 11.5%。① 如此过剩的产能怎样消耗？依靠固定资产投资，主要投向"铁公鸡（基）"——以高铁为主的铁路、以高速公路为主的公路、以城市基础设施为主的基本建设投资消耗。结果有楼无人的"鬼城"大量涌现，高铁和高速公路运营大面积亏损，发展难以持续。

三是外延粗放型经济片面追求规模扩张，质量和安全问题凸显。片面追求投资规模，片面追求产值产量，使"豆腐渣"工程不断涌现，安全事故屡被曝光，发展质量不高凸显。城市建设摊大饼式向外扩张、向空中伸展，水、电、煤气等基础设施长期不配套，彰显粗放式发展给效率、效益、资源、环境等带来的危害，违背技术进步和可持续发展原则。

其二，经济结构失衡，效益不高突出。以 GDP 论英雄和以投资为主旋律的经济发展，最容易引发部门、地方、企业争项目、争投资、争出口等的争夺战。只要有项目、有资金，或者能够引进外资、增加出口，什么样的工程都可以即刻上马、开工建设、迅速投产。长此以往，造成重投入、轻产出，重数量、轻质量，重引进、轻消化吸收，影响到经济结构和发展质量。以制造业为主的第二产业独大，三次产业结构失衡；第二产业中，满足建设基础设施需要的重化工业独大，其他产业相对落后。在当前市场经济发育不完善、行业垄断、地方保护主义尚存条件下，经济结构失衡、比例关系不协调，最终也要影响到经济发展的速度。

其三，人口红利衰减，劳动成本推高。面对人口年龄结构步入"后黄金时代"，劳动力近乎无限供给的时代已经结束，劳动成本推高和工资率上涨阶段由此开始。由于我国人口和劳动力规模异常庞大，在高出生、低死亡、高增长年代，人口压迫生产力淋漓尽致地表现出来。工资率受到抑制，背后又有二三亿农民工做产业后备军，致使劳动力市场长期由买方主宰。2010年劳动年龄人口占比达到刘易斯拐点、2013 年绝对数量达到峰值以后，占比和数量转而呈下降和减少趋势，这为劳动力市场由买方主导向卖方主导转变创造了条件。近年来"用工荒"有蔓延的趋势，起到助推劳动力成本上涨的作用。从根本上说，这是解决中国人口问题的关键所在，为提高劳动生

---

① 《中国统计年鉴 2015》，中国统计出版社，2015，第 6 ~ 7、461 页。

产率、增强人力资本积聚开辟道路。而对于特定时空经济增速而言，则不能不说是一种负面作用，使主要依靠廉价劳动力投入驱动的经济发展受阻。

其四，资源短缺瓶颈收紧，生态环境逼近上限。粗放外延式发展方式，高投入、高消耗、低效益、低产出“二高二低”是突出的特点。其实，新中国成立以来粗放外延式发展方式便一直存在，“一五”时期好一些，其后由于“大跃进”“赶超”一类心态难平，而运用投资拉动经济增长又是轻车熟路，致使这一发展方式和“二高二低”相互影响、交叉前行。单位产值能源和原材料消耗不仅远高于发达国家，而且长期高于世界总体水平，终因消耗过度而使资源约束瓶颈越收越紧，许多资源不得不依赖大量进口。以石油为例，1990 年生产 13830.6 万吨，进口 755.6 万吨，进口量：生产量 = 1.0∶18.3；2000 年生产 16300.0 万吨，进口 9748.5 万吨，进口量：生产量 = 1.0∶1.7；2014 年生产 21142.92 万吨，进口 30837.0 万吨，进口量：生产量 = 1.0∶0.7。即自产石油仅相当于进口数量的 68.6%，对外依赖程度过高凸显。[①] 其他如铁、铜等金属和非金属矿产资源进口数量之巨大、增速之迅速十分抢眼，木材等植物产品进口增长也很快，就连最丰富的煤炭也转变为净进口，资源稀缺性加剧超出人们预期。

环境问题的严峻性，国人越来越深刻地感受到。笔者的判断是：治理取得一定进展，但是恶化的趋势尚未全面刹住。空气、水、土壤、噪声等传统污染治理还没有取得根本性好转，以 PM2.5、臭氧为代表的新污染来势猛、量级高、持续时间长，治理工作任重而道远。值得注意的新特点，一是传统污染形成由城市、工矿区向城乡广阔区域推进，由工业化污染向生活污染扩展的态势。这种态势与工业化、城市化、农业现代化结合起来，构成全面建设小康社会新的污染范式，治理需要新的思路和策略。二是对以 PM2.5、臭氧为代表包括电子辐射、光污染等在内的现代污染，人们的认识还很不够，对其危害和治理需要做出深层次的探索和努力。京津冀是 PM2.5 重灾区，当意识到呼吸新鲜空气的自由被剥夺的时候，不免发出“要再多的 GDP 何用”感叹！人们向往“APEC 蓝”，然而那是京、津、冀加上晋、鲁、豫三省部分地区用烟囱不冒烟、工地不扬尘、汽车单双号行驶等换来的，不可持续。目前 PM2.5 频发且范围蔓延，北起松花江南至珠江，东起东海之滨西到塔里木盆地，都程度不同地遭受过侵害，对经济发展和人口健康造成的影

---

① 《中国统计年鉴 2015》，中国统计出版社，2015，第 6～7、372 页。

响还没有完全释放出来。已有的传统污染积累有待消化治理，新的现代污染又不期而至，其对经济和整个社会发展的制约，正如2014年中央经济工作会议指出的那样，已经达到或接近上限。

其五，国际经济不景气，外贸出口受阻。近年来外贸出口持续下挫，对经济增长拉动变为负数。2015年一季度进出口总额同比增长6.0%，出口增长4.9%，形势有所好转。但是由于国际经济危机尚未结束，还存在诸多变数；我国外贸体制机制改革、整肃内部恶性竞争、调整出口结构等需要时日，一定期间内很难再现往日强势拉动经济增长的辉煌。

提速转型升级改革

人口"后黄金时代"遭遇经济新常态，发生经济中高速—中速增长转变在情理之中。对于留恋过去经济高速增长论者来说，这种转变无疑是一副销蚀剂；对于新常态经济正常增长论者而言，则是多年梦寐以求转型升级的一种机遇。

1. 两种新常态

众所周知，自20世纪80年代以来，世界经济经历长达20年左右的超稳定增长期，形成某种常态化发展，这是后来提出"新常态"的背景参照。1997年亚洲金融风暴骤起，10年后美国金融危机爆发，其后欧债危机跌宕蔓延，形成除中、印等新兴经济体外全球性金融危机和经济危机。危机持续时间之长、打击面之广、影响之深刻超出人们的预料，时至今日仍然复苏乏力。针对这种新情况，2004年〔美〕罗杰·麦克纳米《新常态——大风险时代的无限可能》一书问世，称再也无法回到过去辉煌时期而步入一个无法预知的新常态时代，"新常态"（New Normal）判断或概念由此而生。2010年，〔美〕太平洋投资管理公司穆罕默德·埃里安在"工业化国家新常态启航"演说中，对新常态做出多视角诠释，使新常态为更多人所接受，成为广泛传播的一个新概念。近年来的情况表明，全球经济仍存在诸多不确定因素，新常态还在延续。对此，国际货币基金组织（IMF）给出新的预测数据。世界银行（WB）、英国共识公司（CF）等提供的数据大同小异，表明发达经济体并未走出衰退式新常态。参见表3：①

---

① 参见《全球化》，2015年第2期，第123～130页。

表3 2012~2015年世界经济增长率

单位: %

	2012	2013	2014 (预测数)	2015 (预测数)
世界	3.4	3.3	3.3	3.5
发达国家/地区	1.2	1.3	1.8	2.4
美 国	2.3	2.2	2.4	3.6
欧元区	-0.7	-0.5	0.8	1.2
日 本	1.5	1.5	0.1	0.6
发展中国家	5.1	4.7	4.4	4.3
印 度	4.6	4.7	5.8	6.3
俄罗斯	3.4	1.3	0.6	-3.0
巴 西	1.0	2.5	0.1	0.3

我国由体制不同、融入经济全球化程度较低因而受影响较小等因素所决定，没有跟随落入此等新常态。但也不能不受到某种影响，投资、消费、出口受限等就是证明。经济增速连续下行，GDP增长率由2010年10.4%下降到目前6.7%，年平均下降0.62个百分点。对此，2014年5月习近平总书记视察河南省时，首次提出经济新常态概念，并在其后中央经济工作会议上做出进一步的阐释。学习习总书记讲话精神并结合两年多来的实践，笔者以为，我国经济新常态与以发达经济体为代表的经济新常态比较，有相似也有不同之处。相似是表象，不同是本质。否定相似之处和将两种新常态混为一谈均不可取，因为都不符合实际。

相似表象：前已叙及，都出现不同程度的经济下行，增速放缓、消费乏力、效益下降、结构失衡、产能过剩、贸易摩擦不断等。而且在信息化、经济全球化背景下，彼此之间的渗透和影响也在加深。否定相似表象并不可取，既不利于认识经济新常态带有一定的全球性质，也不利于吸取国际社会正反两方面的经验，拒"他山之石可以攻玉"于国门之外。

本质不同：其一，以发达经济体为代表的新常态，是长期不能从金融危机和经济危机阴影下解脱出来，反映经济长期萧条的一种理论概括。我国新常态，反映的是化解经济持续高速增长矛盾积累的一种客观要求，是前进中速度适当放缓的新常态，与金融危机、经济危机风马牛不相及。其二，以发达经济体为代表的新常态，经济增长率常常跌落到接近零增长，有时甚至跌落到零以下。目前我国6.5%~7.0%的增长率属于中高速增长，即使按照阶梯式下行外推，也不会跌落到中速增长以下。其三，发达经济体为了应对危机式新常态，动用量化宽松等一切可用的经济杠杆，从而为未来的经济发展埋下隐患。我国除 2008 年在国际金融危机背景下启动 4 万亿元投资阻止经济下滑外，基本上没有采取超强投资刺激手段，在保增长和稳增长中坚持转方式、调结构、促改革方针，以消化高速增长中积累的矛盾。其四，许多发达经济体不顾 WTO 游戏规则，采取五花八门的贸易保护主义限制进口。我国则践行 WTO 规则和做出的承诺，积极倡导贸易自由、反对保护主义，以实际行动维护国际商贸秩序和推进经济全球化。由此可见，以发达经济体为代表的新常态是消极防御型，是长期处于危机、衰退状态的新常态；我国则是最近四五年方才出现，是下行幅度有限、以退为进、在转型升级中谋求创新发展的新常态。二者的区别可以形象地描述为：前者是顺着滑梯呈惯性式下滑，终因下滑速度快、持续时间过长而失速，落入金融危机和经济危机；我国是阶梯式下行，顺应规律、自觉调整、深化改革、稳中求进，至今经济仍保持在中高速—中速运行的新常态。

2. 新常态应有的经济增速

弄清我国与发达经济体经济新常态的异同，特别是经济发展速度及其产生根源上的异同很重要，关系当前和未来经济发展全局。我国新常态经济增速放缓是客观经济规律作用的结果，但是放缓也要有一定的限度、遵循一定的节奏，需要寻求适合我国实际、有利于社会经济健康发展的速度。从理论与实践的结合上探讨这样的发展速度，已有国内外比较丰富的实践经验可供研判和借鉴。在国际方面，发达经济体再也无法回到 20 世纪八九十年代超稳定增长时期，跌落到接近零增长超低增长状态，少数国家甚至跌落到负增长，陷入失速经济危机之中，我们不可步其后尘。同时也不能像拉美和亚洲一些国家那样，长期陷入中等收入陷阱而不能自拔。我们承认、容忍新常态减速经济，下行是合乎规律的发展；但要清醒地意识到，经济可减速而不可失速，既不能落入如发达经济体经济危机式失速状态，也不能像某些发展中国家那样长期挣扎于中等收入陷阱之中。

在国内方面，自 2011 年经济连续下行以来，这样的下行并没有对整体经济运行造成大的伤害，GDP 增长率下行，增长量却有增无减。如 GDP 增长率 2014 年比 2013 年下降 0.3 个百分点，增长量却增加 1.7 万亿元；该年新增就业 1322 万人，就业率稳中有升；转方式、调结构取得新进展，经济发展可持续性增强；经济发展质量有所提高，研发能力显著提升等。[①] 现在的问题是，6.7%的经济增长率仍然存在下行的压力，还有没有继续下行的空间，更长远一些时间的新常态增长率在哪里？对此，需要做出更深一步的研判并由实践做出检验。

容忍经济减速而不容忍失速，是对待新常态经济增速的一条基本准则。为此，就要确定不失速的发展速度在哪里，它是由什么因素决定的。目前发达经济体2%左右的经济增长率，可以说是集体失速，要不得。它的直接后果是，有的国家、有的地方如同飞机发生失速一样，最后难逃坠毁的命运。美国底特律市政府资不抵债，只能宣布政府破产；希腊深陷债务危机，多年笼罩在经济危机阴影之下。目前阶段中国需要什么样的经济增长速度？首先要确认我国经济增长速度由什么因素决定。速度的确定涉及经济发展目标、经济基础和经济结构、就业、投资、消费、出口等诸多因素，以往主要由投资、消费、出口"三驾马车"动力大小决定。经济新常态下要通过转方式、调结构、惠民生、促改革，实现由要素驱动向创新驱动转变，转变的广度和深度对发展速度具有决定性的意义。但是全面地看待这种转变，前期旧的要素驱动可能还比较强、创新驱动可能比较弱；随着时间的推移和改革的不断深入，要素驱动将由强转弱、创新驱动将由弱变强，后期创新驱动将成为经济发展主要的驱动力。因此，我们既需要对创新驱动力能够达到的程度做出实事求是的估量，也需要从实际出发，特别是针对转方式、调结构、跨越中等收入陷阱、实现充分合理的就业等的改革，对未来经济发展速度做出合理的研判。主要满足以下三个方面的诉求。

一为转方式、调结构应有的经济增长速度。汽车司机都知道，行车转弯时要减速、换挡、轻踩或不踩油门，车速太快时还要采取点刹车等措施，以合理控制车速，安全顺利通过弯道。经济发展也相类似。实现由高投入、高消耗、低产出、低效益粗放外延式发展向低投入、低消耗、高产出、高效益集约内涵式发展转变，继续保持过去高速、超高速增长是无法做到的。之所以转变经济发展方式提出二三十年以来收效甚微，重要原因之一，在于经济增速降不下来，转方式受到保增长、保就业压力而不得施展。2011年以来经济增速逐步降了下来，从而为转方式提供了有利的条件；然而下行压力的继续存在表明，目前6.7%的经济增速下行还不够，转方式给出比较明确的

---

① 依据《中国统计年鉴 2014》第 4～5、12 页数据计算。

信号，中高速—中速增长可能是比较适当的。

调结构情形也大同小异。当前，即使经济增速有所下降，但是为了保住已经下移的增长速度，产能过剩仍然难以消退，高耗低效的落后产业仍然难以淘汰出局，因而相应的产业结构难以改变。在三次产业结构中，虽然近几年第三产业上升速度有所加快，并且占比已经居于首位；但是第二产业强劲态势仍在，产业结构不合理并非短期内所能改变。至于第一、第二、第三产业内部的结构，问题更多一些，重化工业、一般制造业、低端服务业占比过高的状况，转变需要较长时间。这说明，固然经济增长失速需要防备，不能重蹈发达经济体覆辙；但是调结构要求的经济增长速度还没有达到，由中高速向中速增长过渡可能是必要的和必需的。

二为跨越中等收入陷阱应有的经济增长速度。以2014年GDP 636138.7亿元、人口135782万、人民币对美元比价中间价6.12∶1.00作基期，则2020年、2025年低、中、高三种预测经济增长情况，如表4所示：①

表4　2020、2025年人口经济增长预测

方案	GDP（万亿元人民币）	人均（元）	GDP（万亿美元）	人均（美元）
2020年				
低方案（4.0%）	80.5	55748	13.15	9109.1
中方案（5.5%）	87.7	60730	14.33	9923.9
高方案（7.0%）	95.5	66099	15.60	10806.5
2025年				
低方案（4.0%）	97.91	67062	16.00	10957.8
中方案（5.5%）	114.61	78502	18.73	12826.8
高方案（7.0%）	133.87	91691	21.87	14982.3

目前，对于中等收入与高收入的界定尚存异议，以人均GDP 8000美元、10000美元、11000美元为界划定不等。考虑到数年后社会经济发展和收入提高等情况，以世界银行提出的人均GDP 11000美元可能更合适一些。如此，GDP年均增长4.0%的低方案预测，2025年人均GDP可达10958美元，临近走出中等收入、跨进高收入门槛；GDP年均增长5.5%的中方案预测，2023年人均GDP可达11556美元，进入高收入行列；GDP年均增长7.0%

① 《中国统计年鉴2015》，中国统计出版社，2015，第4~5页。

的高方案预测，2021 年人均 GDP 可达到 11516 美元，比低方案提前 4 年、比中方案提前 2 年进入高收入行列。可见，未来 10 年尤其是前 6 年经济发展速度至关重要。即使是低方案的稳定增长，在"十四五"结束时也可基本上走出中等收入陷阱；按照中方案"十四五"中期走出，按照高方案"十三五"结束时则可基本上实现对中等收入陷阱的成功跨越。只要未来经济能够保持稳定的增长，跨越中等收入陷阱尽可掌握在我们自己手中。不过低方案与高方案相比耗时相差较大，低方案比高方案耗时增加 1 倍。争取 7.0% 的高位预测，确保不低于 5.5% 的中位预测，应是可能和比较现实的。

三为比较充分就业应有的经济增长速度。改革开放以来，经济增速与就业率之间的关系表明，GDP 增长 1 个百分点可带动 130 多万人就业，城镇登记失业率可下降 0.5 个百分点左右。2014 年城镇登记失业率为 4.09%，《政府工作报告》提出 2015 年控制在 4.5% 以内，故 GDP 增速可有 1 个百分点下调空间，维持在 6.4% 以上即可保持失业率不超过 4.5%。如果将失业率 5.0% 作为经济运行的底线，则 GDP 增长率存在 2 个百分点的下调余地，维持在 5.4% 以上当无忧虑，与中方案预测相吻合。跌破此警戒线，失业率升至 5.0% 以上、GDP 增长率下跌到 5.4% 以下，则会加大经济运行风险并对社会稳定构成威胁，是不可取的。

3. 提速转型升级改革

上述情况表明，未来 10 多年经济中高速—中速增长，是经济运行可以接受的合理区间。它能够满足跨越中等收入陷阱、失业率保持在可控水平要求，并且能为转方式、调结构提供较为宽松和良好的经济生态环境。应当把握这一历史性机遇，加速推进新常态经济转型升级改革。要总结 2008 年 4 万亿投资的经验教训。这一剂猛药投下去，经济增速倒是保住了，然而却失去了进行技术革新、提高劳动生产率、转型升级的良机，给其后的发展带来不少负面影响，使粗放型生产方式得以延续下来。相反，处在次贷危机本土的美国，大力提升经济发展的科技含量，不仅发展速度没有大幅度落下来，而且为后来的发展增添了新的动力和潜力。"风物长宜放眼量"。我们一定要抓住这一次人口"后黄金时代"提供的处在衰减状态的人口盈利、人口红利，劳动年龄人口越过峰值、就业压力逐步减轻的窗口期，下决心将转方式、调结构、促改革进行下去，圆梦经济转型升级。为此，提出"以速度换效益"行动口号：宁肯牺牲一点儿速度，也要换取效益卓有成效地提升，让经济转型升级落地。办法是依靠改革，大力推进和深化改革，尤其是以下三方面的改革。

一是推进市场在资源配置中起决定性作用的改革。2013 年《中共中央关于全面深化改革若干重大问题的决定》指出："经济体制改革是全面深化改革的重点，核心问题是处理好政府与市场的关系，使市场在资源配置中起决定性作用和更好发挥政府的作用。……着力解决市场体系不完善、政府干预过多和监管不到位问题。"① 经济提质增效、转型升级改革之所以进展迟缓，前已论及，重要的一条紧紧绑在了发展速度上。发展速度直接关系到各级政府的政绩，因而总是千方百计地将速度搞上去。政府干预过多、市场对资源配置的决定性作用发挥不够，也就自然而然地发生了。超常规投资刺激经济增长时有发生，城大市小、有城无市的城市化"摊大饼"式蔓延，行业垄断和地方保护主义侵害正常的经济运转屡见不鲜等，彰显政府身兼"导演"和"演员"双重角色特征。出路在于改革，政府应从不当的干预中退出，建立起还市场在资源配置中起决定性作用的体制机制。

二是推进为经济中高速—中速增长松绑的改革。近代以来，中国人民饱受侵略、压迫和剥削，期望国家尽快富强起来的愿望异常强烈，因而从上到下对经济增长速度情有独钟，产生很强的速度偏好。新中国成立后，20 世纪 50 年代曾经出现"大跃进""超英""赶美"一类口号和建设热潮；70 年代粉碎林彪、"四人帮"反革命集团后，又出现建设十来个大庆、十来个商品粮基地等大干快上"洋跃进"，速度偏好伴随着变化了的环境再现出来；改革开放以来速度冲动也时有发生，只是冲动变小且纠正得较为及时一些。如今经济进入新常态，这样的冲动是否就销声匿迹了呢？恐怕钟情高速度、不愿意接受速度下行的言行还不时有所表现。高速度之所以成为人们的一种偏好，除了认识和情结方面的原因以外，还有着现实的原因。主要的，一是政府主导的原因。以经济建设为中心与强势政府相结合，政府将主要精力用于经济建设，形成政府主导型经济发展范式。即使市场经济体制改革基本到位，政府主导还是时隐时现地表现出来。二是社会评价方面的原因。评价干部特别是领导干部的才能和政绩，常常把经济搞上去与否视为最重要的一条，决定升迁权重最大的条件。因此，提速经济转型升级、为经济中高速—中速增长松绑、去除速度偏好、扬弃以 GDP 论英雄的发展观十分重要。必须在转变理论、认识和社会舆论同时，改革对干部的评价机制和考核机

---

① 参见《中共中央关于全面深化改革若干重大问题的决定》，引自《改革开放以来历届三中全会文件汇编》，人民出版社，2013，第 178 页。

制。建立起集德、勤、政、绩于一体全面的评价和考核体系，政绩的考核更注重发展的质量和效益，淡化 GDP 增长的权重。

三是推进增强人力资本积聚的改革。随着边际投资效益下降、劳动年龄人口越过峰值，以海量投资＋海量劳动力投入为特征的外延式经济增长方式走到尽头，取而代之的当是技术进步＋人力资本创新驱动新时代的来临。人力资本是人所具有的知识、技能、经验和健康具有的价值。对劳动力而言，关键是提高劳动者的素质和调整好结构。提高劳动者素质，包括提高劳动者健康体能素质，要大力发展医疗、卫生、体育等事业；提高科教智能素质，加快教育、科技体制改革是关键，重点在打破应试式科教体制，倡导以劳动力数量换劳动力素质、提高人力资本积聚；提高法治、道德、价值观等素养文明素质，需要加强现代文明建设，贯彻落实全面以法治国、从严治党战略部署。调整劳动力人才结构，也是创新驱动和经济适度增长的保证。为避免劳动年龄人口过度高龄化而削弱经济发展活力，适时调整人口生育政策、适当调整人口出生率、使劳动年龄人口年龄结构等保持在合理状态，是保持经济合理健康发展的固本强基之策。劳动力城乡结构变动与城市化密切相关，合理掌控劳动力农转非和城乡分布结构变动的速度和节奏，则是推进劳动力以数量换结构、新常态经济减速而不失速的重要环节，其功能和作用不可替代。

参考文献

［1］《中国共产党第十八届中央委员会第三次全体会议文件汇编》，人民出版社，2013。

［2］田雪原：《后人口转变迎来新改革机遇》，社会科学文献出版社，2014。

［3］刘伟、苏剑：《"新常态"下中国的宏观调控政策选择》，《经济科学》2014年第4期。

［4］许宪春：《2014年中国经济形势分析与2015年展望》，《全球化》2015年第3期。

［5］林毅夫：《7%的增长速度是合理的也是必要的》，《光明日报》2015年3月25日。

［6］范鸿达：《中国：行将崛起还是面临崩溃？》，《国外社会科学》2015年第2期。

（原载《全球化》杂志，2016年第11期）

新常态经济发展速度之我见

自"新常态"作为对特定时期经济发展的一种阶段性判断或概念提出以来，对其界定特别是对经济发展速度在其中的定位，尚存不少歧义。然而无论将新常态涵义拓宽到何种程度，速度在其中的位置和作用，包括对经济发展方式、发展质量和结构等的作用和影响都是明白无误的，许多问题由片面追求高速度而生、而长、而成。因此，认识新常态、适应新常态、发展新常态，首先要对发展速度有一个明确的认识，弄清减速与失速的区别，新常态需要什么样的发展速度，能够达到什么样的发展速度。

两种不同的新常态

什么是新常态？新是相对旧而言，常态就是正常的状态。经济新常态，相对某个时期、某种正常的经济状态或旧的经济常态来说，是新出现的、经常化的某种经济状态。经济新常态与旧常态比较，下行或减速是最突出的特征。不过我国当前新常态经济下行，不能与西方金融危机衰退式经济新常态等量齐观、同日而语，需要弄清两种新常态的相似之处，更重要的是本质上的区别。

众所周知，自 20 世纪 80 年代以来，世界经济经历长达 20 年左右的超稳定增长期，形成某种常态化发展，这是后来提出"新常态"的背景参照。1997 年亚洲金融风暴骤起，10 年后美国金融危机爆发，其后欧债危机跌宕蔓延，形成除中、印等新兴经济体外全球性金融危机和经济危机。危机持续时间之长、打击面之广、影响之深刻超出人们的预料，时至今日仍然复苏乏力。针对这种新情况，2004 年〔美〕罗杰·麦克纳米《新常态——大风险时代的无限可能》一书问世，称再也无法回到过去辉煌时期而步入一个无法预知的新常态时代，"新常态"（New Normal）判断或概念由此而生。2010 年，〔美〕太平洋投资管理公司穆罕默德·埃里安在"工业化国家新常态启航"演说中，对新常态做出多视角诠释，使新常态为更多人所接受，成为广泛传播的一个新概念。近年来的情况表明，全球经济仍存在诸多不确定因素，新常态还在延续。对此，国际货币基金组织（IMF）给出新的预测数据，参见表1：[①]

表1　2012～2015年世界经济增长率

单位：%

	2012 年	2013 年	2014 年（预测数）	2015 年（预测数）
世界	3.4	3.3	3.3	3.5
发达国家/地区	1.2	1.3	1.8	2.4
美　国	2.3	2.2	2.4	3.6
欧元区	-0.7	-0.5	0.8	1.2
日　本	1.5	1.5	0.1	0.6
发展中国家	5.1	4.7	4.4	4.3
印　度	4.6	4.7	5.8	6.3
俄罗斯	3.4	1.3	0.6	-3.0
巴　西	1.0	2.5	0.1	0.3

其他经济指标，如消费者价格指数、工业生产指数、制造业采购经理人指数等，也都显示出疲软的态势。世界银行（WB）、英国共识公司（CF）等提供的数据大同小异，表明发达经济体并未走出衰退式新常态。美国商务部发布的最新报告显示，2015年美国第一季度经济增长率仅为0.2%；英国公布的数据第一季度同比增长2.4%，环比仅增长0.3%[②]，比IMF等给出的数据低许多。这表明，发达经济体并未走出经济危机，何时突围还是未知数，新常态判断为实践所证实。

我国由体制不同、融入经济全球化程度较低因而受影响较小等因素所决定，没有跟随落入此新常态陷阱。但也不能不受到某种影响，如投资和外贸出口受限等。更主要的，是出现2011年以来经济增速连续下行，GDP增速由2010年10.4%，连续下降到目前的7.0%左右；加之发展方式滞后、结构失衡、需求动力不足、产能过剩累积等，经济运行与过去高速增长渐行渐远，进入一个新的中高速发展阶段。2014年5月，习近平总书记视察河南

---

① 参见《全球化》2015年第2期，第123～130页。2014年、2015年数据为预测数。
② 参见《人民日报》2015年5月6日；《经济参考报》2015年4月30日。

首次提出经济新常态，其后在中央经济工作会议上对新常态做出进一步阐发，一个从理论与实践的结合上认识新常态、适应新常态、发展新常态的新阶段就此开启。学习习总书记讲话精神并结合一年来的实践，笔者以为，我国经济新常态与以发达经济体为代表的经济新常态比较，有相似也有不同之处，相似是表象，不同是本质。否定相似之处和将两种新常态混为一谈均不可取，因为都不符合实际。

相似表象：前已叙及，都出现不同程度的经济下行，增速放缓、消费乏力、效益下降、结构失调、产能过剩、贸易摩擦不断等。而且在信息化、经济全球化背景下，彼此之间的渗透和影响也在加深。否定相似表象并不可取，既不利于认识经济新常态带有一定的全球性质，也不利于吸取国际社会正反两方面的经验，拒"他山之石可以攻玉"于国门之外。

本质不同：其一，以发达经济体为代表的新常态，是长期不能从金融危机和经济危机阴影下解脱出来，反映经济长期萧条的一种理论概括。我国新常态，反映的是化解经济持续高速增长矛盾积累的一种客观要求，是前进中速度适当放缓的新常态，与金融危机、经济危机风马牛不相及。其二，以发达经济体为代表的新常态，经济增长率常常跌落到接近零增长，有时甚至跌落到零以下。目前我国 6.5% ~ 7.0% 的增长率属于中高速增长，即使按照阶梯式下行外推，也不会跌落到中速增长以下。其三，发达经济体为了应对危机式新常态，动用量化宽松等一切可用的经济杠杆，从而为未来的经济发展埋下隐患。我国除 2008 年在国际金融危机背景下启动 4 万亿元投资阻止经济下滑外，基本上没有采取超强刺激手段，在保增长和稳增长中坚持转方式、调结构、促改革方针，以消化高速增长中积累的矛盾。其四，许多发达经济体不顾 WTO 游戏规则，采取五花八门的贸易保护主义限制进口。我国则践行 WTO 规则和做出的承诺，积极倡导贸易自由、反对保护主义，以实际行动维护国际商贸秩序和推进经济全球化。由此可见，以发达经济体为代表的新常态是消极防御型，是长期处于危机、衰退状态的新常态；我国则是最近四五年方才出现，是下行幅度有限、以退为进、在转型升级中谋求创新发展的新常态。二者的区别可以形象地描述为：前者是顺着滑梯呈惯性式下滑，终因下滑速度快、持续时间长而失速，落入经济危机；我国是阶梯式下行，顺应规律、自觉调整、深化改革、稳中求进，至今经济仍保持在中高速—中速运行的新常态。

新常态经济减速

弄清我国与发达经济体经济新常态的异同，特别是经济发展速度及其产生根源上的异同很重要，关系当前和未来经济发展全局。不过反过来说，也必须清醒地认识和接受新常态是减速经济的现实，只不过发达经济体减速下滑到失速、我国则仍在中高速阶段罢了。认识这一点大有必要，因为只有认识减速经济到来的必然性，才能放平心态，正确对待；只有弄清不同时间段减速经济的台阶和减速的速率，才能做到减速而不失速、下行而不一路下滑，恰如其分地进行宏观调控和推进改革。那么，怎样认识当前我国新常态经济减速不可避免、寻求科学合理的减速台阶呢？笔者以为，经济发展增速与增量成反比是带有普遍性的规律，当增量达到一定规模时，增速就要放慢下来。但是这一带有规律性的变动，为什么2011年以后方才在我国显现出来？还需要理论联系实际，从直接的动因和深层次的原因两个层面，去寻找和解读。

首先，分析一下经济下行的直接动因。提到经济增长和经济发展，人们首先想到的便是拉动经济增长的"三驾马车"。经济下行的直接动因，当是消费、投资、出口"三驾马车"出了问题，是"车子"失灵和动力不足作用的结果。要想明白这一点，看一看改革开放以来尤其是近年来三大需求对GDP增长贡献的变动便清楚了。最显著的是，消费支出和货物服务出口的贡献率下降，2011~2013年均为负数。究其原因，除了国内体制机制方面的原因外，还有国外金融和经济危机的影响，以致出现2011年以来货服出口连续为负数的反常局面。虽然2015年和2016年一季度有所改善，消费和出口贡献率有所提升，出口贡献率由负转正；但是远不及固定资产投资增长为大。2016年一季度按名义价格计算的社会消费品零售总额增长0.6%，进出口总额增长6.0%，固定资产投资增长13.5%，投资增长率仍居"三驾马车"之首。在这种情况下，如果投资效益得到提高或者保持原来的水平，经济下行则可能不会出现，即使出现也微乎其微。然而不幸的是，伴随固定资产投资的大幅度增长，边际投资效益出现连续下降的趋势，效益递减在颇大程度上抵消了对经济增长的拉动作用。对此，下面还有进一步的阐释。[①]

---

① 《中国统计年鉴2014》，中国统计出版社，2014，第73页。

其次，分析一下经济下行的深层次原因。影响经济下行深层次的原因有许多，而且彼此之间交互作用和影响，有的则形成难以消除的顽症，改变和改革的难度相当大。主要有以下5个方面。

其一，经济发展方式滞后，发展不可持续性强。经济发展方式滞后，早在20年前便引起注意，转变发展方式被提了出来。开始提的是转变经济增长方式，后来演变为转变经济发展方式，涵义有所扩展。应当承认，原来的经济增长方式和发展方式曾经起到过积极的作用，依赖这套方式获得了30年经济持续高速增长。然而随着经济发展达到新的高度、技术进步达到新的程度、结构调整达到新的深度，旧有的发展方式的缺陷积聚起来、日益明显地暴露出来、最终危及到经济的健康发展，走到再也继续不下去的地步。主要是以下三个方面的缺陷，使发展变得不可持续。

一是片面追求高速度，掩盖了经济发展是为了满足人的全面发展需要宗旨。容易陷入为生产而生产、为发展而发展、以GDP论英雄等盲目追求产值产量的发展观。造成重复建设、重复生产、产能过剩和泡沫堆积严重，发展变得不可持续。

二是"三驾马车"不同程度失灵，动力不足难以支撑高增长。前已论及，消费拉动原本动力不足，2011年以来出现进一步削减趋势；外贸出口曾经表现出超强动力，但是起伏很大，2011年以后一度跌落到零以下，对GDP增长的贡献变成负数。在这种情况下，固定资产投资担负起拉动经济增长重任，显示出一马独大的态势；然而却遭遇效益递减规律打击，投资效益持续下降而使驱动力不从心。统计数据显示，进入21世纪以来，GDP与固定资产投资之比呈一路下滑走势，由2000年301.4：100.0，下滑到2005年206.3：100.0、2010年166.2：100.0、2011年151.8：100.0、2012年138.6：100.0、2013年127.5：100.0。[①] 单位固定资产投资效益下降如此之快，难以挑起经济高速增长的重担。

三是外延粗放型经济问题凸显，制约、妨碍经济增速作用增强。高速发展的经济主要依赖固定资产投资拉动，那么主要投资到哪里、拉动哪些产业增长呢？重化工业是重点。传统的说法是主要投向"铁公鸡（基）"——以高铁为主的铁路、以高速公路为主的公路、航空机场和城市化房地产等基础

---

① 依据《中国统计年鉴2006》第26~27页、《中国统计年鉴2011》第4~5页、《中国统计年鉴2014》第4~5页数据计算。

设施建设，致使相关产业产量获得超常规增长。参见表2：①

表2　1978~2013年主要重化工业产品产量增长

	1978年	1990年	2000年	2013年	2013/1978（%）
原煤（亿吨）	6.18	10.80	13.84	36.80	595.5
原油（万吨）	10405	13831	16300	20947	201.3
天然气（亿立方米）	137	153	272	1170	852.5
水泥（万吨）	6524	20971	59700	241614	3703.5
粗钢（万吨）	3178	6635	12850	77904	2451.4
钢材（万吨）	2208	5153	13146	106762	4835.2

表2显示，在增长较快的6种重化工业产品中，钢材增长居首，2013年比1978年增长47.4倍；其次水泥增长36.0倍；再次粗钢增长23.5倍。能源以天然气增长7.5倍为最高，原煤增长5.0倍次之，原油仅增长1.0倍。为什么钢筋水泥一类产品能够获得海量增长？因为可以通过高投入、高消耗、高产出"铺摊子"搞定，满足GDP高速增长要求，"到处是工地"就是这样的写照。同时这种粗放外延式发展方式对劳动力素质要求不高，可以满足城市就业和吸引大批农民工就业、加速推进城市化要求，发挥劳动力比较优势。结果与"三高"对应的"三低"——低效率、低产出、低质量如影随形，资源、环境困扰加剧，高速度受到来自深层次的抵抗而无法继续下去。

其二，经济结构失衡，效益不高突出。以GDP论英雄和以投资为主旋律的经济发展，最容易引发部门、地方、企业争项目、争投资、争出口等的争夺战。只要有项目、有资金，或者能够引进外资、增加出口，什么样的工程都可以即刻上马、开工建设、迅速投产。长此以往，造成重投入、轻产出，重数量、轻质量，重引进、轻消化吸收，经济结构失衡、经济发展质量不高。以制造业为主的第二产业独大，三次产业结构落后；第二产业中，满足建设基础设施需要的钢铁、水泥等产业独大，产能过剩长期得不到消化。在市场经济发育不完善、行业垄断、地方保护主义尚存条件下，经济结构失衡、比例关系不协调不仅制约着经济发展速度，而且严重地妨碍着发展质量的提高。

---

① 《中国统计年鉴2014》，中国统计出版社，2014，第6~7页。

其三，人口红利衰减，劳动成本推高。中国作为世界人口和劳动力最多的发展中国家，改革开放以来新增 GDP 中有 1/4～1/3 是新增劳动创造的。值得提出的是，不仅劳动年龄人口增加从而劳动力数量丰富，而且经历长达30 多年占比上升的人口年龄结构变动的"黄金时代"，提供了相应的人口盈利、人口红利。2010 年 15～64 岁劳动年龄人口占比达到 74.5% 峰值，抚养比 $\{(0～14) + 65^+/15～64\}$ 下降到 34.2% 最低值[1]，人口年龄结构变动"黄金时代"发挥到极致，理论上劳动力廉价也过渡到拐点。此后，则进入劳动年龄人口占比下降、抚养比上升、劳动力价格上涨的"后黄金时代"，直至 2030 年前后消失殆尽为止。预测显示，2020 年 15～64 岁劳动年龄人口占比可下降到 69.0%，抚养比可上升到 44.9%；2030 年劳动年龄人口占比可下降到 67.4%，抚养比可上升到 48.3%[2]，"后黄金时代"也宣告结束。人口大国劳动年龄人口、抚养比如此剧烈变动，对 GDP 的影响立即显示出来，2011 年 GDP 增速应声而降。就"后黄金时代"人口年龄结构上述变动而言，拉低 GDP 增速的能量还在释放，存在继续拉低的要求。

其四，资源短缺瓶颈收紧，生态环境逼近上限。粗放外延式发展方式，依靠人、财、物要素驱动，高投入、高消耗、低效益、低产出"二高二低"是突出的特点。其实，新中国成立以来粗放外延式发展方式便一直存在，"一五"时期好一些，其后由于"大跃进""赶超"一类心态难平，而运用投资拉动经济增长又是轻车熟路，致使这一发展方式和"二高二低"相互影响、交叉前行。单位产值能源和原材料消耗不仅远高于发达国家，而且长期低于世界总体水平，终因消耗过度而使资源约束瓶颈越收越紧，许多资源不得不依赖大量进口。以石油为例，1990 年生产 13830.6 万吨，进口 755.6 万吨，进口量：生产量 = 1.0：18.3；2000 年生产 16300.0 万吨，进口9748.5 万吨，进口量：生产量 = 1.0：1.7；2012 年生产 20747.8 万吨，进口33088.8 万吨，进口量：生产量 = 1.0：0.6。即自产石油仅相当于进口数量的 62.7%，对外依赖程度过高凸显。其他如铁、铜等金属和非金属矿产资源进口数量之巨大、增长速度之迅速十分抢眼，木材等植物产品进口增长也很快，就连最丰富的煤炭也转变为净进口，资源稀缺性加剧超出人们预期。

环境问题的严峻性，国人越来越深刻地感受到。笔者的判断是：治理取

---

[1] 《中国统计年鉴 2011》，中国统计出版社，2011，第 94 页。
[2] 依据田雪原等著《21 世纪中国人口发展战略研究》，社会科学文献出版社，2007，第 461 页数据计算。

得一定进展，但是恶化的趋势尚未全面扼制，空气、水、土壤、噪声等传统污染还没有取得根本性好转；以 PM2.5 为代表的新污染来势猛、量级高、持续时间长，治理工作任重而道远。值得注意的新特点，一是传统污染形成由城市、工矿区向城乡广阔区域推进，由工业化污染向生活污染扩展的态势。这种态势与工业化、城市化、农业现代化结合起来，构成全面建设小康社会新的污染范式，治理需要新的思路和策略。二是对以 PM2.5 为代表包括电子辐射、光污染等在内的现代污染，人们的认识还很不够，对其危害和治理需要做出深层次的探索和努力。京津冀是 PM2.5 重灾区，当意识到呼吸新鲜空气的自由被剥夺的时候，不免发出"要再多的 GDP 何用"感叹！人们向往"APEC 蓝"，然而那是京、津、冀加上晋、鲁、豫三省部分地区用烟囱不冒烟、工地不扬尘、汽车单双号行驶等换来的，不可持续。目前 PM2.5 频发且范围蔓延，北起松花江南至珠江，东起东海之滨西到塔里木盆地，都程度不同地遭受其侵害，对经济发展和人的健康造成的影响还没有完全释放出来。已有的传统污染积累有待消化治理，新的现代污染又不期而至，其对经济和整个社会发展的制约，正如 2014 年中央经济工作会议指出的那样，已经达到或接近上限。

其五，国际经济不景气，外贸出口受阻。近年来外贸出口持续下挫，对经济增长拉动变为负数，已如上述。2015 年一季度进出口总额同比增长 6.0%，出口增长 4.9%，形势有所好转。但是由于国际经济危机尚未结束，还存在诸多变数；我国外贸体制机制改革、整肃内部恶性竞争、调整出口结构等需要时间，一定期间内很难再现往日强势拉动经济增长的辉煌。

保持新常态应有的发展速度

由于近代以来中国人民饱受侵略、压迫和剥削，期望国家尽快富强起来的愿望异常强烈，因而从上到下对经济增长和发展速度情有独钟，产生很强的速度偏好。新中国成立后，20 世纪 50 年代曾经出现"大跃进""超英""赶美"一类口号和建设热潮，70 年代粉碎林彪、"四人帮"反革命集团后，又出现建设十来个大庆、十来个商品粮基地等大干快上"洋跃进"，速度偏好总是伴随着变化了的经济环境以新的姿态展现出来。改革开放以来速度冲动也时有发生，只是冲动变小且纠正较为迅速而已。如今经济发展进入新常态，这样的冲动是否就销声匿迹、心态平和下来了呢？恐怕钟情高速度、不愿意接受速度下行现实的言行还不同程度存在，有时还顽强地表现出来。高速度之所以成为人们的一种偏好，除了认识情结方面的原因以外，还有着现实方面的原因：以经济建设为中心与强势政府相结合，政府将主要精力用于经济建设，形成政府主导经济发展型的体制机制；社会评价方面的原因：评价干部特别是领导干部的才能和政绩，常常把经济搞上去与否视为最重要的条件，决定升迁权重最大的标准。因此，认识和适应新常态，首先要正确认识和适应经济发展速度下行新常态，提高这方面的知行自觉。

这样说是不是意味着低速度就是我们所要追求的新常态呢？当然不是。我们所要的是寻求符合我国阶段性经济发展规律、促进全面协调可持续发展的速度。从理论与实践的结合上探讨这样的发展速度，已有国内外比较丰富的实践经验可供研判和借鉴。在国际方面，发达经济体再也无法回到 20 世纪八九十年代超稳定增长时期，跌落到接近零增长的超低增长状态，少数国家甚至跌落到负增长，陷入失速经济危机之中，我们不可步其后尘。同时也不能像拉美和亚洲一些国家那样，长期陷入中等收入陷阱而不能自拔。我们承认、容忍新常态是减速经济，下行是合乎规律的发展；但要清醒意识到，经济可减速而不可失速，既不能落入如发达经济体经济危机式失速状态，也不能像某些发展中国家那样长期挣扎于中等收入陷阱之中，而要走出具有自己特点、速度适宜的新常态经济发展道路。

在国内方面，自 2011 年经济下行以来，增长率 4 年下降 3 个百分点左右，经济运行各项指标变动怎样，无疑是有力的佐证，也是研判未来一个时期经济发展速度的基础。有两点是非常明白的：一是这样的下行并没有对整体经济运行造成大的伤害。GDP 增长率下行，增长量却有增无减，GDP 增长率 2014 年比 2013 年降低 0.3 个百分点，增长量却增加 1.7 万亿元；该年新增就业 1322 万人，就业率稳中有升；转方式、调结构取得新进展，经济发展可持续性增强；经济发展质量有所提高，研发能力显著提升等。① 2015年一季度 GDP 增长率下降至 7.0%，国民经济主要指标总体平稳：社会消费品零售总额同比增长 10.6%，固定资产投资同比增长 13.5%，进出口总额同比增长 6.0%，规模以上工业增加值同比增长 6.4%，城镇居民人均可支配收入同比增长 8.3%，农村居民人均现金收入同比增长 10.0%。② 来自各方面的信息说明，当前 7% 的经济增长率是比较适宜的，符合稳中求进总体

---

① 依据《中国统计年鉴 2014》第 4～5 页、12 页数据计算。
② 张翼：《7%：稳开局，新动力》，《光明日报》2015 年 4 月 16 日。

要求。现在的问题是，7%的经济增长率仍然存在下行的压力，还有没有继续下行的空间？更长远一些时间的新常态增长率在哪里？对此，需要做出深入一步的研判并由实践做出最具权威性的回答。

把握新常态减速而不失速要义，当前减速已是事实，不失速则要对何谓不失速、怎样防止失速展开讨论。前已阐述，目前发达经济体2%左右的经济增长率可以说是集体失速。其后果，有的国家、有的地方如同飞机发生失速一样，最后难逃坠毁的命运。美国底特律市政府资不抵债，只能宣布政府破产；希腊深陷债务危机，多年笼罩在经济危机阴影之下。毫无疑问，这种导致经济危机的失速，是绝对要不得、应当避免的。

容忍经济减速而不容忍失速，就要确定不失速的发展速度在哪里，它是由什么因素决定的。由什么因素决定？速度的确定涉及经济发展目标、经济基础和经济结构、就业、投资、消费、出口等诸多因素，以往主要由投资、消费、出口"三驾马车"动力大小决定。新常态要通过转方式、调结构、促改革，实现由要素驱动向创新驱动转变，转变的广度和深度对发展速度具有决定性的影响。但是要全面地看待这种转变，前期旧的要素驱动可能还比较强、创新驱动可能还比较弱，随着时间推移和改革的不断深入，要素驱动将由强转弱、创新驱动将由弱变强，后期创新驱动将成为经济发展主要的驱动力。从实际出发，当前经济发展速度的合理确定，尤其要关注以下三方面因素的制约作用。

一是转方式、调结构应有的经济发展速度。汽车司机都知道，行车转弯时要减速、换挡、轻踩或不踩油门，车速太快时还要采取点式刹车等措施，以合理控制车速，安全顺利通过弯道。经济发展也相类似，实现由高投入、高消耗、低产出、低效益粗放外延式发展向低投入、低消耗、高产出、高效益集约内涵式发展转变，继续保持过去高速、超高速增长是无法做到的。之所以转变经济发展方式提出一二十年以来收效甚微，重要原因之一，在于经济增速下不来，转方式受保增长压制而不得施展。2011年以来经济增速逐步降了下来，为转方式提供了有利的条件；然而下行压力的继续存在表明，目前7.0%的经济增速下行还不够，转方式给出比较明确的信号，中高速增长下行至中速增长可能是比较适当的。

调结构情况也大同小异。当前，即使经济增速有所下降，但是为了保住已经下移的增长速度，产能过剩仍然难以消退，高耗低效的落后产业仍然难以被淘汰，第二产业独大的状况仍然难以改变。这说明，固然经济增长失速需要避免，不能重蹈发达经济体覆辙；但是调结构要求的经济增长速度还没有达到，由中高速向中速增长过渡是可能出现的趋势。

二是跨越中等收入陷阱应有的经济发展速度。以 2014 年 GDP 63.6 万亿元、人口 13.68 亿、人民币对美元比价中间价 6.12∶1.00 作为基期，则 2025 年低、中、高三种方案预测经济增长情况，如表 3 所示：①

表 3　2025 年中国人口经济增长预测

方案	GDP（万亿元人民币）	人均（元人民币）	GDP（万亿美元）	人均（美元）
低方案（4.0%）	97.91	67062	16.00	10957.8
中方案（5.5%）	114.61	78502	18.73	12826.8
高方案（7.0%）	133.87	91691	21.87	14982.3

目前，关于中等收入与高收入的界定尚存异议，以人均 GDP 8000 美元、10000 美元、11000 美元为界划定不等。考虑到数年后社会经济发展和收入提高等情况，可能以人均 GDP 11000 美元界定更合适一些。如此，GDP 年均增长 4.0% 的低方案预测，2025 年人均 GDP 可达 10958 美元，临近走出中等收入、跨进中高收入门槛；GDP 年均增长 5.5% 的中方案预测，2023 年人均 GDP 可达 11556 美元，进入高收入行列；GDP 年均增长 7.0% 的高方案预测，2021 年人均 GDP 可达到 11516 美元，比低方案提前 4 年、比中方案提前 2 年进入高收入行列。可见，未来 10 年尤其是前 5 年经济发展速度至关重要。即使是低方案的稳定增长，在"十四五"结束时也可基本上走出中等收入陷阱；按照中方案"十四五"中期走出，按照高方案"十三五"结束时则可基本上实现对中等收入陷阱的成功跨越。只要未来经济能够保持稳定的增长，跨越中等收入陷阱可以讲是水到渠成、顺理成章。不过低方案与高方案相比耗时相差很大，低方案比高方案耗时增加 1 倍。争取达到 7.0% 增速的高位预测，确保增速保持不低于 5.5% 的中位预测，应是可能和比较现实的选择。

三是比较充分就业应有的经济发展速度。改革开放以来，经济增速与就业率之间的关系表明，GDP 增长 1 个百分点可带动 130 多万人就业，城镇登记失业率可下降 0.5 个百分点左右。2014 年城镇登记失业率为 4.09%，《政

---

① 2014 年基期数据，参见国家统计局：《中华人民共和国 2014 年国民经济和社会发展统计公报》。

府工作报告》提出 2015 年控制在 4.5% 以内，故 GDP 增速可有 1 个百分点下调空间，维持在 6.4% 以上即可保持失业率不超过 4.5%。如果将失业率 5.0% 作为经济运行的底线，则 GDP 增长率存在 2 个百分点的下调余地，维持在 5.4% 以上当无忧虑，与中方案预测相吻合。跌破此警戒线，失业率升至 5.0% 以上、GDP 增长率下跌到 5.4% 以下，则会加大经济运行风险并对社会稳定构成威胁，是不可取的。

上述情况表明，未来 10 多年经济中高速—中速增长，是经济运行可以接受的合理区间。它能够满足跨越中等收入陷阱、失业率保持在可控水平要求，并且能为转方式、调结构提供较为宽松和良好的经济生态环境。因此，保住中速、争取中高速是新常态经济应有的速度诉求。既然是这样，就应当抓住经济增速适当放缓时机，将技术进步和提高劳动生产率摆到前沿位置，谋求效率、效益、质量、结构有一个新的飞跃，由这个新飞跃引领新常态经济发展。最新统计数据显示，这样的变化和新发展正在发生着：2015 年一季度，按不变价格计算的固定资产投资增长 14.5%，第一产业投资增长 32.8%，第二产业投资增长 11.0%，第三产业投资增长 14.7%；致使三次产业增速拉开差距，一季度 GDP 同比增长 7.0%，第一产业同比增长 3.2%，第二产业增长 6.4%，第三产业增长 7.9%；最终导致三次产业结构发生期望的变动，第三产业占比上升到 51.6%，比上年同期提高 1.8 个百分点，高于第二产业 8.7 个百分点。同时，工业内部创新升级步伐加快，高技术产业增加值同比增长 11.4%，比规模以上工业快 5.0 个百分点；一季度新增就业 320 多万人，失业率低于控制目标；城乡居民收入差距进一步缩小，农村居民人均可支配收入实际增速快于城镇居民 1.9 个百分点，城乡居民人均可支配收入倍差 2.61，比上年同期缩小 0.05；节能降耗继续取得新进展，单位国内生产总值能耗同比下降 5.6%。[①] 这里还要提及的一点，是后人口转变与新常态的关系，为新常态经济增长提供什么样的人口生态环境。前面提到，20 世纪 90 年代前期生育率下降到更替水平以下，进入后人口转变阶段，生育率下降和人口零增长一天的到来已经依稀可见。2010 年 15～64 岁劳动年龄人口越过刘易斯拐点，开启人口转变后黄金时代，提供的人口盈利、人口红利转而呈现衰减态势。生育率进一步走低、劳动年龄人口占比和绝对数量持续下降和减少，来自人口和就业方面的压力逐步减退，为转方

---

① 国家统计局：《2015 年第一季度 GDP 增长 7%》，人民网－时政频道，2015 年 4 月 15 日。

式、调结构、提质增效改革打开新的人口窗口。如果说 2010 年以前人口年龄结构变动黄金时代提供的人口盈利、人口红利极大地支持了以劳动密集型为主经济的超高速发展，对改革开放前 30 年的发展做出了不可替代的贡献；那么今天后黄金时代为发展动力、发展方式、经济结构转换提供的新的人口窗口机遇期，创造了包括经济增速在内的新常态经济健康发展的良好人口生态环境，其影响是全面、深刻、颇具可持续性的。

参考文献

［1］《中国共产党第十八届中央委员会第三次全体会议文件汇编》，人民出版社，2013。

［2］田雪原：《人口学研究与学科建设》，中国社会科学出版社，2013。

［3］刘伟、苏剑：《"新常态"下中国的宏观调控政策选择》，《经济科学》2014 年第 4 期。

［4］许宪春：《2014 年中国经济形势分析与 2015 年展望》，《全球化》2015 年第 3 期。

［5］林毅夫：《7% 的增长速度是合理的也是必要的》，《光明日报》2015 年 3 月 25 日。

［6］范鸿达：《中国：行将崛起还是面临崩溃?》，《国外社会科学》2015 年第 2 期。

（撰于 2016 年 3 月）

论人口走低与消费疲软

人口作为代际延续的再生产过程，包括数量、素质、结构三个层面，数量对总体的代表性最强。物质资料的生产和再生产，由生产、交换、分配、消费四个环节组成。生产是起点，起到决定和支配的作用；交换和分配为中间环节，架起从生产到消费的桥梁；消费则是终点，使生产得以最终实现并创造出新的需求和动力。因此，研究人口与经济发展之间的关系、变动和发展趋势，总体人口与消费最具宏观意义，当前则具有明显的现实意义。

21世纪人口走低趋势

回顾 20 世纪并展望 21 世纪的人口变动，可以说，20 世纪是人口暴涨的 100 年，21 世纪是人口由增到减、老龄化加速推进的世纪。为什么两个世纪的人口变动趋势会如此之大，可谓冰火两重天？值得注意的是，它不再是地球自身变动规律的产物，也不再是战争、瘟疫等社会原因造成的结果，而主要是人口自身变动和发展的规律使然。因而是不可抗拒、不可改变的。

1. 世界人口增长放缓趋势

如果将人类诞生以来 400 多万年的不断增长比作"徐徐起动的列车"，相当长时间都处在出生率略高于死亡率状态，人口增长率很低，甚至维持在简单再生产水平。18 世纪中叶工业革命发生后开始加速，进入 20 世纪则变成高速开来的人口列车。为什么人类在 99.0% 以上时间内增长极其缓慢？这有地球本身的原因，如从 13 世纪开始经历 500 年的小冰川期，气候变得寒冷和恶劣，使一些地方特别是欧洲农业减产，自然灾害频发，许多人死于饥荒；有战争、疫病等社会方面的原因，如肺结核、霍乱、疟疾、天花等传染性疾病都曾肆虐一时，夺去众多人的生命，其中欧洲鼠疫大流行曾使人口减少20%以上。最主要的原因，还是农业及农业以前诸社会形态，社会生产力低下，奴隶社会和封建社会剥削和压迫惨重，人口生产处在高出生、高死亡、低增长原始半原始类型，难以实现向高出生、低死亡、高增长类型的转变。18世纪中叶产业革命发生后，社会生产力获得前所未曾有过的爆发式增长，资本吸纳劳动人口能力大幅度提升，人口生产步入新的历史时期。人口列车从徐徐启动迅速提速到高速运行，高速开来的人口列车终于在1830年创下新的纪录，世界人口破天荒地闯过10亿大关。此后，增长速度加快，每增加10亿人口的时间由100年，缩短到30年、15年、12年、12年，1999年世界人口达到60亿。世纪交替增加第6个10亿人口也为12年，2011年世界人口达到70亿。联合国中位预测表明，增加第7个10亿人口的时间将扩大到14年，增加第8个10亿人口的时间将扩大到21年，2046年世界人口可达到90亿。增加第9个10亿人口的时间需要半个多世纪，到21世纪末世界人口可能增加到100亿左右，接近零增长。[①]

众所周知，人口变动具有"本利和"性质，按照一定的指数（增长率）增长。因此，特定时点的人口态势——从而具有的增长势能具有决定性质。21世纪人口增速放缓，主要缘于出生率的持续下降。依据联合国的预测，21世纪上半叶世界人口出生率、死亡率、自然增长率变动趋势，如图1、图2所示：[②]

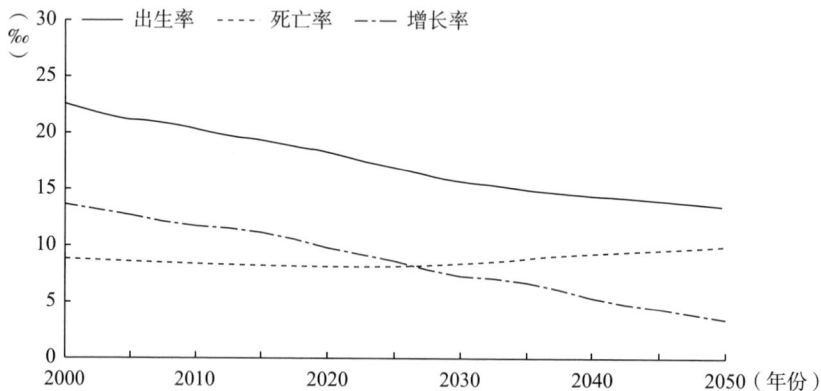

图1　2000～2050年世界人口自然变动预测

---

① 参见 United Nations：*World Population Prospects*，*The 2008 Revision*，New York，2009，p. 48.
② 参见 United Nations：*World Population Prospects*，*The 2008 Revision*，New York，2009，p. 48.

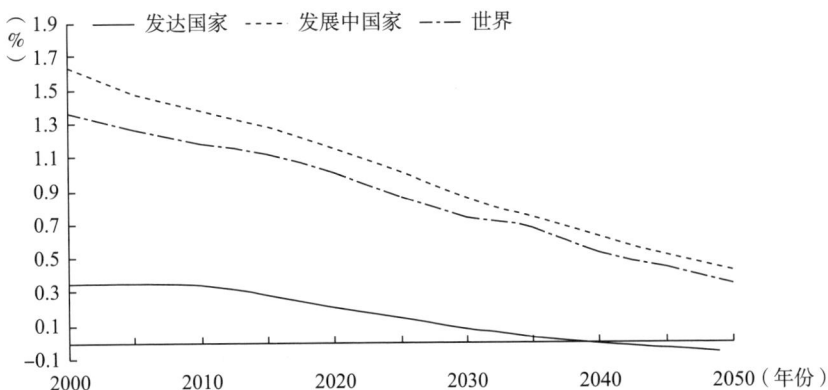

图2 2000~2050年世界人口增长率预测比较

预测表明，1950~2000年，发展中国家人口由占世界67.9%上升到80.5%，上升12.6个百分点；发达国家由占32.1%下降到19.5%，下降12.6个百分点。进入21世纪以后这一趋势仍在继续，2015年发展中国家人口占比进一步上升到82.8%，发达国家进一步下降到17.2%；2050年发展中国家还将上升到86.1%，发达国家则可能下降到13.9%。发达国家将在2035~2040年实现人口零增长，其后将露出负增长冰山一角；只是下行越厉害，占比也随着加速下行，对世界人口变动的影响力越小。发展中国家人口占比和影响力不断提升，只是出生率、增长率持续走低变成常态化，终使21世纪世界人口走低成为不可阻挡之势。

2. 中国人口变动走低趋势

工业革命给力人口增长，1750年以后的100年，世界人口由77000万增加到124100万，增长61.2%。虽然中国不存在工业革命给力人口增长，因为那样的工业革命在中国历史上压根儿就没有占据过主导地位；但是人口却提前起飞了，1750~1850年人口接连翻了两番，净增人口30000万以上，创造出前所未曾有过的高增长速度。中国人口为何会出现"提前起飞"？经济学家、社会学家、人口学家、统计学家、营养学家、历史学家等给出不同解读。有食物丰盛说，此间水稻的大面积种植增加了食物供给量，支持人口大幅度增加；有国泰民安说，清朝康、雍、乾时代基本无战事，和平安定的环境有利于人口日益增加，民众得以休养生息；有政策调整说，康熙开始废除按照人丁征缴税收，实行摊丁入亩政策，以下则取消按人丁收税政策，刺激了人口的增长；有统计纠正说，以前按照人头征税，人口不报和漏报现象严重，废除这一制度使不报和漏报人口得以统计上来，因此一下子增加许多；

有医学进步说，此时尽管流行性疾病尚不能有效防治，但一些疾病治疗主要是中医治疗取得长足进步，民众健康有所增进，预期寿命有所延长；等等。历史常常有某些惊人相似之处。与上述中国人口提前起飞相似，由于自20世纪80年代以来中国人口生育率、出生率、增长率长期持续下降，人口年龄结构发生根本性转变；也由于提倡生育一个孩子生育政策未能在25年节点上及时调整，后来调整力度不够大，致使21世纪中国人口出现加速下行态势。预测表明，2030年前后全国人口达到14.65亿左右时，即可实现人口零增长。这比发达国家作为总体达到人口零增长可能提前5~10年；世界人口直到21世纪结束，方有可能接近或达到零增长，中国则要提前多半个世纪。至此，我们有可能看到中国人口扮演的双重领跑角色：由18世纪中叶至19世纪中叶扮演人口提前起飞角色，转换到21世纪扮演提前走低达到零增长、负增长角色。目前中外相关研究对21世纪中国人口变动预测存在一些差异，但是差异不是很大，基本趋势相同。参见图3①：

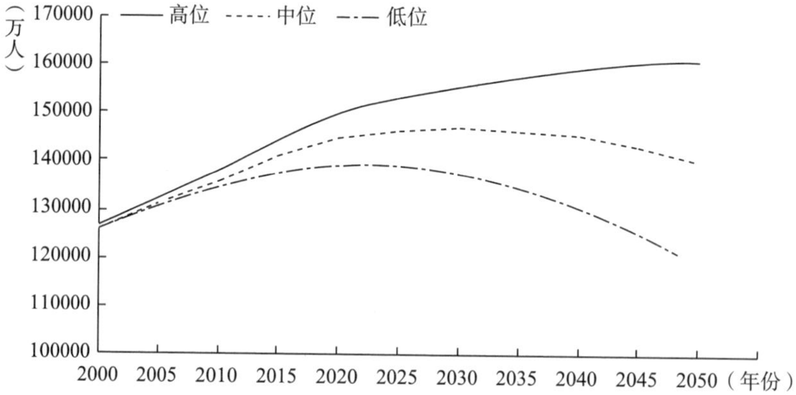

图3　中国2000~2050年高、中、低位人口预测

本预测高、中、低人口变动轨迹和结果如下。高位预测方案。生育率逐步回升，达到更替水平后保持相对稳定，总和生育率（TFR）假定2000~2005年平均为1.90，2005~2010年为2.00，2010~2020年为2.13，2020~2050年为2.15，则全国人口（未含台湾省、香港和澳门特别行政区，下同）2010年为13.75亿，2020年为14.90亿，2030年为15.48亿，2040年为15.85亿，2050年为16.05亿。此时人口并未完全停止增长，但是已经基本

① 参见田雪原：《大国之难——20世纪中国人口问题宏观》，中国社会科学出版社，2013，第14~16页。

稳定下来，彰显出稳态人口某些特征。

中位预测方案。生育率保持相对稳定，稍有回升后即基本稳定在略高于现在水平上波动。总和生育率假定 2000～2005 年平均为 1.75，2005～2010 年为 1.80，2010～2020 年为 1.83，2020～2050 年为 1.80，则 2010 年全国人口为 13.60 亿，2020 年为 14.44 亿，2030 年达到峰值时为 14.65 亿；其后转为缓慢下降，2040 年可降至 14.51 亿，2050 年可降至 14.02 亿。如果 1.80 的总和生育率一直保持下去，2100 年全国人口可降至 10.24 亿。

低位预测方案。生育率在现在基础上略有下降，总和生育率假设 2000～2005 年平均为 1.65，2005～2010 年为 1.56，2010～2020 年为 1.44，2020～2050 年为 1.32，则 2010 年全国人口为 13.43 亿，2020 年为 13.86 亿，2021 年达到峰值时为 13.87 亿；其后出现逐步减少趋势，2030 年可减至 13.67 亿，2040 年减至 13.02 亿，2050 年减至 11.92 亿。如果 1.32 的总和生育率一直保持下去，2100 年全国人口将减至 5.56 亿。[①]

上述预测与联合国预测比较接近。参见表 1：[②]

表 1　2000～2050 年联合国关于中国人口变动预测

单位：万人

	2000 年	2010 年	2020 年	2030 年	2040 年	2050 年
高方案	126695	135415	146348	153741	160205	161754
中方案	126695	135415	143116	146247	144029	141705
低方案	126695	135415	139683	138780	133387	123696

以中位预测为例，人口零增长均发生在 2030 年，联合国预测总体人口要比图 3 少 0.03 亿，2050 年则多出 0.15 亿，相差不大。其他指标，如少年人口、劳动年龄人口、老年人口绝对数量和占比，出生率、死亡率、自然增长率等，也都比较接近。与一般国内预测趋势基本相同，具体数据有些出入，总体比较相近。最为重要的是，经过三四十年大力控制人口增长，人口零增长一天的到来已经依稀可见，比发达国家总体提前到来，比世界和发展中国家更是提前多半个世纪。

---

① 参见田雪原等：《21 世纪中国人口发展战略研究》，社会科学文献出版社，2007，第 439～454 页。

② 参见 United Nations：*World Population Prospects*，*The 2008 Revision*，New York，2009，pp. 184 - 185.

消费疲软走势

世界人口增长趋势放缓，中国人口增长趋势放缓更为显著并向零增长逼近，消费则伴随人口走低出现疲软态势。人口变动具有缓慢、累进的特点，其对社会经济发展的影响短期内不易被察觉；然而时间一旦拉大到足够长，对包括消费在内的长期累进的发酵作用，就会越来越明显地显现出来。

1. 世界消费疲软走势

（1）金融危机滚雪球式爆发。消费疲软，同宏观经济形势密切相关。在 20 世纪行将结束之际，世界经济开始了剧烈震荡。1997 年亚洲金融风暴率先在泰国爆发，7 月 2 日泰国政府宣布放弃固定汇率实行浮动汇率制，当天泰铢对美元汇率下跌 17.0%。接着马来西亚、新加坡、日本、韩国、印度尼西亚、菲律宾等相继宣告本国货币贬值，对美元汇率一降再降，亚洲新旧"四小龙"先后陷入危机之中，形成强大的冲击力。中国宣布人民币不贬值，顶住这股金融风暴冲击力，发挥出稳定的中流砥柱作用，为应对和走出危机做出突出贡献。但是亚洲金融危机的影响至为深刻，随后波及更广泛的区域，也导致此后消费的一蹶不振。

2007～2008 年发生在美国的次贷危机，一般认为是美国政府在过去二三十年中推行旨在减少政府对金融、劳动力市场等的干预，以高消费助推高增长新自由主义的结果，是经济长期滞胀后的一种必然表现。滞胀矛盾的集中爆发，陷入金融、经济、消费长期萧条而不能自拔，至今仍存在许多不确定性。

受美国次贷危机影响，欧洲主权债务危机风险波浪式涌现。早在 2008 年 10 月，地处北欧的冰岛主权债务问题就露出苗头，只是由于该国人口、面积和经济规模较小，国际社会解救比较及时，危机很快被压制下去，方才没有产生更多影响。一年过后，希腊主权债务危机突然爆发，并且向葡萄牙、意大利、爱尔兰、西班牙等国家蔓延，遂形成影响更广泛的欧债危机。欧洲央行、国际货币基金组织以及欧元区成员国等认识不一，内部协调机制运作不得力，致使危机不断深化。

上述亚洲—美洲—欧洲滚雪球式相继爆发的金融危机，致使世界特别是发达经济体陷入持续的经济危机，消费处于低迷状态。国际货币基金组织（IMF）、英国共识公司（Consensus Forecasts，CF）提供的世界近年来的经

济增长率、消费者价格涨跌率，如表2、表3所示：①

表2　2012～2015年世界经济增长率（上年＝100）

单位：%

	2012 年	2013 年	2014 年	2015 年（预测）
IMF 数据				
世界	3.4	3.3	3.4	3.5
发达国家/地区	1.2	1.3	1.8	2.4
美　国	2.3	2.2	2.4	3.1
欧元区	-0.5	-0.5	0.9	1.2
日　本	1.5	1.6	0.0	1.0
发展中国家	5.1	5.0	4.6	4.3
印　度	4.5	5.0	7.4	7.5
俄罗斯	3.4	1.3	0.6	-3.8
巴　西	1.0	2.7	0.1	-1.0
CF 数据				
世界	2.4	2.4	2.7	3.1
美　国	2.3	2.2	2.4	2.5
欧元区	-0.7	-0.5	0.9	1.5
日　本	1.5	1.6	0.0	0.9
印　度	4.5	6.9	7.4	7.8

表3　2012～2015年消费者价格涨跌率（上年＝100）

单位：%

	2012 年	2013 年	2014 年	2015 年（预测）
IMF 数据				
发达国家	2.0	1.4	1.4	0.4
发展中国家	6.1	5.9	5.1	5.4
CF 数据				
世界	1.0	2.8	3.0	2.6
美　国	2.1	1.5	1.6	0.2

---

① 2012 年数据，参见国家统计局国际统计信息中心编《世界经济主要指标》，《全球化》2015
年第 2 期，第 123 页；其余参见《全球化》2015 年第 6 期，第 123 页。

	2012 年	2013 年	2014 年	2015 年（预测）
欧元区	2.5	1.4	0.4	0.1
日　本	0.0	0.4	2.7	0.6
印　度	10.2	9.5	6.7	5.1

（2）立足于人口消费视角的阐释。上述金融危机滚雪球式接连爆发，虽然不同国家由于经济结构、发展水平、技术构成、发展动力等的不同，危机形成的原因有所不同；然而立足于消费视角，直接的动因则是消费长期处于疲软状态，是生产过剩、流动性过剩的危机，构成"有效需求不足—消费低迷—金融危机—经济危机"连锁式反应。在生产与消费关系中，尽管生产具有决定性作用，消费什么、消费多少甚至消费方式主要由生产和生产方式决定；但是消费绝不仅仅是消极的，它是社会生产和再生产的根本目的、得以完成的最终环节、一个再生产周期的终点，也是下一个再生产周期的起点。如果消费环节出了问题，生产的产品不能实现最终的消费，必然妨碍到下一个生产周期的正常进行，经济发展链条受到阻碍，诱发经济风险。

传统消费函数理论认为：消费是利息的函数，利息率升高，储蓄增加、消费率降低；反之，利息率降低，储蓄下降、消费率升高。显然，这是一种建立在以家庭为单位、以自然经济或计划经济为基础的微观消费函数理论，不能解释市场经济条件下的消费变动。不过在社会流动资金一定情况下，此长彼消、此消彼长的情况客观存在，这给运用利息杠杆调节储蓄和消费以可能，因而有着一定的应用价值。现代消费函数理论，以约翰·梅纳德·凯恩斯（John Maynard Keynes）1936 年发表的《就业、利息和货币通论》为代表，跳出传统消费函数理论束缚，将消费与收入水平联系起来、挂起钩来，创立了宏观消费函数理论。基本的消费函数模型为：

$$C_t = a + bY_t$$

式中，C 为总消费，Y 为总收入，a、b 为常数——a 为消费参数（$a > 0$）、b 为边际消费倾向参数（$0 < b < 1$）$= MPC = \triangle C / \triangle Y$（$t$ 为时间）。引进就业变量，把消费量 C、就业量 n、收入量 Y 三者连接起来，阐释收入—就业—消费之间的变动关系，是《就业、利息和货币通论》的主要内容之一。据此，资本需求可归结为：一是人口——作为消费的人口数量；二是生活水

平——作为人均消费的水平；三是资本技术——作为平均的生产时间。分析1860～1913年半个多世纪资本需求增长1.7倍，人口增长50%，生活水平增长60%，资本系数增长10%，资本需求增长主要表现为人口和人均消费增长的结果，从而得出生率和人口增长率下降会导致有效需求不足、总消费是总收入函数、边际消费倾向递减等有价值的结论。不过，凯恩斯的消费函数公式比较简单，其后西蒙·史密斯·库兹涅茨（Simon Smith Kuznets）、米尔顿·弗里德曼（Milton Friedman）等进行了修正和发展。在肯定收入是消费的决定因素基础上，论证现期消费不仅取决于现期收入，还取决于未来的预期收入；收入是消费的决定因素，但不是唯一的决定因素，还有非收入因素的作用和影响，特别是消费偏好的影响。相同收入者由于消费偏好不同，对消费的需求有所不同，甚至是很大的不同。人口年龄、性别、职业、教育、在社会和家庭中地位的不同，是尤其值得关注的。任何一个国家、地区的人口，总是可以粗略地分为少年、成年和老年人口三部分。少年是消费人口，其中绝大部分是未来的劳动人口，是现实的消费者和潜在的劳动者；成年既是劳动人口又是消费人口，是劳动者和消费者的统一；老年在总体意义上，为已经退出劳动岗位属于纯消费人口。这三部分基本人口群体及其劳动就业状态的截然不同，决定着收入上的差异，形成随着年龄递增到递减变动的倒U形曲线。既然消费是收入的函数，那么消费基本上也呈现倒U形曲线走势。作为与收入、消费相关联的储蓄，其倒U形曲线变动走势表现更为典型，老年人口储蓄率递减甚为明显。因此，人口年龄结构老龄化对收入、储蓄、消费的影响是显著的，随着老龄化的逐步加深而日益强烈地表现出来，是消费疲软的人口经济机理作用的表现，对预期消费有着深刻的影响。

运用不同年龄组群人口消费率差异阐释消费偏好，发现发达经济体经济危机发生的直接原因在于消费乏力，消费乏力的一个重要原因在于少子高龄化。立足于这样的视角，看待表2和表3中世界经济增长率和消费者价格涨跌率变动，可以更加明晰地洞察世界经济演变大势。依据联合国的预测，发达国家以及日、法、美等国少子高龄化趋势，参见图4、图5、图6、图7：①

---

① 依据 United Nations: *World Population Prospects*, *The 2008 Revision*, New York, 2009, p. 50, p. 236, p. 292, p. 484 数据计算。

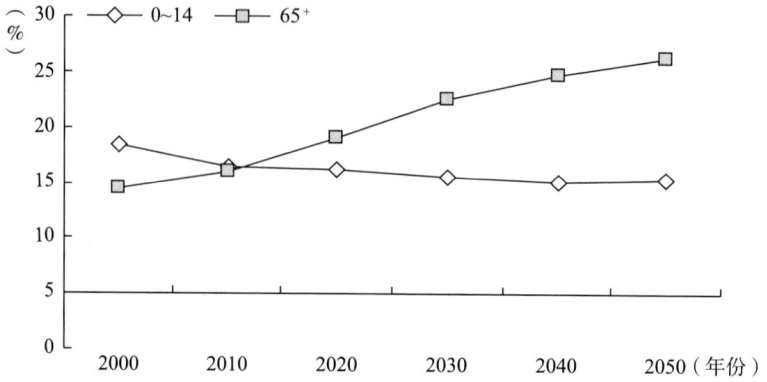

图 4　2000～2050 年发达国家少子高龄化趋势

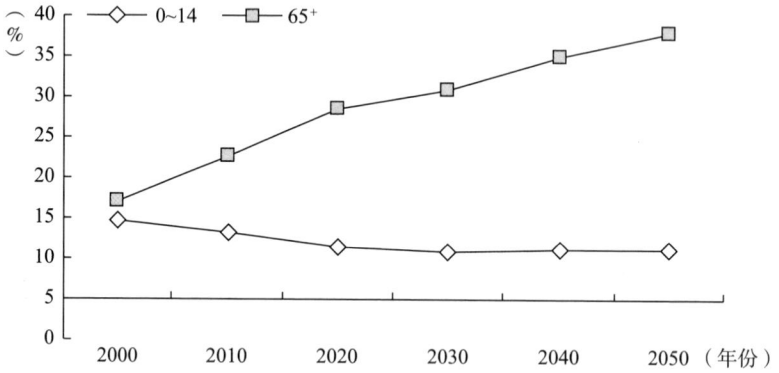

图 5　2000～2050 年日本少子高龄化趋势

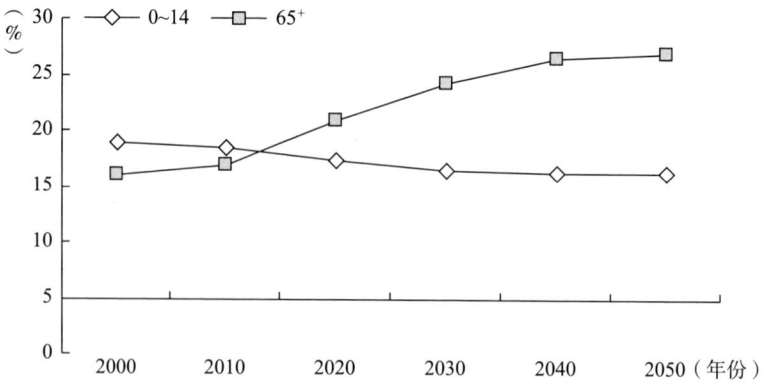

图 6　2000～2050 年法国少子高龄化趋势

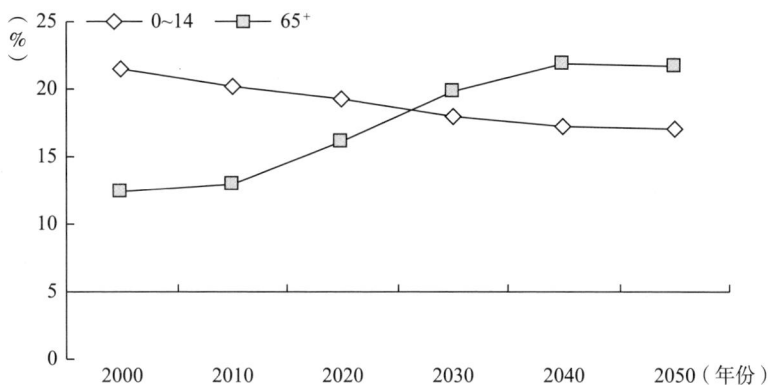

图 7　2000~2050 年美国少子高龄化趋势

图 4 至图 7 显示，发达国家作为总体，少子高龄化速度比较快，达到的水平比较高。0~14 岁少年人口占比可由 2000 年占 18.3%，下降到 2015 年 16.5%、2030 年 15.5%、2050 年 15.4%，下降比较缓慢。日本是下降最快和占比最低的国家，0~14 岁占比可由 2000 年 14.6%，下降到 2015 年 12.4%、2030 年 10.8%，2050 年略回升至 11.2%。美国是下降最慢和占比较高的国家，0~14 岁占比可由 2000 年 21.5%，下降到 2015 年 19.8%、2030 年 18.0%、2050 年 17.0%。图 6 法国少年人口占比大致与发达国家总体相近，呈依次缓慢下降的趋势，由 2000 年占 18.8%，下降到 2015 年 18.1%、2030 年 16.4%、2050 年 16.2%，50 年间仅下降 2.6 个百分点，少子化进程比较缓慢。

老龄化趋势与少子化趋势正好相反。发达国家作为总体，65 岁以上老年人口占比可由 2000 年 14.4%，上升到 2015 年 17.4%、2030 年 22.5%、2050 年 26.2%，50 年间提升 11.8 个百分点，年平均提升 0.24 个百分点。日本由 2000 年 17.2% 提升至 2050 年 37.8%，提升 20.6 个百分点，年平均提升 0.41 个百分点，提速为发达国家总体 171.7%；由 2000 年高出发达国家 2.8 个百分点，扩大到 2050 年高出 11.6 个百分点，充分展示出“老人国”形象。美国 65 岁以上老年人口占比由 2000 年 12.4%，提升到 2015 年 14.3%、2030 年 19.8%、2050 年 21.6%，21 世纪上半叶提升 9.2 个百分点，年平均提升 0.18 个百分点。提速相当于发达国家总体 75.0%、日本 43.9%、法国 81.8%。在发达国家中，美国人口老龄化速度相对要慢许多，达到的水平要低许多，对消费疲软的影响要弱许多，对社会经济发展和收入的不利影响也要减轻许多。

考察人口老龄化变动及其影响，老少比即老年人口与少年人口之比指标不可忽视。因为少年人口绝大多数将陆续成长为劳动人口，不同于老年是纯消费人口。发达国家作为总体，老少比已于 2012 年达到 1.00，即少年人口与老年人口绝对数量和占比相等。日本于 1996 年、法国于 2012 年、美国将于 2028 年前后达到老少比 1.00。越过 1.00 节点，图 4 至图 7 表明，老年人口占比日益向上攀高，少年人口占比则惯性下行直至趋于平稳，导致老少比累进式扩大。到 2050 年，发达国家总体将扩大到 1.70 左右，日本将扩大到 3.38 左右，法国将扩大到 1.66 左右，美国将扩大到 1.27 左右。2050 年日本老少比达到 3.38 将会是一种什么样情景、彰显何等"老人国"特征很难描绘，恐怕只能由实践做出回答。不过有一点是可以肯定的，将使社会经济发展、收入和消费提升的步伐变得更加沉重，过度老龄化怎样阻碍消费水平提升将充分展现出来。不过不要忘记，即使是这样，少子高龄化也不是消费疲软和经济停滞最主要的原因，主要的原因还应当到造成生产和流动性过剩的经济体制、制度和政策中去寻找。

2. 中国消费疲软态势

1949 年中华人民共和国成立以前，中国是一个农业国，自给自足的自然经济占据统治地位，消费经济不发达、消费意识淡薄是应有之意。新中国成立后，一是受过去革命老区供给制影响，强调要用主要精力抓生产，通过抓生产提高人民消费水平，对消费重视不够；二是学习苏联工业化和计划经济经验，重生产、轻消费，甚至提出变消费城市为生产城市口号，把工作重心放在了抓生产建设上，消费同样没有受到应有的重视。新中国成立后的前 30 年且不论，改革开放 35 年特别是进入 21 世纪以来，在国际金融危机、经济危机和消费疲软新形势下，一方面中国经济依旧保持着较高的增长态势，另一方面近年来也出现消费疲软趋势。在新常态经济下行并尽可能维持中高速增长情况下，消费疲软是继续下滑还是触底反弹，其中的关键在哪里，自然成为关注的重点。

（1）消费疲软变动一瞥。改革开放以来的消费率变动，大致以世纪之交为界，可以分成前后两个时期。前期（1978～2000 年）23 年为消费率较高正常状态，平均消费率为 62.82%。其中低于 60% 消费率的仅有 6 个年份，其余 17 年均在 60% 以上，最高为 1981～1985 年，年平均消费率达到 66.3%。后期为进入 21 世纪以来，除 2001 年、2002 年消费率维持在 60% 以上正常水平外，其余各年均下降到 60% 以下。2007 年美国次贷危机爆发以来更下降到 50% 左右，年平均消费率下降到 50.4%。与此相对应，投资率却于 2004 年上升到

42.2%，之后在波动中继续有所上升，明显地挤占了消费。参见图 8：[①]

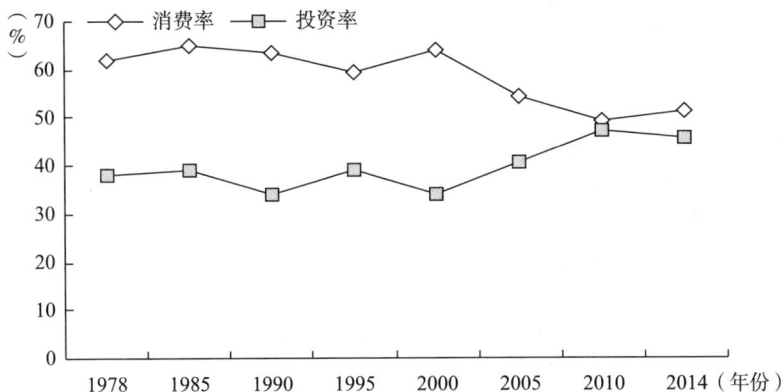

图 8　1978～2014 年消费率与投资率变动

　　上述消费疲软走势，也可从进入 21 世纪以来三大需求对国内生产总值增长的贡献率和拉动上看出来。步入 21 世纪以来，消费支出对 GDP 增长的贡献率和拉动总体上呈明显下降趋势。2000 年与 2014 年比较，贡献率由 78.9% 下降到 51.6%，降低 27.3 个百分点，年平均下降 1.95 个百分点，下降速度之快、幅度之大前所未有。由拉动 GDP 增长 6.6 个百分点下降到 3.8 个百分点，下降幅度达到 42.4%，也属罕见。货物和服务净出口贡献率和拉动，更是一跌再跌，时不时还出现负增长，也为过去所不多见。唯有以资本形成总额表示的固定资产投资，其贡献率和拉动均呈稳定增长态势，避免了经济增速的快速下滑。货物和服务净出口增长受阻，明显受到国际社会金融危机、经济危机冲击，加上众多国家纷纷祭起贸易保护主义旗帜，下滑和负增长在意料之中。[②]

　　对于消费持续疲软，还需做出进一步的分析。因为它牵涉到居民消费与政府消费、农村居民消费与城镇居民消费占比的变动。总的趋势是：居民消费占比持续下降、政府消费占比持续上升。除个别年份外，居民消费下降和政府消费上升的趋势是缓慢但却是持续性的，随着时间的推移，累积效应已经相当明显。2013 年与 1978 年比较，居民消费占比下降 6.0 个百分点，下降幅度为 7.6%；同期，政府消费占比提升 6.0 个百分点，升幅也是 7.6%。城乡比较，农村居民消费占比下降的速度和幅度更大一些，2013 年比 1978

---

① 《中国统计年鉴 2015》，中国统计出版社，2015，第 77 页。
② 《中国统计年鉴 2014》，中国统计出版社，2014，第 83 页。

年下降 39.9 个百分点，下降幅度达到 64.3%；城镇居民消费占比相应提升 39.9 个百分点，提升幅度同样达到 64.3%。如果说随着城市化的快速推进，城乡居民消费占比变动属于某种常态因而是正常的变动，那么居民消费与政府消费占比此消彼长的变动，就是值得研究和提请注意的问题。虽然目前我国政府消费占比还赶不上某些发达国家，没有达到那样高的水平；然而，一是我国行政机构庞大，屡屡精简机构却越精简越庞大；二是从发展趋势上观察，政府消费处在缓慢但不停顿的增长之中，累进增长的效应是稳健而巨大的，必须明确认识、妥善解决。参见表 4：①

表 4 1978～2013 年居民与政府消费占比变动

单位：%

年份	居民消费	政府消费	农村居民消费	城镇居民消费
1978	78.6	21.4	62.1	37.9
1990	78.3	31.8	49.6	50.4
2000	74.5	25.5	33.0	67.0
2010	72.5	27.5	22.7	77.3
2011	72.8	27.2	23.1	76.9
2012	72.7	27.3	22.6	77.4
2013	72.6	27.4	22.2	77.8

（2）消费疲软探源。依据上面的分析，这里对消费的讨论主要针对居民消费而言。改革开放以来尤其是近年来，消费支出和货物服务出口的贡献率显著下降，经济增长不得不主要依靠固定资产投资来拉动。究其原因，除了国内体制机制方面的原因外，还有国外金融和经济危机的影响，以致出现 2011 年以来货物和服务净出口连续为负数的局面。近一二年来有所改善，依据国家统计局 2016 年 2 月统计公报提供的数据，2015 年全社会固定资产投资比上年增长 9.8%，社会消费品零售总额增长 10.7%，货物进出口总额下降 7.0%，消费对经济增长的拉动作用有所提升。② 在这种情况下，如果投资效益得到提升或者保持原来的水平，经济下行则可能不会出现，即使出现也微乎其微；然而不幸的是，伴随固定资产投资的持续大幅度增长，边际投资效益下降趋势凸显，在颇大程度上失去了对经济增长的拉动作用。

---

① 《中国统计年鉴 2014》，中国统计出版社，2014，第 68 页。
② 参见国家统计局编《中华人民共和国 2015 年国民经济和社会发展统计公报》。

  国内外关于中国消费疲软解读的论著颇多，观点不尽相同。可以说，相关的各种原因基本上都讲到了，能够罗列出几十条来。然而条数越多，越是纷繁复杂，就越是眼花缭乱，越使人不得要领，需要从中找出主要的、起支配作用的要素。这就需要将消费理论与当前中国的实际结合起来，尤其需要抓住中国经济正处在新常态全面深化改革之中这个最大的实际，做出实事求是的阐发。现代消费函数理论模型，将消费确定为收入的函数，收入对消费具有决定性的作用，无疑是基本的决定性要素，探源就从这里开始。

  其一，人均收入增长滞后的原因。统计数据显示，国民收入与国内生产总值同步增长，1979～2013年年平均增长速度均为9.8%。然而城乡居民人均收入增长速度却要低下一截，城镇居民人均可支配收入由1978年343.4元增长到2013年26955.1元，按不变比价计算年平均增长7.4%，低于国民收入增速2.4个百分点；农村居民人均纯收入由133.6元增长到8895.9元，按不变比价计算年平均增长7.6%，低于国民收入增速2.2个百分点。人均收入比国民收入增速低1/4左右，有人口增长因素的作用，同期人口由96259万增加到136072万，增长41.4%，年平均增长1.0%，从而拉低了人均GDP和人均收入水平。消费是收入的函数，人均收入的增长更具有实际意义，它比总体国民收入增长更贴近消费。不过就中国情况而论，城乡人均收入的增长并不就是消费的增长，其中很大一部分没有进入消费领域——居民储蓄的高速增长占据了颇大的一块天地。国际社会有一种舆论，说中国人偏爱储蓄。毋需多言，仅仅"偏爱"是不能说明问题的，还必须找到经济方面的根源。上述期间城乡居民储蓄存款余额由211亿元增加到447602亿元，增长2120.3倍，年平均增速达到24.5%。[①] 其对消费的影响有多大？看一看储蓄占国民收入比例的变动便一清二楚了。参见表5：[②]

表5 1978～2014年储蓄占国民收入比例变动

	1978年	1990年	2000年	2012年	2013年	2014年
储蓄存款余额（亿元）	211	7120	64332	399551	447602	506890
国民总收入（亿元）	3645.2	18718.3	98000.5	518214.7	566130.2	636463
储蓄/国民收入（%）	5.8	38.0	65.6	77.1	79.1	79.6

[①]《中国统计年鉴2014》，中国统计出版社，2014，第4～5、158页。
[②] 依据《中国统计年鉴2014》第4～5页数据计算。2014年数据为国家统计局统计公报数据，2015年2月16日发布。其中国民收入一项，为国内生产总值数，近似于国民收入。

其二，体制机制原因。国内外关于中国消费疲软研究，涉及体制机制问题的不很多，而且深入不够，大都议论一下而已。笔者以为，这是左右中国消费疲软最具特色的元素和主要的原因。就与消费直接或间接相关的体制而言，主要是：

一为收入分配方面的原因。按照国内外相关部门发布的数据，目前中国已驶入中等收入国家行列。虽然尚落后世界平均水平许多，但是这个平均水平很不对称，发展中国家是被平均的，其水平相当低下。因此，中国已经高出发展中国家一截。但是水平并不高，距离世界总体平均水平有差距，距离发达国家还很遥远。在这种情况下，一方面要看到人民消费水平有了显著提高，不仅解决了温饱，而且全民小康已经初步实现，距离全面小康社会为期不远；另一方面要看到收入水平及其构成对消费的影响，分配不公、收入差距扩大对消费产生的影响。这个影响涉及消费数量、质量和结构，需要进行全面的分析和评估。

放眼世界，当前全球性收入差距拉大带有普遍的性质。在信息化、经济全球化背景下，发达经济体将传统产业逐步转移到发展中国家，国内留下的是以高端制造业和金融服务业为主体的现代产业结构。如此，一般性的劳动就业机会减少了，失业率增加了，收入下降了；高端制造、金融服务业发展对人力资本的要求增强了，相关劳动者的工资率提高了，与一般劳动者工资率差距拉大了，贫富悬殊加剧了。而发展中国家不同地区，由于地理位置、交通条件、自然禀赋等自然资本，工业化程度等产出资本，劳动年龄人口受教育程度等人力资本相差很大，因而承接发达经济体产业转移的成本差别很大，造成发展的不均衡，形成落差很大的发展高地和发展沼泽地，相应的工资率高地和工资率沼泽地。可是，不管是收入和工资率的高地还是沼泽地，由于第二次世界大战后总体处在相对稳定的发展之中，各类劳动者的工资率均有所提高，因而劳动者对这样的收入不平等忍受了。只有当社会经济发展达到一定阶段，工业化基本完成、产业结构开始步入以现代服务为主类型、劳动力由过剩向稀缺转变，这种收入差距方才演变为不再容忍的程度，成为不得不引起重视的一大社会问题。然而各国的基本国情不同，社会经济发展的水平和状况不同，人口和劳动力数量、质量、结构不同，重视的程度和解决的方式也有所不同。

具体到我国，收入和消费差距相对更为突出一些，情况更为复杂一些。目前对收入差距看得较重的，当属"倒二八"说或"倒三七"说，即20%高收入阶层收入占到全社会总收入80%，或者30%高收入阶层收入占到全社会总收入70%。此外，更为严重的还有"倒一九"说，那就说得更加离谱、弄得人们难以分辨了。社会上不时有质疑统计数据准确性、缺乏透明性之声，认为官方给出的收入差距和基尼系数偏低甚至严重偏低。人们质疑官方公布的基尼系数偏低，并非没有一点儿道理，因为直观上感受到收入差距比较悬殊，非一般性较大。还有国内外关于中国富豪一类的报道此起彼伏，诸如亚洲首富易主，中国某某荣登宝座；世界财富排行榜中，中国某某集团、某某人进入前 50 名、前 20 名等。不过此等基尼系数等说法，大都根据不充分、证据不充足，或者抽样调查样本量不够，或者抽样方法有问题，因而不足以推论总体。而富豪人数、规模、富有程度，特别是占社会财富的比例等，也缺乏过硬的材料。虽然具有警示价值，但难以准确地概括总体。因此，虽然对官方公布的数据存有疑问，但是这些来自民间报告的数据也并不那么可靠。总体上，上述官方提供的基尼系数等信息，至少比一些民间数据更详实、更可信一些。平心而论，统计部门已经在这方面做出不少努力，有了比较大的改进；当然批评也并非空穴来风，包括收入、消费等数据资料在内，其准确性、透明性仍然有进一步改进之必要。客观地说，获取全国性收入、消费数据资料有较大难度，因为现在的收入实在太乱，特别是各种灰色收入实难准确统计上来。但是有一点是必须明确的，即调查数据资料一定要具有足够的代表性，或者来源于全国的人口经济普查，或者来源于具有代表全国性的抽样调查，满足样本量充分和抽样调查方法科学性要求。笔者之所以强调这一点，是因为有些数据太随意了，对抽样调查得来的数据没有做出应有的论证就公之于众，缺乏应有的严肃性，造成认识上的混乱。

依据《中国统计年鉴 2014》提供的数据资料，2000、2006、2013 年全国按收入 5 等份（每等份占 20%）分组的城乡居民人均收入变动，如表 6 所示：①

表 6　按收入 5 等份分组的城乡居民人均收入

单位：%

	低收入户	中等偏下收入户	中等收入户	中等偏上收入户	高收入户
城镇					
2000 年	9.7	14.3	18.2	23.1	34.8
2006 年	7.4	12.7	16.4	22.7	41.1
2013 年	8.0	12.9	17.1	22.6	39.2

---

① 依据《中国统计年鉴 2014》第 161、167 页数据计算。

	低收入户	中等偏下收入户	中等收入户	中等偏上收入户	高收入户
农村					
2000 年	6.6	11.8	16.4	22.7	42.5
2006 年	6.1	11.4	16.2	22.0	43.5
2013 年	5.3	11.3	16.3	23.4	43.7

表 6 将城乡居民户分成 5 个等份，可近似地看作将城乡人口分成 5 个等份的人均收入水平。比较 2000 年与 2013 年变动趋势，可以看出：

首先，较低收入户与较高收入户占比呈相反方向的变动趋势。较低收入户占比呈明显下降趋势：城镇低收入户占比由 2000 年 9.7%，下降到 2013 年 8.0%，降低 1.7 个百分点；农村低收入户占比由 6.6% 下降到 5.3%，降低 1.3 个百分点。中等偏下收入户占比，城镇由 14.3% 下降到 12.9%，降低 1.4 个百分点；农村由 11.8% 下降到 11.3%，降低 0.5 个百分点。相比之下，城镇降低的幅度更大一些。中等收入户占比也相类似，只是降低的幅度要更小一些，城镇降低 1.1 个百分点，农村降低 0.1 个百分点。较高收入户占比呈现不规则变动趋势：中等偏上收入户占比城镇由 23.1% 下降到 22.6%，降低 0.5 个百分点；农村则由 22.7% 上升到 23.4%，升高 0.7 个百分点。总体上，升降的幅度都很小。最突出的变动是高收入户占比的较大幅度增长，城镇由 34.8% 上升到 39.2%，升高 4.4 个百分点；农村由 42.5% 上升到 43.7%，升高 1.2 个百分点。不过，同为高收入，城乡之间差距很大。2013 年城镇为农村的 2.7 倍。这说明，随着社会经济发展，城乡居民收入在不断增加，城乡低收入居民占比在不断缩小，高收入占比在不断上升；无论低收入户占比下降还是高收入户占比上升，降低和升高的幅度城镇均大于农村，城镇向高收入类型转变的步伐要更快一些。

其次，城乡居民 5 等份收入户变动的畸形特征。中国经济跨进中高收入门槛，居民收入类型按照一般规律，理应逐步实现向着两头小、中间大的橄榄型过渡。然而事实并非如此。低收入和中等偏低收入户占比缩小，是符合发展规律的变动；高收入户占比上升格外抢眼，而且达到较高程度，却与这一规律正常的变动相悖，使居民收入没有向着两头小、中间大的橄榄型转变。这是一种二律背反的畸形变动，对消费的影响是比较重要的和深刻的。

最后，收入差距出现由拉大到略呈缩小趋势。在城镇居民人均可支配收入中，2000 年低收入户平均为 3132.0 元，高收入户为 11299.0 元，高收入户为低收入户的 3.6 倍；2008 年低收入户为 6074.9 元，高收入户为 34667.8 元，高收入户为低收入户的 5.7 倍，高低收入户收入差距扩大很多；2013 年低收入户增加到 11433.7 元，高收入户增加到 56389.5 元，高收入户为低收入户的 4.9 倍，差距有所回落。在农村，2000 年人均纯收入低收入户平均为 802.0 元，高收入户为 5190.0 元，高收入户为低收入户的 6.5 倍；2008 年低收入户为 1499.8 元，高收入户为 11290.2 元，高收入户为低收入户的 7.5 倍，差距比城镇要大得多；2013 年低收入户平均为 2583.2 元，高收入户平均为 21272.7 元，高收入户为低收入户的 8.2 倍，收入差距继续增大。

将城乡居民收入作为总体，以基尼系数为衡量指标观察，可能看得更清楚一些。居民收入基尼系数（Gini Coefficient）为意大利经济学家基尼在洛伦茨曲线基础上，提出并做出论证用来衡量收入公平性的一项指标。一般认为，基尼系数在 0.2 以下为收入绝对平均状态，0.2 ~ 0.3 为收入比较平均状态，0.3 ~ 0.4 为收入相对合理状态，0.4 ~ 0.5 为收入差距较大状态，0.5 ~ 0.6 为收入差距很大状态，0.6 以上为收入差距悬殊状态。2013 年 1 月 18 日，我国国务院新闻办公室举行新闻发布会，公布了 2003 ~ 2012 年全国居民收入基尼系数，并且承诺以后将其列入国家经济社会发展指标公开发布，提高其应用和透明的程度。笔者搜集到国家统计局本次公布和其他相关部门陆续公布的数据，摘取改革开放以来若干年份的居民收入基尼系数，可以从中看出变动的轨迹：1981 年 0.288，1985 年 0.2656，1990 年 0.343，1995 年 0.445，2000 年 0.412，2005 年 0.485，2008 年 0.491（官方公布年份最高值），2010 年 0.481，2011 年 0.477，2012 年 0.474，2013 年 0.473，2014 年 0.469。[①] 对于我国基尼系数上述变动，笔者以为，有两点最值得关注。

一是基尼系数处于较高水平。自 1994 年基尼系数上升到 0.436 进入较高水平以来，除 1999 年下降到 0.397 特殊年份外，其余一直处在 0.4 ~ 0.5 水平上，2003 ~ 2013 年更处在 0.473 ~ 0.491 较高水平波动。2014 年下降到 0.469，尽管突破 0.47 创下近 10 年以来新低，不过这个"新低"对于 0.4 ~ 0.5 收入差距较大区间说来，还处在中等偏上位置，没有改变收入差距较大定位。

二是发生了由上升到下降的转折。1994 年基尼系数突破 0.4，进入收入差距较大状态，呈先升后降趋势。即由 1994 年 0.436 上升到 2008 年 0.491

---

① 参见王志平：《基尼系数公布：值得欢迎的进步》，《文汇报》2013 年 1 月 21 日；《中国历年基尼系数统计（1981 ~ 2014）》（最新版），百度文库·专业资料，2015。

为差距拉大时段，上升的幅度达到 12.6% 。其间只有 1994 年一年基尼系数下降到 0.4 以下，下一年即回升到 0.412，并且一路攀升到 2008 年 0.491 最高值。2008 年以后出现阶梯式缓慢下降，2014 年下降到 0.469，下降幅度为 4.8% ，不到前一阶段上升幅度的 40% 。至于 2008 年 0.491 是否能够成为峰值，还有待以后的实践证明，目前只能说是迄今为止出现过的"峰值"。如果基尼系数就此走低，也可能成为过去、现在和未来共享的峰值。

总体收入水平不高，特别是高低收入差距较大，严重地限制了居民消费水平和消费结构，成为"买不起"消费疲软的重要原因。譬如，房价贵人人都深切地感受到。2013 年北京二环路以内旧城为界的房价，已经上涨到 5 万元/m² 左右，一套 60m² 单元住房需要 300 万元，80m² 需要 400 万元，100m² 需要 500 万元。以 2013 年城镇居民人均可支配收入 11433.7 元、三口之家年收入为 34301.1 元计算，即使将全部收入累积起来用作买房，购买一套 60m² 住房仍需要 87 年，如何实现住房梦？如要购买 80m²、100m² 的住房，恐怕长命百岁也难梦圆！只有高收入特别是高收入中的更高收入者，可以轻而易举地去圆住房梦、别墅梦、豪宅梦。在这种情况下，政府出台经济适用房新政，向低收入家庭出售、出租廉价经济适用房。笔者以为，经济适用房新政并不那么值得称赞，因为它不符合市场经济游戏规则，给诸多徇私舞弊行为提供可能；然而由于客观存在的居民收入差距如此之大，为了解决低收入群体居者有其屋不得已而为之，是为解决"买不起"开出的一剂药方，也有可用之处。再譬如，教育、医疗资源稀缺，行业垄断也比较严重，加上不法分子从中进行欺诈、倒骗，致使低收入群体只好止步于名校、三甲医院门前，不能平等消费。而财大气粗者只要随行就市，就可以随意消费，并且把价格抬得很高，一般收入人群只好望而却步。这是市场经济的一种"怪胎"，根源在于存在一定程度的资源垄断，在于教育、医疗的体制机制。

二为社会保障不健全方面的原因。即对消费存有后顾之忧而不敢消费。众所周知，我国养老保障体制一直处在不断改革之中，要害在城乡分割、城镇内部又有机关事业单位与企业分割的"双二元结构"养老体制，加上总体社会养老保障水平不高，个人和家庭不得不为老年退休后的生活着想，抑或参加商业性的人寿保险，抑或进行个人储蓄以备日后养老急需，致使储蓄率持续快速增长。城乡人民币储蓄存款余额由 1978 年 211 亿元，增加到 1990 年 7120 亿元、2000 年 64332 亿元、2013 年 447602 亿元。2013 年储蓄余额为 1978 年的 2121 倍，年平均增长率达到 24.5% ，远远超过 GDP、投资、消费等的增长速度。储蓄的高速增长通过金融渠道部分转化为投资，支持了经济建设；但却置身于居民消费之外，阻碍着居民消费的增长。在养老社会保障制度和养老社会保险体制改革方面，近年来改革的步伐加快，迈出打破"双二元结构"体制藩篱新步伐。旨在实行城市机关事业单位与企业相统一、农村新型养老保险全覆盖城乡统一的养老保险体制改革，正在加速推进。显然，要建立这样新的全国统一的养老保障制度和养老保险体制并非易事，短期内还难以解除人们养老的各种后顾之忧，刺激消费积极影响的发挥尚需时日。

医疗保险情况也相类似。前期的医疗保险改革基本上是失败的，社会各界对此已有较多的共识。主要的标志是，医疗体制没有发生多少改变，医疗资源占有不公没有多少改变，群众的医疗负担非但没有减少反而增加许多，居民看病难、看病贵没有根本解决。近年来的改革有所前进，公共负担有所加大，个人负担有所减轻，看病难和看病贵的问题得到某些缓解；但是医疗体制机制仍然没有多大改变，资源分配不合理仍然没有多大改变，个人和家庭仍然不能从健康担忧中解脱出来，不得不为此而增加储蓄和缩减消费。

其他如工伤、失业等保险事业的体制改革，取得不少进展和成绩，起到一定的社会保障作用，促进了消费。不过，一是这两个险种只牵涉部分居民，主要是劳动年龄人口中的部分居民；二是与居民消费关系不很紧密，刺激消费的作用十分有限。从社会保障总体观察，主要是养老和医疗两个险种影响最大。生、老、病、死是人生的自然规律，影响范围涉及全体居民；医疗、养老处在现在进行时或将来进行时，涵盖一个人的全部生命周期，一直影响到生命结束。因此，养老和医疗体制改革进行和解决得好，是解除居民"不敢买"消费后顾之忧的关键环节，应着力做好。

三为供给体制机制方面的原因。主要是具有一定普遍性的居民消费，却很难从市场上购买到。在市场竞争和平均利润率作用下，一般的普遍性消费很少出现供不应求现象；如若出现，多数情况下是体制机制出了问题。看病难、看病贵就是一例。首先难、贵在挂号上，尤其难在挂专家号上。在北京协和医院，一张专家号被票贩子炒到一百元甚至几百元，致使打击票贩子如同割韭菜一样，割了一茬又长出一茬。其结果，"无利不起早"和"重赏之下必有勇夫"打败"杀一儆百"，致使这样的打非行动难以取得根除的效果。为什么专家号一号难求到如此程度？笔者以为，根源在医疗体制机制。目前知名医疗专家大多集中在类似北京协和医院的三甲医院，特别像北京的北京医院、同仁医院、北大附属医院、301 医院等。在人民收入水平提高后，最舍得花钱的地方当属健康，得了病首先想到的是到这些大医院找大专家看治。于是供求矛盾变得尖锐起来，专家看病一号难求发生了，并且有愈演愈烈之势。这就是体制原因，多次医改没有触动过的医疗资源——包括医疗机构、设施、人才过度集中的体制。依笔者所见，医疗界"国老大"是目前各行各业最为突出的行业，而且"国老大"中的"京老大"更为突出，医改可就此开刀"动手术"。

前面表 6 按收入 5 等份分组的城乡居民人均收入构成变动说明，尽管目前中产阶层尚未构成消费主体，影响到总体消费的增长；不过 5 等份中 20% 高收入户占比却上升明显，2000～2013 年城镇占比升高 4.8 个百分点，农村占比升高 1.7 个百分点，城镇升高更明显一些。这种高收入增长较快背后，反映出相应的高端消费需求的迅速增长，而实际生产和市场供给却滞后许多，使这种高端需求得不到满足。无奈之下，一些人利用到国外旅游机会大量采购，一时形成中国游客国外扫货潮。又譬如，随着人口老龄化的加速推进和家庭赡养功能的弱化，城市特别是大城市中收入较高老年群体对养老公寓、临终关怀一类机构需求大幅度上升，月付五六千元较高档次的养老院、老年之家缺口不断增大，预约登记排队在半年甚至一年以上，发生同北京协和医院专家号类似的一号难求现象。眼下全国机构养老出现总体供给不足与个体入住率不高并存的矛盾现象，这是供求档次结构不对称造成的结果，高档次机构养老总体上处于供不应求状态。可见，发展机构养老事业不仅要与人口老龄化进程相协调，还要同老年人口收入和消费层次结构相适应，提供高品质的适销对路产品。

其三，传统文化影响等原因。据笔者在美、加、英、法、澳、日等国所见，那里的华侨收入总体上与当地一般市民不相上下，许多还达不到当地中等水平。然而为数不少的华侨却都开着奔驰、宝马高级轿车，住宅也相当讲究，有些则挤进富人区。而收入和地位颇高的某些本国当地居民，有一些人并不刻意追求，住宅和用车普普通通，并不那么计较消费的档次。这些华侨之所以在收入不高情况下把自己金玉其表起来，一是避免被别人小视，这点对于海外游子想争得一点儿面子和平等来说至关重要；二是同中华民族吃苦耐劳、勤俭节约的传统有关，他们宁可在吃用等方面节约一些开支，也要将可以节省下来的收入积蓄起来，把自己装点得像样儿一些。这也使笔者联想到小时候看到的有的地主老财，只知道积攒钱财、买房子买地，而他们本身的生活水准着实不怎么样，是典型的守财奴。

历史在前进，时代在发展，包括消费观在内的中华传统文化也在改变，这是问题的一个方面。另一方面，作为意识形态意义上的传统文化，沉淀下来与千百年小农生产、手工劳动、分散经营特征相对应的传统文化，铸造起勤劳、勇敢、勤俭持家、自强不息的精神，形成具有一定历史穿透力的消费习惯，左右着人们的消费行为，升华为一种崇尚勤俭、抑制消费的文化。这种传统消费文化的一个明显的导向，是抑制一般消费而垂青于投资房地产业的消费，至今影响犹存。如改革开放后城乡一部分人率先富裕起来，城市手握一定现金的一些人，宁肯自己省吃俭用也要先把房子买下来；农村最先富裕起来的万元户，既不肯将钱用于改善物质生活，也不肯投资于农副业扩大再生产，而是首先把钱用来盖新房、翻修翻盖原来的旧房，坚持"先安家、后立业"。有的还想买地，只是由于政策不允许才不得已而作罢。城市一些房地产商正是利用了这样的消费心理，将其作为"刚性需求"而把房价快速推高起来；加上某些人乘机炒作，始出现城市房价翻番式上涨、大城市上涨尤甚的不正常景象。

走绿色消费适度增长之路

消费疲软，困扰着包括中国在内的相当多数国家的经济发展，如何启动消费成为刺激经济发展的一个关键性问题。在这一背景下，许多国家实行程度不同的货币量化宽松政策，扩大消费，增加投资，尽可能使经济走出低谷。也几乎毫无例外地鼓励出口、限制进口，将扩大消费推到境外，发挥外贸带动经济增长的优势。那么是否消费增长越快越有利于经济发展，将经济发展的重心转移到消费上来，需要倡导高消费、超前消费呢？放到物质文明、精神文明、生态文明可持续发展战略观察，回答是否定的，需要提倡走绿色消费适度增长之路。

1. 不断增长的消费需求

除非遇到经济危机等特殊情况，消费总是随着生产的发展而不断增长的。这是由消费本身在社会再生产中的地位和作用决定的，也是人们追求高生活质量欲望无限的结果。

（1）消费在社会再生产中的地位和作用。如前所述，在生产、交换、分配、消费四个环节中，消费是最后一道环节，只有实现了最终的消费，一个生产周期才算完成。而再生产连续不间断地进行，一般总是以更大的规模进行的，这也要以消费的适当扩大为前提。如果本周期生产的产品不能消费掉，社会再生产就没有最终完成；如果消费水平不能有所提高，下一个周期的再生产就难以扩大。新中国成立以来社会经济发展的历史，完全证明了这样的判断。从中华人民共和国成立到改革开放之初的计划经济时代，主要处于短缺经济状态，生产的产品不够居民消费，不得不实行苏俄"战时共产主义式"的配给制。控制口粮消费量，实行按人头定量标准发放粮票；控制棉布消费量，实行按人头定量标准发放布票；控制日用工业品消费量，实行按工资和人头定量标准发放工业券和专项购物券等。在那种情况下，不愁生产的产品无法消费，各种用品都是"皇帝的女儿不愁嫁"，销售都是"萝卜快了不洗泥"，是典型又特殊的卖方市场。改革开放以来，由最初发展社会主义商品经济、实行计划调节与市场调节相结合，到最后明确建立社会主义市场经济体制，逐步走上与一般市场经济相似的状况。主要矛盾发生根本性转变，由生产不足、消费过旺（消费需要得不到满足），转变到生产过剩、消费不足上来，消费成为制约一个生产周期完成的关键。而在实际的再生产过程中，四个环节周而复始不间断地进行，消费环节出了问题必然影响下一个生产周期的正常进行，直接关系到后来的生产和发展。

这样说来，消费就成了非常值得关切的问题，决定当前和未来社会经济发展的一个带有关键性的问题。不过不能脱离生产谈消费，也不能脱离再生产规律采用非正常的办法解决生产与消费的矛盾。改革开放以来，中国基本建设发展如火如荼，国际朋友来中国一个突出的印象，说中国到处是工地，与西方国家基本不再进行基础设施建设大相径庭。此话不无道理。一个时期以来，钢铁、水泥等产能严重过剩，这些产品的消费多属生产性消费：钢铁是火车、汽车、轮船、机械、生产工具、道路和建筑业等的主要原材料。水泥是道路、桥梁、房屋建筑等的主要原材料。但是在最终意义上，这样的生产性消费也要转化为服务于居民的消费。不过值得一提的是，在特定情况下，这种生产性消费却可能脱离居民的最终消费而独立运行，目前某些城市化建设虚张就是实证。其程式可以概括为：政府出面征购土地，然后进行招标竞拍；开发商中标后投资房地产开发建设，建成后进行房产拍卖；居民购买以后，一般作为居住之用，也有的作为投资，买卖转手后获取收益。于是形成政府、开发商、农民各得其所，土地财政与开发商利益相结合的产业链和利益链。只是政府和开发商得到的是大头、农民得到的是小头，各方受益严重苦乐不均。还有相当大的一部分房产并未进入居民消费，而是处在不停顿地倒手转卖状态，笔者称之为独立于消费市场之外的"体外循环"。这样的"体外循环"之所以能够存在，据说主要是"刚性需求"助推房价上涨，房价上涨助长中间商投机所致。如此，出现一般市民买不起、进城农民工更是望而却步的大面积"鬼城"。中间商炒作造成房价不断上涨，房价上涨反过来又刺激对钢铁、水泥等建筑材料的需求，使过剩产能得以继续生产新的产能过剩。社会上对"鬼城"议论较多，影响也比较大，故这里稍做展开一点儿的阐述。

"鬼城"面积有多大，由于缺乏权威统计资料，加上何为"鬼城"没有统一的标准，估量出入很大。但是"鬼城"数量可观并在继续扩大，是基本的态势。

①快速推进的城市化对房地产业的刺激作用。1949～1978 年城市化率由 10.64% 上升到 17.92%，提升 7.28 个百分点，年平均提升 0.19 个百分点；2014 年提升到 54.77%，改革开放以来提升 36.85 个百分点，年平均提升 1.02 个百分点，使我国城市化率由改革开放前低于世界和发展中国家水平，一跃上升到超过世界 2 个百分点、超过发展中国家 6 个百分点。① 城市化的快速推进刺激了房地产业的发展，盲目发展很容易陷入脱离市场的"鬼城"陷阱。

②土地和房地产业超前发展的影响。2000～2014 年，全国城镇人口由 45906 万增加到 74916 万，增长 63.19%。房地产开发企业本年土地购置面积，由 16905.24 万平方米增加到 33383.03 万平方米，增长 97.47%；房地产企业支付的土地购置费，由 733.99 亿元增加到 17458.53 亿元，增长 22.79 倍。② 尽管受价格指数上涨影响实际增长倍数要低一些，但是购置费增长幅度之大、土地购置面积增长之迅速为前所未曾有过，是完全可以肯定的。二者远远超出城镇人口增长的规模和速度，造成土地城镇化超前、人口城镇化滞后，使"鬼城"的出现成为必然。

③城市化规模扩张的驱动作用。一为"摊大饼"式向外平面扩张。据统计，2000～2014 年城市建成区面积由 22439 平方公里增加到 49773 平方公

---

① United Nations："World Population Prospects 1988"，*Population Studies* No. 106，New York，1989，p. 200，p. 204；《中国统计年鉴 2014》，中国统计出版社，2014，第 25 页；国家统计局：《中华人民共和国 2014 年国民经济和社会发展统计公报》，2015 年 2 月 26 日。

② 《中国统计年鉴 2015》，中国统计出版社，2015，第 510 页。

里，增加 27334 平方公里，增长 121.81%；城市建设用地面积由 22114 平方公里增加到 49983 平方公里，增长 126.02%①，与建成区面积增幅基本相当。这说明，进入 21 世纪以来全国城市建设用地和城市建成区面积均扩大1.2 倍以上，"摊大饼"式平面扩张进展神速。与此同时，伴随圈地盲目向周边蔓延的，还有向空中伸展的立体扩张，"大饼"还越摊越厚、越摊越高，"垂直城市化热"不断升温。一幢幢高楼大厦拔地而起，攀比争高之风愈演愈烈，楼高纪录屡被刷新。北京市宣布要建世界型城市后，跟风者竟达数十家之多。房地产业在这种贪大、争高、求洋竞争中竞相发展，"鬼城"花样也不断翻新。

（2）追求高生活质量欲望无限。如果说，消费不断增长是一种必然的趋势，那么除了一般的消费数量增长外，还应包括消费质量的提升和消费结构的改变。俗话说"人往高处走，水往低处流"。具体到消费上，就是消费质量和品种结构的升级，并由此带来消费数量的扩大。人们追求高生活质量欲望无限，这种欲望对生产提出新的更高的需求，因而是促进生产发展的驱动力。如能科学地认识、顺应、驾驭这一规律，就能引导经济健康而有生气地发展；如若不能认识、顺应、驾驭这一规律，或者过分强调消费而忽视投资扩大再生产，则会影响到生产的正常进行并最终影响到消费水平的正常提升；或者过分强调投资而忽视消费，使扩大再生产脱离正常的消费轨道，脱离满足居民物质和文化不断增长的需要宗旨，结果因为侵害消费而影响到社会再生产的发展。过去《政治经济学教科书》讲社会主义基本经济规律，归结为不断满足人民群众日益增长的物质和文化的需要。虽然这样的阐释不够全面，但是作为社会再生产发展的宗旨，表达是明白无误的、有积极意义的。

追求高生活质量，离不开社会生产力发展水平，并且受到消费习惯和消费心理的影响。新中国成立后，居民消费处在向温饱过渡阶段，吃饱穿暖是当时普遍的、最重要的基本需求。然而社会经济发展并不顺畅，几经大起大落后经济发展遭受挫折，致使 20 世纪 50~80 年代人们将手表、自行车、缝纫机和收音机"三转一响"作为高生活质量的标志和追求的目标。随着改革开放后经济、科技、文化、交往、社会的发展和进步，人们对高生活质量的追求转换成"三机+房+车"，即电视机、计算机、手机，加上住房、汽

---

① 《中国统计年鉴 2015》，中国统计出版社，2015，第 847 页。

车。而且"三机＋房＋车"也不是固定不变的，而是不停地进行升级换代，人们对品质、性能、自动化程度等的要求越来越高，追求高生活质量欲望无限。

如果将追求高生活质量带动消费增长看作消费的升级换代，那么消费升级换代则在不停顿地发生着、发展着，呈现出与生产、消费发展同步的阶段性特征。影响消费升级换代或消费替代的因素很多，而且不同阶段各种因素作用的程度和方式也不尽相同。立足于生产力视角，当前对消费换代或替代作用和影响最为突出的，是下述四个方面。

一为科技进步为消费换代或替代提供新的生产制造支持。上面讲的新中国成立以来消费的不断升级，归根结底是科学技术进步的结果。第二次世界大战后发生了以微电子技术为前导的新技术革命，仅电子技术进步创造的一代胜过一代的新产品，足以改变人们消费的内容和层次。从供人们出行和运输的现代海、陆、空交通工具，到满足工作、学习、交往、文化等消费需求的计算机、电视机、电话机、传真机、手机、影像机等，无不是科技进步的产物，迅速地加快着消费替代的步伐。新技术革命推动人类社会由手工工具时代进入机器工具时代，以传统工业化为标志；第二次世界大战后发生的以微电子技术为前导的新技术革命，当前更进入以生命科学为主导学科，包括基因技术、克隆技术等在内的更新的技术革命，标志着人类已经进入智力工具时代，消费替代也随之发生。超大型计算机研制成功，已经具备了人脑的某种功能；智能机器人研制成功，不但被广泛应用到生产制造中去，也在家庭生活中开始使用，它可以替代家庭主妇操持部分家务劳动，发生革命性的消费替代。

二为收入的普遍增长为消费替代提供相应的支付手段。前已叙及，当前消费疲软具有一定的普遍性，国内外都有明显的表现。与此同时，消费替代还是发生并且正在不停顿地发生着。从表面上看，二者似乎有些矛盾；然而疲软是对现实消费而言的，从历史发展上看，收入的增长则是长期的客观存在。正是不同时期收入的持续增长，还有多种形式的消费贷款，扩大了居民的支付手段，促使消费替代延续下来。

三为攀比求新心理提速消费替代。消费不仅由收入等"硬件"决定，还受到消费心理"软件"制约，某些情况下"软件"的制约还相当强劲。所谓消费心理，指消费者在选择、购买、使用、估价、转让产品和服务时，表现出来的心理状态、期望特征和内心活动的过程。一般将消费心理分为务实、从众、求新和攀比等不同类型，不同经济发展阶段占据主导地位的消费心理不尽相同。在社会生产力发展水平不高、消费水平较低情况下，务实、从众消费心理可能占据主导地位。消费者购买商品和服务时，更偏重实用性，讲究物美价廉、经久耐用、物有所值；消费行为更容易效仿周围的人群、层次与自己相近人的消费习惯，愿意"随大流"，不愿意显山露水。经济发展达到小康、进入中等收入水平以后，务实、从众的消费心理有所减弱，对商品和服务的选择性增强了，"别人有的我要有，别人没有的我也要有"的攀比、标新立异消费心理得到滋长，追求高生活质量欲望无限对消费的影响，集中在攀比消费和求新消费上表现出来。攀比消费、求新消费具有很强的传染性，一些人一旦消费落后于人、落后于潮流，他们的自尊心受到伤害，就要千方百计地跟上和超过。看到人家住进别墅，他要移入豪宅；看到人家开上奔驰、宝马汽车，他要购买林肯、宾利，至少也要买一辆奥迪车；看到人家一家人旅游去了新、马、泰、澳大利亚黄金海岸，他要去美国拉斯维加斯、夏威夷等。在当代，固然消费主要表现为一种物质行为；但是在人们收入增加、交通便捷、知识丰富、文化升值、个性化得到充分发展的新情况下，消费心理的无形作用是巨大的，对消费行为的影响不可小觑。

四为流通革命缩短了消费替代的时间和空间。所谓流通革命，是指在现代信息化条件下发展起来的信息传递和物质传送——物流业，有力地推动着消费替代前行。在"时间就是金钱，效率就是生命"的时代，"互联网+"等现代信息传递手段和现代物流业一日千里地向前发展，在生产者和消费者之间架起了一道桥梁，发出一辆辆直通快车，大大缩短了从生产到消费完成的时间，拉近了二者之间的距离，可以说发生了一场流通领域的革命。它改变着传统的经营消费模式，省去了以往的中间环节，从而降低了消费的成本，因而赢得越来越多的消费者。消费者只需在网上或以电话、手机、E-mail 发出购物和付款指令，足不出户便可轻松便捷地完成购物和进行消费。而且，采用"互联网+购物"方式，可以捕捉到最新的商品信息，能够走在消费替代潮流前沿，使人们追求新生活格调、高生活质量的欲望最先得到满足。

2. 实施绿色适度消费战略

无论传统的还是现代的消费理论，在当代，均受到来自现实生活的挑战，与未来的发展目标产生矛盾。传统的消费理论偏重于生产的决定性作用，从生产角度规范消费，同以人为本的消费理念，消费的最终目的是满足人的全面发展的需要产生距离。现代高消费、高浪费的消费理念，将消费抬高到不适当的位置，有悖于节约资源、保护环境生态准则，不利于可持续发展而不足取。问题与解决问题的手段总是同时发生的。摒弃两种消费缺陷的合理消费是什么？笔者以为，是绿色适度增长的消费。需要大力倡导绿色消费理念，实施绿色消费适度增长发展战略。

（1）绿色消费理念。什么是绿色消费？绿色是自然界森林、草原、农作物等各种植物共有的天然本色。绿色植物中的叶绿素在阳光照射下，能将水和二氧化碳合成有机物并释放出氧气，完成光合作用。因此，绿色代表着绿色植物新陈代谢生存的状态。绿色减少实为绿色植物的减少，由此带来光合作用减弱、释放氧气减少、生态平衡能力下降；绿色增多实为绿色植物增多，由此带来光合作用增强、释放氧气增加、生态平衡能力增进。随着社会经济发展和对环境破坏的加剧，人们对环境问题的关注度越来越高，企盼绿色的愿望越来越强烈，遂取绿色生态、排斥污染之意，形象地概括出绿色农业、绿色食品、绿色生产、绿色工厂、绿色家装、绿色服务，以及子层次的绿色水稻、绿色茶叶、绿色饮料、绿色花卉、绿色衣裤、绿色涂料、绿色家电、绿色旅馆、绿色水杯、绿色眼镜等。推而广之，将"绿色"赋予安全、净化、高雅之意，演化为绿色出行、绿色网络、绿色乡村、绿色城市、绿色文化等。绿色消费自在其中，包含上述两个方面的涵义。取绿色生态、排斥污染之意自不待言，我们消费的应是绿色生产的、污染限定在允许界限之内的产品；含有安全、净化、高雅之义的绿色消费，体现消费的更高层次要求，也应成为追求的目标，借以推动消费的转型升级。

按照这样的要求，绿色消费就是要站在人与自然相和谐立场，将消费融入人口与资源、环境、经济、社会可持续发展之中，推进消费与可持续发展战略的实施。重点是：

推进消费与资源的可持续发展，就要认识和尊重资源的稀缺性：石油、矿产等不可再生的资源是稀缺的，用一点儿少一点儿，稀缺性不断加剧；土地、淡水等可再生资源是可复得和再生的，然而复得和再生的速度和质量达不到需要的程度，稀缺同样会发生，有时可能更为严重。因此，节约和保护资源，一方面社会生产和再生产过程要尽量延长资源的使用年限，提高资源的有效利用率，减缓资源的稀缺程度；另一方面要实现绿色合理消费，杜绝不合理的高消费、高浪费，真正做到物尽其用，实现资源应有的价值。

推进消费与环境的可持续发展，就是要将消费纳入生态环境视野，规范人们的消费行为，引导人与自然的和谐消费。自可持续发展提出以来，环境保护受到格外重视，一系列国际会议发表了环保宣言、环保议定书和环保行动计划，逐渐将消费纳入其中，产生广泛影响。20世纪八九十年代的调查和统计数据显示，德国、英国、美国等欧美后工业化国家，80%以上的消费者把环保购物放在消费首位，宁肯支付较高一些的价格也要购买环保商品，拒绝污染、非环保的消费方式。国际消费者联合会自1997年以来接连举办"可持续发展与绿色消费"主题活动，绿色消费理念迅速传播开来。我国环境保护部门从1999年开始，宣传和实施了以开辟绿色通道、培育绿色市场、提倡绿色消费为主题的"三绿工程"，使绿色消费不断发酵、深入人心。形势发展表明，认同绿色消费，消费者在消费时选择未被污染或允许限度内的轻微污染、有益于健康的绿色产品；保护绿色消费，在消费过程中注重对垃圾等废弃物的处理，避免由消费造成新的环境污染；提升绿色消费，将绿色消费看作高一级层次的理性消费，注重环保、节约资源和能源、践行符合可持续发展要求的消费模式。这不仅是社会再生产的一个环节，而且是转变消费观念，培育新的道德观、价值观和人生观的过程。笔者在调查中与许多被调查者交谈发现，驾车行驶在城区路上遇到行人通过，是鸣喇叭催促还是等一等后无声通过；吃水果削下来的果皮和拆开后的衣服外包装，是随手扔掉还是丢进垃圾箱，是按回收分类还是不加区分地随意丢进任何垃圾箱等，这等小事背后都潜藏着环保意识和价值观。鸣一声喇叭，造成不应有的城市噪声污染；随便丢弃废弃物，造成不应有的脏乱差，还要环卫工人专门进行清理。小事背后是大道理，绿色消费真的是一次意识形态革命。

推进消费与经济可持续发展，要求将经济发展放到可持续发展战略中去，落脚到绿色消费适度增长上。传统经济发展观，主要通过产量、产值的最大化达到利润的最大化，导致GDP增长竞赛热。以人为本的可持续发展观，以满足人的全面发展需要为宗旨，与利润最大化不完全一致，要树立新的涵盖绿色消费在内的经济发展观。包括：

其一，质量和效益相统一的经济发展观。前已论及，绿色消费不仅体现绿色生态、排斥污染本义，还含有安全、净化、高雅之义，从而对消费质量提出较高的要求。因此，必须扬弃传统的以追求产量、产值为唯一目的的经济发展，将提高产品质量放到重要位置。同样的道理，再也不能不计成本地进行扩大再生产，不计效益地进行固定资产投资。而要讲究投入—产出，将提高经济效益放到重要位置。

其二，广义空间效益发展观。即不仅要追求一般的投入—产出经济效益，还应将效益拓宽到社会领域，倡导投入—产出社会效益发展观。在评价发展指标体系上也要进行相应的改革，如世界银行选择人均 GDP、年平均通货膨胀率、人口出生时的预期寿命、成人文盲率等，作为评价发展的主要指标。

其三，长远时间效益发展观。经济发展当然要关注当前效益，但是社会再生产是连续的、周而复始不断循环的过程，有些经济效益的展现需要时间。广义空间效益和广义时间效益往往需要更长一段时间才能展现出来，消费效益的展现更是这样。一架速度更快、噪声更低、油耗更少、舒适度和安全系数更高的大型喷气式客机，从设计到最后投入运营，至少要三年以上时间。对于类似消费产品的评价，短时间内是做不出来的。

实现消费与社会可持续发展，关键是要理顺和建立适应绿色消费适度增长的体制机制，大力推进改革。任何社会都存在不适应绿色消费的制度。有的国家税收苛刻，居民因缴税过重而抑制消费，表现为有效消费不足，最终阻碍着社会经济的发展。有的国家采取过度刺激消费政策，运用财政手段和鼓励金融机构利用各种金融杠杆刺激消费，最终导致各层次消费者债台高筑，使经济发展陷入困境。具体到我国，前面提到的影响消费增长的"买不起""不敢买""买不到"背后，均有社会体制机制方面的原因。从总体上观察，有收入不高因素影响，这是消费的基础；更主要的是收入分配不公，社会保障体制不健全，较低收入者往往不敢消费、消费不起所致。至于消费者想购买的商品买不到，不同程度地也同体制机制相关联，对短缺商品政策支持力度不够，没有或缺乏应有的制度保证。

（2）绿色消费适度增长决策选择。绿色消费适度增长包含两重含义：一是适度增长的主体，为绿色消费；二是作为主体的绿色消费，要做到与社会经济发展相协调的适度增长。前面的分析表明，绿色消费适度增长是我国经济发展到现阶段的客观要求，也是当前认识、适应、发展新常态经济的必然选择。从我国总体人口增长速度放缓、居民消费相对疲软走势实际出发，走绿色消费适度增长之路，目前应着重启动和推进以下几方面的改革。

其一，完善绿色消费政策体系，实施从生产到消费相配套的倾斜政策。虽然绿色消费已在全球启动，是社会经济发展、技术进步、文化观念改变的必然趋势；但是作为新的消费方式的出现，仍需要相应的政策扶持。国际社会称中国为有组织的社会、强势政府国家，绿色消费如同其他新生事物一样，需要政府积极倡导和政策扶持，引导全体居民共同参与、一同实践。众所周知，1992 年联合国环境与发展会议在巴西里约热内卢召开，通过了《里约热内卢环境与发展宣言》《21 世纪议程》等多个文件，否定了工业革命以来高投入、高产出、高消费、高浪费、高污染传统发展模式，号召各国行动起来，通过本国的《21 世纪议程》，建立新的生产、消费方式，减少污染，维持生态平衡。中国政府重视里约宣言和 21 世纪议程，履行所做出的承诺，于 1994 年推出《中国 21 世纪议程——中国 21 世纪人口、环境与发展白皮书》，起到率先垂范的引领作用。该白皮书指出："中国的经济发展基本上仍然沿袭着以大量消耗资源和粗放经营为特征的传统发展模式，不仅造成对生态环境的极大损害，而且使经济增长本身难以持续。因此，转变发展战略，走依靠科技进步实现可持续发展道路，是加速经济发展的正确选择。"① 这是中国较早提出"转变发展战略"，与后来的"转变经济增长方式""转变经济发展方式"如出一辙。从粗放、外延式经济发展方式，转变到集约、内涵式经济发展方式，无疑以生产为主；然而生产不仅仅是生产、交换、分配、消费中的一个环节，完全意义上的生产应包括社会再生产全过程，转变消费方式应包括在社会再生产全过程之中。不可能设想经济发展方式是粗放的，消费方式却是绿色的，最起码生产性消费必然是粗放的；也不可能设想经济发展方式是集约、内涵式的社会再生产，而消费却停留在以往传统方式之上，对生态环境构成比较严重的伤害。

2013 年党的十八届三中全会通过《中共中央关于全面深化改革若干重大问题的决定》，标志着改革步入新的阶段。该决定指出：建设生态文明，必须建立系统完整的生态文明制度体系，实行最严格的源头保护制度、损害赔偿制度、责任追究制度，完善环境治理和生态修复制度，用制度保护生态环境。绿色消费是加快生态文明制度建设的一个有机组成部分，需要有制度和政策引导、规范。制度和政策引导、规范，要有两盏灯：明确提倡什么、反对什么，对什么亮红灯、对什么亮绿灯。应该说，目前政府已经做了不少工作，如鼓励新能源汽车，出台生产和销售不同的奖励政策，从而大大降低了生产和销售成本；对于不到报废年限的汽车提前销户，因为减少污染排放可获得补贴；对于排污超标企业，依据环境保护相关法律，征收罚款和做出其他相应处罚；对于恶性环境事故，依法给予刑事、行政、经济等处罚，并

---

① 参见《中国 21 世纪议程——中国 21 世纪人口、环境与发展白皮书》，中国环境科学出版社，2013，第 21 页。

对领导干部实行自然资源资产离任审计，建立起生态环境损害终身追究制。凡此种种，对包括消费在内的环境治理起到较好的作用，是应该加以肯定的。但是从总体上观察，这些政策作用还很有限，特别是涉及消费的条款不很多，主要偏重生产方面。当前特别需要的，一是要建立和健全绿色消费政策体系，将正面引导与反面惩处结合起来，形成完整的政策体系框架，使政策体系完整可行。二是要针对重点消费领域，出台一些力度较大的奖励政策。前面提到的新能源汽车是成功一例，不过各地奖励政策高低不等、效果不一，需要统一规范。除汽车外，对于节约资源型消费，如电、煤气、自来水等的消费，规定消费在平均指标以下的予以奖励，鼓励节约消费。也可扩大到生产领域，针对不同产品规定出标准能耗、原材料消耗，对在保证质量前提下节约能源和原材料消耗者给予奖励。这样做不仅可以降低消耗和节约成本，而且有利于淘汰高耗低效落后产业，有利于转方式、调结构。三是针对重点消费领域，出台力度较大的惩罚政策。对制造、经营和销售有毒害商品，假、冒、伪、劣商品者，给予经济、行政等处罚，直至追究法律责任，提交检察机关和法院依据刑法判处。政策起着引导和规范作用，法律起到托底作用，划出一道红线，对越线者进行法律制裁。

其二，提高居民收入水平，实施适当向劳动倾斜的收入分配政策。目前我国城乡收入总体水平还不够高，从根本上制约着包括绿色消费在内的消费的适度增长，提高居民收入水平具有根本的性质。从当前居民收入实际出发，一要弄清居民收入提高的基础，在于劳动生产率的提高。需要纠正两种倾向：既要纠正工资率和收入滞后于劳动生产率提升的速度，否则消费的提升也就失去了基础；也要纠正工资率和居民收入增长过快，因为一旦工资率和居民收入增速超过劳动生产率提升的速度，必然带来通货膨胀，最终不利于居民消费的增长和生活水平的提高。就目前的情况而论，前一种即工资率和收入增长相对滞后是主要的，保证劳动者工资率和居民收入应有的增长速度是重点。核心的问题，是提高劳动在初次分配中的比重。劳动年龄人口占比下降和绝对数量减少，有助于劳动生产率的提高，为收入向劳动倾斜提供了有利的条件。二要在二次分配时，注意向低收入群体倾斜，逐步解决收入分配不公问题。关于收入差距拉大、分配不公问题，前面已经做了较多分析，收入分配政策应有明确的体现。不仅要缩小高收入与低收入之间的差距，还要在社会福利、社会救助等方面，做出更明确的倾斜。

其三，继续推进社会保障改革，实施必要的向弱势群体倾斜的政策。

"买不起"和"不敢买"除了受到收入水平限制外，社会保障水平不高、消费有后顾之忧也是重要的原因。社会保障的重点，原本就是社会的弱势群体，向弱势群体倾斜是应有之义。然而在现存体制机制下，某些社会保障制度本身即存在一定的缺陷，尤其不能体现向弱势群体倾斜的要求；除体制机制外，相关机构负责人等受人际关系等影响，难以体现向弱势群体倾斜原则。制度是固定的，执行者是具体的活生生的人，如果执行者有轻重厚薄之分，便很难做到有效向弱势群体倾斜。这就要求各级组织尤其是各级组织负责人，要一碗水端平，秉公办事，彰显社会保障公平准则。

其四，注重社会公平，推进累进税收倾斜政策。笔者到芬兰、瑞典、挪威等北欧国家做学术交流，有的学者拿出他们的研究成果和统计数据资料说，他们国家虽是资本主义，但是没有特别富有的人和特别贫穷的人，收入差距处在较低水平，如同真正的社会主义；而有的社会主义的国家，却居民贫富差距悬殊。不管这样的说法正确与否，终究是他们的一种观点；而怎样造成的，则可以反思一下。如对个人收入实行累进税政策，高收入者缴纳完应征的累进税后，收入越高，缴纳的税率越高、税额越多，最后高收入、中等收入、低收入相差不是很大，比其他国家小得多。应当说，目前我国实行的个人所得税制度，吸收了某些累进税的做法和经验，收入越高，缴纳的税率越高、税额越多；只是累进税率差别和档次拉开还不够，起到的作用也有限。更有某些高收入者，千方百计逃税、漏税，造成巨富与贫困阶层的巨大反差。因此，要认真贯彻落实中央全面深化改革决定精神，"完善以税收、社会保障、转移支付为主要手段的再分配调节机制，加大税收调节力度"。①

参考文献

［1］《中共中央关于全面深化改革若干重大问题的决定》，人民出版社，2013。

［2］《中国21世纪日程——中国21世纪人口、环境与发展白皮书》，中国环境科学出版社，2014，

［3］欧阳松、高永中主编《改革开放口述史》，中国人民大学出版社，2014。

［4］李竞能主编、吴国存副主编《当代西方人口学说》，山西人民出版社，1992。

［5］田雪原等：《21世纪中国人口发展战略研究》，社会科学文献出版社，2007。

---

① 参见《中共中央关于全面深化改革若干重大问题的决定》，人民出版社，2013，第66页。

［6］田雪原:《后人口转变迎来新改革新机遇》,社会科学文献出版社,2014。

［7］〔英〕凯恩斯:《就业、利息和货币通论》,高鸿业译,商务印书馆,1997。

［8］〔美〕莱斯特·R.布朗:《B模式:拯救地球,延续文明》,林自新、暴永宁译,东方出版社,2003。

［9］United Nations: *World Population Prospects*, *The 2008 Revision*, New York, 2009.

［10］United Nations: *Long-range World Population Projections*, *Two Centuries of Population Growth 1950 – 2150*, New York, 1992.

（撰于 2015 年 12 月）

"中等收入陷阱"的人口老龄化视角

一个阴影笼罩在新兴市场经济国家上空——"中等收入陷阱"阴影。考察第二次世界大战结束后不同类型国家发展的历史,只有日本、韩国等少数国家得以超越,步入高收入国家行列;绝大多数发展中国家,特别是拉美、加勒比地区和亚洲的大批发展中国家,均程度不同地落入"中等收入陷阱",在"陷阱"中挣扎着发展。2011 年中国人均 GDP 达到 5557 美元,刚刚跨进中高收入门槛,面临"中等收入陷阱"考验。能否科学应对人口老龄化挑战,就是这个考验的一个方面。

关于"中等收入陷阱"

迄今为止,在人类生活的 400 多万年的历史长河中,经历过许多"发展陷阱"。第二次世界大战结束以来,经历或者正在经历的主要有:"贫困陷阱"——多数居民生活在贫困线以下,人均 GDP 不足 1000 美元;"人口陷阱"——与人口高出生、低死亡、高增长相伴,经济长期停滞不前;"城市化陷阱"——一些国家尤其是拉丁美洲和加勒比地区一些国家,以超大城市畸形发展为主要特征的城市化,拖了国民经济前进的后腿儿;"生态陷阱"——传统工业化造成资源短缺、环境污染加剧,破坏了人类赖以生存的环境;以及更具有综合性质,当前颇具现实意义的"中等收入陷阱"。

2006 年世界银行在《东亚经济发展报告》中提出"中等收入陷阱"(以下简称"中收陷阱")命题。该报告缘于亚洲以及拉美一些新兴市场经济国家,在人均 GDP 走出 1000 美元"贫困陷阱"以后,很快达到 3000 美元以上。但此后却长期徘徊在 3000 ~ 5000 美元,只有日本、韩国、新加坡等少数国家例外。总结这一带有普遍意义的现象,就将人均 GDP 5000 美元左右经济发展的相对停滞阶段,称为"中收陷阱"。对于这一命题,赞成与不赞成者均有之，关键要弄清两个基本问题。

第一个问题，为什么走出人均 GDP 1000 美元"贫困陷阱"以后，经济得以迅速"起飞"。结合第二次世界大战后的具体情况，可从国际背景和国内发展动力两方面做出阐释。就国际背景而言，一是有一个相对和平、稳定、有利于经济发展的环境。虽然"二战"后局部的摩擦和战争从未间断过，但均为局部战争，规模有限，介入的国家不是很多；产生的影响有限，除少数直接参战国外，其余国家未曾受到多少影响；战争具有打打停停、打谈交替进行的特点，没有分出最后的赢家与输家，没有战争赔偿等后遗症，经济直接伤害不大。二是各国竞相推出刺激经济发展的改革。实行高度集中统一的计划经济国家，20 世纪八九十年代纷纷实行市场经济体制改革，释放了生产力。西方国家和一些发展中国家也在不断寻求改革，既有统一货币、经济联系紧密的欧共体诞生，也有松散型但经贸往来享有更多互惠的东盟的出现，更多的则是国家内部在经济体制、管理、财政、税收、货币等方面的改革，适应了信息化、经济全球化发展需要。三是人口转变带来的经济效应。"二战"后的一二十年，迎来全球性的一次生育高潮（baby boom）。战后至 1965 年，世界人口出生率保持在 35‰以上，发达国家在 20‰以上，发展中国家在 40‰以上。如此，0～14 岁少年人口经历 20 多年迅猛增长后转而呈下降趋势，奠定了自 1960 年代后期以来，劳动年龄人口占比持续上升、老年和少年人口之和占比持续下降的走势，构筑一段长达 40 年左右的人口年龄结构变动的"黄金时代"，为社会经济发展提供了相应的"人口盈利"、"人口红利"或"人口视窗"，成为经济"起飞"的重要条件。不过"黄金时代"到来的迟早和"盈利""红利"的高低，发达国家与发展中国家之间有很大差别；同为发达国家或发展中国家，不同国家之间也有很大差别，要做具体分析。

外因是变化的条件，内因是变化的依据，是发展的决定性力量。就内部发展动力而言，最值得重视的一条，走的都是传统工业化的道路。或从轻纺工业起步，或以重化工业开端，大都沿着资源消耗型与劳动密集型相结合的路子发展下来。这样的传统工业化，像轻工、纺织、采矿、冶炼、钢铁、机械、水泥、石化、造船、建筑业等，技术和工艺已经比较成熟，主要生产流程各国均比较熟悉，只需具备一定的资源、劳动力和资金，便可以发展起来。资源和劳动力是发展中国家的强项，而资金可以通过税收、发行债券等手段取得，还可以寻求外援和借贷。于是 20 世纪下半叶，许多发展中国家呈现城乡点火、处处冒烟的传统工业蓬勃发展的场面，以比较快的速度达到中等收入水平。

第二个问题，达到中等收入水平以后又为何陷入停滞状态。虽然各国情况不尽相同，但是仍然有着某些共同性可循。主要是：

其一，跟不上科技进步、信息化、经济全球化的步伐。第二次世界大战结束后，发生包括电子计算机、新能源、新材料、激光、宇航、海洋、生物工程等新的技术革命，当前又进展到以生命科学为主导学科的新的阶段。与新技术革命相伴的，是新兴产业的迅速崛起，成为引领新一代经济发展的主导产业。作为这次新技术革命前导的微电子技术和产业得到迅速发展，信息化带动工业化成为主导发展的潮流。毫无疑问，发达国家处于引领地位，发展中国家受到某种排挤，难以运用先进的信息技术改造和武装工农业物质生产部门、服务业非物质生产部门、劳动和管理等部门，从而使劳动生产率、社会工作效率和效益的全面提高受到限制，产业结构不能迅速调整到以高端产业为主上来，经济运行不能有效地转变到低耗高效轨道上来，经济发展方式长期得不到根本性改变，只能停留在以承接传统产业转移为主的发展模式。在经济全球化加速推进、全球性市场加速形成、资本国际流动速度加快，以及以跨国公司为主体的国际合作体系加速扩张背景下，发展中国家融入国际市场难度加大，权益得不到应有的保障，常常被置于附属地位，阻碍了经济的发展。

其二，社会矛盾集中爆发。脱离"低收入陷阱"后的经济起飞，虽然事实上高收入与低收入、城市与乡村、脑力劳动与体力劳动的收入差距在扩大，但是因为经济在不断发展，居民收入总体上在稳步提高，低收入者大都忍受了。一些国家还通过若干改革措施，缩小收入差距的扩大，缓解了不同阶层和阶级的矛盾，没有爆发剧烈的社会冲突，社会秩序基本保持稳定。达到中等收入水平以后，社会资源占有不公和收入差距扩大一旦累积到严峻程度，就会导致矛盾集中爆发，出现经济增长回落或停滞、贫富两极分化加剧、过度城市化负面影响显现、失业率屡创新高、社会公共服务缺失、抑制腐败失效、社会秩序混乱、财政金融体制机制难以维系等，最终止住了经济"起飞"阶段快速增长的步伐。

其三，畸形发展的城市化。落入"中收陷阱"的国家，大都首先陷入以大城市畸形发展为主要特征的过度城市化。这种城市化以拉丁美洲国家最为典型，又称城市化"拉美陷阱"。其基本特征可用"三个畸形"并存概括。一为畸形先进与畸形落后并存。一方面，这些大都市拥有先进的科学技术、现代化的产业、高档的住宅和相应的现代化设施；另一方面，存在着原始手工作坊式的生产、贫民居住区缺少最基本的公共设施、大量被边缘化到城乡结合部的贫民窟。二为畸形富裕与畸形贫困并存。大企业家、银行家、高级职员等收入丰厚，可谓腰缠万贯；而生活贫困特别是生活在贫民窟内的居民，几乎是一贫如洗，相当多的贫民不得不以乞讨为生。三为畸形文明与畸形愚昧并存。教育、卫生、文化等资源被少数富人占有，他们的现代文明与发达国家没有什么两样；而穷人却与这些资源无缘，上不起学、看不起病、不能享受这个时代应当享受的文明生活。目前10%富人的收入占到总收入的60%以上，贫困人口占到总人口的40%左右，其中60%以上居住在城市特别是超大城市中。这就形成了城市中大量无业和失业的人口群体，城市失业率超过10%；社会冲突加剧，治安等社会问题成为影响政局稳定的重要因素；政府财政拮据，城市治理不得不在很大程度上依赖国外援助，造成国家债台高筑；城市公共设施严重不足，交通运输和水、煤气等的供给紧张，环境污染加剧；城区地价大幅度上涨，失业人口和流入的农民纷纷向郊外转移，逐渐形成大面积的"农村包围城市"的贫民区，与现代化的城市中心区形成鲜明的对照。拉美国家人口城市化的畸形发展，不仅没有给城市的健康发展注入活力，也没有给农业经济的发展创造新的生机，反而成为国家财政的累赘、城乡经济发展的绊脚石、跌入"中收陷阱"的铺路石。

其四，人口老龄化的影响。人口老龄化是指老年人口占总体人口比例不断上升的过程，其成因是出生率的下降和预期寿命的延长。然而"下降"和"延长"并不同步，一般情况下，老龄化前期"下降"快于"延长"，老龄化后期"下降"慢于"延长"。"下降"与"延长"的这一时间差，决定着老龄化前期经历一段人口年龄结构变动的"黄金时代"，提供相应的"人口盈利""人口红利"；后期则转变为"人口亏损""人口负债"，对经济发展的负面影响逐渐显现出来。"机遇与挑战并存"时下成了一句套话，许多问题的阐述都套用这句话，有的实难避免牵强附会之嫌。然而人口老龄化对社会经济发展的作用和影响，用"机遇与挑战并存"概括却是再恰当不过了。在人口老龄化背景下，走出"中收陷阱"既要及时把握"黄金时代"机遇，也要有效应对"人口亏损"挑战。这是从人口老龄化视角审视"中收陷阱"的关键，也是能否走出"中收陷阱"的要义。

把握"黄金时代"机遇期

老龄化前期出生率下降快于预期寿命延长，意味着 0～14 岁少年人口占比下降快于 60 岁或 65 岁以上老年人口占比升高，导致老少从属年龄人口或被抚养人口之和占总体人口比例下降，15～59 岁或 15～64 岁劳动年龄人口占比升高。前已叙及，第二次世界大战结束后，先是经历一段全球性的生育高潮，人口年龄结构出现年轻化趋势；其后，进入 1960 年代，发达国家出生率出现下降趋势，并且这一趋势一直延续下来；进入 1970 年代，发展中国家出生率开始下降，这一趋势也延续下来，只是下降的速度比较缓慢，一些国家还出现过反复。出生率变动的这一走势，决定着劳动年龄人口数量和占比的变动。参见图 1、图 2 和图 3。[①]

图 1、图 2、图 3 表明，无论世界还是发达国家、发展中国家，15～64 岁劳动年龄人口绝对数量均呈持续增长趋势，只是发展中国家增长的幅度要高出发达国家许多。然而受战后生育高潮出生率较高影响，1950 年代和 1960 年代前期，劳动年龄人口占比呈下降趋势；1960 年代后期和 1970 年代以来，受出生率持续下降影响呈上升趋势，总体上呈"亚 U 形曲线"走势。所谓"亚 U 形曲线"，是指同标准 U 形曲线比较有某些修正：U 形曲线左边下降幅度较小，右边则上升幅度较大，呈"√"状而非标准 U 形。与此相对

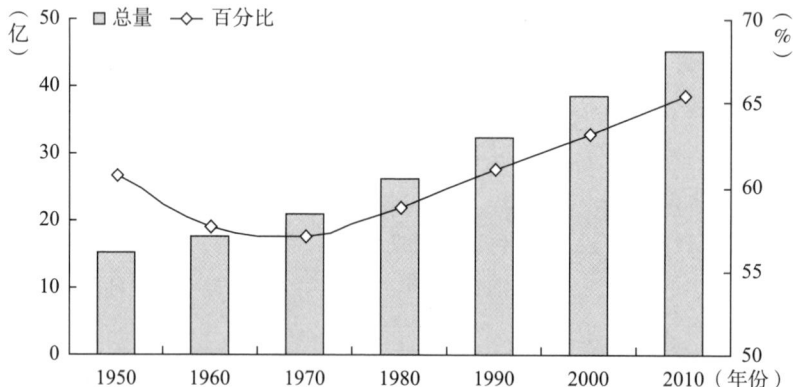

图 1　1950～2010 年世界 15～64 岁劳动年龄人口变动

---

① United Nations：*World Population Prospects*，*The 2008 Revision*，pp. 48－52，New York 2009.

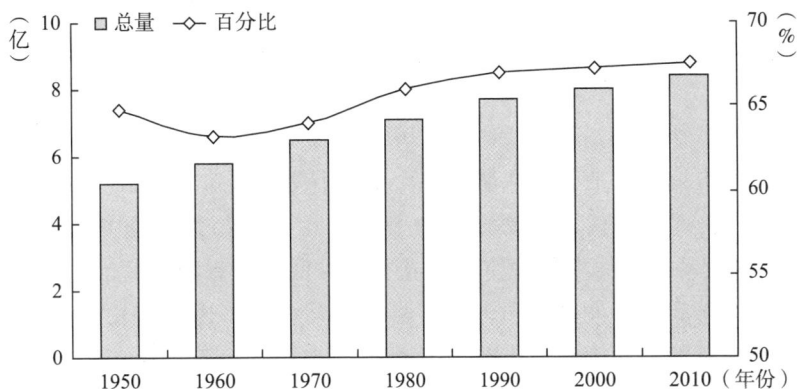

图 2　1950～2010 年发达国家 15～64 岁劳动年龄人口变动

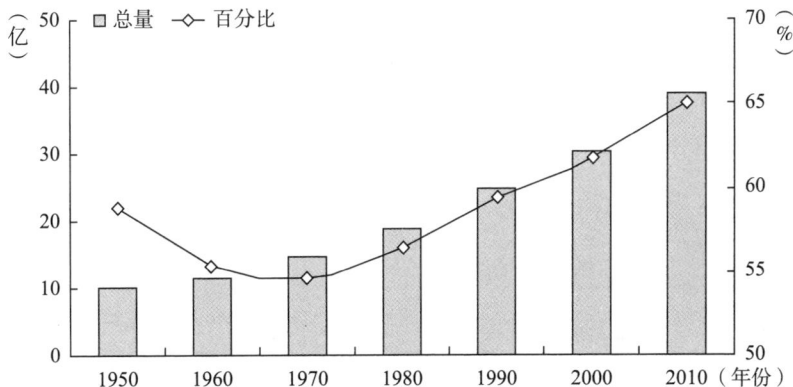

图 3　1950～2010 年发展中国家 15～64 岁劳动年龄人口变动

应的是从属年龄比（dependency ratio，0～14 + 65⁺/15～64），呈"倒 U 形曲线"走势。参见表 1：

表 1　1950～2010 年世界从属年龄比变动

单位：%

	1950 年	1960 年	1970 年	1980 年	1990 年	2000 年	2010 年
世界	64.7	73.3	75.1	70.1	63.7	58.2	52.9
发达国家	51.7	57.0	56.0	51.7	49.5	48.6	47.9
发展中国家	70.1	80.8	83.5	77.0	68.4	62.1	53.8

表 1 显示，世界和发展中国家从属比以 1970 年前后为最高，因为第二次世界大战后世界和发展中国家出生率下降始于 1970 年代；发达国家生育

高潮结束较早，1960 年前后即迎来从属比峰值，此后则出现逐步降低走势。换句话说，第二次世界大战后发生的一段生育高潮，曾使世界和发展中国家经历 20 多年、发达国家经历 10 多年的劳动年龄人口占比下降、少年和老年被抚养人口占比升高，于社会经济发展不利的时期。这一时期过后，便是劳动年龄人口占比持续上升、从属年龄比持续下降的人口年龄结构变动的"黄金时代"。"黄金时代"的贡献，一是提供比较充裕的劳动力，满足经济"起飞"对劳动力的需求，并使劳动成本变得低廉，有利于商品竞争力的提升；二是少年和老年人口之和占比下降，社会总抚养比经历长达 40 年左右下降的最佳时期，提供有利于经济发展的"人口盈利""人口红利"，起着不可替代的作用。众所周知，战后日本、韩国经济遭到很大破坏，恢复起来困难很多。然而它们却迅速发展起来，步入高收入国家行列，其成功经验之一，就是紧紧抓住人口年龄结构变动的"黄金时代"，充分利用这一时代带来的"人口盈利""人口红利"加快发展。无独有偶，新中国成立后人口变动的轨迹表明，情况与日、韩两国有着很大的相似之处。参见图 4：①

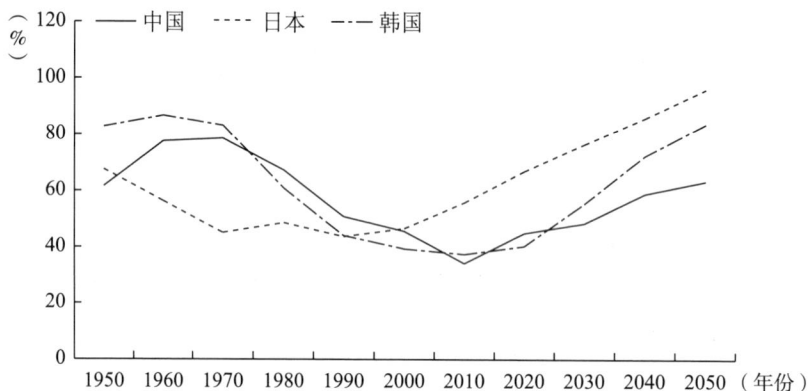

图 4　1950～2050 年中、日、韩从属年龄比变动比较

如果划分"黄金时代"的标准定在从属年龄比在 0.5 以下，日本、韩国和中国都经历了从属年龄比下降击穿 0.5 分界线以后，继续下降并触底反弹回升到 0.5 以上，时间在 40 年左右。不过由于三国生育率和出生率下降有先有后，三国跨入和走出"黄金时代"的时间也有所不同。日本最早进入，1963～2005 年从属年龄比保持在 0.5 以下，经历 42 年的"黄金时代"；韩

---

① 日、韩数据参见 United Nations：*World Population Prospects*，*The 2008 Revision*。中国数据参见相应年份《中国人口统计年鉴》和《21 世纪中国人口发展战略研究》一书中位预测。

国于 1986~2026 年，经历 40 年的时间；中国于 1990~2030 年，"黄金时代"同为 40 年。三国比较，日本进入"黄金时代"早于韩国 23 年，早于中国 27 年；结束早于韩国 21 年，早于中国 25 年。联系三国的经济发展，上述三段时间正是各自经济发展最快的时期，充分展现了人口年龄结构"黄金时代"的巨大推动力。当前国内外对于中国经济高增长还能持续多久展开热议。从人口年龄结构变动角度观察，可以给出比较明确的答案：大致可以支持到 2030 年从属年龄比回升至 0.5 以上之后。在未来 20 年中，设计三种国内生产总值增长方案：①如果保持年平均 7.0% 的速度增长，2030 年可达 1552525 亿元；人口以 14.65 亿计算，则人均 GDP 可达 105974 元；再以目前人民币对美元 639：100 不变比价计算，则人均 GDP 可达 16584 美元。②如果保持年平均 5.0% 的速度增长，届时可达 1064508 亿元，人均 GDP 可达 72663 元，折合 11371 美元。③如果保持年平均 3.0% 的速度增长，届时可达 724615 亿元，人均 GDP 可达 49462 元，折合 7740 美元。[①] 当前，"中收陷阱"上限，有人均 GDP 6000 美元、8000 美元、10000 美元不等，如以 10000 美元作上限，方案①超过很多，方案②也有超过，而方案③则有较大差距。据此，中国要想脚踏实地的跨越"中收陷阱"，未来 20 年国内生产总值增长速度不应低于 5%。可能有人认为 5% 的增长率过低，这样的预测与当前的现实不对称；然而在经过改革开放 30 多年的持续高速增长之后，在未来的 20 年中保持 5% 的年平均增长率，为中外发展史上所见不多、并为不低。如能实现，将是中华民族伟大复兴的重要里程碑。

那么能否实现呢？取决于政治、经济、社会、人口等诸多因素，其中重要的一点，是能否抓住人口年龄结构变动"黄金时代"的机遇。目前，学术界称刘易斯拐点已经到来，"人口盈利""人口红利"结束，"人口视窗"关闭，"人口负债"已经开始者有之；劳动力不足已经显现，"民工荒"将会越来越严重者有之；主张继续收紧人口生育政策，让劳动力向卖方市场转变，从而倒逼产业结构升级者也有之。观点不同与对"黄金时代"的判断、对"人口盈利""人口红利"走势及其延续时间的估量有关。笔者以为，要具体区分劳动年龄人口占比和劳动年龄人口绝对数量两种变动。2010 年普查 0~14 岁人口占比下降到 16.6%，65 岁以上老年人口占比上升到 8.9%，15~64 岁劳动年龄人口占比上升到 74.5%，按照年龄结构推移，当处于

---

① 以 2010 年国内生产总值 401202 亿元为基期计算，参见国家统计局：《中华人民共和国 2010 年国民经济和社会发展统计公报》。

"黄金时代"峰顶位置，从属比下降到34.2%最低值，可视为第一个拐点；其后转而上升，至2030年以后上升到50%以上，"黄金时代"结束。15~64岁劳动年龄人口绝对数量，将于2017年上升到10亿峰值，此可视为第二个拐点，此后出现劳动年龄人口绝对数量的减少，2050年可减至8.5亿左右。目前处在刘易斯第一拐点与第二拐点之间，虽然处于弧顶阶段增长甚微；但是态势上还在增长，总体上劳动年龄人口和劳动力不存在短缺问题。存在的是相对短缺或结构性短缺，如东南沿海等一些地方，一方面"劳工荒"有蔓延之势，另一方面大学生就业难成为普遍存在的社会问题。2017年以后劳动年龄人口绝对数量逐步减少，至2050年年平均减少四五百万，值得重视。尽管总体上不至于发生严重的劳动力短缺，但是新的结构性短缺会逐步加剧。不过这又是一个机遇，是工资率上涨、劳动生产率提高和产业结构调整到以高端产业为主导发展轨道的一个机遇，是为下一步的新发展提供必要条件的机遇。

应对"人口亏损"挑战

以上分析表明，在走向人口老龄化过程中，从属比一般都要经历由下降到上升的转变，即笔者称为第一拐点的转变。只要上升不超过一定的界限，如本文定义为从属比不超过0.5，即可认定处在人口年龄结构变动的"黄金时代"。立足人口老龄化视角，能否顺利跨越"中收陷阱"，关键在于能否充分运用"黄金时代"加快社会经济发展，在"人口亏损""人口负债"期到来之前，实现成功跨越。不过，即使在"黄金时代"期间，也面临诸多挑战，越过第一拐点之后挑战增强，越过第二拐点之后挑战变得更为严峻。联系中国实际，挑战主要是：

其一，从属年龄比不断攀升。越过第一拐点即进入"黄金时代"后期，从属比转呈上升趋势，"人口盈利""人口红利"呈递减趋势。图4显示，中国在2010年刘易斯第一拐点时，从属比下降到34.2%最低值，其后便步入上升轨迹。2017年刘易斯第二拐点从属比可上升到42.5%，至2030年"黄金时代"结束时可上升到49.0%。其后呈加速上升态势，2040年可上升到59.0%，平均每年升高一个百分点，为上升最快时期；此后上升速度趋缓，2050年可达63.4%。那么，是何原因使从属比由下降转为上升呢？少年人口占比稳中有降，主要是老年人口占比升高的结果。65岁以上老年人口占比可由 2010 年 8.9% ，上升到 2017 年 10.6% 、2030 年 16.2% 、2040 年 22.0% 、2050 年 23.1% 。这是中位预测，低位预测上升还要更高一些。老龄化的加速推进，决定着老年退休金的大幅度增长。国际社会一般将支付老年退休金占国民收入 10% 或工资总额 29% 定为"警戒线"，超过这一"警戒线"，将使国家的财政经济陷入困境。预测表明，中国将在 2025～2030 年上升到逼近这一"警戒线"，而此时距离老龄化和从属比峰值的到来尚有 20 多年的时间。如何破解这一难题，一方面要总结我们自己的经验，在经济不断发展中满足老年退休金增长需求；另一方面要吸取老龄化严重国家，尤其是经济、人口、文化等同我国有着诸多相似之处的日本、韩国的做法和经验，推动养老保障制度的改革和创新。

其二，劳动年龄人口相对高龄化。虽然中国在越过第一、第二拐点之后，劳动力市场将发生根本性转变，完成"供大于求—供求平衡—供不应求"三个发展阶段的转变；然而由于长期以来人口和劳动力过剩严重，笔者并不担心劳动力供给的总体短缺，因为可以通过提高劳动生产率来替代劳动力的数量短缺。笔者担心的是劳动者素质的提高。因为劳动生产率的提高取决于技术进步，而技术进步取决于劳动者科学、文化和技术水平的提高，取决于人力资本积聚的增强。中国人口问题的症结所在，是人口数量增长较快和人口素质提高较慢的矛盾。虽然改革开放以来这一矛盾获得很大改善和一定程度的解决，但是还没有从根本上解决。恰在此时，人口老龄化列车高速驶来，给这一根本性矛盾的解决出了一道难题。老龄化不仅提高了老年人口在总体人口中的比重，而且劳动年龄人口中相对较高年龄组所占比例也在增高。预测表明，未来劳动年龄人口中 25～49 岁较年轻组群所占比例长时间处于下降状态，50～64 岁较高年龄组群所占比例处于上升状态，呈现劳动年龄人口相对高龄化态势。年龄不饶人，50 岁以上劳动年龄人口体力和精力都不及年轻人口群体，知识更新、技术创新和发明创造能力减退，最终将影响劳动生产率的提高。

其三，工资率上升和边际投资效益下降。老龄化过程中劳动力市场转变，自然而然地推动工资率上涨。长期以来，国民收入首次分配中劳动报酬占比偏低，近两三年来才稍有提升，欠账较多。现在情况发生变化，一是如前所述，发生了劳动力供给由过剩向平衡、将来再由平衡向短缺的转变，工资率上行有了坚实的基础；二是随着市场经济体制改革的不断深入和完善，一个由买方主宰的劳动力市场正向买卖双方共同主宰博弈，自由竞争的劳动力市场转变，新的体制机制正在形成之中，工资率稳步提升已成为必然。工资率和其他生产要素成本上升，导致生产总成本上升，致使边际投资效益下降，依赖投资拉动经济增长的传统发展模式，遇到越来越大的困难。

其四，老年消费乏力。从长远看，主要依赖投资拉动的经济增长难以为继，转变经济发展方式已成为寻求可持续发展的当务之急。转变经济发展方式的一个重要支撑点，是变以外需为主为内需为主、内需以投资和出口拉动为主转变为消费为主。西方主流经济学认为，生育率下降可引起有效需求不足，这给老龄化背景下的扩大消费蒙上一层阴影。人口经济发展预测表明，无论在怎样的消费函数下，人口老龄化通过影响消费间接影响经济增长，都以生育率越低、老龄化越高，对经济增长的负面影响为大；反之，生育率越高、老龄化越低，对经济的负面影响为小。以中国为例，2020 年低、中、高三种人口预测的经济产出之比为 1.00∶1.35∶1.35，2040 年可能变动到 1.00∶2.20∶2.24，中位预测和高位预测经济产出要比低位预测高出许多。[①] 不过，随着人口老龄化的加速推进，老年人口消费与日俱增，市场潜力将逐步显现。如果能使老年人口收入逐年有所增长，老年人口消费品能够满足市场需求，老年消费在社会总消费中占比将显著提升，为经济发展方式转变到以内需消费为主上来，提供了新的希望。

参考文献

［1］《中华人民共和国国民经济和社会发展第十二个五规划纲要》，《人民日报》2011 年 3 月 17 日。

［2］田雪原等：《21 世纪中国人口发展战略研究》，社会科学文献出版社，2007。

［3］田雪原：《"中等收入陷阱"的人口城市化视角》，《人民日报》2011 年 5 月 5 日。

［4］蔡昉：《人口转变、人口红利与刘易斯转折点》，《经济研究》2010 年第 4 期。

［5］王一鸣：《调整和转型：后金融危机时期的中国经济发展》，《宏观经济研究》2009 年第 12 期。

［6］吴愈晓：《劳动力市场分割、职业流动与城市劳动者经济地位获得的二元路径模式》，《中国社会科学》2011 年第 1 期。

---

① 参见田雪原等：《21 世纪中国人口发展战略研究》，社会科学文献出版社，2007。

［7］李子联：《中国经济增长的动力、约束条件与机制突破》，《社会科学》2011 年第 2 期。

［8］王宁：《中国低成本发展模式的演进、困境与超越》，《学术研究》2010 年第 10 期。

（原载《中国（沈阳）首届养老保障事业发展理论研讨会文集》，2012 年 7 月）

以改革推进京津冀协同发展

2015 年 2 月 26 日习近平总书记主持召开京津冀协同发展座谈会，指出要将协同发展上升到国家战略层面，遵循优势互补、互利共赢、扎实推进原则，走出一条科学持续的协同发展路子。半年多的实践表明，推进协同发展并逐步实现一体化，必须解放思想，突破各自"一亩三分地"思维定式，积极推进改革和创新。

差距不断拉大的三个发展平台

提出京津冀协同发展，自然是对三地发展失衡的一种矫正。三地发展失衡客观存在。问题的严重性在于，失衡的程度不是在缩小而是在扩大，三个发展平台之间的差距持续拉大。如图 1 所示：①

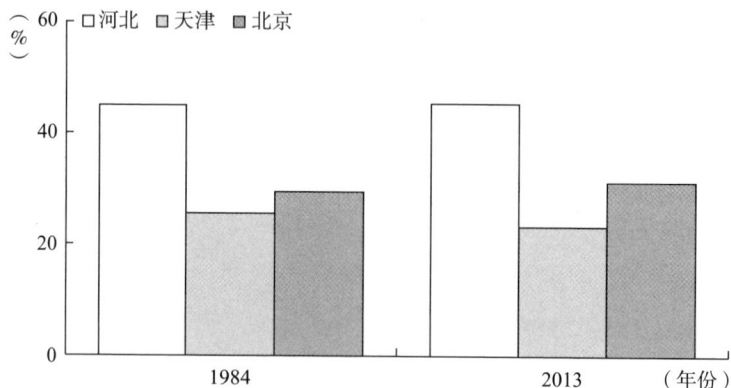

图 1　1984 年和 2013 年京津冀生产总值占比比较

图 1 显示，1984 年与 2013 年比较，北京市生产总值由 397 亿元增长到

---

① 依据《中国统计年鉴 1986》第 40 页、《中国统计年鉴 2014》第 620 页提供的数据计算。

19501 亿元，占京津冀三省市生产总值比例由 29.4% 上升到 31.4%，提升 2.0 个百分点；天津市由 346 亿元增长到 14370 亿元，占比由 25.6% 下降到 23.1%，降低 2.5 个百分点；河北省由 608 亿元增长到 28301 亿元，占比由 45.0% 上升到 45.5%，微升 0.5 个百分点。

再以受教育水平人口占比为例，差距拉大更为明显一些。具有小学以上学历人口平均受教育年限，北京市由 9.1 年提升到 12.2 年，升高 3.1 年；天津由 8.5 年提升到 10.8 年，升高 2.3 年；河北省由 7.7 年提升到 9.3 年，升高 1.6 年。三地相比，原本受教育程度最高的北京市，提升的幅度最大；原本受教育程度最低的河北省，提升的幅度最小。结果，受教育水平差距进一步拉开：北京市与天津市由相差 0.6 年，拉大到 1.4 年；北京市与河北省由相差 1.4 年，拉大到 2.9 年。参见图 2：[①]

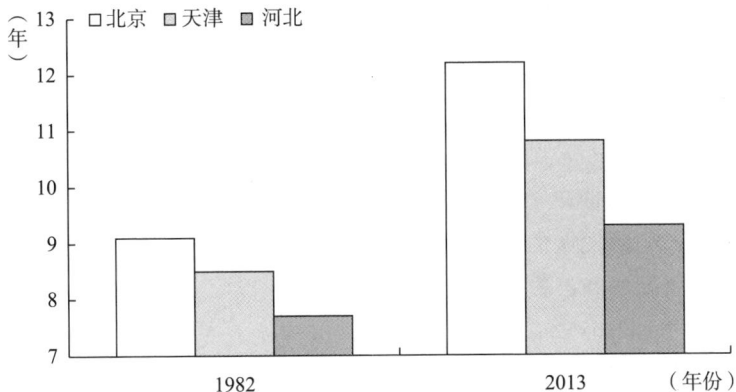

图 2   1982 年和 2013 年京津冀平均受教育年限比较

上述情况表明，虽然京津冀三省市经济都在发展、人口教育素质都在不断提高，但是发展和提高的速度、达到的水平却存在差距继续扩大的趋势，彰显北京市独大的特点。三个发展平台尤以天津市发展滞缓较为突出，除进入 21 世纪以后有所改观之外，落伍之感颇强。

三种不同的资源配置方式

三个发展平台差距扩大，有着政治、经济、文化、历史、社会等多重原因。不过这多重原因筑成三个平台，归根结底还是要通过资源配置和汲取方

---

① 依据《中国统计年鉴 1986》第 100 页、《中国统计年鉴 2014》第 39~40 页数据计算。

式实现。因为发展是资源的物质变换，包括自然资源的物质变换、社会资源的物质变换，更多的是自然资源与社会资源相结合的物质变换。因此，探讨京津冀协同发展，消除影响三个平台之间协调发展的障碍，需要到资源配置和汲取方式中去寻找答案。

三省市资源配置和汲取方式有相同之处，也有较大差别。这种相同和差别，在自然、产出、人力、社会四大资源中均有所体现。由于京、津二市发展差距逐渐拉开，尽管近年来随着滨海新区崛起天津发展有所加快；故这里主要以北京市与河北省做比较，探讨在资源配置和汲取方式上存在的差异、对发展平台形成的作用和影响，进而找出消除影响协调发展的改革思路。

自然资源配置和汲取方式。以水资源为例，北京是以虹吸汲取为主的方式：通过市场＋政府模式，从河北省云州水库—白河、王快水库—大清河、岗南－黄壁庄水库—滹沱河、岳城水库—漳卫河等，调取大量水资源进京。结果严重缺水的河北省水荒加剧，只能继续发扬风格做贡献。南水北调工程尚未完成，上述后三个水库之水便率先引入京城了，以解北京市干渴之急。相反，外来资源输入，例如西北天然气输入，则首先输向北京、天津两市，河北省只能在保京津之后分享剩余部分。这种资源配置和汲取方式的不平等，严重地影响到发展的平衡性。

产出资源配置和汲取方式。产出（生产）资源，是指经过生产已经形成或现有生产能力可能形成的物质资源。以钢铁为例，面对产能过程、污染加剧、利润摊薄压力，北京市将首钢迁移到河北省曹妃甸。而河北省钢铁产能过剩在全国名列前茅，若以省比作国别而论，可以挤进世界前三甲；但是受到"政治＋市场"的双重作用，却要生产钢铁最多的唐山市接受首钢来客。而"来客"的先进技术，却难以带动河北省钢铁生产更新换代。似这等过剩产出资源外溢，移出地获得资源、环境效益；移入地难以得到正效益，却要付出资源、环境负效益代价。

人力资源配置和汲取方式。在当今社会，人力资本是发展最主要的驱动力。"人往高处走，水往低处流"是通行于人类社会和自然界的普遍规律。因此，在京津冀三个发展平台背后，实为人口素质结构三个平台。北京市占领全国科学技术高地，吸引着国内顶尖和部分国际高级人才，是津冀两地无法比拟的，北京占据转方式、调结构、促改革先机。三地在吸引人才政策上并无太大差异，最大的不同在于人才高地的高度相差很大，积聚效应和吸引力差别很大。

社会资源配置和汲取方式。总体上，社会资源管理体制机制基本相同；不同之处在于，具体的投资开发政策、吸纳人才政策、税收优惠政策等的差异。社会资源配置和汲取方式中最大的问题，是行政区划分割条件下的体制屏障，使资源和人才流动受到不应有的限制。

总体来看，京津冀资源配置和汲取方式，最突出的一点是北京独大，虹吸效应、外溢效应明显。天津市要比北京市减弱许多，不过总比河北省强一些，处于中间状态；河北省则处于弱势地位，优质资源流出和质次资源溢入显著。正是资源配置和汲取方式上的这种差异，导致三个平台差距的持续扩大，发展陷入失衡状态。

市场取向改革思路

习近平总书记在座谈会讲话中指出，实现京津冀协同发展，是面向未来打造新的首都经济圈、推进区域发展体制机制创新、探索完善城市群布局和形态、促进人口经济资源环境相协调发展的需要，是实现优势互补、促进环渤海经济区发展、带动北方腹地发展的需要，是一项重大的国家战略。并且提出七点具体要求，为三地协同发展勾画出清晰的蓝图。我们要认真学习领会、贯彻执行。但是怎样贯彻执行，是固守原来的一套思维、按部就班地贯彻执行，还是解放思想、勇于改革、创造性地贯彻执行？笔者以为，只有后者才能走出协同发展、逐步实现一体化的新路子。提出三条改革建议：

第一，推进市场决定资源配置改革。党的十八届三中全会通过的全面深化改革决定，明确了市场在资源配置中的决定性作用，充分发挥市场在京津冀协同发展中的决定性作用，是改革的重点。前面讲的京津冀自然、产出、人力、社会资源配置和汲取方式错位，究其根源，都程度不同地与脱离市场经济轨道、受行政干扰过多相关联。河北省水资源紧缺，但是为了保障北京市的用水供应，只能忍痛割爱——问题在于，这种调配是否遵循市场规律、市场法则。同样，京津两市某些产能过剩、产业外迁，河北省承接相应的产业转移，是否也遵循着市场规则进行？相反的情形也存在着：如河北省围绕京津二市的一些城市重化工业气体、液体和固体废物排放严重超标，有些环保设施欠缺，有些为了节约成本置环保设施而不用，造成雾霾天气升级，给三地经济发展和居民生活造成危害。试问：这是否按照环境保护法问责了，是否按照市场规则购买了碳排放？一闪而过的"APEC蓝"，是三地加上邻近省份限制排污的结果，依靠的主要是行政手段。但是烟囱不冒烟、工厂不排污、工地不扬尘——停工停产式保蓝天，是不可持续的。会议结束 5 天以后，新一轮京、津、冀以及山西、山东、河南、陕西部分地区的雾霾卷土重来，疯狂肆虐。这表明，行政手段简洁可行而且有效，然而不可持续。解决京津冀雾霾困扰，既需要行政手段、依法监管；也需要借助市场杠杆，在法律允许范围内对二氧化碳、二氧化硫等有害气体排放进行市场交易，排放者要购买排污权。

第二，摆正并处理好政府与市场的关系。经济体制改革是全面深化改革的重点，核心问题是处理好政府与市场的关系，使市场在资源配置中起决定性作用和更好地发挥政府的作用。事实上，政府过强、市场过弱在京津冀发展过程中同样顽强地表现出来。政府过强，很难跳出所管辖的"一亩三分地"局限，发生重复建设、重复生产，暴露经济大而不强弱点，破坏着三地发展全局的协同性。而在省市层面，政府主导性越强，越是强调本省本市经济体系的完整性，就越是排斥三地的协同发展性。改革一方面要强调着眼于三地的协同发展，每个省市的发展都要以协同发展为准绳；另一方面必须摆正政府与市场的关系，科学制定好协同发展规划，让市场的风向标指向协同发展，充分发挥市场的正面导向作用。

第三，行政区划改革建议。京津冀三地，天津市处于比较尴尬位置。前面论及，在三省市生产总值占比变动中，1984 年与 2013 年比较，天津市下降 2.5 个百分点，北京市上升 2.0 个百分点，河北省微升 0.5 个百分点，天津市处于相对弱势地位。如以全国 4 个直辖市比较，2013 年建成区面积、人口、地区生产总值，如表 1 所示：[①]

表 1　2013 年直辖市建成区面积、人口、地区生产总值比较

	建成区面积（平方公里）	人口（万人）	地区生产总值（亿元）
北京市	1306.5	2115	19500.56
天津市	747.3	1472	14370.16
上海市	998.8	2415	21602.12
重庆市	1114.9	2970	12656.69

表 1 显示，在 4 个直辖市中，天津市建成区面积、人口均居末位，建成

[①] 《中国统计年鉴 2014》，中国统计出版社，2014，第 28、64、806 页。

区面积仅为北京市 57.2%，人口仅为重庆市 49.6%；国内生产总值稍高于重庆市，居第三位，但仅为上海市 66.5%，还不及省会计划单列城市广州市 15420.1 亿元、深圳市 14500.2 亿元，总体经济实力要明显低一截。[①]

天津作为直辖市，定位在国际港口城市、北方工业中心城市。笔者认为，这一定位比较准确。然而放到国际港口城市、北方工业中心城市中比较，也颇感勉强。在港口客运量方面，2013 年天津市略高于上海市，但仅相当于重庆市 17.2%、北京市 41.5%，也远不及广州市（为天津 3.0 倍）和深圳市（为天津 6.8 倍）。货运量 50322 万吨排在全国城市第 4 位，仅为重庆市 97404 万吨 51.7%，上海市 91352 万吨 55.1%，广州市 88289 万吨 57.0%。与北方港口城市大连市、青岛市比较，相差也不是很大。[②] 作为北方工业中心城市，可谓实至名归。以制造业为主的第二产业产值，稍低于上海市而高居全国第二位。不过此点却暴露出天津市产业结构比较落后方面的问题——第二产业占比过高，产业结构落后于全国总体水平。参见表2：[③]

表2　2013 年全国直辖市国内生产总值构成比较

单位：%

	第一产业	第二产业	第三产业
全国	10.0	43.9	46.1
北京市	0.8	22.3	76.9
天津市	1.3	50.6	48.1
上海市	0.6	37.2	62.2
重庆市	8.0	50.5	41.4

2013 年我国产业结构发生革命性变革，第三产业产值占比首次超过第二产业，表明在向现代产业结构转变中迈出决定性的一步。然而天津作为中央直辖市，却落在了全国总体水平后面，第二产业占比仍比第三产业高出 2.5 个百分点，彰显老工业基地转方式、调结构之艰难。如此，天津作为北方工业中心城市引领工业现代化潮流，很是力不从心。

立足国家发展全局观察，无论天津市的经济、科技、文化实力，还是在现代化发展中所处的位置、具备的引领能力，都与中央直辖市地位有距离。

---

① 《中国统计年鉴2014》，中国统计出版社，2014，第802页。
② 《中国统计年鉴2014》，中国统计出版社，2014，第802页。
③ 《中国统计年鉴2014》，中国统计出版社，2014，第51、66页。

事实上，天津作为直辖市具备有利于发展的因素，也有不利于发展的方面。主要的，一是受地域范畴限制，发展空间余地比较小；二是作为老工业基地，资源匮乏瓶颈凸显；三是受行政建构影响，与北京邻近但竞争力要逊色许多；四是地理位置在河北省境内，受行政区划限制，特大城市具有的中心、主导、辐射等功能难以发挥。对于河北省来说，虽然天津市在其省内，却难以借上其力。而且天津市的地理位置将河北省东部与中部卡断，只留廊坊一条狭窄通道，交通、物流和管理受限，不利于河北省统筹发展。

如将天津市与河北省合并，对于天津市来说，活动空间可以大大拓展，资源供给可以大为改善，人、财、物流动可以迅达通畅，增添了许多生机和活力，可以充分发挥特大中心城市的功能。对于河北省来说，则可弥补缺少特大中心城市的缺陷，有效地承接天津市产业转移，将北运河、永定河、大清河、子牙河等海河流域水资源，从秦皇岛到黄骅港渤海西海岸港口、海运资源，特别是合并后聚集起来的人力资源等，有效地整合起来，以做到人尽其才、地尽其力、物尽其用，实现协调可持续发展。以这种协调发展新平台对接北京市平台，无疑有助于京津冀协同发展、一体化发展。

参考文献

[1]《中共中央关于全面深化改革若干重大问题的决定》，载《中国共产党第十八届中央委员会第三次全体会议文件汇编》，人民出版社，2013，第 16～82 页。

[2]《习近平就推进京津冀协同发展提出 7 点要求》，新华网，2014。

[3] 田雪原：《后人口转变迎来新改革机遇》，社会科学文献出版社，2014。

[4] 马丽梅、朱晓：《中国雾霾污染的空间效应及经济、能源结构影响》，《中国工业经济》2014 年第 4 期。

[5] 赵领娣、贾斌、胡明照：《基于空间计量的中国省域人力资本与碳排放密度实证研究》，《人口与发展》2014 年第 4 期。

（在"京津冀协调发展会议"上的演讲，2015 年 3 月）

三 人口老龄化与养老体制改革

人口老龄化与养老保险体制创新

21 世纪是人口老龄化的世纪。在世界人口年龄结构不断走向老龄化过程中，中国将展现出速度比较快、达到的水平比较高和城乡、地域推进不平衡的特点。这给养老社会保障出了一道难题。破解之法，关键在养老社会保险体制创新。

21 世纪人口老龄化趋势

1. 世界人口老龄化趋势

依据联合国的预测，世界人口老龄化主要发生在 21 世纪，特别是上半叶。中位预测 2000 年与 2025 年、2050 年比较，世界 65 岁以上老年人口所占比例可由 6.8%，上升到 10.4%、16.2%；年龄中位数可由 26.6 岁，上升到 32.8 岁、38.8 岁。分开来看，发达国家 65 岁以上老年人口占比可由 14.4%，上升到 20.8%、26.2%；年龄中位数可由 37.3 岁，上升到 43.0 岁、45.6 岁。发展中国家 65 岁以上老年人口占比可由 5.0%，上升到 8.4%、14.6%；年龄中位数可由 24.1 岁，上升到 30.8 岁、37.2 岁。2000～2050 年世界、发达国家、发展中国家人口老龄化趋势，参见图 1。[①]

图 1 显示，21 世纪上半叶世界 65 岁以上老年人口占比上升比较快，但是在前 25 年和后 25 年，发达国家和发展中国家不尽相同。发达国家前 25 年老年人口占比上升 6.4 个百分点，后 25 年上升 5.4 个百分点，后 25 年比前 25 年减少 1.0 个百分点，老龄化速度趋缓；发展中国家前 25 年上升 3.4 个百分点，后 25 年上升 6.2 个百分点，后 25 年比前 25 年提高 2.8 个百分

---

① United Nations：*World Population Prospects*，*The 2008 Revision*，pp. 48 - 52.

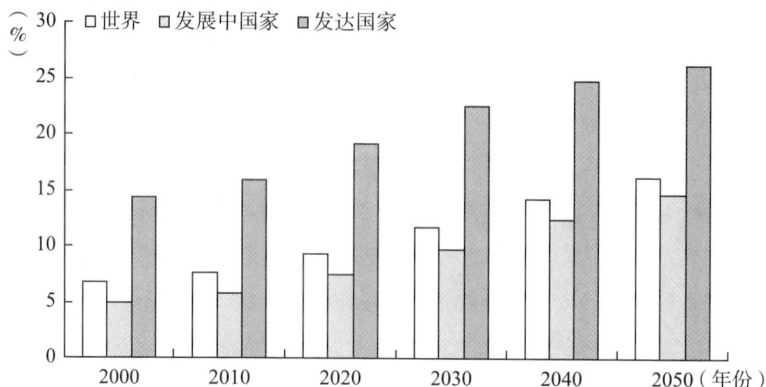

图 1　2000～2050 年世界 65 岁以上老年人口占比变动预测

点，老龄化速度呈加速推进态势。这表明，到 21 世纪中叶，发达国家人口老龄化势头趋于衰减，老年人口比例上升的空间有限；发展中国家老年人口比例上升仍将继续，还有相当长的一段上升空间。总体上，由于发达国家出生率下降和出生人数减少、占世界人口比例下降，世界人口老龄化趋势主要取决于发展中国家人口老龄化的进程，致使世界老年人口占比上升幅度后 25 年比前 25 年高出 2.2 个百分点。因此，到 2050 年世界 65 岁以上老年人口占比达到 16.2% 时尚未达到峰值，只是以后老龄化加深的速度会减慢下来。21 世纪下半叶，发达国家人口老龄化呈基本稳定态势，即使有所升高也十分有限；发展中国家老龄化也开始减速，但要到 65 岁以上老年人口占比达到 20% 以后，方能趋于稳定。这说明，21 世纪上半叶，前 25 年可视为老龄化启动阶段，后 25 年可视为较快推进阶段；21 世纪下半叶，则可视为不断减慢并最终达到相对稳定阶段。可见，世界人口年龄结构老龄化从进入到基本稳定，将主要在 21 世纪内完成，21 世纪是人口老龄化的世纪。

2. 中国人口老龄化趋势

不同人口预测方案下的老龄化变动存在某种差异。2000～2050 年高、中、低三种方案人口预测，如图 2 所示。① 图 2 显示，如以人口零增长为"着陆点"，视高方案为"缓着陆"，中方案为"软着陆"，低方案为"硬着陆"，三种方案生育率假设和总体人口变动趋势如下。

高方案"缓着陆"预测。生育率逐步回升，达到更替水平后保持相对

---

① 参见田雪原等：《21 世纪中国人口发展战略研究》，社会科学文献出版社，2007，第 439～448 页。

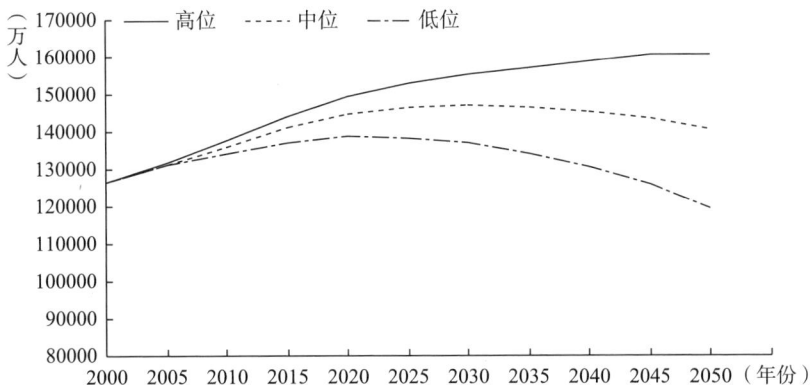

图2 2000~2050年高、中、低三种方案人口预测

稳定，假定总和生育率（TFR）2000~2005年平均为1.90，2005~2010年为2.00，2010~2020年为2.13，2020~2050年为2.15，则全国人口（未含台湾省、香港和澳门特别行政区，下同）2010年为13.75亿，2020年为14.90亿，2030年为15.48亿，2040年为15.85亿，2050年达到峰值时为16.05亿并呈基本稳定态势。

中方案"软着陆"预测。生育率保持相对稳定，稍有回升后即基本稳定在略高于现在水平波动。假定总和生育率2000~2005年平均为1.75，2005~2010年为1.80，2010~2020年为1.83，2020~2050年为1.80，则2010年全国人口为13.60亿，2020年为14.44亿，2030年达到峰值时为14.65亿；其后转为缓慢下降，2040年可降至14.51亿，2050年可降至14.02亿。如果1.80的总和生育率一直保持下去，2100年全国人口可降至10.24亿。

低方案"硬着陆"预测。生育率在现在基础上略有下降，假定总和生育率2000~2005年平均为1.65，2005~2010年为1.56，2010~2020年为1.44，2020~2050年为1.32，则2010年全国人口为13.43亿，2020年为13.86亿，2021年达到最高峰值时为13.87亿；其后出现逐步减少趋势，2030年可减至13.67亿，2040年减至13.02亿，2050年减至11.92亿。如果1.32的总和生育率一直保持下去，2100年全国人口将减至5.56亿。

上述高、中、低三种预测，老龄化呈现一定的差异。参见图3。

对于21世纪上半叶中国人口年龄结构老龄化趋势，国内外做出多种方案预测。虽然趋势相近，但是仍有一些差距。如联合国的中位预测，65岁以上老年人口占比2000年为6.8%，2010年为8.2%，2020年为11.7%，

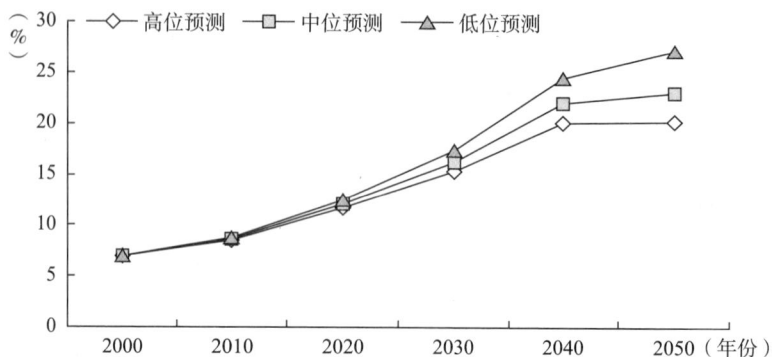

图3 2000～2050年65岁以上老年人口比例变动预测

2030年为15.9%，2040年为21.8%，2050年为23.3%。[1] 实际上，2010年我国65岁以上老年人口占比已经达到8.9%，2012年达到9.4%[2]，比联合国中位预测高出一截，与本文低位预测颇为接近。2010年第六次全国人口普查和近两年的抽样调查表明，中国人口老龄化要比原来的预测来得稍快一些，呈现出值得关注的一些特点。

中国人口老龄化特点

第一，老龄化速度比较快和达到的水平比较高。评价人口老龄化水平，主要有60或65岁以上老年人口所占比例、总体人口年龄中位数、60或65岁以上老年人口与0～14岁少年人口之比即老少比等指标。显然，2050年65岁以上老年人口绝对数量已是定数，即2013年28～64岁人口中，逐年减掉每年的年龄别死亡人口的余数；但是影响老龄化水平高低的因素，还有出生率和出生人口的数量、死亡率和预期寿命延长等情况。为了简明起见，通常选取65岁以上老年人口所占比例变动，说明老龄化的速度和达到的程度。

2000年底，中国跨进老年型年龄结构门槛，按照本文低位预测，2050年65岁以上老年人口占比可上升到27.1%，其后将在这一水平上下波动，老龄化可用"快"和"高"二字来概括。所谓"快"，即我国从世纪之交进入老年型到2020年达到12.5%要花费20年，世界要花费30多年，发展中

---

① United Nations：*World Population Prospects，The 2008 Revision*，p. 184.

② 《中国统计年鉴2012》，中国统计出版社，2012，第102页；国务院新闻办公室2012年1月18日新闻发布会公布数据。

国家则要花费 40 多年的时间；从 7% 提高到 17% 要花费 30 年，2030 年将达到 17.4%，而发达国家作为总体，则经历了 20 世纪下半叶直至 2015 年方能达到这一水平，耗时为我国 1 倍以上。日本是一个特例，65 岁以上老年人口比例从 1970 年的 7.1% 上升到 2000 年的 17.2%，花费 30 年时间，与中国相当。所谓"高"，即老龄化达到的水平比较高。2050 年我国 65 岁以上老年人口比例将达到 23.07%，届时将比世界 16.2% 高出 6.87 个百分点，比发展中国家 14.6% 高出 8.47 个百分点，比发达国家 26.2% 总体水平仅低 3.13 个百分点，跻身老龄化高水平国家之列。[①]

第二，老龄化在时间上具有阶段和累进的性质。这主要是由以往人口出生、死亡自然变动造成的人口年龄结构决定的。1949 年中华人民共和国成立后，人口的自然变动经历 1949～1952 年的人口再生产类型转变、1953～1957 年的第一次生育高潮、1958～1961 年的第一次生育低潮、1962～1973 年的第二次生育高潮和 1974 年以来的第二次生育低潮五个历史阶段。人口的这种变动，形成由年轻型过渡到成年型、再由成年型过渡到老年型的年龄结构，并且已在老年型结构中走过 10 年多的历程。在这种年龄结构变动形成的年龄结构"金字塔"中，塔身最宽大部分为 1962～1973 年第二次生育高潮期间出生的人口，扣除死亡人口至今尚存 3 亿左右，这是包括人口老龄化在内中国人口变动最值得关注的人口组群。这 3 亿人口组群于 1977～1988 年进入 15 岁以上成年人口，其中绝大多数于 1980～1991 年成长为正常的劳动力，对就业形成巨大的压力；同时也开始了劳动年龄人口所占比例高、老少被抚养人口所占比例低的人口年龄结构变动的"黄金时代"，成为可以获取"人口盈利""人口红利"、有利于经济发展的最佳时期。按照全国城乡合计妇女年龄别生育率峰值 24 岁计算，1986～1997 年通过生育旺盛期，本该有一个生育高潮出现；但是由于继续加强人口控制和贯彻落实计划生育基本国策，实践中并没有出现持续长达 10 多年的生育高潮，而仅仅在 20 世纪 80 年代中后期略有所表现。其对老龄化进程的影响是，在这部分 3 亿组群人口未过渡到 65 岁之前，人口老龄化不会过于严重；而当这部分庞大人口组群过渡到老年之后，老龄化"汛期"严重阶段就到来了，使人口老龄化如同人口城市化一样，呈现 S 曲线阶段性推进的特点。

---

① 国外部分参见 United Nations：*World Population Prospects*，*The 2008 Revision*，pp. 48－52.

第一阶段 2000~2020 年为 S 曲线底部，老龄化较缓攀升阶段。65 岁以上老年人口所占比例可由 6.96% 上升到 12.54%，升高 5.58 个百分点，年平均升高 0.28 个百分点。

第二阶段 2020~2040 年为 S 曲线挺起中部，老龄化加速上升阶段。65 岁以上老年人口所占比例可由 12.54% 上升到 24.48%，升高 11.94 个百分点，年平均升高 0.6 个百分点，为第一阶段的 2.14 倍。

第三阶段 2040~2050 年为 S 曲线顶部，老龄化缓慢攀升并呈基本稳定态势。65 岁以上老年人口所占比例可由 24.48% 上升到 27.14%，升高 2.66 个百分点，年平均升高 0.27 个百分点，同第一阶段增长速度接近。2050 年以后，虽然老年人口占比可能还有所上升，但是上升幅度极其有限，处于圆弧顶徘徊状态。

第三，老龄化在空间上城乡和地域分布不平衡。上述老龄化进程中表现出的特点是就全国总体而言的。然而，由于中国幅员辽阔，地理条件相差很大，经济、科技、社会发展水平参差不齐，更为直接和更重要的是以往人口出生、死亡自然变动差别较大，造成城乡之间、地域之间人口老龄化的明显差异。

其一，老龄化城乡之间的差异。20 世纪 80 年代伊始，中国人口年龄结构跨入成年型，1982 年第三次全国人口普查 65 岁以上老年人口所占比例达到 4.91%，接着开始向着老年型过渡。然而这种过渡在城乡之间表现出某种差异：该年普查 65 岁以上老年人口占比由高至低排序依次为县占 5.00%、市占 4.68%、镇占 4.21%，县（农村）过渡的速度更快一些。1990 年"四普"这一趋势延续下来，当年全国 65 岁以上老年人口占比上升到 5.57%，县上升到占 5.64%，市上升到占 5.53%，镇上升到占 5.49%，由高至低排序依旧为县、市、镇，只是差距比"三普"时有所缩小。2000 年"五普"提供的数据表明，全国 65 岁以上老年人口占比上升到 6.96%，县、市、镇之间的差距不但得以继续，而且有所扩大：县上升到占 7.74%，市上升到占 7.00%，镇上升到占 6.25%。1982、1990、2000 年三次人口普查相比，县、市、镇 65 岁以上老年人口占比，先是由 1.00：0.94：0.84 缩小到 1.00：0.98：0.97，然后再扩大到 1.00：0.90：0.81，县老年人口占比高出市镇的幅度增大了。2010 年"六普"城乡老龄化差距扩大的趋势得以延续，而且出现镇超过市一反常态的新情况：全国 65 岁以上老年人口占比上升到 8.91%，其中县上升到 10.06%，镇上升到 7.97%，市上升到 7.69%，县：

镇：市变动并扩大到 1.00：0.79：0.76。①

为什么会造成城乡之间老年人口比例差距的扩大呢？基本的原因是流动和迁移人口的持续增加，特别是步入 21 世纪以来的大量增加。2000 年"五普"资料显示，以在本地区居住半年以上计算的全国迁移人口达到144390748 人，扣除本县（市）其他街道、镇人口和本市区其他街道、镇人口后，其余 92870183 人主要为本市区其他乡和外省迁入的农村进入城镇的流动人口。也就是说，这 9000 多万人口中绝大多数为事实上由农村迁入城镇的常住人口。2010 年"六普"人户分离人口上升到 26094 万，较"五普"大幅度增加，目前这一趋势仍在延续。大量涌入城镇的迁移人口以年轻劳动力居多，老年人口所占比例很小，少年人口所占比例也不高。但是当迁入城镇并基本定居下来以后，则被统计为城镇常住人口，稀释了城镇特别是城市的老龄化，拉开了同农村的距离。按照人口自然增长计算，2011 年 6 月 28日，全国城镇常住人口首次超过农村，开城乡人口结构历史转变之先河。预测 2020 年代城镇人口达到 60% 以后，农村人口向城镇转移的速度将减慢下来，规模将有所缩小，为县、市、镇人口老龄化差距缩小创造条件，此后城镇特别是大城市的人口老龄化速度将会加快。

其二，老龄化地域之间的差异。上述人口流动和迁移，不仅左右着市、镇、县之间老龄化程度的差异，而且对地域之间的年龄结构老龄化和老龄化向纵深发展产生不容忽视的影响。一个鲜明的标志是，老年人口占比自高至低由原来东、中、西部"三大板块"分布，逐步转向中西部合二而一，总体上呈"两大板块"分布格局。这种改变始于 2005 年，当年全国 65 岁以上老年人口占比为 9.07%，高于这一水平有 13 个省、直辖市，其中东部沿海有 7 个省、直辖市，占 53.8%；中部有 3 个省，占 23.1%；西部有 3 个省、自治区、直辖市，也占 23.1%。中西部合计有 6 个省、自治区、直辖市，占46.2%。低于全国水平有 18 个省、自治区，其中东部沿海有 4 个省，占22.2%；中部有 5 个省，占 27.8%；西部有 9 个省、自治区，占 50.0%。中西部合计占 77.8%，为老龄化程度较低地区。② 2010 年第六次人口普查，情况进一步变化：全国 65 岁以上老年人口占比提高到 9.4%，中西部老年人

---

① 依据《中国 1982 年人口普查资料》，中国统计出版社，1985，第 272～313 页；《中国 1990 年人口普查资料》（第二册），中国统计出版社，1993，第 2～17 页；《中国 2000 年人口普查资料》（上册），中国统计出版社，2002，第 570～581 页；《中国 2010 年人口普查资料》（上册），中国统计出版社，2012，第 270～276 页数据计算。

② 《中国统计年鉴 2006》，中国统计出版社，2006，第 109 页。

口占比进一步提高。虽然东部与中部、西部的差距仍较明显，但是中西部的差距却缩小了，老龄化东部与中西部合二而一"两大板块"态势，更为明朗起来。

养老保险体制创新

面对 21 世纪人口老龄化的加速推进，许多国家都在重新规划本国的养老保障体系，改革养老保险体制机制，以求安全度过老龄化峰值"汛期"。中国在加速走向老龄化严重阶段过程中，经济发展将长期处于中等收入水平，未富先老矛盾突出；社会保障事业不发达，养老保险城乡、城市内部"双二元结构"亟待破解等，决定着中国养老保险必须走体制创新之路。

1. 历史的回顾

在半殖民地半封建的旧中国，广大民众生活在水深火热之中，衣不蔽体、食不果腹，根本无社会养老保障可言。不过在中央苏区，则给予某种关注。如 1925 年第二次全国劳动大会通过的《经济斗争方案》中，就提出"应实行社会保险制度，使工人于工作伤亡时，能够得到赔偿，疾病失业老年时能够得到救济"。1927 年第四次全国劳动大会通过的《经济斗争决议案》，提出"为了保障工人的生活条件，对不可避免的疾病、死亡、失业、衰老等，实行社会劳动保险"。[1] 其后，中央苏区曾颁布过《劳动法》，规定雇主每月拿出工资总额的 10% ~ 15%，作为雇工生老病死伤残补助。1948 年在哈尔滨召开的第六次全国劳动大会通过决议，规定按照工龄长短每月发给相当于本人工资 30% ~ 60% 的养老金。这个被称为《东北条例》的实施，曾使东北地区 420 个工厂 79.6 万名职工受益。[2] 然而这些养老保险仅局限在解放区范围，全国社会保险事业的起步和发展，则是 1949 年中华人民共和国成立以后的事情。

作为新中国成立后的第一部法典《共同纲领》第 23 条规定"逐步实行劳动保险制度"。1951 年《中华人民共和国劳动保险条例》由政务院公布实施，按此条例规定，100 人以上的国营工业企业职工，享有工伤、疾病、养老等劳动保险待遇，开共和国养老保险之先河。到 1956 年，享受该条例待遇职工人数达到 1600 万，占当年国营、公私合营和私营企业职工总数的

---

[1] 参见《中国历次全国劳动大会文献》，工人出版社，1957，第 17 页。

[2] 参见田雪原主编《中国老年人口》（社会），社会科学文献出版社，2007，第 313 页。

94%，保险费用全部由企业负担。

1958 年国务院发布《关于工人、职员退休处理的暂行规定》，将企业退休从《劳动保险条例》中分离出来，与机关工作人员退休合并，形成包括企业、机关、事业单位范围更为广泛的养老保险。"文革"开始后，50 年代的养老保险制度被冲垮，1969 年起原由各级工会负责管理的劳动保险基金不再筹集。

1978 年经第五届全国人民代表大会第二次会议通过、由国务院颁布《关于工人退休、退职的暂行办法》和《关于安置老弱病残干部的暂行办法》，分别按照参加工作时间和工作年限，发给相当于月工资 60%～90% 的退休金，并且规定不得低于 25 元/月的最低标准。这两个《办法》，则开工人和干部两种退休制度分开之先河，实行两种不同的体制和机制。

1991 年国务院发布《关于企业职工养老保险制度改革的决定》，将覆盖面扩大到集体经济，改养老保险金由国家、企业、个人共同负担，建立基本养老保险、企业补充养老保险和职工个人储蓄性养老保险相结合的养老保险体制机制。1995 年《国务院关于深化企业职工养老保险改革的通知》提出："基本养老保险费用由企业和个人共同负担，实行社会统筹与个人账户相结合"，并在"附件"中规定了《企业职工基本养老保险社会统筹与个人账户相结合实施办法》。

1995 年《国务院办公厅转发民政部关于进一步做好农村社会养老保险工作意见的通知》，要求从实际出发，在具备条件的地区积极发展农村社会养老保障事业，引导农民参加社会养老保险。

1996 年《中华人民共和国老年人权益保障法》公布，明确"国家建立养老保障制度，保障老年人的基本生活"，老年人享有养老金，以及关于养老金足额发放、养老金监管、老年福利、老年救助等的明文规定。2000 年《中共中央、国务院关于加强老龄工作的决定》发出，要求城镇"要建立起以基本养老保险、基本医疗保险、商业保险、社会救济、社会福利和社会互助为主要内容的比较完善的养老保障体系"；"逐步建立国家、社会、家庭和个人相结合的养老保障机制"。2005 年《国务院关于完善企业职工养老保险制度的决定》发布，重申要确保基本养老金按时足额发放、扩大养老保险覆盖范围、逐步做实个人账户、加强基本养老保险金征缴与监管、加快提高统筹层次等规定。[①] 至此，城镇现阶段养老保障体系、养老保险体制机制基本格局有了一个大致的轮廓。

① 参见孙陆军主编《中国涉老政策文件汇编》，中国社会出版社，2009，第 1～53 页。

2009 年 9 月，国务院下发新型农村社会养老保险（以下简称新农保）试点指导意见。新农保是以保障农村居民年老时的基本生活为目的，以保基本、广覆盖、有弹性、可持续为原则，以个人、集体、政府相结合筹资为基本模式，由政府组织实施的社会统筹与个人账户相结合，与家庭养老、土地保障、社会救助等政策措施相配套的社会养老保险制度。新农保打破原来农村养老保险完全由个人筹资的单一模式，变为个人缴费（年缴费 100 元为基准，其余每增加 100 元提高一个档次，共 5 个档次）、集体补助（补助标准由村民会议民主确定）、政府补贴（中央确定的基础养老金最低标准为每人每月 55 元，中央财政对中西部地区给予全额补助，对东部地区给予 50% 的补助）、地方政府对参保人缴费给予补贴（不低于每人每年 30 元），四方共同筹资模式。支付分为基础养老金和个人账户养老金两部分，其中基础养老金有国家财政作保证。根据这些规定，年满 60 周岁未享受城镇职工基本养老保险待遇的农民，即可按月领取基础养老金，但其符合参保条件的子女应当参保缴费；距领取年龄不足 15 年者应按年缴费，也允许补缴，累计缴费不少于 15 年；距领取年龄超过 15 年者应按年缴费，累计缴费不少于 15 年。个人账户养老金的月计发标准为个人账户全部储存额除以 139，与现行城镇职工基本养老保险个人账户养老金计发系数相同。参保人死亡，除政府补贴外，个人账户中的资金余额可以依法继承。指导意见要求，2009 年试点覆盖面为全国 10% 的县（市、区、旗），2020 年之前实现对农村适龄居民的全覆盖。而实际进展则大大加快，目前已基本实现全覆盖。

2013 年 7 月 1 日，新修订的《中华人民共和国老年人权益保障法》（以下简称《新老保法》）正式实施。《新老保法》由原来的 8 章 50 条增至 9 章 85 条，依据变化了的新情况，主要是老龄化进一步加深、家庭进一步小型化、空巢老年家庭进一步增多等，强调要尊重老年人的意志和选择，保障老年人的合法权益。这是当前老年社会保障的"护身符"，也可从中窥视出现行养老保险制度一斑。尤其值得关注的，是以下四点。

其一，子女要切实履行对父母的赡养义务，包括经济供养、生活照料和精神慰藉。其中将在时间和财力允许条件下"常回家看看"写进《新老保法》，引起社会热议。其实，"看看"应包括探视、书信、电话等多种形式。对拒绝赡养、抚养的，由相关单位给予批评教育；对实施家庭暴力或虐待家庭成员的，受害人可以请求村委会、居委会予以调节，或向公安机关提请行政处罚；构成犯罪的，可向法院提起诉讼。

其二，政府和社会组织要进一步负起责任，完善养老服务体系。国家要建立和完善以居家养老为基础、社区为依托、机构为支撑的社会养老服务体系，政府和社会组织要发展乡村社区养老服务，建立适合老年人口需要的服务设施和网点，提供生活照料、医疗护理和紧急救助等的服务。

其三，推进和改造老年住房建设，提高老年人口居住环境质量。强调依照老年宜居建设基础性标准，推动并扶持老年人口家庭无障碍设施改造，支持老年住宅开发，各级政府和社会组织要采取有力措施，尽可能为老年人口打造安全、便利、舒适的居住和生活环境。

其四，强调按照"老人意愿优先"原则，处理涉老各种事宜。《新老保法》规定，各级政府在办理房屋权属变更、户口迁移等事项时，要对老年人进行询问，按老年人意愿优先办理。政府有关部门在办理涉及老年人权益的重大事项时，负有特殊义务，防止擅自处置老年人重大人身和财产权益的事件发生。

2. 养老保障顶层设计

国内外研究中国养老保障的论著中，有一个基本的共识，即缺少或没有顶层设计。然而要搭建顶层设计，首先要对搭建的材料有一个明确的界定——恰在这一点上，存在概念不清、界定不明、信手拈来、随意使用和发挥等乱象，结果作者本人未讲清楚，别人更是一头雾水。所以在提出顶层设计之前，有必要对养老保障、保险、体系、体制、机制等概念，做出简要的阐释和界定。

养老保障、保险。参考国内外相关论著和各类专业词典的解释，笔者以为，养老保障指保护老有所养不受侵犯的制度和实施规范，涉及所有养老内容、组织和方面；养老保险指将各方面的养老资金汇集起来，交由专门的保险机构运作，按时向投保人以及其他符合条件的老年人发放养老金。在英语中，保障（security）与保险（insurance）是有明显区别的；而在汉语中，二者容易混淆。有些论著则随意使用，一会儿使用保障，一会儿使用保险，两个概念的内涵和外延均不够清楚。

养老体系、体制、机制。养老体系指同老有所养相关的组织，按照一定的架构集合成一个有约束力的整体，同养老保障相对应；养老体制指由国家、企业、单位、个人等组成建立的规范化的养老制度，同养老保险相对应；养老机制则指构成养老体制的组织、个人相互作用的过程和方式。英语中，体系和体制都可以使用 system 一词，区分不是很明显；汉语则区别明显，体系的范畴要更广泛一些。

按照这样的界定并联系 60 多年来中国养老保障、保险、体系、体制、机制演变过程，养老保障体系顶层设计，首先要破除现行养老保险体制的"双二元结构"。所谓"双二元结构"，一是指城镇与农村相分割的养老保险体制。城镇基本上建立了现行的一套养老保险制度，尽管这一制度还存在很多缺陷；农村长期没有像样的养老保险制度，只是 2009 年以来方才开展新型农村社会养老保险试点，并且迅速实现全覆盖。不过这样的新农保，不仅由个人、集体、中央财政、地方政府四方共同筹资，方式与城镇有很大不同；而且受筹资限制，总体给付水平比较低，是很低水平的全覆盖，城乡养老保险差距很大。二是指自 1978 年以来，城镇实行的是干部与职工两种不同的养老保险体制机制。城乡之间和城镇内部这种"双二元结构"养老体制的致命缺陷，是城乡分割、条块分割、地区分割，造成养老保险多头、多渠道、分散化、碎片化。养老保障顶层设计，就是要将城乡、城镇内部这种多元分散化整合到一起，建立并逐步形成全国统一的养老保险体制。初步构想，其体制机制框架、结构如图 4 所示：

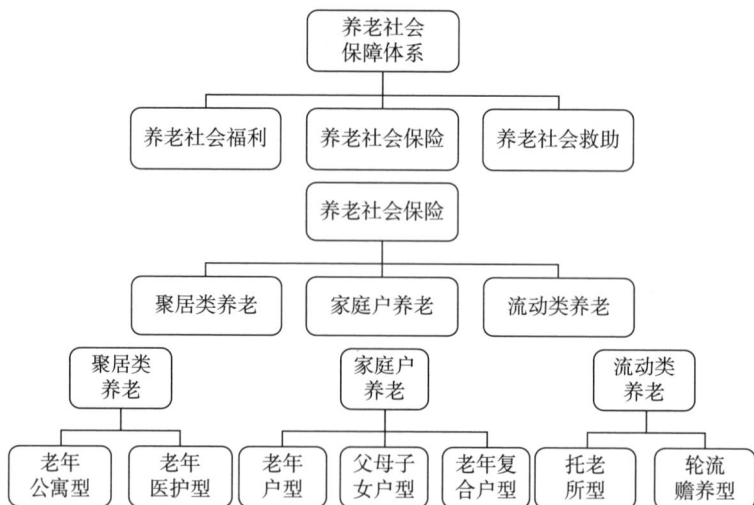

图 4　养老社会保障体系架构

图 4 显示，完整养老社会保障体系"金字塔"，自上而下可分为三个层次。第一层次，养老社会保障体系主要由养老社会保险、养老社会福利、养老社会救助三大体制支撑（医疗保险、商业保险处于养老辅助地位，未列入主体结构中）。三者之间是"主体两翼"的关系：养老社会保险是主体，具

有中心、主导、辐射性质；养老社会福利和养老社会救助是补充，不过这种补充对于高龄、病、残等更为弱势的老年群体来说，则是不可或缺的。

第二层次，养老社会保险体制运行的家庭户、聚居（公共）和流动机制及其相应的养老类型，以保障国家、企业（单位）、家庭、老年本人不同功能和作用的发挥，主体为家庭户养老。

第三层次，支撑家庭户、聚居（公共）、流动三种养老机制的具体形式，主体为支撑家庭户养老的老年户型、父母子女户型、老年复合户型。从发展角度观察，聚居类养老的老年公寓型、老年医护型，以及流动类养老的托老所型等，有不断扩张的趋势。

3. 养老保险体制创新

在上述"金字塔"养老社会保障体系中，养老社会保险体制是核心，是支撑体系存在和发展的顶梁柱。虽然养老社会福利、养老社会救助体制也要改革，使之更加完备，以便更好地发挥其对养老社会保险不可替代的辅助功能和作用；然而，一是它们服务的对象为老年人口中更为弱势的特殊群体，所占比例较低；二是保障的实际内容也比较特殊，不具有普遍性质。因此，改革和创新的重点，便落在了养老社会保险的体制机制上。主要是：一要准确定位养老社会保险的体制，明确改革创新的方向和思路；二要在完善监管体制机制基础上，确保养老金保值、增值和可持续推进。

其一，准确定位养老社会保险体制，明确改革创新的方向和思路。尽管国内外对社会养老保险体制分析和概括有所不同，不过笔者以为，基本上可以归纳为下述五种体制类型。

一为收入保险关联型，亦称传统型。主要特征是养老金给付同收入缴费挂钩，由雇主和雇员共同负担缴费，不追求高覆盖率，养老金替代率适中，养老金融业比较发达，一般征缴和给付都较有保障，以美、德、法等发达市场经济体为代表。

二为社会福利型。强调"普惠制"原则，基本养老保险覆盖全体国民，养老金来源主要为政府税收。养老金水平不高，需要其他保险补充。以英、澳、加、日等发达国家为代表。

三为储金型。贯彻自我保障原则，实行完全积累的基金模式，形成不同类型的个人养老保险账户或公积金账户，按账户基金储金多少给付养老金，以新加坡、智利等新兴市场经济体为代表。

四为混合型。原来实施社会福利型养老保险的某些国家，由于经济不景气、资金来源困难，遂进行改革，借鉴雇主、雇员共同缴费的某些做法，演变为传统收入关联型与福利型相结合的混合型养老保险，以英国、加拿大为代表。

五为原计划经济国家统包养老保险型。即在全民和集体所有制工作的职工不需要个人缴费，国家按照工作年限和工资级别，在其退休后定期给付一定的养老金。由于政局变动，此类养老社会保险已不复存在。

中国属于何种体制、哪种类型？似乎与上述五种体制和类型都有相近之处，又不同于其中任何一种。一般将中国养老保险体制概括为"社会统筹 + 个人账户"型，无疑有一定的道理；然而这是对养老金征缴还是给付的概括，抑或是对运行机制的概括？很难说清楚，似乎兼而有之，而且仅仅是对城镇职工而言的。

养老社会保险体制定位必须清楚，只有定位清楚才能进行改革和体制创新。好比百里行程必须清楚当前所处的位置，才能知道距离目的地有多远、需要如何走才能到达一样。我们认为，目前中国的养老社会保险体制，可用混合过渡型概括。所谓"混合"——个人缴费与工资收入挂钩，按工资收入一定比例缴纳养老金（一般为8%），同前面收入关联型、储金型颇为相似；企业、单位按参保对象工资收入比例缴纳一定数额的基本养老保险金（一般占工资20%），强调养老保险全覆盖，实行社会统筹，国家财政对养老金亏空进行一定的补贴，则有明显的福利型养老保险体制色彩。所谓"过渡"——新中国成立60多年来，养老保险经历从无到有、从小到大、从窄到宽不断改革历程，充满过渡性质。如前所述，最初的养老保险被囊括在劳动保险条例之中（1951年）；1958年将企业退休从劳动保险条例中分离出来，与机关退休合并成范围较广的养老保险；1978年实行干部与工人分开的两种退休和养老保险制度；1991年覆盖面扩大到集体经济，提出建立基本养老保险、企业补充养老保险和职工个人储蓄性养老保险相结合的体制；1995年提出基本养老保险费用由企业和个人共同负担，实行社会统筹与个人账户相结合的体制机制；1995年首次提出在具备条件的农村发展社会养老保障事业，引导农民参加社会养老保险；2009年开展新型农村社会养老保险试点，到2012年上半年新农保参保达4.05亿人，其中领取养老待遇达4000多万人，目前已基本上实现全覆盖。2013年7月1日新修订的《中华人民共和国老年人权益保障法》正式实施，标志着养老社会保障步入法治化建设轨道。纵观新中国成立60多年来养老社会保险在"双二元体制"下推进，混合中有改革，改革后又组成新的混合体制，因而用混合过渡型养老社会保险体制概括，是比较适当和可以接受的。

2012 年中国人均 GDP 达到 38353.5 元，按当年人民币：美元 = 617.9∶100 计算，折合 6207.1 美元，已跨入世界银行标准的中高收入门槛。[①] 亦即具备了实行全国统一养老社会保险体制改革的经济基础。而"双二元结构"体制的种种弊端也越来越清楚地暴露出来，已经到了非改革不可的时候。城乡分割、城镇干部与职工分割的养老保险"双二元体制"，虽然改革开放以来发生某些变化，主要是以养老金为代表的社会供养增长比较明显，老年本人劳动自养显著减弱，子女供养城镇有所减弱、农村有所增强；但是基本的格局未变，城镇以社会供养为主，农村以家庭子女供养为主，以老年劳动自养和新农保为补充。参见表 1[②]：

表 1　中国 1987～2010 年老年人口供养构成变动

单位：%

范围	年份	养老金	子女供给	本人劳动收入	其他
城市	1987	63.7	16.8	14.6	4.9
	2005	76.9	7.0	9.6	6.5
	2010	80.6	7.5	5.1	6.8
农村	1987	4.7	38.1	50.7	6.5
	2005	9.8	37.1	39.8	13.3
	2010	20.1	42.5	31.3	6.1

表 1 表明，迄今为止，城乡"双二元结构"养老社会保险体制基本格局未变，构成对养老社会保险制度公平性的严峻挑战。在城镇内部，企业职工养老保险由基本养老保险、企业补充养老保险和个人储蓄性养老保险三部分组成，使得不同企业之间养老金征缴和给付水平差距日益扩大；国家机关、事业单位干部退休，基本上按照"老人老办法"未动，干部特别是离休干部离退休金上涨过快，近年来财政补贴也一涨再涨，使离休干部、退休干部与普通职工之间退休金差距越拉越开，形成新的分配不公。不管怎样，城市

---

① 2013 年 1 月 18 日国务院新闻发布会公布数据。

② 1987 年数据，参见《中国 1987 年 60 岁以上老年人口抽样调查资料》，《中国人口科学》1988 年增刊（1），第 260～263 页。2005 年数据，依据《2006 年中国城乡老年人口状况追踪调查数据分析》，中国社会出版社，2009。2010 年数据，来源于中国社科院人口与劳动经济研究所《2010 年七省区人口社会调查资料》，第 63～66 页数据计算。

养老保险在不断改革，总的趋势是养老金不断提高，给付的养老金额不断增加。农村虽然开展了新型养老保险试点并且基本实现了全覆盖，比过去前进了一大步；然而各类调查表明，家庭子女供养始终占据主导地位，甚至用法律将家庭子女赡养义务固定下来。结果怎样呢？城乡养老保险给付差距悬殊。2011 年城镇职工基本养老保险基金支出 12764.9 亿元，离退休人数 8626.2 万人，人均给付养老金 14797.8 元；新农保试点基金支出 587.7 亿元，达到领取待遇年龄参保人数 8921.8 万人，人均领取 658.7 元，仅相当于城镇职工的 4.5%。① 如果加上城镇离退休人员各种补贴收入，差距还要增大许多，严重挑战养老社会保险的公平性。

应对挑战和实现公平，消除城乡之间、城镇内部"双二元结构"，建立全国统一的养老保险创新体制是根本。创新体制的建立既不能置原来的体制于不顾，也不能仅是原来体制的小修小补，而是要从实际出发，积极改革，稳步推进。依据这样的原则，提出积累补充型养老保险创新体制。要点和改革的重点是：

第一，个人积累为主。这与现行的城镇"社会统筹＋个人账户"体制既有联系，又有区别。联系——将个人账户升级为个人积累账户；区别——现实的个人账户是虚的，养老金给付并不按照个人账户余额，而是依据工资多少、参加工作时间和年限按规定比例支付；个人缴费年限，一般为 15 年。积累补充型养老保险新体制，实行个人缴费积累制和积累账户部分实体化。即从参加工作时开始，累积缴费 20 年以上（最长到退休时止），退休后主要按照养老金个人积累账户余额给付。农村也可在新农保基础上，分阶段实现向个人积累账户为主转变。如此，将逐步完成养老社会保险体制由社会统筹为主向个人积累为主的转变。

第二，企业（单位）积累为辅。现行城镇"社会统筹＋个人账户"体制，企业（单位）一般按职工工资 20% 比例缴纳，效益差的企业感到负担过重，对于效益居中的企业也是一项不容忽视的负担，只有效益好的企业可以承受。当前劳动力价格（工资）上涨助推生产成本上升，影响企业的利润和发展，企业（单位）缴纳占工资 20% 的养老金似乎高了些。可以考虑与职工个人缴费率同等或略高；但是缴费时间，同样要继续到该职工退休时为止。这种"放长线钓大鱼"的改革，一是可以减轻企业（单位）的养老

---

① 依据《中国统计年鉴 2012》，中国统计出版社，2012，第 943、944、951 页数据计算。

金负担，有利于企业的持续发展；二是可以提高企业（单位）的养老金缴费率，减少和杜绝企业（单位）拖欠现象，从而有利于积累补充型养老体制的建立和运转。

第三，政府与市场两种体制相结合。实行积累补充型养老体制，无疑要充分发挥政府的主导功能和作用。主要是制定新养老社会保险体制实施规则，相关的法律法规，自上而下的监管体制机制，以及制定城乡推行新养老保险体制实施办法等。此外，还要注意到城乡老年人口中高龄、伤、病、残、孤、寡等更为弱势群体的养老保险，完善养老社会福利和社会救助制度，提高支持的力度，缩小这部分老年弱势群体同总体养老保险水平之间的差距。逐步提高低保水平，满足老年贫困群体的基本生活需求。在改革和体制创新过程中，既要发挥政府的主导作用，也要引进相应的市场机制，鼓励企业、社会组织、个人进行养老保险投资，兴建各类养老保险事业和发展养老产业，发挥政府、社会组织和个人多方面的积极性。

其二，完善监管体制机制，确保养老金保值增值和可持续运行。一个时期以来，养老金空账和半数省份城镇职工基本养老保险金收不抵支，被炒得沸沸扬扬。[1] 相关部门出来"辟谣"：不存在养老金入不敷出问题，近10年来我国养老金累计结余1.9万亿元。与此同时，又传出相关部门准备推迟养老金支付年龄信息——有人认为，是迫于养老金支付压力所致。相关部门负责同志同样做出带有"辟谣"性质的阐释：推迟养老金支付年龄不等于推迟退休年龄，与养老金压力无关，主要是出于适应老龄化特别是预期寿命延长考虑。[2] 实际情况怎样呢？养老金空账客观存在，那是投保人个人账户账面上的空账；养老金结余也客观存在，那是按现收现付制计算下来的累计结余。统计资料显示：1990~2011年，城镇职工基本养老保险基金收入由178.8亿元增加到16894.7亿元，支出由149.3亿元增加到12764.9亿元，收入减去支出21年累计结余19496.6亿元。[3] 即就现收现付转移支付而论，目前全国不存在养老金收不抵支问题；但是随着人口老龄化加速推进和退休人口累进增长，加上部分企业拖欠养老金缴费有增无减，以此外推，不出20年将出现带有全局性的收不抵支局面，风险在逐步积累。

---

① 参见郑秉文、孙永勇：《城镇职工基本养老保险半数省份收不抵支》，《上海大学学报》2012年第3期。

② 《中国统计年鉴2012》，中国统计出版社，2012，第943页。

③ 《中国统计年鉴2012》，中国统计出版社，2012，第943页。

另一方面，在劳动年龄人口占比越过第一拐点后，劳动力无限供给宣告结束；以数量扩张型为主的经济经过 30 多年的快速发展，自然资源自给率大幅度下降，对外依存度越来越大；总体上国民经济处在传统工业化后期、现代化前期，劳动力、能源、其他原材料要素成本上升带动物价指数上涨，边际投资效益下降，则是必然的趋势，养老金保值增值压力逐渐增大。出路在于改革，改革养老金监管体制机制。除了建立健全从法治上确保养老金按时足额征缴体制外，还需要着重考虑以下三个方面的改革和体制创新。

一是完善监管体制机制。一个时期以来，养老金被侵占、挪用屡有发生，说明养老金管理体制有问题。在法规、制度和管理机制上存在漏洞，不能做到专款专用。养老金监督体制不健全，未能形成从上到下层次分明、独立运行的体制机制。要借鉴国际社会的成功经验，按照法治化要求，建立完整的一套养老金管理和监督的体制机制。

二要适度填补养老金个人账户空账。如前所述，不能因为存在着养老金个人账户空账，就得出入不敷出的结论；同样也不能因为近一二十年养老金累计大量结余，就可以高枕无忧，否定养老基金潜在的风险。从长期发展趋势观察，适当做实养老金个人账户是方向。为此，就要建立相应的体制机制，制定一定期间做实部分个人账户的规划，规定个人账户做实的比例、额度、资金来源、监管规则，提高养老基金抗风险能力。

三要引进市场体制机制。养老社会保险体制机制创新，离不开政府推动和依法运行；然而仅有政府强制的行政手段是不够的，效率也是不高的。实现养老金保值增值，创新应包括引进和建立必需的市场体制机制。1981 ~ 2011 年亚洲金融风暴、美国次贷危机、欧洲债务危机等不断，发达经济体经济陷入低谷；但是主要国家的社会养老金，却保持着长期稳定的保值增值。上述期间美国、德国、英国、加拿大、荷兰、瑞士 6 国养老资金年平均投资收益率达到 6.25%，与经济不景气形成鲜明的对照。主要的经验是：引入私人机构参加养老金管理，积极扩大养老金投资渠道，加强养老金投资监管以规避金融风险等，最终达到养老基金持续增值的目的[1]。我国养老金金融市场刚刚开启，推进金融市场体制机制改革创新，借鉴国际社会成功的经验不仅是必要的，而且是必需的。

---

[1] 参见罗熹：《依托金融市场运作养老资金是我国的必然选择》，《红旗文稿》2012 年第 20 期。

参考文献

［1］《中华人民共和国国民经济和社会发展第十二个五年规划纲要》，《人民日报》2011 年 3 月 17 日。

［2］田雪原等：《21 世纪中国人口发展战略研究》，社会科学文献出版社，2007。

［3］田雪原主编《人口老龄化与“中等收入陷阱”》，社会科学文献出版社，2013。

［4］王一鸣：《调整和转型：后金融危机时期的中国经济发展》，《宏观经济研究》2009 年第 12 期。

［5］吴愈晓：《劳动力市场分割、职业流动与城市劳动者经济地位获得的二元路径模式》，《中国社会科学》2011 年第 1 期。

［6］郑秉文、孙永勇：《城镇职工基本养老保险半数省份收不抵支》，《上海大学学报》2012 年第 3 期。

［7］左学金：《21 世纪中国人口再展望》，《北京大学学报》（人文社会科学版）2012 年第 5 期。

［8］张恺悌主编《中国城乡老年人社会活动和精神心理状况研究》，中国社会出版社，2009。

［9］孙陆军主编，郭平、欧阳铮副主编《中国涉老政策文件汇编》，中国社会出版社，2009。

［10］United Nations：*World Population Prospects*，*The 2008 Revision*，New York，2009.

［11］U. S. Department of Commerce Economics and Statistics Administration U. S. Census Bureau，*An Aging World 2001*，Washington，D. C，2001.

［12］Carmelo Mesa-Lago，“Review: Social Security in Latin America: Pension and Health Care Reforms in the Last Quarter Century”，*Latin American Research Review*，Vol. 42，No. 2，2007.

（撰于 2013 年 8 月）

全面深化养老体制改革

任何一个国家的养老体制机制是否可持续，都是国家发展中需要关注和必须解决的问题。我国现行的一套养老保险办法推行下去，预计到 2029 年养老金支付总额将超过工资总额 29.0%、GDP 10.0% "警戒线"。出路何在？在于改革，核心是打破"双二元体制"藩篱。恰在此时，2013 年 11 月《中共中央关于全面深化改革若干重大问题的决定》（以下简称《决定》）发布，养老保险体制改革被纳入社会保障制度改革之中，由此揭开改革再启程、再进发新的一页。

背景：改革彰显社会公平

谈到养老保险体制改革的背景，首先想到的当然是人口老龄化对养老保险的需求。迄今为止，中国仍是世界上人口最多的国家；但是在 20 世纪 90 年代前期已经步入"后人口转变"阶段，出生率的持续下降和预期寿命的不断延长，开启了人口年龄结构老龄化新的航程。评价人口老龄化水平，主要有 60 或 65 岁以上老年人口所占比例、总体人口年龄中位数、60 或 65 岁以上老年人口与 0~14 岁少年人口之比即老少比等指标。为了简明起见，通常选取 60 或 65 岁以上老年人口所占比例指标。以 65 岁以上老年人口占比衡量，21 世纪上半叶，中国人口老龄化与世界比较，具有一些比较明显的特点。

其一，老龄化速度比较快和达到的水平比较高。中国人口老龄化进程，可用"快"和"高"概括。所谓"快"，65 岁以上老年人口占比从 7% 提高到 17% 仅花费 32 年，2032 年将达到 17.5%；发达国家作为总体，要经历20 世纪下半叶和 21 世纪前 15 年共计 65 年时间，耗时为我国 1.0 倍。只有个别国家例外，如日本 65 岁以上老年人口占比从 1970 年 7.1% 上升到 2000

年 17.2%，耗时与中国相近。所谓"高"，即老龄化达到的水平比较高。2050 年中国 65 岁以上老年人口占比将达到 23.07%，届时将比世界 16.2% 高出 6.87 个百分点，比发展中国家 14.6% 高出 8.47 个百分点，比发达国家 26.2% 仅低 3.13 个百分点。届时中国将跻身老龄化高水平国家行列。[①]

其二，老龄化推进具有阶段和累进的性质。这是因为过去两次生育高潮和两次生育低潮形成的不规则年龄结构，从而决定着老龄化呈现 S 曲线轨迹推进的特点。第一阶段 2000～2020 年为 S 曲线底部，老龄化呈现推进较缓特点。65 岁以上老年人口占比可由 6.96% 上升到 12.04%，年平均升高 0.25 个百分点。第二阶段 2020～2040 年为 S 曲线挺起中部，老龄化呈现加速上升推进趋势。65 岁以上老年人口占比可由 12.04% 上升到 21.96%，年平均升高 0.5 个百分点，增速为第一阶段的 2 倍。第三阶段 2040～2050 年为 S 曲线顶部，老龄化呈现缓慢推进态势。65 岁以上老年人口占比可由 21.96% 上升到 23.07%，年平均升高 0.11 个百分点，为三阶段中增长速度最低的阶段。2050 年以后，虽然老年人口占比还会略有上升，但是上升极其有限，处于 S 曲线顶部徘徊震荡状态。

其三，老龄化城乡和地区分布不平衡。以 2000、2010 年两次人口普查 65 岁以上老年人口占比比较，市由 7.00% 上升到 7.69%，镇由 6.25% 上升到 7.97%，县由 7.74% 上升到 10.06%。市、镇、县之比由 1.00∶0.89∶1.11，变动到 1.00∶1.04∶1.31。[②] 以县增长 2.32 个百分点为增幅最大，镇增长 1.72 个百分点次之，市增长 0.69 个百分点最低。老龄化由高到低降幅排序，由县、市、镇变动到县、镇、市。究其原因，主要是农村以年轻人为主的人口向城镇转移的结果。与此同时，老龄化地区差异也发生新的变化：由原来自西向东逐步加深、形成西部、中部、东部"三大板块"，变动到西部与中部合二而一、与东部有一定差距的"两大板块"格局。

上述人口老龄化趋势和特点表明，中国人口老龄化对养老保障、养老保险的需求是相当巨大的、比较急迫的。应对之策，一方面要努力发展经济，提高经济增长质量，调整经济结构，以有效增加养老保障供给能力；另一方面要建立健全养老保障体系，改革现行的养老保险制度。养老社会保障主要

[①] 中国部分参见田雪原等著《21 世纪中国人口发展战略研究》，社会科学文献出版社，2007，第 450～452 页；国外部分参见 United Nations：*World Population Prospects*，*The 2008 Revision*，pp. 48－52.

[②] 依据《中国 2000 年人口普查资料》（上册），中国统计出版社，2002，第 570～581 页和《中国 2010 年人口普查资料》（上册），中国统计出版社，2012，第 270～276 页数据计算。

包括养老社会保险、老年社会福利和老年社会救助，主体是养老社会保险。面对人口老龄化加速推进和"未富先老"客观实际，积极推进养老保险体制机制改革是养老全局的关键。在这样的形势下，中央全面深化改革《决定》发表，给养老社会保险体制改革送来再启程新的机遇。

20世纪80年代末，笔者到芬兰、瑞典访问并做学术演讲。演讲结束后，一位教授问我："你讲的中国渐进式改革是什么意思？"我用一个比喻回答他："好比一个人攀登楼梯上楼，左脚迈上一个台阶后先停一下，待右脚跟上来双脚站稳以后，右脚再迈上一个新台阶；如此左右脚交替向上并在双脚站稳稍事喘息后，再一个一个地向上攀登，直到抵达目的地楼层。"他说这个比喻很好，稳步向上攀登可以避免跌跤，达到改革期望的目的。既然改革以攀登向上和双脚并拢喘息不同方式交替进行，那么改革就是渐进式和分阶段进行的。目前，各界对于35年来改革阶段的划分不尽一致。笔者以为，阶段划分宜粗不宜细。因为每个阶段不是孤立的，前一个阶段与后一个阶段之间有着必然的联系，是后一个阶段得以继续的前提和条件。如此，可粗略地将35年的改革划分为三个阶段：第一阶段1978~1992年，为改革起步和试验推进阶段；第二阶段1992~2013年，为改革铺开和向顶层设计过渡阶段；第三阶段2013年以来，为全面深化改革阶段。不同阶段改革的重心有所不同。笔者从一个特定的视角观察，第一和第二阶段，改革的重心在解决效率问题上。众所周知，新中国成立后学习苏联建立起高度集中统一的计划经济体制，这对于初期的国民经济恢复和基础工业体系的建立，曾经起到过巨大的作用。然而实行一二十年后，这套体制无法克服的弊病日益暴露出来，陷入"一统就死、一放就乱"的死胡同。在城市国有企业、农村人民公社一统天下的形势下，"三个人的活五个人干""出工不出力"成为常态，"多劳不多得""少劳不少得"也习以为常。劳动生产率是新制度战胜旧制度最重要、最主要的东西，效率低下成为阻碍社会生产力发展的致命伤。因此，改革的方向是最大限度地调动人、财、物各种要素的潜能，通过改革激活各要素的活力，释放新的生产力，由最初的发展商品经济、计划调节与市场调节相结合，到最后落脚到建立社会主义市场经济体制改革目标。实践证明，以效率为重心的改革取得成功。经济发展创造出GDP年平均增长9.8%的骄人成绩，成为世界第二大经济实体，并且正在向第一大实体靠近；经济结构发生根本性转变，人民生活获得显著改善和提高；社会事业发展迅速，社会保障体系初步形成等。

然而任何事物总有其两面性，"有所得必有所失"是普遍适用的规律，改革也概莫能外。对于改革中出现的问题，党的十六届三中全会概括为经济结构不合理、分配关系尚未理顺、农民收入增长缓慢、就业矛盾突出、资源环境压力加大、经济整体竞争力不强等。① 纳入前面笔者所说的特定视角观察，可以说，前30年通过以效率为重心的改革调动起各种要素的积极性，达到让经济发展起来、一部分人先富裕起来的目的。30年以后的改革，则要在巩固前一阶段经济体制改革成果基础上，进而通过新的将重心转到公平问题上的改革，在促进经济继续发展的同时，使全体人民共同富裕起来。形象的说法是：改革前30年着力把蛋糕做大，后30年则主要将精力放在提升蛋糕质量，尤其是切好并分好蛋糕上面。

显然，这个大背景对于中国养老保险体制改革太及时、太重要了。在这样的大背景下，从中国人口老龄化和社会经济发展实际出发，养老保险体制改革的要义是：一要着眼顶层设计。改革再启程，是继初期试验阶段、中期由"摸着石头过河"向顶层设计过渡阶段之后，走向深水区、全面深化改革的阶段。改革要有顶层设计的理念、框架和决策。二要坚守公平原则。在扩大养老保险覆盖面、提高养老保险水平过程中，养老保险改革应突出社会公平，发挥改革调节收入分配、促进社会公平的功能和作用。三要有坚定的信心。养老保险深水区的改革，难度大、任务重、情况复杂。改革方案经过试验、取得成功并敲定之后，就要下定决心和保持足够的耐心，坚定不移地推进下去。

城镇：养老金并轨改革

国内外各界对当今社会养老保险体制的认识和界定，有一定的共识，分歧也比较多。笔者以为，可大致归纳为五种基本类型。

一为收入保险关联型，亦称传统型。主要特征是养老金给付同收入缴费挂钩，由雇主和雇员共同负担缴费。不追求高覆盖率，养老金替代率适中，养老金融业比较发达，一般征缴和给付都较有保障。以美、德、法等发达国家为代表。

二为社会福利型。强调"普惠制"原则，基本养老保险覆盖全体国民，

---

① 参见：《中共中央关于完善社会主义市场经济体制若干问题的决定》，载《改革开放以来历届三中全会文件汇编》，人民出版社，2013，第119页。

养老金来源主要为政府税收。养老金水平不高，需要其他保险加以补充。以英、澳、日等发达国家为代表。

三为储金型。贯彻自我保障原则，实行完全积累的基金模式，形成不同类型的个人养老保险账户或公积金账户，按账户基金储金多少给付养老金，以新加坡、智利等新兴市场经济体为代表。

四为混合型。原来社会福利型养老保险的某些国家，由于经济不景气、资金来源困难，遂进行改革，借鉴传统型雇主雇员共同缴费做法，演变为传统收入关联型与福利型相结合的混合型养老保险体制，以英国、加拿大为代表。

五为统包型。即在全民和集体所有制单位工作的职工，单位和个人均不缴纳养老保险费，国家按照工作年限和工资级别，退休后定期给付一定的养老金。统包型养老保险是计划经济的产物，目前已基本不复存在；只是有的国家改革后仍旧保留着若干统包型养老保险的某些痕迹。

中国属于何种体制、哪种类型？似乎与上述五种体制类型都有着某些相近之处，又不同于其中任何一种。一般将中国养老保险体制概括为"社会统筹＋个人账户"型，然而这是对养老金征缴还是给付的概括？抑或是对运行机制的概括？很难说清楚。笔者以为，可用混合过渡养老保险型概括。所谓"混合"，指个人缴费与工资收入挂钩，按工资收入一定比例缴纳养老金（一般为8%），同收入关联型、储金型颇为相似；单位按参保对象工资收入缴纳一定数额的基本养老保险金（一般占工资的20%），强调养老保险全覆盖，实行社会统筹，国家财政对养老金亏空进行一定的补贴，则有福利型养老保险体制色彩，是多种养老类型的混合体。所谓"过渡"——新中国成立60多年来，养老保险经历从无到有、从小到大的不断变动，充满过渡性质。众所周知，1951年《中华人民共和国劳动保险条例》由政务院公布实施，开我国养老保险之先河；1958年国务院发布《关于工人、职员退休处理的暂行规定》，形成包括企业、机关、事业单位范围更为广泛的养老保险；1978年经第五届全国人民代表大会第二次会议通过、由国务院颁布《关于工人退休、退职的暂行办法》和《关于安置老弱病残干部的暂行办法》，将工人与干部退休分离开来，实行两种不同的退休制度、体制和机制；1991年国务院发布《关于企业职工养老保险制度改革的决定》，1995年《国务院关于深化企业职工养老保险改革的通知》发布，开始实行《企业职工基本养老保险社会统筹与个人账户相结合实施办法》；1995年《国务院办公厅转发民政部关于进一步做好农村社会养老保险工作意见的通知》，引导农民参加社会养老保险；1996 年《中华人民共和国老年人权益保障法》公布，提出"逐步建立国家、社会、家庭和个人相结合的养老保障机制"；2009 年国务院下发新型农村社会养老保险试点指导意见，"新农保"由此逐步推开，规定到 2020 年前基本实现全覆盖；2013 年 7 月 1 日，新修订的《中华人民共和国老年人权益保障法》（简称《新老保法》）正式实施等。这一系列涉老法规和政策的陆续出台，反映出城乡养老保险"双二元结构"的来龙去脉，彰显混合中有改革、改革后又组成新的混合体制特征，因而可用"混合过渡型"养老社会保险体制概括。

不可否认，这样的混合过渡型养老保险体制曾经发挥过积极的作用。问题在于始终受到"双二元体制"的制约，弊病越来越明显地暴露出来，已经到了非改革不可的地步。就城市"二元体制"而言，在养老金来源上，企业和职工要按时缴费，计入养老金个人账户；机关、事业单位和个人均不需要缴费，也没有个人账户。在养老金发放上，企业职工退休后按比例领取，养老金替代率一般在 50% ~ 70% 不等；机关和事业单位，按工龄长短确定养老金领取比例，养老金替代率一般在 75% ~ 100% 不等。本来机关、事业单位与企业之间的工资率就存在着比较大的差距，养老金替代率又相差很大，造成机关、事业单位与企业之间退休金差距过大，有失社会公平。

城市养老保险"二元体制"必须改革，通过并轨建立统一的体制机制。中央全面深化改革《决定》指出："坚持社会统筹和个人账户相结合的基本养老保险制度，完善个人账户制度，健全多缴多得激励机制，确保参保人权益，实现基础养老金全国统筹，坚持精算平衡原则"。① 显然，按照这样的要求破除城市养老保险"二元体制"，对企业来说是进一步改革和完善的问题；而机关和事业单位，则要另起炉灶，建立起符合要求的养老保险体制机制。也就是说，目前社会上炒作的"并轨"，首先需要弄清楚：向哪条轨道"并轨"。许多以为是机关事业单位向企业"并轨"，只需将企业运行的一套养老体制移植到机关事业单位就行了。笔者以为，目前企业的一套养老框架具有参考价值，但是养老金积累分配失衡、个人账户名不符实、激励机制软弱无力等，都需要按照上述要求进行改革。"并轨"是向着符合改革要求、

---

① 参见《中国共产党第十八届中央委员会第三次全体会议文件汇编》，人民出版社，2013，第 67 页。

所要建立的新的养老体制并靠。这就牵涉到改革的方向、思路和目标，所要建立的新的养老保险体制"准轨"的框架和实质。

笔者以为，我们所要建立的养老保险体制"标准轨道"，是全国统一的城乡养老保险制度。从实际出发并总结几十年来取得的经验，吸取国际社会成功的经验，提出建立"积累补充型"养老保险新体制改革思路。所谓"积累补充型"养老保险新体制，养老金积累主要由两部分组成。一部分为基本养老保险基金，由个人和所在单位（机关事业单位、企业），按照确定的养老金缴纳比例（缴纳额/原工资）按月定期缴纳。基金全部记入个人账户，为退休后领取养老金唯一凭证。另一部分为补充养老保险基金，由个人、单位自主决定缴纳等级并按规定等级金额定期缴纳。政策上给予特别优惠，可以实行缴纳养老金部分不缴纳个人所得税，并且保证多缴能够累进式多得。设立补充养老保险基金账户，按照个人、单位缴纳比例合理分配领取份额，形成补充养老保险积累机制。参照过去经验并通过精算，合理确定养老金替代率和缴费年限；完善养老金管理和监督体制机制，确保养老金保值增值。新体制的主要之点和优点是：

其一，以个人缴费积累为主。积累补充型养老保险新体制，主要建立在以个人和所在单位缴费积累为主基础上。即形成个人和所在单位按月缴纳基本养老保险基金积累，退休后按比例领取的制度。这与现行的城镇"社会统筹＋个人账户"体制既有联系，又有较大区别。联系——将个人养老金账户升级为个人养老基金积累账户，成为退休后领取养老金的唯一凭证。区别——目前国家机关、事业单位没有个人养老金账户，要制定个人养老金征缴的细则，建立起新的个人养老基金账户；企业的个人账户也有一定的虚数，要适度做实养老金个人账户空账。最终实现养老保险基金积累余额与养老金给付的直接挂钩和对接，保证养老基金的可持续运行。

其二，以单位缴费积累为辅。现行城镇"社会统筹＋个人账户"养老金体制机制，企业（单位）一般按职工工资20%比例缴纳养老金，普遍感到负担过重，影响到企业的效益和发展。实践表明，一些效益不好的企业常常不能按时缴纳相应的养老金。可以考虑适当降低一些，与职工个人缴费率同等或略高，例如调整到相当于职工工资的10%左右。不过缴费时间需同职工缴费时间相一致，至少要20年。这种"放长线钓大鱼"的改革，不仅可以减轻企业（单位）的负担，提高企业（单位）的效益；而且可以减少和杜绝企业（单位）的拖欠现象，促进养老基金的良性运转。

农村："新农保"升级改革

建立全国统一的积累补充型养老保险新体制，农村养老保险无疑要纳入其中。令人欣慰的是，自 2009 年开始的新型农村养老保险试点已经覆盖全国，为实施新体制改革打下一定基础。"新农保"开农村全面养老保险先河，几年来发挥了积极的作用，可谓功不可没。依据辽宁大学穆怀中教授主持的对辽宁、北京、江苏、安徽、四川、甘肃等 20 省区市农民养老经济条件及养老状况的调查，至 2010 年 7 月试点初期，被调查人口参加"新农保"的比例，具有随着年龄增长而增加的明显特点。参见表 1：[①]

表 1 2010 年 20 省区市参加"新农保"年龄分布

单位：%

年龄组	参保占比	未参保占比
20 岁以下	11.1	88.9
20~40 岁	13.1	86.9
40~60 岁	21.8	78.2
60 岁以上	24.2	75.8

这是试点初期的情况。三年多以来增长幅度很大，已经达到全覆盖。不过老年人口参保率仍然高于其他年龄组群，更高于未成年人口组群。该调查还搜集到早期人们对"新农保"的态度，比较满意所占比例最高，占到 39.0%；一般次之，占到 30.0%；非常满意再次之，占到 17.0%。三项合计，占到 86.0%，居绝大多数。非常不满意仅占 2.0%，不太满意占 9.0%，两项合计占 11.0%。这说明广大农民群众对这件新鲜事物是欢迎的。参见图 1。[②]

目前"新农保"存在的主要问题，是认识和宣传不到位、保险的水平比较低、激励机制缺失和管理不够严格、不够规范几个方面。由于认识和宣传不到位，上述调查农民选择个人年参保金额以 0~100 元为最多，占比达 70.0% 左右。保险水平低，有的地方年领取的养老金不足百元，起不到保障基本生活的作用。结果"新农保""全覆盖"做到了，但是覆盖的是棉被还

---

① 田雪原主编《人口老龄化与"中等收入陷阱"》，社会科学文献出版社，2013，第 390 页。
② 田雪原主编《人口老龄化与"中等收入陷阱"》，社会科学文献出版社，2013，第 392 页。

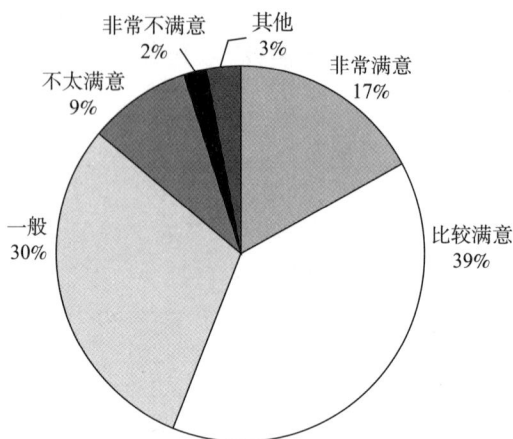

图 1　2010 年 20 省市区新农保农民满意度调查

是薄薄的一层床单？多数是床单而不是棉被，起不到御寒的作用。激励机制缺失，不能吸引农民多缴保费，"新农保"发挥作用的空间有限。显然，这些问题零打碎敲地解决难以奏效，必须立足于顶层设计，纳入积累补充型养老保险新体制一并解决。思路是：

一要坚持养老基金积累以个人缴费为主，个人所在乡镇政府补贴为辅。不过政府补贴应适当提高标准，分东部、中部、西部逐级提高配套补贴额度。总体上，补贴应可以维持老年人口的基本生活需求；对特别困难户，则应制定特殊补贴标准。

二要建立健全相应的激励机制，以多缴能够累进多得为准绳。处理好多缴累进多得与补贴过多造成养老基金差异过大的矛盾，关键在确定一个适当的补贴额度作为补贴拐点。如以月缴费 200 元为补贴拐点，处在拐点以下，多缴费获得补贴累进增加；超过这一拐点，多缴费获得补贴阶梯式减少。目的在于吸引绝大多数参保农民，由年缴费 100 元向月缴费 100～200 元转变；同时也要避免因缴费和补贴累进式增长而导致养老金积累和领取差距过于悬殊现象的发生。

三要加强管理，确保"新农保"基金保值增值。与城市比较，农村"新农保"管理的一大缺陷是人才缺乏。需要吸引和培训双管齐下，在补充人员同时，提高人才素质。要制定严格的制度和管理规范，按照国家有关规定参与养老金入市等金融活动，使养老基金保值、增值和可持续运行。逐步建立起与城市相同、和城市接轨，新的积累补充型养老保险体制机制。

参考文献

[1]《中共中央关于全面深化改革若干重大问题的决定》，载《改革开放以来历届三中全会文件汇编》，人民出版社，2013。

[2] 田雪原主编《人口老龄化与"中等收入陷阱"》，社会科学文献出版社，2013。

[3] 田雪原、王金营、周广庆：《老龄化：从"人口盈利"到"人口亏损"》，中国经济出版社，2006。

[4] 王一鸣：《调整和转型：后金融危机时期的中国经济发展》，《宏观经济研究》2009年第12期。

[5] 郑秉文、孙永勇：《城镇职工基本养老保险半数省份收不抵支》，《上海大学学报》2012年第3期。

[6] 张恺悌主编《中国城乡老年人社会活动和精神心理状况研究》，中国社会出版社，2009。

[7] 王桥主编《东亚：人口少子高龄化与经济社会可持续发展》，社会科学文献出版社，2012。

[8] 孙陆军主编，郭平、欧阳铮副主编《中国涉老政策文件汇编》，中国社会出版社，2009。

[9]〔美〕罗伯特·普森：《中国养老保险体系改革》，《全球化》2014年第1期。

[10]〔美〕大卫·麦克休：《全球陷入退休危机》，吴学丽编译，《社会科学报》2014年2月20日。

[11] United Nations：*World Population Prospects*，*The 2008 Revision*，New York，2009.

[12] U. S. Department of Commerce Economics and Statistics Administration U. S. Census Bureau，*An Aging World 2001*，Washington，D. C，2001.

[13] Carmelo Mesa-Lago，"Review: Social Security in Latin America: Pension and Health Care Reforms in the Last Quarter Century"，*Latin American Research Review*，Vol. 42，No. 2，2007，pp. 181-201.

（原载《现代化》杂志2015年8月，选入本文集做了较多增改）

中国启动新一轮养老保险改革

2013年《中共中央关于全面深化改革若干重大问题的决定》发布，养老保障改革被纳入社会保障制度改革之中，揭开中国城乡养老保障改革新的一页。新一轮改革带有顶层设计性质，目标是要建立全国统一的养老保障体系，彰显社会公平的保基本、广覆盖、可持续的养老保险体制机制。

适应人口老龄化推进需要

养老保障体系、养老保险体制改革，归根结底是为了满足人口老龄化加速推进的需要。21世纪上半叶中国人口老龄化，具有：①老龄化速度比较快、达到的水平比较高。65岁以上老年人口占比从7%提高到17%仅需花费32年，发达国家作为总体大约花费65年，耗时比我国多1.0倍。2050年中国65岁以上老年人口占比将达到23.07%，届时将比世界高出6.87个百分点，比发展中国家14.6%高出8.47个百分点，比发达国家26.2%仅低3.13个百分点，将跻身老龄化高水平国家行列。②老龄化推进具有阶段和累进的性质。第一阶段2000~2020年，为S曲线底部，老龄化推进比较缓慢阶段；第二阶段2020~2040年，为S曲线中部，老龄化加速上升阶段；第三阶段2040~2050年，为S曲线顶部，老龄化微升震荡阶段。③老龄化城乡和地区分布不平衡。以2000、2010年两次人口普查65岁以上老年人口占比比较，老龄化程度由高到低排序，由县、市、镇变为县、镇、市。这主要是农村以年轻人为主的人口向城镇流动和转移的结果。与此同时，老龄化地区差异也发生新的变化：由原来自西向东逐步加深，西部、中部、东部"三大板块"，变动到西部与中部合二而一、与东部有一定差距的"两大板块"格局。

上述人口老龄化趋势和特点表明，中国人口老龄化对养老保障、养老保险的需求是巨大的、比较急迫的。应对之策，一方面要努力发展经济、提高经济增长质量、调整优化经济结构，以有效增加社会养老保障供给能力；另一方面要建立健全养老保障体系，改革现行的养老保险制度。养老社会保障体系，主要包括养老社会保险、养老社会福利和养老社会救助，主体是养老社会保险。面对人口老龄化加速上行与经济发展呈现一定程度下行趋势，"未富先老"矛盾突出，必须对现行城乡养老保险体制进行改革，建立起公平合理、可持续、全国统一的养老保险体制。

破除"双二元结构"体制

为什么要对现行的养老保险体制进行改革？一句话，因为不公平、不可持续。回顾中国改革开放30多年来走过的历程，笔者以为，可粗略地划分为三个阶段：第一阶段1978~1992年，为改革起步和试验推进阶段；第二阶段1992~2013年，为改革全面展开阶段；第三阶段2013年以来，为全面深化改革、侧重顶层设计阶段。从一个特定的视角观察，第一和第二阶段，改革的重心在效率问题上。众所周知，新中国成立后学习苏联建立起高度集中统一的计划经济体制，这对于初期的国民经济恢复和基础工业体系的建立，曾经起到过巨大的作用。然而实行一二十年以后，这套体制无法克服的弊病日渐暴露出来，陷入"一统就死、一放就乱"的死胡同。在城市国有企业、农村人民公社一统天下情势下，"三个人的活五个人干""出工不出力"成为常态，"多劳不多得""少劳不少得"也习以为常。劳动生产率是新制度战胜旧制度最重要、最主要的东西，效率低下成为阻碍社会生产力发展的致命伤。因此，前期改革的方向是最大限度地调动人、财、物各种要素的潜能，通过改革激活各要素的活力，释放出新的生产力。由最初的发展商品经济、计划调节与市场调节相结合，到最后落脚到建立社会主义市场经济体制改革目标，以效率为重心的改革取得成功。经济发展创造出GDP年平均增长9.8%的骄人成绩，成为世界第二大经济实体，并且正在向第一大实体靠近；经济结构发生根本性转变，人民生活获得显著改善和提高；社会事业发展迅速，社会保障体系初步形成等。

然而任何事物总有其两面性，"有所得必有所失"是普遍适用的规律，改革也不例外。对于改革中出现的问题，诸如经济结构不尽合理、分配关系没有理顺、劳动就业矛盾突出、资源环境压力增大、社会保障不甚公平等，都需要通过改革加以解决。从总体上观察，可以说，前30年采取以效率为重心的改革调动起各种要素的积极性，达到让经济发展起来、一部分人先富裕起来的目的。30 年以后的改革，则要在巩固前一阶段经济体制改革成果基础上，进而通过新的将重心转到公平上来的改革，在促进经济继续发展的同时，使全体人民共同富裕起来。形象的说法是：改革前 30 年着力把蛋糕做大，30 年以后则主要把精力放在提升蛋糕质量，尤其是切好并分好蛋糕上面。

对于养老保障改革来说，在经济发展步入中等收入水平、城市化率超过 50% 和人口预期寿命达到 73 岁新情况下，其弊病和消极作用越来越明显地暴露出来。城乡之间、城镇内部企业与机关事业单位之间"双二元结构"养老体制，已经到了非改革不可的时候。

城乡"二元结构"体制弊端：占全国将近一半的农村老年人口被排斥在体制之外，不能按月领取养老金；当前"新农保"试点全面铺开，无奈水平过低，"全覆盖"盖的大都是难以御寒的"床单"。2011 年城镇职工基本养老保险基金支出 12764.9 亿元，离退休人数 8626.2 万人，人均给付养老金 14797.8 元；"新农保"试点基金支出 587.7 亿元，达到领取待遇年龄参保人数 8921.8 万人，人均领取 658.7 元，仅相当于城镇职工的 4.5%。[1]

城镇内部"二元结构"体制弊端：企业职工一般要缴纳相当于工资的 8% 作为养老金积累记入个人账户，企业要缴纳相当于职工工资 20% 作为补充养老保险金；机关、事业单位及其干部职工，却无须缴纳积累养老金，也不建立任何个人账户。然而企业职工退休后一般仅能领取相当于原工资 50% ~70% 的退休金，机关事业单位干部职工却可以领取相当于原工资 75% ~100% 的退休金。本来企业职工与机关事业单位干部职工工资差距就比较大，领取养老金占工资比例又相差二三十个百分点，致使二者领取养老金的差距一下子被拉开，造成退休金严重不公。

另一方面，预测表明，如果按照现行的一套养老保险体制机制走下去，到 2029 年全国退休金占 GDP 之比可超过 10%、超过占工资总额 29% "警戒线"，潜藏着相当巨大的养老金支付危机。一个时期以来，关于养老金空账和半数省份城镇职工基本养老保险金收不抵支，被炒得沸沸扬扬。[2] 相关部门出来"辟谣"：不存在养老金入不敷出问题，近 10 年来我国养老金累计

---

[1] 依据《中国统计年鉴 2012》第 943、944、951 页数据计算。

[2] 参见郑秉文、孙永勇：《城镇职工基本养老保险半数省份收不抵支》，《上海大学学报》2012 年第 3 期。

结余 1.9 万亿元。与此同时，又传出相关部门准备推迟养老金支付年龄信息——有人认为是迫于养老金支付压力所致。相关部门负责同志同样做出带有"辟谣"性质的阐释：推迟养老金支付年龄不等于推迟退休年龄，与养老金压力无关，主要是出于适应老龄化特别是预期寿命延长考虑。[①] 这是一个充满矛盾的解释，还能退休后不领养老金吗?! 实际情况是，养老金空账客观存在，那是投保人个人账户账面上的空账；养老金结余也客观存在，那是按现收现付制计算下来的累计结余。统计资料显示：1990～2011 年，城镇职工基本养老保险基金收入由 178.8 亿元增加到 16894.7 亿元，支出由 149.3 亿元增加到 12764.9 亿元，收入减去支出 21 年累计结余 19496.6 亿元。[②] 即就现收现付转移支付而论，目前全国不存在养老金收不抵支问题；但是随着人口老龄化加速推进和退休人口累进增长，加上部分企业拖欠养老金缴费有增无减，以此外推，不出 20 年将出现带有全局性的收不抵支局面，风险在累进增长，必须另图改革之策。

稳步推进养老保险体制改革

在探讨改革和构建新体制之前，有必要首先厘清目前在养老保障、保险、体系、体制、机制等概念上存在的混乱。因为概念不清，一会儿使用养老保障，一会儿使用养老保险；在这里用的是养老体系，在那里用的却是养老体制、机制，把本来清楚的事情给搞糊涂了。

养老保障、养老保险。笔者以为，养老保障指保护老有所养不受侵犯的制度和行为规范，涉及所有养老内容、组织和方面；养老保险是将各方面的养老资金汇集起来，交由专门的保险机构运作，按时向投保人以及其他符合条件的老年人发放养老金。

养老体系、体制、机制。养老体系指同老有所养相关的组织，按照一定的架构集合成一个有约束力的整体，同养老保障相对应；养老体制指由国家、企业、单位、个人等组成建立的规范化的养老制度，同养老保险相对应；养老机制则指构成养老体制的组织、个人相互作用的过程和方式。

按照这样的概念界定，养老保障架构可分为三个层次，改革也可按照这三个层次积极稳妥地向前推进。

① 《中国统计年鉴 2012》，中国统计出版社，2012，第 943 页。
② 《中国统计年鉴 2012》，中国统计出版社，2012，第 943 页。

第一层次改革：整合养老社会资源，完善养老保障体系。养老保障体系是养老保障总体的框架结构，是以保障全体老年人口有所养为目标的制度安排。主要由养老社会保险、养老社会福利和养老社会救助三部分组成。这三个部分相互关联、相互补充，但不是并列的。养老社会保险是主体，是支撑体系框架的中流砥柱，也是改革的重点。对此，下面有专题阐发，这里不多赘述。养老社会福利、养老社会救助是"两翼"，是养老保险体制的必要补充也是不可或缺的"两翼"。如果说养老社会保险主要针对老年人口主体，一般老年人口均要参保；那么养老社会福利、养老社会救助，则主要针对老年人口中的高龄老人、鳏寡孤独者、残疾人等弱势群体，对这些老年人实行最低生活保障、医疗保障、发放高龄老人福利补贴、对特殊困难老人实行救助等。其中有的属政府相关部门职责，民政、老龄等部门要责无旁贷地担当；有的属社会团体、企业、个人行为，就要充分发挥政府的主导作用和市场在资源配置中的决定性作用，科学整合各种社会资源，建立起适应老龄化发展需要的长效机制。

整合社会养老资源，还要特别提及养老慈善事业。在西方社会，慈善事业发达，政府大力倡导和扶持，在养老保障中发挥着不可替代的作用。我国则逊色许多，慈善组织关注养老事业较少，作用十分有限。究其原因，一是政策不到位，如西方国家对企业举办慈善事业减免税收幅度很大，甚至捐赠养老慈善事业比纳税还合算，又可享有慈善家美名，引来许多企业、组织、个人兴办慈善事业。二是政府引导、鼓励、支持不够，往往成为企业慈善家的独善行为，难以产生较大的社会效益和影响。此外，整合养老社会资源，还要广开门路。例如，一些地方已经开展的以房养老、农民宅基地养老、时间储蓄银行等，都需要在总结经验基础上，更好地向前推进。

第二层次改革：破除"双二元结构"，推进城乡进养老保险体制改革。这是养老保障改革的重点和难点。目标是建立彰显社会公平的保基本、广覆盖、可持续的养老保险体制机制。不过改革不能脱离现实，必须从打破现存的"双二元体制"切入，分城乡稳步扎实地推进。

1. 城市养老保险体制改革。以拆除企业与机关事业单位之间"二元体制"为突破口，进行体制并轨改革。一个时期以来，社会上将"并轨"改革炒得很热。不过要弄清楚：向哪条轨道并轨、如何并轨。许多以为是机关事业单位向企业"并轨"，只需将企业运行的一套养老体制移植到机关事业单位就行了。笔者以为，目前企业的一套养老框架具有参考价值，但是养老金积累分配失衡、个人账户名不符实、激励机制软弱无力等，也都需要改革。因此，"并轨"是向着符合改革要求、所要建立的新的养老体制并轨，而不是简单地向企业并轨。

改革所要建立的新的养老保险体制，应是"积累补充型"一类的新体制。要义是养老金积累主要由两部分组成。一部分为基本养老保险基金，由个人和所在单位按照确定的养老金缴纳比例按月缴纳；基金全部记入个人账户，为退休后领取养老金唯一凭证。另一部分为补充养老保险基金，由个人、单位自主决定缴纳等级并且按等级定期缴纳；政策上给予优惠，如不缴纳个人所得税等，保证多缴能够累进多得；设立补充养老保险基金账户，按照个人、单位缴纳比例合理分配领取份额，形成补充养老保险积累机制。无论基本养老基金还是补充养老基金，都要参照以往经验并通过精算，合理确定养老金替代率和缴费年限；完善养老金管理和监督体制机制，确保养老金保值增值。

改革所要建立的积累补充型养老保险体制，与现行的"社会统筹＋个人账户"体制既有联系又有区别。联系——将个人养老金账户升级为个人养老基金积累账户，成为退休后领取养老金的唯一凭证。区别——目前国家机关事业单位没有个人养老金账户，要制定养老金征缴细则，建立起新的个人养老基金账户；企业的个人账户也有一定的虚数，要适度做实养老金个人账户空账。最终实现养老保险基金积累余额与养老金给付的直接挂钩对接，保证养老基金的可持续运行。

2. 农村养老保险体制改革。农村养老保险体制改革，要在现有的"新农保"基础上实现转型升级，建立同城市类似的积累补充型养老保险新体制。自2009年开始的新型农村养老保险试点，迅速在全国扩大开来，目前已经实现全覆盖，为实施新体制改革打下稳固基础。列入国家社科基金、由穆怀中教授主持的对辽宁、北京、江苏、安徽、四川、甘肃等20个省区市农民养老经济条件及养老状况的调查表明，参保人员的满意度是比较高的。[1]

目前"新农保"存在的主要问题，是认识和宣传不到位、保险的水平比较低、激励机制缺失和管理不够严格、不够规范等。突出的是参保和领取的养老金水平低。有的参保农民一年结算下来，还拿不到100元的新农保养老金，实在是杯水车薪，不能起到保障农村老年人口基本生活支出的作用。

---

① 参见田雪原主编《人口老龄化与"中等收入陷阱"》，社会科学文献出版社，2013。

改革的思路是：一要坚持养老基金积累以个人缴费为主，以个人所在乡镇政府补贴为辅。不过政府补贴应适当提高标准，分东部、中部、西部逐级提高配套补贴额度。总体上，补贴应可以维持农村老年人口的基本生活需求；对于特别困难户，则应制定特殊补贴政策。

二要建立健全相应的激励机制，保证多缴能够累进多得。还要处理好多缴累进多得与补贴过多造成养老基金差异过大的矛盾，确定一个适当的补贴额度。目的是吸引多数参保农民向多缴费转变，提高保险金领取水平。

三要加强管理，确保"新农保"基金保值增值。与城市比较，农村"新农保"管理的一大缺陷是人才缺乏。需要引进和培训双管齐下，有效提升人才素质。要制定严格的管理制度规范，按照国家有关规定适当参与养老金入市等金融活动，使养老基金保值、增值和可持续运行。

第三层次改革：增进养老服务，发展养老服务产业。与城乡养老保险体制改革如火如荼进行相比，养老社会服务滞后十分明显，也必须进行相应的改革。众所周知，随着信息化、经济全球化不断提速，以服务业为主的第三产业发展迅速，目前后工业化国家第三产业在三次产业中占比已经上升到70% ~ 80%。其中的一个重要原因，是人口年龄结构老龄化提供了巨大的服务需求。2013年，中国三次产业结构中第三产业占比首次超过第二产业，实现历史性的转折；然而必须看到，一是我国第三产业内部结构落后，以低端服务业为主，科学、教育、金融、保险等高端服务业滞后，且垄断程度高、缺乏竞争力；二是低端服务业中又以餐饮、住宿、小商品市场等大众服务业为主，养老保障服务严重缺失，同人口老龄化、高龄化不相适应。现在的情况是，养老服务市场需求巨大、持续增大、品位迅速提升，迫切需要获得政策支持，以保证能够健康较快地发展。

增进养老服务，发展养老服务产业要从中国实际出发，也要吸取国际社会有益的经验。应当看到，在现代养老服务方面，我们的差距是很大的。笔者在美、英、瑞、荷、澳、日等国考察发现，他们的养老服务项目繁多，应有尽有。既有居家养老、老年公寓、托老所一类生活照料服务，也有设备安装、通信邮政、办理减税等入户巡视服务，还有医疗、护理、心理治疗等健康支持服务，生存环境、活动场所、社会交往等信息咨询服务。形式多样，既有定点服务场所，包括组织起来进行训练的康复活动服务；更多的则是分片包干，提供上门流动式服务。队伍专业性强，大都受过良好教育和训练，提供软件过硬式服务。后工业化国家社会养老服务业之所以十分发达，同政

府主导、大力支持分不开。以日本为例，早在 1922 年便推出第一部健康保
险制度，此后又陆续推出《国民健康保险法》《国民年金法》《护理保险法》
等法律法规，从人、财、物各个方面，支持养老服务产业持续不断发展，帮
助全体老年人平安走完人生最后旅程。

参考文献

［1］《中共中央关于全面深化改革若干重大问题的决定》，载《改革开放以来历届三
中全会文件汇编》，人民出版社，2013，第 175～220 页。

［2］田雪原主编《人口老龄化与"中等收入陷阱"》，社会科学文献出版社，2013。

［3］田雪原、王金营、周广庆：《老龄化：从"人口盈利"到"人口亏损"》，中国
经济出版社，2006。

［4］王一鸣：《调整和转型：后金融危机时期的中国经济发展》，《宏观经济研究》
2009 年第 12 期。

［5］郑秉文、孙永勇：《城镇职工基本养老保险半数省份收不抵支》，《上海大学学
报》2012 年第 3 期。

［6］张恺悌主编《中国城乡老年人社会活动和精神心理状况研究》，中国社会出版
社，2009。

［7］孙陆军主编，郭平、欧阳铮副主编《中国涉老政策文件汇编》，中国社会出版
社，2009。

［8］〔美〕罗伯特·普森：《中国养老保险体系改革》，《全球化》2014 年第 1 期。

［9］〔美〕大卫·麦克休：《全球陷入退休危机》，吴学丽编译，《社会科学报》
2014 年 2 月 20 日。

（撰于 2015 年 10 月）

推进国际交流协作提升养老服务质量

引 子

2012 年上海《文汇报》曾以《养老院内风险有几多?》为题,刊登一组报道。其中有两则案例。

〔案例一〕养老院一护理工,将住院的黄老太太从床上双手抱起,在转放到床边藤椅过程中,尚未放稳即松开双手,致使黄老太太摔倒在地,造成左股骨下段粉碎性骨折。家属将养老院告上法院。法庭调查并判决:黄老太太入住时,其女儿与该养老院签订了《入住协议书》,约定护理等级为特级。根据《上海市养老机构管理和服务基本标准(暂行)》第九条规定:护理员应接受岗前培训合格,由市民政局发给《上海市护理员执业证书》持证上岗。该护理员却是无证上岗的"野护工"。又,第十九条规定:专门护理、一级、二级护理……均应防止摔伤。最终裁定:养老院负全责,赔偿人民币 61000 元。

〔案例二〕入住青浦区一家较为高档养老院的曹老先生,生前患有腔梗,于 2010 年 5 月突然死亡。据医院记载,曹系食道堵塞窒息而死。其子女认为是护工喂食不当,致使老人死亡,遂告上法院。医院出具居民死亡医学证明书:直接死亡原因为窒息;促进死亡,但与导致死亡的疾病或情况无关的其他重要情况为腔梗(属于脑梗的一种)。对此,养老院辩称:导致老人窒息的原因是老人在进食时因脑梗而致吞咽困难,并非喂食不当所致,因此不同意诉请。法院审理后认为,事发时曹老先生的护理等级为专三级,主要护理内容为提供 24 小时专门护理。院方违反护理等级约定让其自行食用花卷,且该护理人员未取得相应执业证书，应承担民事责任。但该违约行为并非是导致曹窒息的唯一因素，曹事发前突发腔梗，这也是加速其死亡的重要因素。因此，法院酌情判定院方承担40%的民事赔偿责任，赔偿曹子女151000元。①

以上两个案例，至少给出两点启示：其一，随着人口老龄化和养老服务需求的快速增长，养老服务人员素质不高、无证上岗，是导致服务对象死伤的根本原因。其二，随着人们维权意识的增强，养老机构被告涉诉，最终付出沉重的代价。这说明，养老服务业滞后、服务业人员素质不高、违规上岗问题严重，已经到了必须正视和解决的时候了。

人才：提升养老服务质量第一要义

信息化、经济全球化，被公认为当今世界最重要的两大发展趋势。不过还应当加上人口老龄化趋势。因为 20 世纪是人口暴涨的 100 年，世界人口由 16.0 亿增长到 61.2 亿，增长 2.8 倍；21 世纪则是人口老龄化的世纪，联合国预测：世界 65 岁以上老年人口占比可由 2000 年 6.8%，提升到 2050 年16.2%，年龄中位数可由 26.6 岁提升到 32.8 岁，下半叶还将继续有所提升。参见图 1：②

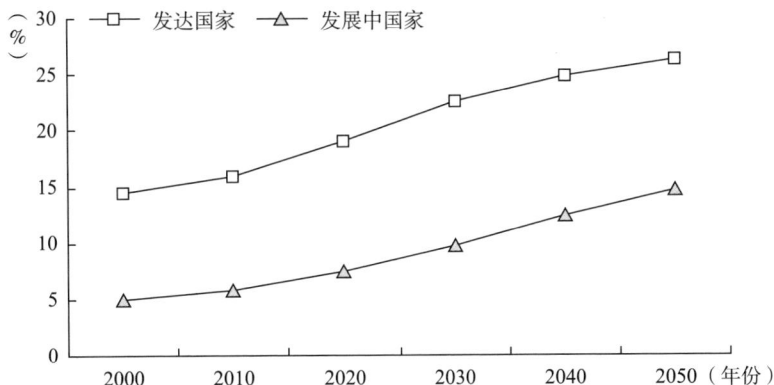

图 1 世界 2000～2050 年 65 岁以上老年人口占比预测

中国是当今世界人口也是老年人口最多的发展中国家，人口老龄化展示

---

① www.xue163.com/71/1002，2012－10－23。

② United Nations *World Population Prospects*, *The 2008 Revision*, New York, 2009, p.48.

出速度比较快、达到的水平比较高、具有阶段和累进增长、城乡和地域分布不平衡特点。高、中、低三种人口老龄化预测，参见图2：①

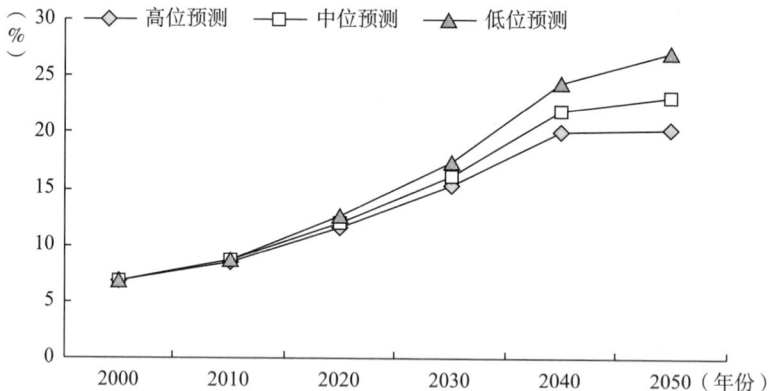

图 2　2000~2050 年中国 65 岁以上老年人口占比预测

　　面对扑面而来的老龄化银色浪潮，在改革开放以来社会经济持续高速发展中，发展养老服务业作为养老社会保障事业中的一个有机组成部分，获得显著进步。初步建立起自下而上的服务框架，配备了一定数量的管理和专业人员，陆续推出若干法律法规，组织服务人员职业培训等，均取得不少成绩。然而在养老服务专业人才培养方面，存在着一些亟待解决并且带有根本性质的问题。

　　一是认识不高，起步较晚。认为养老服务业是简单劳动，是人看人会的事情，毋需进行正规培训，更不需要作为一门专业知识和学业施教。有了这种认识，自然不把养老专业人才培养当作一回事，致使养老专业人才培养迟迟不能提上议事日程。

　　二是服务人员数量不足，素质不够高。前面两个案例说明，专业护理人员在没有受过专业训练、没有合格资证情况下上岗，最易发生人身事故。据有关部门统计，2010 年全国养老服务机构 3.97 万家，收养老年人 220 万人，机构内服务人员 27.9 万人。其中获得社会工作者职业资格者 2.5 万人，获得养老护理员国家职业资格者约 3.0 万人②，相当多数为既无资质证书、又无培训经历的山寨版 "护理员"。

---

① 参见田雪原等：《21 世纪中国人口发展战略研究》，社会科学文献出版社，2007，第 449 ~ 454 页。

② 参见华龄：《为老服务队伍建设迫在眉睫》，《中华老龄》2010 年第 2 期。

三是劳动条件艰苦且收入偏低，吸引和留住人才困难。一方面已有的护理人员素质不够高、不尽如人意；另一方面留住这些不尽如人意的专业人员还相当困难，因为护理工作又脏又累，而且待遇又低。养老服务业被一些人看作侍候人的行业，加上脏累和待遇低，引进人才更是难上加难。

这些问题的形成有着经济的、人口的、社会的等多重原因，经济是基础。虽然改革开放以来经济获得持续快速增长，并且已经成为世界第二大经济实体；但是目前处在中等收入阶段，发展养老保障的基础仍较薄弱。中国步入人口老龄化的历史很短，要比发达国家晚几十年甚至上百年，养老保障制度建设正在路上。社会特别是文化背景不同，养儿防老传统文化根深蒂固，深刻影响着养老服务业发展和养老服务专业人才水平的提升。当前，发展养老服务业和提升养老服务质量，固然需要增加投资，建设更多一些服务机构；需要改进硬件设施，提高物质装备水平等。但是更为重要的是提高养老服务人员的素质，提升专业人才的知识和技能。这是问题的关键。中国养老服务业滞后，关键滞后在专业人员数量缺口过大、质量不高上面。改革应从这里入手，在提升养老服务人员尤其在提升养老专业人才素质上做文章、下功夫。

交流：提升养老服务质量重要途径

提升养老服务质量、培养养老服务专业人才，首先要总结我们自己的做法和经验，发扬成绩、克服缺点、不断进取。例如，中华孝文化源远流长，子孙后代为父母一代的天然养老服务员，久而久之形成尊老、敬老、养老一套优良传统。时至今日，家庭子女养老服务仍旧维持在较高水平。这可从中外老年人口家庭户类型对比中看出来，参见图3。[①]

图3显示，以老年1人、夫妇2人构成的老年独居户，以法国占比84.7%为最高，美国74.5%次之，日本和韩国分别为52.2%和51.7%，中国最低，为31.8%。而二代以上户，中国以占比68.2%居榜首，其余依次为韩国46.4%、日本40.2%、美国23.9%，最低的法国仅为14.8%。充分显示出中国家庭养老占比独大、机构和社区养老较弱格局，也折射出注重代际亲情、子女提供的养老服务权重较大实际。中国注重代际亲情、子女提供

---

① 参见王硕：《东亚老年人户居模式已变化》，《中国社会科学报》2014年3月14日。

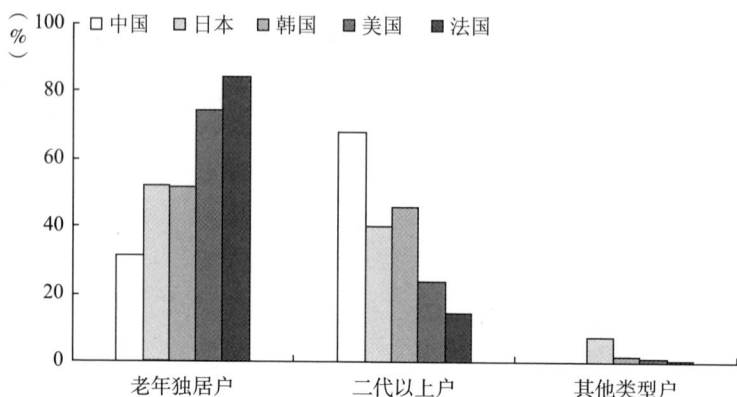

图 3　2010 年中国与部分国家老年家庭类型比较

养老服务的传统，常为西方一些人士所羡慕。调查表明，西方国家退休老年多数仍愿意留在原居住地养老，形成"自然退休社区"，同子女保持较近一些的距离，联系和照顾比较方便。在日本，独居老人则希望同子女保持送上"一碗汤不凉"的距离，以使在得到社会养老服务同时，保持代际亲情。中国式家庭养老服务受到国际社会青睐并力图效仿表明，交流是双向的，是提升养老服务质量的重要途径。

　　然而，中国的养老服务正在发生变化。上述老年独居户占比由 2000 年 22.8%，上升到 2010 年 31.8%，10 年升高 9.0 个百分点，年平均升高 0.9 个百分点，升高的幅度很大、速度很快。与老年独居家庭占比大幅度升高的同时，父母同子女共同居住的二代以上户占比相应下降，子女提供的养老服务不断弱化。且不说拒不赡养父母案件呈上升趋势，即使承担子女赡养义务，一些人宁可花钱雇用保姆，也不愿意亲自为父母提供照料服务。而从劳动力市场上雇用的保姆，绝大多数是女性农民工，并未受过任何训练，更不消说专业服务训练。所能提供的服务仅限于普通人的日常生活，老年人需要的特殊服务无法得到满足。

　　发达国家提供了这方面可供借鉴的经验。一是从 18 世纪中叶工业革命开始，这些国家经济经过长期的发展，产业结构多次转型升级，已达到较高水平。二是人口老龄化经历了几十年、上百年的历史，解决各种老龄问题的政策也经历了不断调整和完善的过程。三是养老服务作为一门学科和产业，经历了从提出、发展到成熟几个过程，目前基本框架体系已经形成。相比之下，虽然中国经济发展迅速，改革开放以来 GDP 以年平均 9.8% 的速度递增，成为当今世界第二大经济实体；但是 2013 年人均 GDP 只有 6807 美元，属中等收入水平，仅相当于世界人均 10513 美元的 64.7% 、发达国家的 20.0% 左右。[①] 2000 年中国人口年龄结构步入老年型，至今仅 15 年，应对老龄化的各项政策、措施尚在推行和改进阶段，具有"摸着石头过河"性质。养老服务和养老服务人才培养也是如此。如前所述，在认识、规范、人才培训等方面有待提高，还有很多空白有待填补。提高和填补除了总结我们自己的做法和经验外，借鉴国际社会尤其是后工业化社会的成功经验，是必需和必要的。

中德：打造养老服务人才培养交流平台

开展养老服务人才培养交流协作，中德两国各有优势，也各有短处，互补性强，前景可观。

第一，中国是世界文明古国之一，在应对老龄化挑战中，需要挖掘优秀文化传统中的精华，施用于养老服务人才培养，如前面提及的尊老、敬老、养老意识形态，注重养老人才的道德建设和作风培养，将仁爱之心、敬老之情、细微之举融入培训内容之中，总结成经典纳入教学和训练，无疑对养老人才培养大有裨益。

第二，德国在社会养老人才培养方面已经先行一步，积累了比较成熟的经验。德国是近代率先推行养老社会保障制度的国家。早在 1889 年俾斯麦时代就通过了"帝国劳工障碍与老年保险法"，建立了近代第一个老年年金制度。之后经过不断的修改和完善，建立起比较流畅和高效的养老保险体制机制。1995 年开始设立长期护理保险，1996 年正式推广实施。长期护理保险基金与医疗保险基金分离，依托基金会采取现收现付制独立运营，对不同护理级别者提供专业的照护服务，促进了养老服务质量的提升和人才的培养。

第三，中德两国对养老服务有着一定的共识，借鉴和互补性强。养老服务质量高低，除了服务者技术素质外，彼此认同、信任和依赖等文化因素也很重要。德国传统文化与某些西方国家不尽相同，比较认同家庭成员在居所为老年人提供服务的价值。传统家庭分工与中国相近：男性在外工作取得收入，女性主要承担家务和包括养老在内的家庭服务性工作。调查显示，多数

---

① 《中国统计年鉴 2014》，中国统计出版社，2014，第 927 页。

人认为家庭仍旧是养老服务最好的一种形式，孩子为父母提供养老服务是一种道德和责任。当然，选择子女提供家庭养老服务方式，并不排斥社会服务。社会养老服务仍能以居家、社区、机构养老服务的方式进行，是家庭服务的必要补充。

有鉴于此，开展中德养老服务交流和养老服务人才培养协作，可以说前景光明、前途广阔。交流和协作是双方向的，双方互相学习、取长补短、共同推进。就目前两国的基本国情而言，主导的方向是：中国人口老龄化推进迅速，养老服务人才数量短缺、素质亟待提高，养老服务人才市场需求巨大；德国人口老龄化、养老服务业发展和养老人才培养历史悠长，积累了比较丰厚的经验。在这种情况下，可以说协作恰逢其时、一拍即合。如能在取得较多共识基础上，在人才培养方向、内容和学习对接等方面取得实质性进展，协作之梦是可以期待的。

参考文献

［1］《国务院关于机关事业单位工作人员养老保险制度改革的决定》，《人民日报》2015 年 1 月 15 日。

［2］田雪原：《后人口转变迎来新改革机遇》，社会科学文献出版社，2014。

［3］田雪原等：《21 世纪中国人口发展战略研究》，社会科学文献出版社，2007。

［4］程承评、罗栋：《国外应对人口老龄化的政策》，《中国人力资源》2011 年第 12 期。

［5］郭林：《西方典型国家私营资本参与养老服务体系建设》，《国外社会科学》2014 年第 6 期。

［6］华龄：《为老服务队伍建设迫在眉睫》，《中华老龄》2010 年第 2 期。

（在"中德社会保障国际研讨会"上的演讲，2015 年 10 月）

四　人口流动与城市化

以改革推动城市化转型升级

城市化一端担负承接信息化、工业化，另一端担负促进农业现代化重任，是当前经济平稳较快增长、转变经济发展方式的最大希望所在。如何完成这一使命？"打铁还需自身硬"，最根本的是推动城市化转型，提高城市化质量。而城市化升级版的打造，只能依靠改革驱动，特别是调整城市化方针和推进城市化体制机制的改革。

调整城市化方针

通过改革实现城市化转型升级，首先要对决定城市化发展方向的城市化方针做出与时俱进的调整。长期以来，我国一直奉行积极发展小城镇、适当发展中等城市、严格限制大城市规模的城市化方针。毫无疑问，这一方针的提出是从中国实际出发，符合改革开放前期人口多尤其是农村人口多、城市化水平不高、生产力不发达基本国情的。20 世纪 80 年代初，在我国将近 10 亿人口中农村人口近 8 亿，占到 80% 以上，实行"以小为主"的城市化方针，投入少、见效快，有利于农村剩余劳动力向以乡镇企业为主的就业转移，有利于加快人口城市化进程。同时也另辟蹊径于"三农"问题的解决，促进了农村经济的发展，赢得"小城镇解决了大问题"的赞誉。然而，事物无不依据一定的条件向着相反的方向转化。此等"村村点火、户户冒烟"型城市化在一度成就了城乡经济较快发展的同时，也使资源浪费、环境污染、效率低下等问题积累和突出出来，发展到"小城镇成了大问题"，"以小为主"的城市化再也继续不下去了。问题与解决问题的手段总是同时发生的。到 20 世纪末，中国城市化事实上已经转变到"以大为主"类型上来。参见图 1：[①]

---

① 《中国统计年鉴 1991》，第 653 页；《中国统计年鉴 2004》，第 255 ~ 262 页。

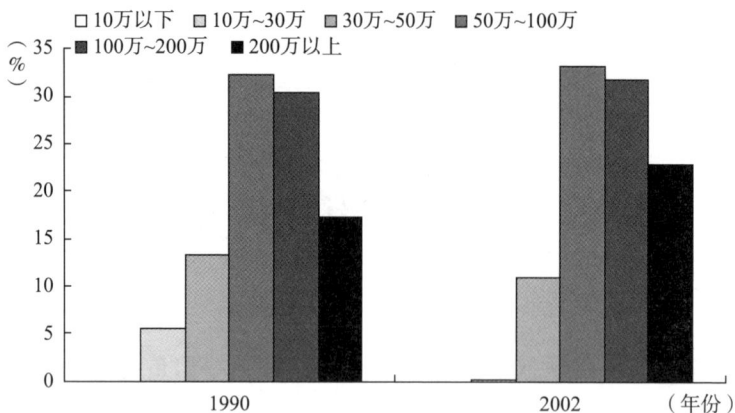

图 1　1990 ~ 2002 年大、中、小城市结构变动

　　"以小为主"城市化方针被实践冲破，理论上做何阐释？一般认为，城市化是社会生产力发展到一定阶段，社会进步达到一定程度的产物。从人口学角度观察，城市化是农村人口向城镇转移的一种过程，是人口的城乡结构问题；从劳动学角度观察，是就业在一、二、三次产业之间的分布和结构问题；从经济学角度观察，是农业、加工业、服务业为主的三次产业结构的变动问题；从社会学角度观察，是工业社会取代农业社会的生产和生活方式，工业文明取代农业文明、现代文明取代传统文明的社会进步问题。不过核心是人口的城市化，因为变农村人口为城镇人口的过程，就是人口和就业结构转变、产业结构升级、现代文明取代传统文明的进步过程。总结这一过程，迄今为止的人口城市化具有 S 曲线走势、三个阶段特征：第一阶段为 S 曲线底部，表现为农村人口向以中小城镇为主转移和集中，亦可称之为乡村城市化阶段；第二阶段为 S 曲线挺起中部，以乡村和中小城镇人口向大城市、超大城市转移和集中为主要特征，亦可称之为大城市主导阶段；第三阶段为 S 曲线顶部，以大城市尤其是超大城市中心区人口向郊区和其他乡村迁移为新动向，亦可称之为逆城市化阶段。以此衡量，中国在改革开放前期近 20 年时间里已成功走过第一阶段，20 世纪末事实上挺进到第二阶段，这与许多国家的城市化过程没有什么两样；所不同的是，中国一直强调"以小为主"，即使实际上已经步入"以大为主"的第二阶段。这就发生了理论落后于实践、方针偏离现实的矛盾，并且对城市化方针产生某种误读和误判。例如，将发展小城镇说成"中国特色"的主要标志，似乎越小特色越鲜明；小城镇可以加快城市化速度，有利于经济的快速发展；小城镇可以容纳更多

劳动力就业，能够有效避免"大城市病"等。凡此种种，不仅在城市化阶段性理论上造成模糊，仿佛中国可以永久停留在第一阶段上；而且在实践上带来不良后果，在"中国特色"光环照耀下，建制镇迅速扩张、人口暴涨，由1980年5693万人增加到1990年26302万人、1995年35063万人①，1996年以后增速方才逐渐减慢下来。然而最近一个时期以来，农村并村组建中心村、乡镇，中心村、乡镇急于升级为建制镇重又风声四起，以镇为龙头的城市化大有卷土重来之势。这对于城市化率超过52%、实际上早已步入"以大为主"第二阶段的我国城市化说来，不能不引起警觉。国内外研究表明，城市化效率和效益同城市规模呈正相关是普遍的规律。如果违背这一规律，硬是坚持以小为主"摊大饼"式向外扩张，势必使盲目圈地占地、盲目投资开发愈演愈烈。一方面造成资源浪费、成本推高，使城市化同转变经济发展方式背道而驰；另一方面侵占农用土地、损害农民利益行为难以扼制，在实质上同新农村建设格格不入。当下"以小为主"的城市化方针，到了必须改革和调整的时候，适时转变到以大为主、大中小城市协调发展上来。

为适应这一转变，消除某种对小城镇不应有的偏好，理应用"城市化"取代颇有官方色彩的"城镇化"概念。据考证，"城镇化"一词属于"中国制造"，最早出现在1984年世界银行对中国经济考察的背景材料《城镇化：国际经验和中国的前景》（中文版）一书中，是为了突出优先发展小城镇而选定的翻译概念。② 然而，在联合国人口委员会秘书长乔治·塔皮诺斯（Georges Tapinos）主编的《人口学词典》中，并无"城镇化"一词，城市本有大、中、小规模不等之分，镇即是小城市。Urbanization被译为城市化，系指居住在城市地区人口比例的增长。当前在我国城市化挺进到S曲线第二阶段、并且实际上转变到"以大为主"十多年以后，再使用"城镇化"有片面强调以小城镇为主之嫌，也模糊了城市化的阶段性特征。

改革二元户籍制度

众所周知，我国城乡二元人口、经济、社会结构由来已久。随着改革开放后城市化速度的加快和进城务工经商农民与日俱增，这种二元结构也带到城市化中来，形成城市中特有的二元结构。在住房、招工、看病、上学、社

---

① 《中国人口统计年鉴2000》，中国统计出版社，2000，第448页。
② 参见王慧炯、杨光辉主编《城镇化：世界经验和中国的前景》，气象出版社，1984。

会保障等方面，许多都将本市居民和进城农民严格区分开来，实行差别化政策。尽管各地差别化政策的具体条款有所不同，但是最基本的一条，都是拿户籍说事儿，按照农业还是非农业人口、本地还是外地户籍将进城农民排除在外。然而人口普查和人口抽样调查，则将在城镇居住半年以上人口登记为城镇常住人口，即统计口径上的城镇人口。目前全国流动人口 2.53 亿，其中 2 亿左右为进城农民，致使城镇人口中包含过多的农业人口，占到 28% 左右，形成一定程度的城镇人口虚张。但是虚张多少，不同的估量出入很大。有的以非农业人口定为城镇人口，如此现在的城市化率尚不足 40%。笔者以为，这样"去虚张"未免有些矫枉过正。因为任何国家（除城市国家外）的城市人口，均包含一定数量的农业人口。怎样确定农业人口占比比较合适？不妨从新中国成立以来城镇辖区人口占总人口比例与非农业人口占总人口比例比较中，找到合适的答案。参见图 2：①

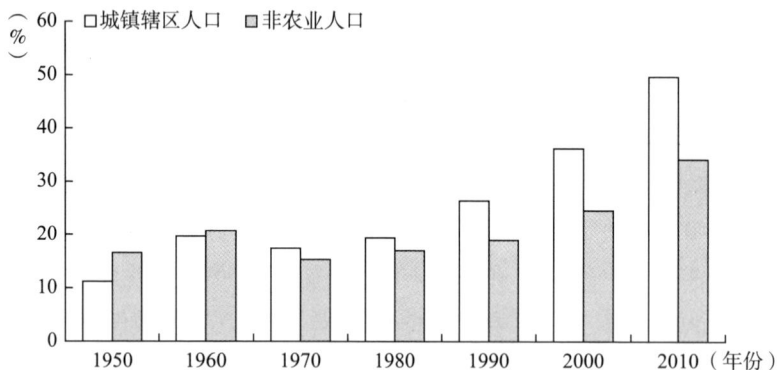

图 2　1950~2010 年中国人口城市化两种口径比较

　　图 2 显示，20 世纪 50 年代非农业人口占比高于城镇辖区人口占比，60 年代逐渐调整过来，改革开放以后城镇辖区人口与非农业人口占比之间的差距逐步扩大，到 2010 年高出 15.5 个百分点，目前高出约 17 个百分点，农业人口占比委实高了一些。60 多年的经验数据表明，城镇辖区人口中非农业人口占 75%、农业人口占 25% 左右是较为适当的，有利于城乡协调发展的。按此计算，现在实际的城市化率当在 50% 左右，比统计数据低 3 个百分

---

① 国家统计局人口和社会科技统计司编《中国人口统计年鉴 2001》，中国统计出版社，2001，第 200~201 页；《中国人口和就业统计年鉴 2011》，第 283 页。

点、人数少 3500 万左右。① 也就是说，目前 2 亿进城农民中，1.65 亿应当适时地转为城市市民；而实际上，他们仅仅是统计意义上的城镇常住人口，户籍身份依然是农业人口。

按照这样的思路，应当通过二元户籍制度改革，将目前 1.65 亿进城农民适时地转变为城市人口。实际上，进行二元户籍制度改革并不困难。已有的改革试点经验证明，取消农业与非农业人口两种户籍、实行城乡统一的"居民"登记身份证制度，是现实可行的。虽然在实践中可能遇到这样那样的困难和问题，然而只要设计周全、方案具体，困难和问题便可迎刃而解。关键是要提高认识，将二元户籍制度改革提高到消除城市化虚张、事关城市化和社会经济发展全局的高度来认识。改革二元户籍结构、实行统一的居民身份证制度，可从根本上消除在就业、购房、医疗、子女入学等方面长期存在的不平等基础，使进城农民可以同原有城市居民一样人尽其才，促进城市人力资本的有效提升；同时城市资源，从而城市自然资本、产出资本、社会资本，可以更有效地做到物尽其用、财尽其效，全面提升城市资本的使用效率。人、物、财"三个尽其"足以产生新的叠加效应，释放出提高城市化质量的正能量，迈出城市化转型升级的坚实步伐。事实上，进城农民因为户籍限制难以在城市买房，配偶及其他家属不能随之进城定居，农民工一般便将其所得收入做"三三制"分配：本人生活费支出占 1/3，寄给配偶等家属占 1/3，剩下 1/3 用作春节返乡探亲交通、年货、礼物等项支出。这样一来，2 亿多农民工拉动的主要是城市固定资产投资，拉动消费的贡献率很低。如果通过户籍改革有效地变进城农民为市民，有资格买房并且也买得起房，配偶、子女等能够随之进城安居并融入城市，就会由拉动投资为主转变为拉动消费为主。不仅可以有效地消除城市化过程中城市规模、城市人口等的虚张；而且能够带动城市化和整个国民经济转型升级，推动向消费主导型经济发展方式的转变。

改革城镇化土地财政

一个时期以来，为什么会出现城市规模、土地、人口、房价等的虚张，有些甚至是失控？直接的原因，是土地、资金和以农民工为主体的劳动力投

---

① 依据中国社会科学院人口研究中心编《中国人口年鉴 1985》，中国社会科学出版社，1986，第 811~812 页数据；《中国人口和就业统计年鉴 2011》第 14、283 页数据计算。

入暴发式的增长；深层次的原因还需到体制机制，特别是城市化中形成的政府土地财政机制中去寻找。政府想把所辖区域的城市做大做强无可厚非，甚至可说是天经地义。因为从国家发展全局讲，城市做大做强是社会经济发展的需要；从地方自身讲，首先可以提升城市级别，随着县辖镇提升为县级市、县级市提升为地级市，政府机构和官员可随之提升行政级别和待遇，彰显领导"治市理政"政绩；其次可以通过制定城市发展规划，用行政等手段加大资金、人才、技术、材料等筹集的力度，架起经济强行"上台阶"的桥梁，彰显 GDP 增长政绩；再次可以在加强基础设施建设名义下，进行大拆大建、扩建和新建，在盖高楼、造草坪、修建宽马路一类靓丽工程上下功夫，彰显"城市形象"政绩。然而，"英雄需有用武之地"。由于"圈地"成本低、见效快、操作便捷，遂成为地方政府实现通往"政绩"的首选。借助政府有权为公共需要征用土地法规，加之存在土地所有权和经营使用权相分离、界限不清的可利用空间，于是一个以"政府征地卖地——开发商买地、建设、卖房——政府收税"为特征的土地财政应运而生，并逐渐成为政府主导型城市化的强有力支柱。政府运用"看得见的手"和调控"看不见的手"，从容调动人、财、物各种资源，挖掘各方面的潜力，将城市化列车推上"快车道"，出现土地城市化超前的不正常现象。进入 21 世纪以来，2000 ~ 2010 年，全国城市建成区域面积由 2.24 万平方公里增加到 4.01 万平方公里，增长 79.02%，年平均增长 6.0%；同期城镇人口由 45906 万增加到 66978 万，增长 45.9%，年平均增长 3.85%。[1] 二者相比，土地城市化增幅高出人口城市化增幅 33.12 个百分点，年平均增长率高出 2.15 个百分点。至于城市经济、社会、文化、环境等的建设跟不上土地城市化的步伐，则更是随处可见。我国城市经济密度（单位面积产值）本来就比较低，在土地财政催促下，城市规模迅速扩张使其变得更低，只相当于发达国家的几分之一；基础设施建设以及教育、医疗、卫生、社会保障事业等的发展，长期滞后于城市居民增长的需要；城市空气、水、固体废物和噪声污染严重，造成的损失大约相当于 GDP 产出的 10%。[2] 当前，在人口城市化率达到 53% 新形势下，土地超前城市化所积累起来的问题和矛盾突出出来，有脱离城市化基本原则，在城市化目的、动力等方面走偏方向的风险。

① 《中国统计年鉴2012》，中国统计出版社，2012，第 101 页；潘家华、魏后凯主编《中国城市发展报告 N0.5》，社会科学文献出版社，2012，第 9 页。
② 参见郑思齐、孙聪：《从国际比较看中国城市环境》，《中国社会科学报》2012 年 4 月 5 日。

目的：脱离以人为本宗旨的风险。虽然城市化可以做出人口、经济、社会等不同视角的解读，但是将各种解读归结到一点的共识是：城市化的最终目的是满足人的全面发展的需要，包括满足人的生理、心理、文化、生态等的全面发展的需要。在政府土地财政主导下的城市化，必然导致圈地和土地买卖先行，随后是对土地的开发建设，最后才是城市形成的产出能力、居民和社区建设。这就从根本上违背了城市化发展的客观规律，颠倒了城市化推进的正常程序。在当代，除了个别政治、地理、历史等文化型城市外，城市在主要支点上是经济发展、产业结构升级、人口结构变迁的结果，最终以满足人的全面发展的需要为宗旨。正是在这样的意义上，城市化是承接信息化、工业化和劳动力向第二、第三产业转移的主要平台，集自然、产出、人力、社会资本于一体，是资本积聚效应推动的结果。土地不过是这些资本积聚的载体，其规模要以资本积聚的数量和质量为转移；而不是相反——先确定载体规模，再想办法集聚资本去充实。土地超前式城市化颠倒了土地和其他资本的关系，将满足人的全面发展的需要丢弃到一旁，变成了为城市化而城市化，为城市化而造城。此等脱离以人为本的城市化，势必影响城市建设的规模、质量和功能，很容易走偏方向。

动力：脱离信息化、工业化驱动的风险。第二次世界大战结束后，发生了以微电子技术为前导，包括新材料、新能源、宇航、激光、海洋、生物工程等在内的新技术革命，当前进展到以生命科学为带头学科新的阶段。这个新阶段的一个重要特点，是信息化和信息产业通过爆发式增长带动工业化和城市化，成为现代化的主导潮流。也就是说，城市化必须走现代化之路，依靠信息化和工业现代化驱动。政府土地财政主导的城市化依靠什么驱动？依靠土地扩张、凭借大片廉价土地吸引投资和劳动力驱动。这样的驱动，必定是重投入、轻产出，重速度、轻效益，落后的、粗放的、数量扩张型的城市化。因此，要提高城市化质量，就必须扬弃以政府土地财政为驱动力的发展方式，走以信息化带动工业化、促进城市化新型发展道路。

后果：脱离以城带乡、统筹城乡发展的风险。城市化土地财政实施的结果，一部分失地农民得到一定的补偿，包括土地出让金和农业劳动力转移到城镇工商业、从事非农劳动所得补偿。然而，多数失地农民得到的补偿偏低，一些人在断了务农的路却又不能成为真正市民的情况下，有沦落为就业和收入飘忽不定一族的风险。随着城市化土地扩张的加剧，一方面人多地少的矛盾愈显尖锐，触及到全国18亿亩保有耕地底线；另一方面政府强行征地、违法占地案件屡屡发生，甚至占到农村群体性案件一半以上，使得以城带乡、城市反哺农村、统筹城乡发展的城市化受到不应有的损害。众所周知，国际社会诸多城市化的快速推进，多以侵占农民土地、牺牲农民利益为代价，换来的是城乡对立的加深。我国城市化坚持以人为本是一条最重要的原则，在注重城市自身发展的同时兼顾农业和农村的发展，兼顾农民的利益，以实现城乡统筹发展。政府土地财政以巨量土地、投资、农民工投入推动城市化，很难保证农民的利益不受损害，统筹城乡发展不受到破坏。减少和停止损害、破坏的有效办法，是进行市场取向的改革，加进并加大市场因素和市场运作，使政府主导因素逐步减弱和退出，实现政府由城市化主导者向监管者的角色转变。其实，长期坚持政府主导型城市化，将土地财政用过了头，则有可能由政府正财政演变为负财政，甚至酿成地方债累积风险，这是值得高度警惕的。

参考文献

［1］田雪原：《在转型中提高城市化质量》，《经济日报》2013 年 4 月 12 日。

［2］田雪原：《推进人口城市化要有新思路》，《田雪原文集》（三），社会科学文献出版社，2011。

［3］潘家华、魏后凯主编《中国城市发展报告 NO.5》，社会科学文献出版社，2012。

［4］郑思齐、孙聪：《从国际比较看中国城市环境》，《中国社会科学报》2012 年 4 月 5 日。

［5］王慧炯、杨光辉主编《城镇化：世界经验和中国的前景》，气象出版社，1984。

［6］United Nations：*World Population Prospects*，*The 2008 Revision*，*Volume 1*：*Comprehensive Tables*，New York，2009.

（该为原稿，《人民日报》2013 年 7 月 17 日发表时有修改）

提高城市化质量重在改革

中国城市化曾受到国际社会相当高的评价，有的将其与21世纪美国高科技相提并论，列为世界取得的最伟大的两项成就之一。然而在城市化速度不断提升的同时，质量不高的矛盾日益显露出来，不仅影响到城市化自身的健康发展，也使经济转方式、调结构变得异常艰难，社会转型受到影响。当前，提高城市化质量迫在眉睫，根本的出路在于改革和体制创新。

矛盾：速度规模与质量

目前我国城市化存在的问题，集中表现为速度快、规模大与质量不高之间的矛盾。尤其是以下四个方面的问题最为突出。

其一，城市化推进过快、粗放，"有城无市"现象严重。总结工业化国家城市化发展的历史，S曲线模型将城市化率25%以下作为起步阶段，25%~40%为快速推进阶段，40%~60%为加速推进阶段，60%~75%为缓慢推进阶段，75%以上为震荡徘徊阶段。新中国成立以来经历过的前三个阶段，大体上也按照这样的速率走过来。1949~1987年城市化率由10.6%升至25.3%，年平均提升0.39个百分点；2002年城市化率升至39.1%，其间年平均提升0.99个百分点；2013年城市化率升至53.73%，其间年平均提升1.33个百分点。使我国城市化率由长期低于世界和发展中国家水平，一跃上升到超过世界1个百分点、发展中国家5个百分点。参见图1:[①]

---

① United Nations："World Population Prospects 1988"，*Population Studies*，No. 106，New York，1989，p. 200，p. 204.《中国统计年鉴2013》，中国统计出版社，2013，第95页；国家统计局年报，国家统计局网站，2014年1月20日。数据按步入21世纪以来城市化率年平均提升1.4个百分点推算。

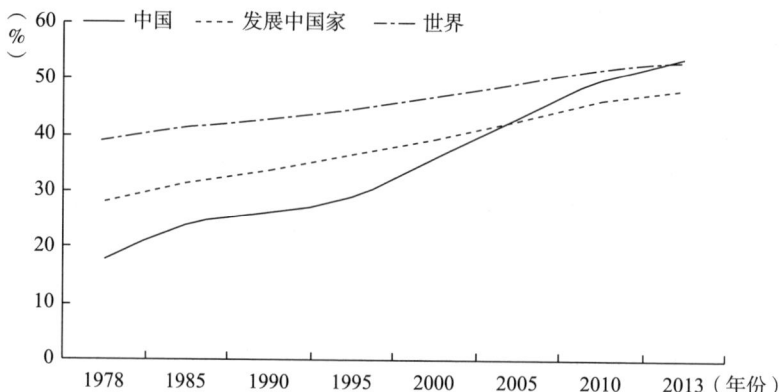

图 1　1978～2013 年中国与世界城市化比较

　　对于我国改革开放以来城市化的加速推进，赞成、主张继续加快者有之；不赞成、主张叫停者有之；基本赞成、主张适当调整者也有之，可谓见仁见智。笔者以为，新中国成立后前 30 年城市化几经波折、速度过于缓慢，改革开放后驶入快车道是合乎规律的发展。问题在于，第一，如此高的速度是否正常。如前所述，1987～2002 年第二阶段城市化率年平均提升 0.99 个百分点，2003 年进入第三阶段以来年平均提升 1.33 个百分点，这是加速度、累进式的提升。不难发现，这种越来越快的速度已经掺杂着一定的主观人为因素，是将城市化作为拉动经济增长手段的结果，因而是非正常的。此点后面还将做出分析。

　　第二，如此高的速度是怎样取得的。怎样取得的呢？走的是内涵式还是外延粗放式的道路？答案是后者不是前者。这可从改革开放以来主要工业产品产量增长情况看出来。1978～2012 年增长幅度最大者首推钢材，增长 42.3 倍；其次为水泥，增长 32.9 倍；再次为粗钢，增长 21.8 倍。这三宗产品之所以获得惊人的增长，最主要的原因，是用来满足快速推进的粗放型城市化盖楼房、修道路以及水、电、煤气等基础设施建设需要。正是钢筋水泥这些"当家材料"源源不断的追加供给，才使得粗放型"摊大饼"式的城市化得以继续。参见表 1。[①]

　　在外延粗放方式推动下的过快城市化，一个最大的问题，是城多市少、城大市小，甚至有城而无市，使城市化失去应有的产业支撑。这里的"市"，指

[①]　《中国统计年鉴 2013》，中国统计出版社，2013，第 6～7 页。

表1 1978～2012年主要原材料工业产品产量增长情况

	1978 年	1990 年	2000 年	2012 年	2012/1978（%）
原煤（亿吨）	6.18	10.80	13.84	36.50	590.6
原油（万吨）	10405	13831	16300	20748	199.4
天然气（亿立方米）	137	153	272	1072	780.4
水泥（万吨）	6524	20971	59700	220984	3387.2
粗钢（万吨）	3178	6635	12850	72388	2277.8
钢材（万吨）	2208	5153	13146	95578	4328.7

的是经济发展的水平和相应的产业结构。众所周知，从经济学角度解析城市化，是社会经济发展和产业结构变动的结果，这是城市化产生和发展的内在推动力。但是一个时期以来，我国却不同程度地偏离了这一轨迹。依据《中国统计年鉴2012》提供的数据计算，2011年全国三次产业结构1:2:3（产业）= 10.0:46.6:43.4（%），284个地级市1:2:3（产业）= 2.8:49.8:47.4（%）。①地级市的三次产业结构与总体比较，不同之处是将第一产业占比减少的7.2个百分点，分配给第二产业3.2个百分点、第三产业4.0个百分点，从而形成地级市特有的三次产业结构。在经济发展进入中等收入水平，城市化率超过50%情况下，地级市第二产业占比高达49.8%，第三产业占比仅为47.4%，说明仍旧停留在以传统制造业为主的城市化阶段，没有摆脱产业结构落后的局面。更为重要的是，占比偏低的三产大都为餐饮、服装、鞋帽、住宿、玩具等低端服务业，科学、技术、教育、文化、金融、物流等现代服务业严重缺失，同现代化发展很不相称。这就难免出现城市化进程中的空心化现象。由于缺乏或者根本没有相应的经济产业作支撑，致使某些高楼大厦、宽敞马路等只能接受大自然风吹雨打太阳晒的洗礼，沦为人烟稀少的空城、鬼城。

其二，土地城市化超前，人口城市化滞后。1990～2012年，全国城市建成区面积由12856平方公里增加到45566平方公里，增长2.5倍，年平均增长5.9%。城市建设用地面积由11608平方公里增加到45751平方公里，增长2.9倍，年平均增长6.4%。②同期城市人口由30159万增加到71182

万，增长 1.36 倍，年平均增长 4.0%。① 相比之下，不仅比城市建成区面积低 1.9 个百分点，更比城市用地面积低 2.4 个百分点。需要说明的是，这里的城市人口指在城镇居住半年以上常住人口，包括由农村转移而来的大量人口。2012 年全国人户分离人口 2.79 亿，流动人口 2.36 亿，其中近 2 亿流入城镇，在城镇居住生活半年以上者约 1.6 亿，被列入城镇常住人口。② 有人主张以户籍非农业人口界定城镇人口，如此目前的城镇化率只有 36% 左右，一下子降低 18 个百分点。笔者不赞同这样的界定，因为任何国家（除城市国家外）的城市人口都不可能为纯粹的非农业人口，都要包含一定数量的农业人口。参照国际社会做法并参考新中国 60 多年来市镇设置规定，农业人口占 25% 左右较为适宜。以此衡量和计算，目前的城市化率当在 50% 左右，比统计数据低 4 个百分点、减少 3500 多万人。因此，实际上土地城市化超前和人口城市化滞后要更严重一些。统计上，城市占地少报一些不仅可以免除楼盘空置税等制裁，而且可以减少不少麻烦，有利于降低成本。

土地城市化超前，无形之中使城市化沾染上圈地色彩，加剧着耕地的紧张形势，已经触及到全国 18 亿亩耕地红线。一些被超前圈占征用的土地由于资金、材料、劳动力等不到位不能按时开工，即使开工也常常是打打停停，成为半拉子工程，失去原有的农用价值，造成土地资源的闲置和浪费。人口多、耕地少是我国基本国情的主要特点。守住 18 亿亩耕地是保证 13.6 亿人口粮食安全的底线，以浪费土地资源为代价的城市化万万不可再继续下去。

其三，城市规模盲目扩张，城市功能难以发挥。城市化速度过快、方式粗放和土地超前愈演愈烈，必然导致城市规模盲目扩张，从而妨碍着城市功能的正常发挥。前面提到的城市化"摊大饼"式向周边伸展蔓延值得重视，然而值得重视的还有向空间的伸展蔓延——不仅"大饼"越摊越大，而且越摊越厚，"垂直城市化热"持续升温。一幢幢高楼大厦整齐排列，建筑用材、架构、风格趋同，造成千篇一律、千城一面；一座座摩天大楼拔地而起，攀比争高之风愈演愈烈，楼高纪录屡被刷新。有信息披露，某企业集团正在筹建超过 828 米迪拜塔 10 米的世界第一高楼；北京市宣布要建设世界型城市后，跟风者竟达数十家之多，其中不乏连何谓世界型城市还不甚了了的中等城市。似这等"大饼"越摊越大、越摊越厚、越摊越洋盲目扩张的

---

① 《中国统计年鉴 2013》，中国统计出版社，2013，第 95 页。
② 《中国统计年鉴 2013》，中国统计出版社，2013，第 96 页

城市化，注重的是城市的外观，而将自来水、下水道、煤气、供电、道路等基础设施建设，以及医院、学校、托儿所、幼儿园、老年公寓等放在次要甚至是无足轻重的位置，最终使一些城市变为彰显政绩的形象工程，失去作为区域经济中心、辐射、引领的基础，因而也就失去了这些功能，不能起到应有的作用。

其四，城市化资源瓶颈凸显，环境质量堪忧。以追求速度、规模为主的城市化，往往忽视城市建设成本，习惯性依赖高投入、高消耗外延粗放式推进，使本来就很稀缺的土地、淡水、能源、矿产等自然资源变得更加短缺，成为约束城市化健康发展的瓶颈。原油等能源和铁矿石等工业原料，对外贸进口增长迅速，依赖程度不断提高。

土地城市化超前触及到 18 亿亩耕地红线已如前述，水资源情况也不容乐观，甚至有过之而无不及。我国原本就是一个水资源匮乏的国家，陆地水资源总量 28124 亿立方米/年，占世界 6.9%，人均水资源只有世界平均水平的 1/4。以传统工业化为主导的城市化，一是用水量呈水涨船高急剧上升趋势，供需矛盾突出；二是各种污染使水体质量下降，实际用水占可用水比例也呈急剧上升趋势。早在 20 世纪八九十年代，中国实际年用水量已超过可利用水资源 50%，进入 21 世纪以后不断攀升，许多城市已突破临界值。目前全国 618 个城市中一半以上缺水，100 多个城市严重缺水，尤以特大城市为最。[①] 由于地表水源不断减少，便掘井向地下要水，造成地下水位急剧下降。60 年前北京市打井 5 米深即可出水，如今井深却要增大 10 倍以上。当前，用水量、实际用水占可用水比例两个"急剧上升"和地下水位"急剧下降"，表明水资源瓶颈收紧到难以附加的程度，向我们亮出了黄牌警告。在各种资源约束瓶颈中，水资源首当其冲，是制约未来城市化发展最主要的瓶颈，木桶效应中最短的短板。其他如石油、天然气等能源资源，铁、铜、金、锰等矿产资源短缺程度也在加剧。我国已成为屈指可数的能源和矿产资源进口大国，对城市化的瓶颈约束逐步增强，面临日益增多的国际贸易谈判摩擦。

与资源瓶颈约束收紧同时，城市化环境污染构成另一种瓶颈约束。如果说资源约束是生产的进口瓶颈，那么环境约束则是产出的出口瓶颈，我国城市化已步入首尾两头约束瓶颈。上述水资源约束之所以吃紧，与水污染加剧

---

① 参见田雪原等：《21 世纪中国人口发展战略研究》，社会科学文献出版社，2007，第 312 ～ 313 页。

分不开。目前水环境总体态势是：污染物体排放量超过水环境容量，氮、磷等超量排放加剧着水环境的恶化；不合理的水资源开采，加剧着水体污染；区域生态破坏使水源涵养功能降低，水污染出现逆水而上趋向。7 大水系河流和 35 个重点湖泊，各有一半以上受到污染。陆地河湖污染排放到海洋，致使沿海超四类海水占到 1/3 以上，赤潮发生周期缩短。最近一二年雾霾频频发难，2013 年 12 月长三角爆发长达一周以上的重度雾霾，并发展到与京、津、冀、鲁连成一片的超大面积雾霾污染。为什么雾霾突袭如此疯狂？还是与传统工业化、城市化迅猛发展相关，是众多城市工业氮、磷、硫等化合物气体，汽车尾气、燃煤烟尘等排放大量增加的结果。由于在相当长时间内对城市化环境重视不够，也由于处在传统工业化向现代化过渡特殊阶段，受环境治理成本高约束，先建设后治理、边建设边治理甚至只建设不治理并存，致使空气、水、固体废物、噪声、光照辐射等污染严重起来。这就不能不促使人们反思：城市化给我们带来了什么，解决城市化诸多问题的出路在哪里？这就不得不追根溯源，到产生这些问题的体制机制和资源配置方式中去寻找。

溯源：政府与市场

上述城市化质量不高，亦可用城市化虚张来概括。虚张也要有滋生的土壤，如同雷声大、雨点小或者干打雷、不下雨，也要以一定数量的雨或云支撑一样，只是雷声过大未免有些虚张声势而已。城市化质量不高源于资源的不合理分配，资源配置错位是产生的基础。主要是三个方面的错位。

1. 土地资源配置错位：市场没有起到决定性作用

当下城市化土地资源来源和运行的基本模式是：政府出面向具有土地经营使用权的农民征购土地，政府通过拍卖等方式将土地转卖给开发商，开发商投资建设后再将房地产卖给用户。

不难看出，在城市化房地产"三部曲"运营中，政府一头连接农民，另一头连接开发商和用户，政府在土地资源配置中居于中心和主导地位。久而久之，土地财政成为地方政府财政的重要来源，依赖性越来越大。所谓土地财政，不仅在于依赖征购和出卖土地获得收入；而且土地征购到以后，还可以作为抵押进行贷款，有效地激活了地方财政收支信贷。然而其负面影响也随之而来，地方财政赤字滚雪球式增大。

2. 人力资源配置错位：受制于城乡分割的"二元结构"体制

处在 S 曲线中部的中国人口城市化，主要的推动力量还是农村劳动力及其附属人口向城镇转移。统计显示，2000、2005、2010、2012 年，全国人户分离人口分别为 1.44 亿、1.86 亿、2.61 亿、2.79 亿，流动人口分别为 1.21 亿、1.47 亿、2.21 亿、2.36 亿。其中 2012 年流入城镇并被统计为城镇常住人口的约 1.65 亿。虽然近年来流动人口增长趋势有所放缓，但是仍在继续增长之中。参见图 2：[①]

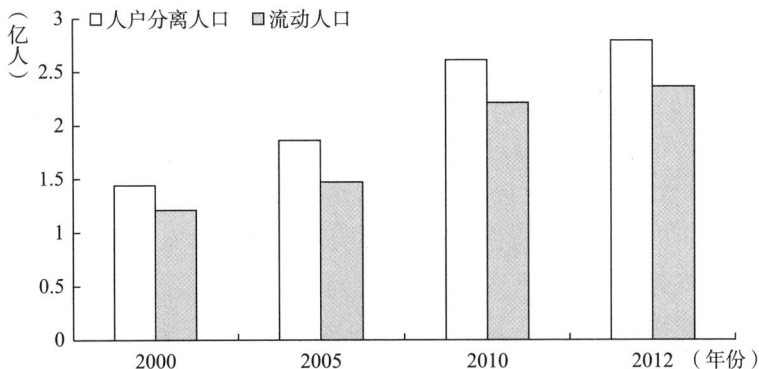

图 2　2000～2012 年流动人口增长趋势

3. 财力资源配置错位：依赖扭曲的低价土地和不断升高的房价运营

改革开放以来城市化驶入快车道，主要依靠两大支柱：一是廉价的农村劳动力转移到城镇，降低了劳动成本；二是廉价的土地资源，降低了土地成本。这两位"父母"（威廉·配第：土地是财富之母，劳动是财富之父）组合到一起，成就了子孙的繁荣昌盛。政府通过征用廉价的土地，再以高价转卖给开发商获得收益；开发商则以持续升高的房价，同样获得高额利润。转让土地经营权的农民，一般得到的补偿水平均比较低；由于城市化快速推进扩大了房产刚性需求，加之楼市不断上涨刺激了房地产买卖投机，使高房价运营得以持续。

扭曲的低地价、高房价和客观上形成的征地、拍卖、商品房市场运营"三部曲"，为政府借贷提供了土地担保，促使地方政府债务节节攀升。目前，准确的地方政府债务不得而知，但一般认为在 20 万亿元左右（刘煜辉等，2013）。地方政府所负债务在很大程度上由房地产而生、而涨，使财力

---

① 《中国统计年鉴 2013》，中国统计出版社，2013，第 96 页。

资源配置错位越隐越深。错位的本质，是政府主宰和主导性过强，市场过弱不能在资源配置中起决定性作用所致。

三 改革：功能回归与破除"二元体制"

城市化速度、规模与质量之间不对称，以低地价、高房价为特征的地方政府土地财政得以继续，有理论和认识方面的原因，根本还在体制机制上。要解决这些矛盾、问题和提高城市化质量，出路在于改革，实现城市化过程中政府和市场功能和角色回归。

1. 政府功能回归：实现由"演员"向"导演"角色的转换

党的十八届三中全会通过的《中共中央关于全面深化改革若干重大问题的决定》指出："核心是处理好政府和市场的关系，使市场在资源配置中起决定性作用和更好发挥政府作用"，"着力解决市场体系不完善、政府干预过多和监管不到位问题"。①

城市化是什么？城市化是一个综合的概念。从人口学角度观察，是农村人口向城镇转移和集中的一种过程，是人口的城乡结构问题；从劳动学角度观察，是就业在一、二、三次产业之间的分布和结构问题；从经济学角度观察，是农业、加工业、服务业为主的三次产业结构问题；从社会学角度观察，是工业社会取代农业社会的生产和生活方式，工业文明取代农业文明、现代文明取代传统文明的社会进步问题。核心是人口的城市化。因为变农村人口为城镇人口的过程，就是人口和就业结构转变、产业结构升级、现代文明取代传统文明的社会进步过程。

城市是什么？"城市"是一个复合词："城"原指都邑四周为防御而建的城垣，由城墙环绕而成；"市"指集中做买卖进行交易的场所，《易·系辞下》中说：日中而市，市罢即自行散去，当初并没有全日制的市场。城市即指都邑经常做买卖的地方，是经济发展到一定阶段城与市相结合的产物。因此，城与市不可分割，城是地理意义上的界定，市是城的经济基础，二者相互促进、共同发展。在当代，除个别政治、文化、军事需要外，城市主要是工业化扩张和升级的结果，是信息化、工业化的产物。

虽然城市经济发展起来以后对整个社会经济发展产生巨大的作用和影

---

① 参见《中共中央关于全面深化改革若干重大问题的决定》，人民出版社，2013，第178页。

响，但是仍然不可将城市与经济的关系"倒过来"，不能以城市化为出发点和原动力，依靠城市化拉动经济增长，将城市化作为 GDP 增长速度的一颗砝码。政府应该从城市化"演员"角色中跳出来，回归"导演"角色。如同中央《决定》指出的那样："政府要加强发展战略、规划、政策、标准等制定和实施，加强市场活动监管，加强各类公共服务提供。"

2. 市场功能回归：发挥资源配置的决定性作用

政府回归"导演"角色，"主演"角色自然由市场承担。土地、人力、财力等资源配置，主要由市场决定。市场决定自然会实现价值回归，低地价、高房价价格扭曲会得到纠正，出让土地农民、开发商、购房者和国家的利益也会得到公平合理地分配。

3. 实现功能回归：破除城乡"二元结构"体制

城市化的核心，是人的城市化。受城乡"二元结构"体制制约，人的城市化被打了许多折扣。要使城市化健康发展，必须扫除"二元结构"壁垒。我国数以亿计进城农民工承担着城市化主力军重任，他们建造了高楼大厦，修建了工厂、道路、学校、商店，成为事实上的城镇居民；但是却不能分享他们亲手建设取得的成果，长期被排斥在城市居民之外，成为户籍在农村、劳动和生活在城镇的双重身份人口。这种情况必须改变，"二元结构"必须破除。

改变这种状况，要制定农业转移人口为市民的具体政策。《决定》提出创新人口管理、加快户籍制度改革具体要求："全面放开建制镇和小城市落户限制，有序放开中等城市落户限制，合理确定大城市落户条件，严格控制特大城市人口规模"。要防止大城市、特大城市自行给"条件"加码，原则上应以有相对固定的劳动岗位、比较稳定的收入和住所为基本条件。要给转移农民创造更多的居住和就业机会，落实相应的社会保障，纳入城市发展规划等，加快转移农民市民化进程。

参考文献

［1］《中共中央关于全面深化改革若干重大问题的决定》，载《改革开放以来历届三中全会文件汇编》，人民出版社，2013。

［2］田雪原：《以改革促进城镇化转型升级》，《人民日报》2013 年 7 月 17 日。

［3］陈剑主编《中国改革报告 2013》，法律出版社，2013。

［4］潘家华、魏后凯主编《中国城市发展报告 No. 6》，社会科学文献出版社，2013。

［5］王小鲁：《中国城市化路径与城市规模的经济学分析》，《经济研究》2010 年第 10 期。

［6］刘士林：《城市群的中国经验及中西比较》，《文汇学人》2012 年 10 月 22 日。

［7］白彦锋、刘畅：《中央政府土地政策及其对地方政府土地出让行为的影响》，《财贸经济》2013 年第 7 期。

［8］王德利：《北京城市宜居的综合测度与提升路径》，《中国人口、资源与环境》2013 年第 2 期。

［9］Maddison, A. , *Chinese Economic Performance in the Long Run*, second edition, Development Centre of the OECD, 2007, p. 159.

［10］Hertel, Thomas, FanZhai, "Labor Market Distortions, Rural-Urban Inequality and the Opening of China's Economy", *Economic Modeling*, （23）, 2006.

（撰于 2016 年 3 月）

警惕"失市"风险
推进"兴市"改革

在 2013 年城镇化率达到 53.73%、诸多问题逐步显现出来新形势下,笔者以为,问题大都与不同程度的"失市"相关联,因而改革的立足点应放在"兴市"体制机制的建立和推行上。

"城""镇""市"概念

众所周知,改革开放以来城市化驶入快车道,在承接工业化、信息化和促进农业现代化中发挥了不可替代的作用。与国民经济一起高速成长,有的国际人士称之为可与 21 世纪美国高科技成果相媲美最伟大的成就之一。然而,在快速推进中,城镇化虚张等矛盾和问题逐渐暴露出来。虽然这些矛盾和问题表现不同,但都程度不同地与"城""镇""市"概念模糊不清,脱离"市"而造城、造镇相关联。

由联合国人口委员会原秘书长乔治·塔皮诺斯(Georges Tapinos)主持编写,用法、英、中、德、西等 12 种文字出版的《人口学词典》,中文版将 urbanization 翻译为城市化,指居住在城市地区人口比例增长的过程。[①] 1982年笔者曾当面与塔皮诺斯讨论过 urbanization 的涵义,他认为城市应分为大、中、小不同规模和类型,小城市本身即包括镇(town);urbanization 应解释和译为城市化,而不能译为城市(city)+镇(town)化发展趋势。这与中国传承相符。在汉语中,"城市"是一个复合词:"城"原指都邑四周为防御而建的城垣,由城墙环绕而成;"市"指集中做买卖进行交易的场所,《易·系辞下》中说:日中而市,市罢即自行散去,当初并没有全日制的市

---

① 参见联合国人口学会(原文翻译如此)编著《人口学词典》,杨魁信、邵宁译,商务印书馆,1992,第 38 页。

场。城市即指都邑经常做买卖的地方，是经济发展到一定阶段的产物。因此，"城"与"市"不可分割，"城"是地理意义上的界定，"市"是"城"产生和发展的基础与核心。二者相互依存、相互促进、共同发展。

在当代，除个别军事、政治等需要外，城市主要是工业化扩张和升级的结果，是承接工业化、信息化和推进农业现代化的主要载体。在理论层面上，城镇化抽象掉城市化中的"市"，变成城镇可以脱离"市"而单独存在、自行发展，这就从根本上违背和颠倒了城镇与"市"之间的逻辑关系，切断了它们之间不可分割的内存联系。城市化的本质是什么？从人口学角度观察，是农村人口向城镇转移的一种过程，是人口的城乡结构问题；从劳动学角度观察，是就业在一、二、三次产业之间的分布和结构问题；从经济学角度观察，是农业、加工业、服务业为主的三次产业结构的变动问题；从社会学角度观察，是工业社会取代农业社会的生产和生活方式，工业文明取代农业文明、现代文明取代传统文明的社会进步问题。不过经济是基础，现代城市化主要是工业化和信息化发展的结果；核心是人口的城市化，因为变农村人口为城镇人口的过程，就是人口和就业结构转变、产业结构升级、现代文明取代传统文明的社会进步过程。由此可见，扮演特定区域内经济、政治、文化等中心、辐射、主导等角色的"市"，是支撑城市运转最重要的经济基础和支柱。将这个最重的基础和支柱抽象掉，城镇与"市"分离开来、割裂起来，就成了无源之水、无本之木，在概念上背离了以"市"作支撑的合理内涵。同时在外延上，必然失去"市"对城镇规模、地理范围的自然约束，变成可以由人的主观意志决定、随意"规划"和"摊大饼"式扩张的行为，陷入城镇化虚张困境。

"缺市""无市"之痛

将"市"从城镇中抽象掉，在实践中，"缺市""无市"带来很大的危害。它混淆了正常城市化与人为城镇化之间的界限，为先造城镇、后兴市，甚至只造城镇、不兴市提供"理论依据"。在这种"理论"指导下，为城镇化而城镇化、将城镇化视为手段"倒过来"的城镇化畅行无阻，致使城镇化质量下降，出现诸多方面的虚张。主要是：

其一，城镇化加速推进，"城大市小"虚张严重。总结工业化国家城市化发展的历史，在发展阶段上取得较多共识：S曲线模型将城市化率25%以下作为起步阶段，25% ~40% 为快速推进阶段，40% ~60% 为加速推进阶段，60% ~75% 为缓慢推进阶段，75% 以上为震荡徘徊阶段。新中国成立以来经历过的前三个阶段，大体上也按照这样的速率走过来。1949 ~1987 年城市化率由 10.6% 升至 25.3%，年平均提升 0.39 个百分点；2002 年城市化率升至 39.1%，其间年平均提升 0.99 个百分点；2013 年城市化率升至 53.73%，其间年平均提升 1.33 个百分点。使我国城市化率由长期低于世界和发展中国家水平，一跃上升到超过世界 1 个百分点、超过发展中国家 5 个百分点。参见图 1：[①]

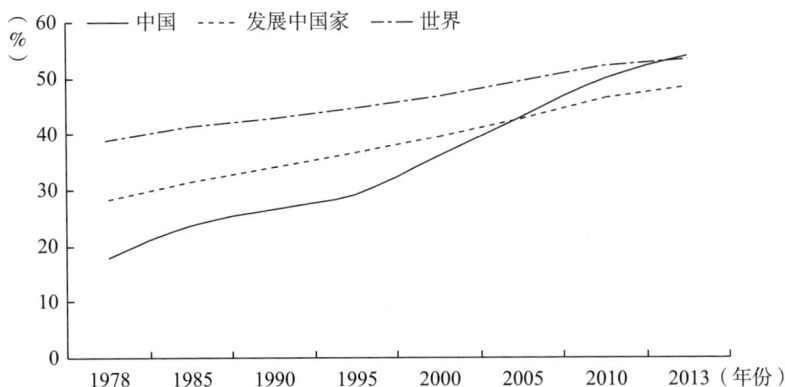

图 1　1978 ~2013 年中国与世界城市化率比较

对于我国改革开放以来城市化的加速推进，赞成、主张继续加快者有之，不赞成、主张叫停者有之，基本赞成、主张适当调整者也有之，可谓见仁见智。笔者以为，新中国成立后前 30 年城市化几经波折、速度过于缓慢，改革开放后驶入快车道是合乎规律的发展。问题在于：

第一，近 35 年来的加速度推进是否正常。如前所述，1987 ~2002 年第二阶段城市化率年平均提升 0.99 个百分点，2003 年进入第三阶段以来年平均提升 1.33 个百分点，这是加速度、累进式的提升。不难发现，这种越来越快的速度已经掺杂着某种主观人为因素，是将城市化作为拉动经济增长手段的结果，因而是非正常的。如 2008 年追加的 4 万亿元投资，大都投资到城镇化建设上，使之成为撬动经济增长的强有力杠杆。城镇化变成防止、抑

---

① United Nations："World Population Prospects 1988"，*Population Studies*，No.106，1989，p.200，p.204；《中国统计年鉴 2013》，中国统计出版社，2013，第 95 页；国家统计局统计年报，国家统计局网站，2014 年 1 月 20 日。

制经济下滑的手段，保 GDP 增长目的达到了，同时城镇化虚张也进一步加重了。这样加速推进的城镇化，恐怕很难说是正常的，效果更难赞同。

第二，如此高的速度是怎样取得的。是依靠内涵式还是外延式发展方式取得的？答案是后者不是前者。尽人皆知，城镇化是消耗钢筋水泥一类建筑材料的第一大户。改革开放以来，这类建材产品增长极为迅速。1978~2012年，在主要原材料工业产品产量增长中，增长幅度最大者首推钢材，增长42.3 倍；其次为水泥，增长 32.9 倍；再次为粗钢，增长 21.8 倍。正是这三宗建材产品不断翻番式的增长，才满足了城镇化快速推进对盖楼房、修道路以及水、电、煤气等基础设施建设的需要。也正是钢筋水泥这些"当家材料"源源不断的追加供给，才使得粗放型"摊大饼"式的城市化得以继续。

在外延粗放方式推动下的高速城市化，一个最大的问题是城大市小、有城无市，使城市化失去应有的产业支撑。这里的"市"，指的是经济发展的水平和相应的产业结构。前已叙及，城市化是社会经济发展和产业结构变动的结果，这是城市化产生和发展的内生推动力。但是一个时期以来，我国却在相当大的程度上偏离了这一轨迹。依据《中国统计年鉴 2012》提供的数据计算，2011 年全国三次产业结构 1∶2∶3（产业）= 10.0∶46.6∶43.4（%），284 个地级市 1∶2∶3（产业）= 2.8∶49.8∶47.4（%）。[①] 地级市与总体三次产业结构比较，不同之处是将第一产业占比减少的 7.2 个百分点，分配给第二产业 3.2 个百分点、第三产业 4.0 个百分点，从而形成地级市特有的三次产业结构。在经济发展进入中等收入国家水平，城市化率超过50% 情况下，城市第二产业高达 49.8%，第三产业占比仅为 47.4%，说明仍旧停留在以传统制造业为主的城市化阶段，没有摆脱产业结构落后的局面。2013 年第三产业占比首次超过第二产业，发生可喜变化；但是，仍然没有从根本上改变城镇化同产业结构变动相脱节的状况。更为重要的是，偏低的三产占比大都为餐饮、服装、鞋帽、住宿、玩具等低端服务业，科学、技术、教育、文化、金融、物流等现代服务业严重缺失，同现代化发展很不相称。这就难免出现城市化进程中的空心化现象。失去产业支撑建造起来的高楼大厦、宽敞马路等，只能接受大自然风吹雨打太阳晒的洗礼，沦为人烟稀少的空城、鬼城。

其二，土地城市化超前，人口城市化滞后。1990~2012 年，全国城市

---

① 《中国统计年鉴 2012》，中国统计出版社，2012，第 387 页。

建成区面积由 12856 平方公里增加到 45566 平方公里,增长 2.5 倍,年平均增长 5.9%。城市建设用地面积由 11608 平方公里增加到 45751 平方公里,增长 2.9 倍,年平均增长 6.4%。[①] 同期城市人口由 30159 万增加到 71182万,增长 1.36 倍,年平均增长 4.0%。[②] 相比之下,城镇人口增长速度不仅比城市建成区面积增长低 1.9 个百分点,更比城市用地面积增长低 2.4 个百分点。需要说明的是,这里的城市人口指在城镇居住半年以上常住人口,包括由农村转移而来的大量人口。2012 年全国人户分离人口 2.79 亿,流动人口 2.36 亿,其中近 2 亿左右流入城镇,在城镇居住生活半年以上者约 1.65亿,被列入城镇常住人口。[③] 有人主张以户籍非农业人口界定城镇人口,如此目前的城镇化率只有 36% 左右,一下子降低 18 个百分点。笔者不赞同这样的界定,因为任何国家(除城市国家外)的城市人口都不可能为纯粹的非农业人口,都要包含着一定数量的农业人口。参照国际社会做法并参考新中国 60 多年来市镇设置标准,农业人口占 25% 左右较为适宜。以此衡量和计算,目前的城市化率当在 50% 左右,比统计数据低 4 个百分点、少 3500多万人。因此,实际上土地城市化超前和人口城市化滞后的情况要更严重一些。还要注意到统计上城市占地少报一些,不仅可以免除楼盘空置税等制裁,而且可以减少麻烦,有利于降低成本的影响,实际的土地虚张数字要更大一些。

土地城市化超前,无形之中使城市化沾染上圈地色彩,加剧着耕地的紧张形势,已经触及到 18 亿亩保有耕地底线。一些被超前圈占征用的土地由于资金、材料、劳动力等不到位不能按时开工,即使开工也常常是打打停停,成为半拉子工程,失去原有的农用价值,造成土地资源的闲置和浪费。人口多、耕地少是我国基本国情的主要特点。守住 18 亿亩保有耕地是保证目前 13.5 亿人口粮食安全的底线,以浪费土地资源为代价的城镇化万万不可再继续下去了!

其三,城镇规模盲目扩张,城市功能严重不足。城镇化速度过快、方式粗放和土地超前愈演愈烈,必然导致城镇规模盲目扩张,导致城市功能不足,甚至出现下降的趋势。前面提到的城镇化"摊大饼"式向周边蔓延值得重视,然而值得重视的还有向空间的伸展——不仅"大饼"越摊越大,

---

① 《中国统计年鉴 2013》,中国统计出版社,2013,第 421 页。

② 《中国统计年鉴 2013》,中国统计出版社,2013,第 95 页。

③ 《中国统计年鉴 2013》,中国统计出版社,2013,第 96 页。

而且越摊越厚，"垂直城市化热"持续升温。一幢幢高楼大厦整齐排列，建筑用材、架构、风格趋同，造成千城一面、千篇一律；一座座摩天大楼拔地而起，攀比争高之风愈演愈烈，楼高纪录屡被刷新。有信息披露，某企业集团正在筹建超过828米迪拜塔10米的世界第一高楼；北京市宣布要建设世界型城市后，跟风者竟达数十家之多，其中不乏连何谓世界型城市还不甚了了的中等城市。似这等"大饼"越摊越大、越摊越厚、越摊越洋规模盲目扩张的城镇化，注重的是城市的外观，而将自来水、下水道、煤气、供电、道路等基础设施建设，以及医院、学校、托儿所、幼儿园、老年公寓等放在次要甚至是无足轻重的位置，最终使一些城市变为彰显政绩的形象工程，失去作为区域经济中心、辐射、引导功能的基础，因而也就难以发挥出应有的功能，甚至失去这些功能，不能起到城市化应有的作用。

其四，城市化资源瓶颈凸显，环境质量堪忧。以追求速度、规模为主的城镇化，往往忽视城镇建设成本，习惯性依赖高投入、高消耗外延粗放式推进，使本来就很稀缺的土地、淡水、能源、矿产等自然资源变得更加短缺，成为约束城市化健康发展的瓶颈。原油等能源和铁矿石等工业原料进口增长迅速，对外依赖程度不断提高。

土地城镇化超前触及18亿亩保有耕地红线，水资源情况也不容乐观，甚至有过之而无不及。我国原本就是一个水资源匮乏的国家，陆地水资源总量28124亿立方米/年，占世界6.9%，人均水资源只有世界平均水平的1/4。以传统工业化为主导的城市化，一是用水量呈水涨船高急剧上升趋势，供需矛盾突出；二是各种污染使水体质量下降，实际用水占可用水比例也呈急剧上升趋势。早在20世纪八九十年代，中国实际年用水量已达到可利用水资源50%"临界值"。进入21世纪以后不断攀升，早已越过国际公认的"临界值""警戒线"。目前全国618个城市中一半以上缺水，100多个城市严重缺水，尤以特大城市为最。[1] 由于地表水源不断减少，便掘井向地下要水，造成地下水位急剧下降。60年前北京市打井5米深即可出水，如今井深却要增加50米左右。当前，用水量、实际用水占可用水比例两个"急剧上升"和地下水位"急剧下降"，表明水资源瓶颈收紧到难以附加的程度，向我们亮出了"黄牌警告"。在各种资源约束瓶颈中，水资源首当其冲，是制约未来城市化发展最主要的瓶颈，木桶效应中最短的短板。其他如石油、

---

[1] 参见田雪原等：《21世纪中国人口发展战略研究》，社会科学文献出版社，2007，第312~313页。

天然气、煤炭等能源资源，铁、铜、铬、金等矿产资源短缺程度也在加剧。我国已成为屈指可数的能源和矿产资源进口大国，对城市化的瓶颈约束持续增强，面临日益增多的国际贸易谈判摩擦。

与资源瓶颈约束收紧同时，城市化环境污染构成另一种瓶颈约束。如果说资源约束是发展和生产的"进口瓶颈"，那么环境约束则是发展和产出的"出口瓶颈"，我国城镇化已步入首尾两头约束瓶颈。上述水资源约束之所以吃紧，与水污染加剧分不开。目前水环境总体态势是：污染物体排放量超过水环境容量，氮、磷等超量排放加剧着水环境的恶化；不合理的水资源开采，加剧着水体污染；区域生态破坏使水源涵养功能降低，水污染出现溯水而上趋向。7大水系河流和35个重点湖泊，各有一半以上受到污染。陆地河湖污染排放到海洋，致使沿海超四类海水占到1/3以上，赤潮发生周期缩短。最近一二年雾霾频频发难，2013年12月长三角爆发长达一周以上的重度雾霾，并发展到与京、津、冀、鲁等省市连成一片的超大面积雾霾污染。雾霾如此疯狂与传统工业化、城镇化迅猛发展关系密切，是众多城镇工业氮、磷、硫等化合物气体，汽车尾气、燃煤烟尘等排放大量增加的结果。由于在相当长时间内对城市化环境重视不够，也由于处在传统工业化向现代化过渡特殊阶段，受环境治理成本较高制约，先建设后治理、边建设边治理甚至只建设不治理并存，致使空气、水、固体废物、噪声、光照辐射等污染严重起来。这就不能不促使人们反思：城市化给我们带来了什么，解决城市化诸多问题的出路在哪里？不得不追根溯源，到产生这些问题的资源配置方式和体制机制中去寻找。

"补市""兴市"改革

城镇化深感"缺市""无市"之痛，补救之策就要到"补市""兴市"中去寻找。既要哪里缺就在那里补、哪里无就在那里兴，又要着眼未来长期城市化发展战略，大力推进改革和体制机制创新。

一要厘清概念——城镇化还是城市化。前面提到，城市化（urbanization）是国际社会通用的概念，而城镇化则是"中国制造"。1949年中华人民共和国成立后，工作重心由乡村转移到城市，城市人口管理受到重视。在中央国家机关文献中提到"城""镇"的，依次有：1951年经中央人民政府政务院批准公安部公布了《城市户口管理暂行条例》，建立起城市家庭、迁移、出生、死亡等户口管理办法。《条例》使用的是"城市"，并不是"城镇"，当时镇还不在城市而在乡村管理范畴。1955 年 6 月《国务院关于建立经常户口登记制度指示》可谓前进半步，规定"办理户口登记的机关，在城市、集镇是公安派出所，在乡和未设公安派出所的集镇是乡、镇人民委员会"。[①] 之所以说"前进半步"，一是该指示首次提出"集镇"概念，从此有了"集镇"一说；二是以"有无派出所"为准则，将"集镇"分别划归"城镇"和"乡镇"两部分，分别由公安派出所和乡镇人民委员会办理户口登记和进行管理。也就是说，"集镇"的定位是二元的，并没有一步跨到城镇范畴。同年 11 月《国务院关于城乡划分标准的规定》又前进半步，将符合"甲、设置市人民委员会的地区和县（旗）以上人民委员会所在地（游牧区行政领导机关流动的除外）。乙、常住人口在二千人以上，居民 50% 以上是非农业人口的居民区"条件之一者，定为"城镇"。此为第一次使用"城镇"一词，开将镇收入城市视野先河。只是在高度集中统一的计划经济体制下，城乡之间人口迁移受到严格限制，城镇化进程又屡遭控制建制镇数量、缩小城市郊区政策打压，造成 20 世纪 60 和 70 年代长期徘徊不前的局面。

改革开放给城镇化注入新的生机和活力，城镇化迅速驶入"快车道"。据笔者考证，正式出版的论著首次使用"城镇化"概念，当属 1984 年世界银行对中国经济考察的背景材料《城镇化：国际经验和中国的前景》一书。[②] 笔者曾与该书撰著者有过一番讨论，urbanization 应当译为城镇化还是译为城市化。鉴于当时城镇化率仅为 23%[③]，处于"以小为主"的起步阶段；同时处于城市化三阶段 S 曲线底部，以农村人口向小城镇转移和集中为主旋律；国家正在推行积极发展小城镇、适当发展中等城市、严格限制大城市规模的方针等，似乎译为"城镇化"也未尝不可，可能更贴近实际一些。于是在出版时便采用了"城镇化"译法，其后广泛传播和应用开来。不过如前所述，将 urbanization 译为城镇化，城镇化 = 城市 + 小城市化并不符合学术规范；更主要的是从中抽象掉"市"以后，变成城镇可以脱离"市"而独立存在和发展，有悖于城市化必须以经济作基础基本准则；在实践中则可能发生多"城镇"而少"市"、有"城镇"而无"市"弊病。因而需要

---

① 参见田雪原主编《中国人口年鉴 1986》，中国社会科学出版社，1986，第 79、81 页。
② 参见王慧炯、杨光辉主编《城镇化：国际经验和中国的前景》，气象出版社，1984。
③ 《中国统计年鉴 2012》，中国统计出版社，2012，第 101 页。

正本清源，重新回归到"城市化"概念上来。即使某个阶段为了强调小城镇的发展——姑且不讨论这种强调是否正确——也没有必要用"城镇化"取代"城市化"。如同我们强调发展稻谷生产，不能用"粮稻作物"取代"粮食作物"一样。

二要改革体制——摆正政府与市场的关系。上述城镇化质量下降或虚张，有着特定的滋生土壤。这个土壤就是城镇化资源配置不合理，决定分配的体制机制存在问题。资源配置不合理，主要表现为"三个错位"。

一曰土地资源配置错位：市场没有起到决定性作用。当下城镇化土地资源来源和运行的基本模式是：政府出面向具有土地经营使用权的农民征购土地，政府通过拍卖等方式将土地转卖给开发商，开发商投资建设后再将房地产（经营使用权）卖给用户。不难看出，在城市化房地产"三部曲"运营中，政府一头连接农民，另一头连接开发商和用户，政府在土地资源配置中居于中心和主导地位。久而久之，土地财政成为地方政府财政的重要来源，依赖性越来越大。所谓土地财政，不仅在于依赖征购和出卖土地获得收入；而且土地征购到以后，还可以作为抵押进行贷款，有效地激活了地方政府的财政收支信贷。然而其负面影响也随之而来，地方债等地方财政赤字滚雪球式增大，风险逐步增加。

二曰人力资源配置错位：受制于城乡分割的"二元体制"。处在 S 曲线中部的中国人口城市化，主要的推动力量还是农村劳动力及其附属人口向城镇转移和集中。统计显示，2000、2005、2010、2012 年，全国人户分离人口分别为 1.44 亿、1.86 亿、2.61 亿、2.79 亿，流动人口分别为 1.21 亿、1.47 亿、2.21 亿、2.36 亿。其中 2012 年流入城镇并被统计为城镇常住人口的约 1.65 亿。虽然近年来流动人口增长趋势有所放缓，出现一些新的动向，但是仍在继续增长之中。如此大量的农业转移人口因为城乡分割的"二元结构"体制，长期被拒之城市门外不能成为市民，影响着人力资源的利用和潜力的发挥。

三曰财力资源配置错位：依赖扭曲的低价土地和高价楼市运营。改革开放以来城镇化提速，主要依靠两大支柱：一是廉价的农村劳动力转移到城镇，降低了劳动成本；二是廉价的土地资源出让，降低了土地成本。这两位"父母"（威廉·配第：土地是财富之母，劳动是财富之父）组合到一起，成就了城镇化"子孙"后代的繁荣昌盛。政府通过征用廉价的土地，再以高价转卖给开发商获得收益；开发商则以持续升高的房价，同样获得高额利润；而转让土地经营权的农民，一般得到的补偿水平均比较低。由于城市化快速推进扩大了房产刚性需求，加之楼市不断上涨刺激了房地产买卖投机，使高房价运营得以持续，财力资源配置错位得以继续。以扭曲的低地价、高房价为支撑的征地、拍卖、商品房市场运营"三部曲"，为政府借贷提供了土地担保，促使地方政府债务节节攀升。依据国家审计署公布的数据，截至2013年6月底，全国各级政府负有偿还责任的债务206988.65亿元，负有担保责任的债务29256.49亿元，可能承担一定救助责任的债务66504.56亿元。[①] 地方政府所负债务在很大程度上由房地产而生、而增，使财力资源配置错位越隐越深。错位的本质，是政府对土地主宰和主导性过强，市场过弱不能在资源配置中起决定性作用所致。

上述城镇化资源配置"三个错位"，有理论和认识方面的原因，根本还在体制机制上，出路也在体制机制改革上。通过改革，实现城市化过程中政府和市场功能与角色的回归。

政府功能与角色回归。一要转变观念。党的十八届三中全会通过的《中共中央关于全面深化改革若干重大问题的决定》指出："核心是处理好政府和市场的关系，使市场在资源配置中起决定性作用和更好发挥政府作用"，"着力解决市场体系不完善、政府干预过多和监管不到位问题"。[②] 纵观上述城镇化各种问题，归根结蒂是政府与市场的关系没有摆正，体制机制不当造成的。城市化的本质已如上述，是经济发展、社会进步和人口结构转变的产物。虽然城市经济发展起来以后对整个社会经济发展产生巨大的作用和影响，但是仍然不可将城市与经济的关系"倒过来"，不能以城市化作为出发点和原动力，更不能把城市化仅仅作为拉动经济增长和挽救GDP下滑的手段和工具。包括政府在内所有参与主体都要转变观念，从"以GDP论英雄"转变到以人为本观念上来，着力推进有利于城乡统筹发展、提高城乡人民福祉为宗旨的城市化上来。二要转变角色。在城市化过程中，政府要从亲力亲为的"演员"角色，转变为发展战略、规划、政策、标准等的制定和实施，监管市场活动，提供各类公共服务的"导演"角色上来。三要从应该退出的体制机制中退出。主要从不当的审批、交易等旧的规定和制度中退出，沿着市场在资源配置中起决定性作用方向深化城市化体制机制改革，适时出台

---

① 资料来源：国家审计署网站，2013年12月30日公告。
② 参见《中共中央关于全面深化改革若干重大问题的决定》，载《改革开放以来历届三中全会文件汇编》人民出版社，2013，第178页。

相应的政策和法律法规。

市场功能和角色回归。政府回归"导演"角色，"演员"则由市场设置准入规则和"规定性动作"筛选，发挥市场在资源配置中的决定性作用。要明确城市化个人、组织等的法人资格和地位，成为真正的独立法人。明确农村土地承包人享有占有、使用、收益、流转和承包经营权抵押、担保权能，允许农民以承包经营权入股发展农业产业化经营。鼓励承包经营权在公开市场上向专业大户、家庭农场、农民合作社、农业企业流转，发展多种形式规模经营。农村土地承包经营权市场化改革之路打开，不仅给农业发展拓展了新的空间，而且为城市化的健康推进提供了广阔的天地。资源配置由市场决定，土地、劳动力价值回归有了基础，扭转过低的土地、劳动力价格和过高的房产价格也就有了可能。农民、开发商、购房者和国家利益分配不合理现状，也就可以得到相应的调整。

三要选准改革突破口——破除城乡"二元结构"体制。党的十八届三中全会通过的全面深化改革的《决定》，提出"推进以人为核心的城镇化"理念。笔者以为，"以人为核心"，首先要以满足人的全面发展需要为宗旨，即以满足城乡人民日益增长的生理、心理、交往、文化等全面发展的需要为宗旨；其次，发展要以人力资本为主要驱动力，保持人力资本在与自然资本、产出资本、社会资本比较中居于支配的地位；再次，要实现人口与经济、社会、资源、环境协调发展，按照可持续发展要求实现资源合理有效配置。目前实行"以人为核心的城镇化"首当其冲的障碍，是城乡分割的"二元结构"体制。此"二元结构"体制涵盖政治、经济、社会诸多层面，经济层面更多一些。显然，一下子全面拆除"二元结构"体制屏障不现实，必须找准突破口。这个突破口，就是以"农业""非农业"为身份标识的"二元户籍"制度。我国城市化迅速推进，数以亿计进城农民承担着城市化建设主力军重任，他们建造了高楼大厦，修建了工厂、道路、学校、商店，成为事实上的城镇居民；但是却不能分享他们亲手建设取得的成果，长期被排斥在城市居民之外，成为户籍在农村、劳动和生活在城镇的双重身份人口。这种户籍"二元结构"给转移农民变市民，以及配偶、子女等附属人口就业、就医、入学、参加失业保险和养老保险等带来重重障碍，已经到了非改革不可的时候。

中央全面深化改革《决定》，提出创新人口管理、加快户籍制度改革具体要求："全面放开建制镇和小城市落户限制，有序放开中等城市落户限制，合理确定大城市落户条件，严格控制特大城市人口规模"。毫无疑问，改革要全面落实这些要求和决策。但要防止擅自给上述要求和政策"加码"，借"有序""合理""严格控制"对转移人口落户、变转移人口为市民设置不应有的种种障碍。原则上应以有相对稳定的劳动岗位、收入和住所为基本条件。落户为城镇居民不是目的，在政治、经济、社会、文化生活等方面真正融入城市、成为市民，才是"以人为核心"城市化的要义。因此，要从给转移农民创造更多的居住和就业机会、落实相应的社会保障、纳入城市发展规划等入手和展开落实，才能有效地推进转移农民市民化。

参考文献

［1］《中共中央关于全面深化改革若干重大问题的决定》，载《改革开放以来历届三中全会文件汇编》，人民出版社，2013。

［2］田雪原：《以改革促进城镇化转型升级》，《人民日报》2013 年 7 月 17 日

［3］陈剑主编《中国改革报告 2013》，法律出版社，2013。

［4］潘家华、魏后凯主编《中国城市发展报告 No.6》，社会科学文献出版社，2013。

［5］王小鲁：《中国城市化路径与城市规模的经济学分析》，《经济研究》2010 年第 10 期。

［6］刘士林：《城市群的中国经验及中西比较》，《文汇学人》2012 年 10 月 22 日。

［7］白彦锋、刘畅：《中央政府土地政策及其对地方政府土地出让行为的影响》，《财贸经济》2013 年第 7 期。

［8］王德利：《北京城市宜居的综合测度与提升路径》，《中国人口·资源与环境》2013 年第 2 期。

［9］Maddison, A., *Chinese Economic Performance in the Long Run*, second edition, Development Centre of the OECD, 2007, p. 159.

［10］Hertel, Thomas, FanZhai, "Labor Market Distortions, Rural-Urban inequality and the Opening of China's Economy", *Economic Modeling*, (23), 2006.

（撰于 2014 年 3 月）

为"城市化"正名

目前，在党中央、国务院各类文献中，一律采用城镇化概念。中央报刊在一般审稿中，也均将城市化改为城镇化。城镇化与城市化之间仅一字之差，涵义有什么不同，为什么都要统一到"官方口径"上去，却很少有人认真地研究过。如今在城市化率达到53%、大中小城市结构发生重大改变、社会经济转型提出新的要求情况下，是继续沿用城镇化还是转而采用城市化，这不仅是一个理论概念问题，同时左右着城市化发展的方向和道路，关系到社会经济发展全局。

"城镇化"由来

由联合国人口委员会原秘书长乔治·塔皮诺斯（Georges Tapinos）主持编写，用法、英、德、西等12种文字出版的《人口学词典》，urbanization翻译为城市化，指居住在城市地区的人口比例的增长。[①] 笔者曾当面与塔皮诺斯讨论过 urbanization 的涵义，他认为城市分为大、中、小不同规模和类型，小城市包括镇（town），urbanization 应译为城市化，而不能译为城市（city）＋镇（town）。在汉语中，"城市"则是一个复合词："城"原指都邑四周为防御而建的城垣，由城墙环绕而成；"市"指集中做买卖进行交易的场所，《易·系辞下》中说：日中而市，市罢即自行散去，当初并没有全日制的市场。城市即指都邑经常做买卖的地方，是经济发展到一定阶段城与市相结合的产物。因此，城与市不可分割，城是地理意义上的界定，市是城的经济基础，二者相互促进、共同发展。在当代，除个别政治、文化、军事需要外，城市主要是工业化扩张和升级的结果，是信息化、工业化的产物。

---

① 参见联合国人口学会编著《人口学词典》，杨魁信、邵宁译，商务印书馆，1992，第38页。

那么城镇化是怎样产生的呢？可以说，这是"中国制造"或"中国创造"。1949 年中华人民共和国成立后，工作重心由乡村转移到城市，很重视城市人口的管理。1951 年经中央人民政府政务院批准公安部公布了《城市户口管理暂行条例》，建立起城市家庭、迁移、出生、死亡等户口管理办法。这一条例使用的是"城市"，并不是"城镇"，当时镇还不在城市管理范围之列。1955 年 6 月《国务院关于建立经常户口登记制度指示》可谓前进半步，规定"办理户口登记的机关，在城市、集镇是公安派出所，在乡和未设公安派出所的集镇是乡、镇人民委员会"。[1] 之所以说"前进半步"，一是该指示首次提出集镇概念，从此有了集镇一说；二是以有无派出所为准则，将集镇分别划归城镇和乡镇两部分，分别由公安派出所和乡镇人民委员会办理户口登记和进行管理。也就是说，集镇的定位是二元的，并没有一步跨到城镇。同年 11 月《国务院关于城乡划分标准的规定》又前进半步，将符合"甲、设置市人民委员会的地区和县（旗）以上人民委员会所在地（游牧区行政领导机关流动的除外）。乙、常住人口在二千人以上，居民 50% 以上是非农业人口的居民区"条件之一者，定为城镇。此是第一次使用"城镇"一词，开将镇收入城市视野先河，城镇化自此正式启航。可见，在此之前市、镇、城市、城镇是有明确界限的，演变到现在意义的城镇有一个进化的过程。

在高度集中统一的计划经济体制下，城乡之间人口迁移受到严格限制，城镇化进程又屡遭控制建制镇数量、缩小城市郊区政策打压，造成 20 世纪 60 和 70 年代长期徘徊不前的局面。蓄之愈久其发愈速。在改革开放注入新的生机和活力作用下，城镇化迅速驶入"快车道"。据笔者考证，城镇化概念最早出现在 1984 年世界银行对中国经济考察的背景材料《城镇化：国际经验和中国的前景》一书中。[2] 对 urbanization 译为城镇化还是城市化曾有一番讨论，最后鉴于当时城镇化率仅为 23%[3]，处于"以小为主"的起步阶段。即处于城市化三阶段 S 曲线底部，以农村人口向小城镇转移和集中为主阶段。同时国家正在推行积极发展小城镇、适当发展中等城市、严格限制大城市规模的方针，城镇化似乎更能体现这一宗旨，于是便采用"城镇化"并且广泛应用开来。客观地说，将近 30 年强调"以小为主"的城镇化，发

---

① 参见田雪原主编《中国人口年鉴 1986》，中国社会科学出版社，1986，第 79、81 页。
② 参见王慧炯、杨光辉主编《城镇化：国际经验和中国的前景》，气象出版社，1984。
③ 《中国统计年鉴 2012》，中国统计出版社，2012，第 101 页。

挥了应有的作用，输送过相当的正能量，可谓功不可没。然而城镇化却不是规范化的概念，如前所述，城镇化 = 城市 + 小城市化，有概念部分外延重叠之嫌，其意无非是强调以小城镇为主而已。更为重要的是，即使城镇化在当时可以接受，放到今天是否适宜，也是值得商榷和认真研究的。

步入城市化第二阶段

考察国际社会城市化发展的历史，前面提到大体上呈三个阶段 S 曲线走势：第一阶段主要是农村人口向中小城镇转移和集中，可称之为乡村城市化，处于 S 曲线图像底部，城市化率一般在 30% 以下。第二阶段乡村和中小城镇人口向大城市和超大城市转移和集中，城市化推进到以大城市为主导阶段，处于 S 曲线图象中部挺起部分，城市化率一般为 30% ~ 70%。第三阶段大城市特别是超大城市中心区人口向郊区和其他乡村迁移，亦可称之为逆城市化，处于 S 曲线图象顶部，城市化率在 70% 以上。虽然各国经济、社会发展不平衡，文化千差万别，历史沿革各异，城市化水平相差悬殊并有各自的特点；但是实践表明，三阶段 S 曲线走势是共有的规律，一般情况下是不可超越和不可逆转的。

中国原本是一个农业大国，城镇人口占比很低，新中国成立后长期处在城市化 S 曲线第一阶段，这是自然的和合乎规律的。然而改革开放后经过最初 20 年的大提速、大发展，大中小城市规模结构已经发生根本性的转变。统计数据显示：1990 年与 1999 年比较，50 万人口以下中小城市占比由 19.41% 下降到 13.87%，降低 5.54 个百分点；50 万 ~ 100 万人口城市占比由 32.49% 上升到 35.19%，升高 2.7 个百分点；100 万以上人口大城市占比由 48.10% 上升到 50.94%，升高 2.84 个百分点。大、中、小城市结构这种变动表明，到 20 世纪后期，中国城市化事实上已由"以小为主"过渡到"以大为主"，并且继续向前推进。参见图 1。①

图 1 表明，进入 21 世纪以后，这种"以大为主"的城市化呈加速推进态势。1999 年与 2010 年比较，不仅 50 万人口以下城市占比由 13.87% 下降到 9.49%，降低 4.38 个百分点；而且 50 万 ~ 100 万人口城市占比也呈下降趋势，由 35.19% 下降到 30.47%，降低 4.72 个百分点；100 万 ~ 200 万人

---

① 1990 年数据见《中国统计年鉴 1991》第 653 页；1999 年数据见《中国人口统计年鉴 2000》第 481 ~ 489 页；2010 年数据依据《中国统计年鉴 2011》第 93、371 页提供的数据计算。

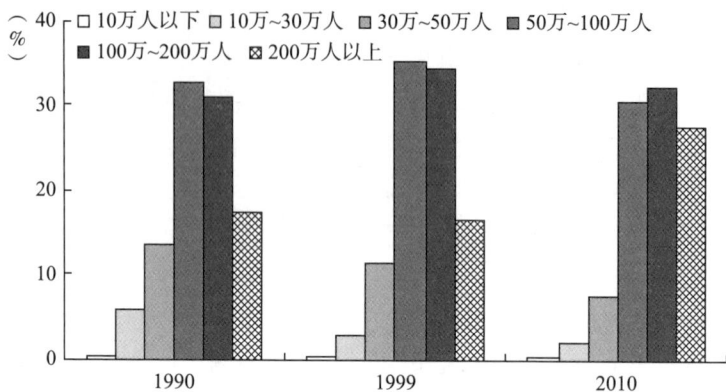

图 1 1990～2010 年大、中、小城市结构变动

口城市占比由 34.35% 下降到 32.25%，降低 2.1 个百分点；200 万人口以上城市占比则由 16.59% 猛升到 27.79%，升高 11.2 个百分点，其中 400 万人口以上超大城市占比升高 6.36 个百分点。这种情形以北（京）、上（海）、广（州）深（圳）都市圈式城市化最为典型。众所周知，城市化都市圈理论源于 20 世纪 70 年代法国和意大利地理学家及经济学家，尤以戈特曼的"大都市圈"理论和佩鲁的"增长极"理论为代表。提出并论证了发达国家几个大城市中心圈生产总值占到本国 GDP 65%～80%，都市圈式城市化成为最重要的经济"增长极"模式。不过，一是该理论被看作对发达国家经济发展过程中的一种区域性解说；二是当时我国城市化率尚在 20% 以下起步阶段，并没有引起国人多少关注。20 多年过后，我国"重小轻大"城镇化诸多矛盾暴露出来，并且事实上已经过渡到"以大为主"第二阶段，这一理论才迅速在我国传播开来。虽然我国北、上、广深三大都市圈正在形成之中，GDP 占比和质量还远不能同美国纽约都市圈、日本东京都市圈、英国伦敦都市圈等相提并论，但是正在向着这样的目标迈进，并且已经初具规模、有的接过完成。这说明，我国城市化在"以小为主"向"以大为主"过渡中，已经行程过半，超大城市的地位、功能和主导作用，正在日益明显地展现出来。

沿用"城镇化"的弊害

中国幅员辽阔、人口众多、社会经济发展不平衡，东、中、西部城市化率差异较大。西部有些省区城市化率较低，可能还处在城市化第一阶段；东部、东北和中部大部分地区，则早已过渡到以大城市为主导的第二阶段。总体上，全国的城市化也步入"以大为主"第二阶段，处于 S 曲线中部偏上节点。在这样的情势下，继续沿用城镇化概念便脱离了现实，无论在理论层面还是在实践层面上，带来的弊害都已显现出来。

在理论层面上，城镇化抽象掉城市化中的"市"，变成城、镇可以脱离"市"而单独存在、自行发展，这就从根本上切断了城、镇与市之间不可分割的内存联系。城市化的本质是什么？从人口学角度观察，是农村人口向城镇转移的一种过程，是人口的城乡结构问题；从劳动学角度观察，是就业在一、二、三次产业之间的分布和结构问题；从经济学角度观察，是农业、加工业、服务业为主的三次产业结构的变动问题；从社会学角度观察，是工业社会取代农业社会的生产和生活方式，工业文明取代农业文明、现代文明取代传统文明的社会进步问题。不过经济是基础，现代城市化主要是工业化和信息化发展的结果；核心是人口的城市化，因为变农村人口为城镇人口的过程，就是人口和就业结构转变、产业结构升级、现代文明取代传统文明的社会进步过程。由此可见，在城市扮演特定区域内经济、政治、文化中心角色中，"市"是支撑城市运转的最重要的基础。城镇化把"市"这个最重要的经济基础抽象掉，将城、镇与"市"分离开来、割裂起来，这在概念上就违背了以"市"为基础的合理内涵；同时在外延上，也必然失去"市"对城镇规模、地理范畴的自然界定，变成可以由人的意志决定的主观的东西。

在实践上，将"市"从城镇中抽象掉，变成城归城、镇归镇、市归市，城镇可以无市、市亦可以无城镇，城镇可以不依赖"市"而存在和发展，这就混淆了正常的城市化与人为造城的界限。甚至出现为城镇化而城镇化、先造城镇、后兴市"倒过来"的城镇化，形成诸多城镇化虚张。当前，这种虚张已经达到相当的程度。主要是：

其一，城镇化速度虚张。中国城镇化经历过曲折的发展路程，改革开放以后逐渐驶入快车道，加速推进是明显的特点。1980～1990 年城镇人口比例年平均提升 0.7 个百分点，1990～2000 年平均提升 1.0 个百分点，2000～2012 年平均提升 1.4 个百分点，2011 年城镇人口比例超过 50%，2012 年达到 52.6%。城镇常住人口由 1990 年 30195 万，增长到 2000 年 45906 万、2012 年 71182 万，年平均增长 4.0%。① 城镇化如此迅速地推进，无论同我

---

① 《中国统计年鉴 2012》，第 101 页；2012 年数据，为 2013 年 1 月 18 日国务院新闻发布会公布数据。

国过去还是同国际社会比较，都属于超常规的快速增长，存在一定的虚张。

其二，城镇化规模虚张。指城镇化占地盲目向外扩张和城市建筑盲目向空中扩张两种情况。1985～2010 年全国地级和县级市数增长 1.0 倍，而依据《中国城市发展报告 2012》提供的数据，全国城市建成区面积由 0.94 万平方公里增加到 4.01 万平方公里，增长 3.3 倍，年平均增长 6.0%，为同期城镇人口增速的 150%。① 实际上，城镇化占地要比统计上报的数字高出许多，少报不仅可以免除楼盘空置税等处罚，而且有利于降低开发和建设成本。值得注意的是，不仅城镇化"大饼"越摊越大，而且越摊越厚，掀起"垂直城市化"热。一座座摩天大楼拔地而起，中国第一高楼高度纪录不断被刷新，已有信息透露，正在筹建超迪拜塔的世界第一高楼。北京公布要建世界型城市后，跟风者有几十家，其中不乏连何为世界型城市都不甚了了的中等城市。

其三，城镇化人口虚张。用城镇人口占比界定的城镇化率，在我国是城镇的常住人口。目前全国流动人口约 2.6 亿，2 亿左右流入城镇，其中在城镇居住生活半年以上者，被人口普查和人口抽样调查列为城镇常住人口，造成一定数量的城镇人口虚张。但是虚张多少，要做出实事求是的考量。一种以非农业人口界定，如此，目前的城镇化率充其量也不足 36%，虚张 17 个百分点。笔者不赞同这种界定，因为任何国家（除城市国家外）的城市人口都不可能为纯粹的非农业人口，都要包含一定数量的农业人口，尤其是发展中国家。参照国际社会做法并总结新中国 60 多年的经验，农业人口占 25% 左右较为适宜。以此衡量和计算，目前的城市化率当在 50%，即虚张 3 个百分点、3500 多万人。

其四，城镇化房地产虚张。包括房产虚张和地产虚张两部分。城市房产虚张，一是指城镇化过程中房屋建造增长速度超前，造成相当数量无人居住的空置房。据报道，截止到 2013 年 3 月底，全国楼市待售和在建施工面积达 40 亿平方米，相当于 2011 年城镇新建住宅面积 9.49 亿平方米的 4.2 倍。如按该年城镇人均住房面积 32.7 平方米计算，可满足 1.22 亿人的住房需求，相当于当年城镇总人口的 17.7%。② 这就形成了被国内外炒得沸沸扬扬、诸如内蒙古鄂尔多斯、辽宁营口、河南新郑等一批"鬼城"。与城市房

---

① 《中国社会统计资料 1987》，第 13 页；潘家华、魏后凯主编《中国城市化发展报告 2012》（城市蓝皮书），社会科学文献出版社，2012，第 9 页；《中国统计年鉴 2012》，第 3、101 页。
② 依据《中国统计年鉴 2012》第 378 页数据计算。

产虚张相呼应的是城市地产虚张。地方政府依据公共需要可以征用土地法规，从农民手中征购土地经营使用权；通过拍卖招商引资，房地产商实施开发建设；最后房地产商出卖商品房，政府、房地产商、农民各自取得相应收益。不过政府得到的是大头，房地产商其次，农民所得最少。这就形成一条以地方政府土地财政作支撑、完整的房地产产业链。不言而喻，地产和房产价格越高，政府土地财政运转效益越高，房地产商利益也高——这是为什么国家每次打压房价政策出台，却收到房价上涨相反效果的奥秘所在。

其五，城镇化质量虚张。这是一个带有综合性质的问题，前面提到的城镇化规模、人口、房地产虚张也应包括在内。不过放到城市化质量总体上考察，还应从城镇集约化程度、产业结构、生态环境等方面，做出更高层次的概括和阐发。

①城镇化集约化程度不高，经济密度比较低。城市规模与劳动生产率成正比，是普遍存在的规律。"以小为主"的城镇化，一个不容回避的问题是集约化程度低，经济密度（产值/单位面积）低。小城镇经济密度低自不待言，就是像北上广这样的都市圈式城市化，一是要看到同其他城市的差距已经拉开，如 2011 年南宁市人均 GDP 仅相当于上海市 23.0%、北京市 24.5%①；二是更要看到，由于总体上处于城市化数量扩张类型，"大饼"摊薄主导城镇化大趋势，造成北、上、广深最发达都市圈创造的 GDP 总和，也仅占全国 30% 左右。总体上，目前我国城市化经济密度与发达国家比较差距很大，甚至低于某些发展中国家。

②城镇化产业结构落后，现代化水平低。改革开放以来随着经济的快速发展，城市三次产业结构发生很大变化。目前的状况，参见表1：②

表1　2011 年全国与地级以上城市产业结构比较

单位：%

	全国	地级以上市
第一产业	10.0	2.8
第二产业	46.6	49.7
第三产业	43.4	47.6

表1显示，地级以上城市与全国总体三次产业结构比较，第一产业占比

---

① 依据《中国统计年鉴 2012》第 389 页数据计算。
② 依据《中国统计年鉴 2012》第 386 页数据计算。

降低 7.2 个百分点，第二和第三次产业分别升高 3.1 和 4.2 个百分点。这说明当前第三产业占比偏低，没有摆脱以制造业为主导的工业化阶段。更为重要的是，第三产业大都为餐饮、住宿等低端服务业，科学、技术、教育、文化、金融、物流等现代服务业缺失严重，同现代化发展不相适应。

③城镇化污染严重，生态环境堪忧。如前所述，改革开放前期"重小轻大"的城镇化和乡镇企业异军突起，对城镇化的迅速启动和"三农"问题的解决，曾经起到过巨大的作用。然而，这种"村村点火、处处冒烟"的乡镇企业，经过十多年的大发展以后，造成的废水、废气、固体废物等的污染达到相当严重的地步。此时，小城镇由原来解决了大问题，变成成为大问题。追踪近 30 多年来污染加剧、生态环境变坏的足迹，造成的原因可能有多种；然而毋庸置疑的一点是，城镇化片面强调城镇建设的规模和速度，对于可能出现的污染和生态破坏等问题，没有摆到日程上来，甚至以为无足轻重，是重要的和根本的原因。虽然有的也将环境保护列入城镇规划，搞了拓宽马路、铺造草坪、修建广场一类面子工程，但是这样的城市"绿皮化"，掩盖不住污水横流、垃圾遍地、空气污浊带来的危害，严重者江河湖水不能食用甚至不能灌溉，土壤和空气散发着毒气。近年来，一些新建城市竞争力指数上不去，很重要的一个原因，就是城市环境质量差，丧失了应有的吸引力。

走出"城镇化"误区

既然事实上我国城市化早已步入以大城市为主导的第二阶段，为何还一直坚守以小城镇为主导的城镇化不放呢？不去做更多方面的探讨，从认识和理论上讲，重要的一点是长期以来形成若干误区和误导。主要是：

其一，"城镇化"就是"中国特色"。长期以来，我国推行积极发展小城镇、适当发展中等城市、严格限制大城市规模的城镇化方针，并将这一方针定格和定名为"城镇化"。前已叙及，在原联合国人口委员会秘书长乔治·塔皮诺斯（Georges Tapinos）主编的《人口学词典》中，urbanization 被译为城市化，系指居住在城市地区人口比例的增长。在我国，就中文涵义而言，"城市"是一个复合词，城与市二者不可分割，城市化才能清楚地表明概念的内涵与外延，城镇化概念外延部分则有重合之嫌。然而由于传统观念所特有的作用力和影响力，形成只有走"以小为主"的城镇化道路，才称得上"中国特色";谁叫"城市化",谁就偏离了中国特色,无形中还潜藏着某种政治涵义。按照这样的逻辑,要保持中国特色就只有始终坚持"以小为主",只能叫城镇化而不能叫城市化。这就从根本上否定了城市化S曲线三阶段的理论,也否定了包括中国在内国际社会关于城市化发展呈阶段性推进的历史。笔者以为,中国特色城市化不在于名称,而在于实质。在于不走剥夺农民、牺牲农业的城市化,而走以人为本、统筹城乡发展的城市化道路。

其二,"以小为主"能够加快城镇化速度。改革开放以来城镇化率的快速提升,实施"以小为主"的城镇化方针功不可没。特别是20世纪80年代和90代中前期,小城镇雨后春笋般地涌现着实给力不小。不过统计资料显示:1980~1999年推行"以小为主"城镇化期间,城镇化率提升15.39个百分点,年均提升0.81个百分点;2000~2012年实际上"以大为主"期间,城市化率提升16.35个百分点,年平均提升1.36个百分点。① 实践是检验真理的唯一标准。进入"以大为主"期间速度比"以小为主"期间不是慢,而是更快了,年平均高出0.55个百分点。这是由城市化阶段性特征决定的,并非由"以小"还是"以大"为主决定。"以小为主"就能加快城镇化速度与事实不符,是一种误导。

其三,"以小为主"可以避免"城市病"。在现实生活中,的确可以看到居住密集、交通拥堵、污染加剧、犯罪率高等"城市病",往往同城市规模成正比例增长。于是就有将此类病因归结为城市规模过大,甚至称之为大城市独有的"大城市病"。客观地说,城市病同城市规模有着一定的联系,二者常常相伴而行、共生共长。然而二者常常相伴,并不等于前者是后者或后者是前者存在和滋长的原因;如同雷电常常与下雨相伴一样,并不等于雷电是下雨或下雨是雷电的原因一样。有时可以是雨点小而雷声大,甚至是干打雷不下雨;也有时可以是雨点大而雷声小,甚至润雨无声。"城市病"的根本原因,在于城市设计、功能和运行体制、机制的科学合理性,实际到位的程度。大城市就一定密集吗?不一定,以洛杉矶为代表的美国中西部散落型城市,就不是这样;交通拥堵主要是城市功能定位出了问题,拉长了人们工作、居住和活动的距离。科学的城市功能定位和便捷的交通工具相结合,就可以破解交通难题;污染加剧和犯罪率高等问题,大城市规模效应具有的

---

① 《中国统计年鉴2012》,第101页;2012年为2013年1月18日国务院新闻发布会公布数据。

优势，特别是高科技的普遍应用，智能化管理的率先推行等，如能很好地发挥出来，也可以促进问题的解决。所以，"城市病"或"大城市病"，并不是城市规模的属性，也不是大城市的"专利"；而随着信息化、现代化的不断推进，规模很大而患病较少的大城市会不断涌现，也将亮相在东方地平线上。

参考文献

［1］田雪原：《以改革促进城镇化转型升级》，《人民日报》2013 年 7 月 17 日。

［2］田雪原：《人口城市化转变与当前政策建议》，《中国国情国力》2012 年第 11 期。

［3］陈剑主编《中国改革报告 2013》，法律出版社，2013。

［4］王小鲁：《中国城市化路径与城市规模的经济学分析》，《经济研究》2010 年第 10 期。

［5］刘士林：《城市群的中国经验及中西比较》，《文汇学人》2012 年 10 月 22 日。

［6］Maddison, A., *Chinese Economic Performance in the Long Run*, second edition, Development Centre of the OECD, 2007, p.159.

［7］Hertel, Thomas, Fan Zhai, "Labor Market Distortions, Rural-Urban Inequality and the Opening of China's Economy", *Economic Modeling*, （23）, 2006.

（撰于 2013 年 12 月）

五　生态文明与可持续发展

生态文明：人类控制系统 PK
自然控制系统

在 400 多万年人类诞生和发展的历史长河中，文明既是发展的结果，又是人们追逐的目标。站在以人为本立场，从人类发展与文明进步相结合视角观察，可以说，人类文明是人类控制系统与自然控制系统之间博弈的产物。不同历史阶段社会经济、政治、科技、文化发展差异很大，人口数量、素质和结构也呈现阶段性变动，博弈的结果，呈现出文明不同的阶段性特征。目前取得较多共识的人类社会"四大文明"，笔者将其解读为：原始文明是自然控制系统完全支配人类控制系统的历史阶段，人类活动局限在摘取自然界供给的成果上面，是被动接受自然界赐予式的文明；农业文明是由自然控制系统向人类控制系统转变的历史阶段，铁器等生产工具开辟获取人类自身劳动成果的新手段，人类活动开始突破自然控制系统某些局限；工业文明则是人类控制系统力图驾驭自然控制系统的历史阶段，科技进步成为驱动这种控制系统转变的利器，人口、资源、环境危机则迫使人们不得不对此进行反思；现代生态文明是人类控制系统与自然控制系统寻求协同推进的历史阶段，扬弃以资源枯竭和牺牲环境为代价的发展，走人口与可持续发展之路是带有终极意义的选择。当前，人口、资源、环境与发展正走到历史的十字路口：是协同推进还是分道扬镳式发展？两种理念、两种思路、两种前途，每个国家、民族、种族以至整个人类，必须对此做出明确的回答。

文明发展的轨迹

何谓文明？迄今为止，来自不同学科、不同领域给出不同的定义。有代表性的几种：一是指人类所创造的物质财富和精神财富的总和达到的较高水平，同广义文化涵义相似，只是更强调具有较高水平和代表性。二是专指精神财富，包括思想、伦理、文学、艺术、教育、科技、宗教等取得具有划时代意义的成就，同一般意识形态意义上的文化相近；不过，同样更具较高水平和代表性。三是指在人与人、人与社会、人与自然之间的关系上，形成某种互相尊重、和谐程度比较高的状态。包括伦理、道德方面的文明，维护公众利益、公共秩序方面的文明，保护生态环境、顺应自然发展规律方面的文明等。四是指上述诸文明在与国家、民族、种族发展以及重大历史事件交叉中，形成的特定条件下的文明。如欧洲古罗马文明、文艺复兴文明、中国盛唐文明等。显然，要厘清文明发展的历史轨迹，首先需要梳理人类诞生和发展走过的历程，弄清文明是随着人类的诞生和发展而生、而长、不断推陈出新的。

1. 人类文明溯源

人类起源于何时、何地，至今尚有不同的声音。一般认为，人类起源于类人猿，最早的猿人通过劳动，一步步进化到现代人。也有人对起源于类人猿一说提出异议，认为：包括猴、猿在内的各种灵长目动物，它们哭的时候可以发出嚎啕之声，但是不能流泪——因为它们均无泪腺。既然人类由类人猿进化而来，人的泪腺又是怎样生长出来的呢?! 这是反对人类由类人猿进化而来的有力佐证。我们看到，在描写人口尚为稀少的古代社会一些小说、诗歌、电影、戏剧中，常常有虎狼出没、虎啸猿啼一类的场景。而大凡听到过虎啸猿啼者，都对深山老林中震撼山谷的虎啸存有敬畏之意和恐怖之感；而对介于动物与鸟类之间的猿啼，由于是没有眼泪干嚎出来的悲鸣，则实在是难听得狠。其实人类也一样，任何人不动声色的假哭也使人难以接受。那么按此说法，人类当来自何方呢？答案是来自鱼类。你看：人在水中游泳时，不就是活生生的一条鱼嘛！只是后来进化过程中，两腮退去变成耳朵，尾巴分开成为两条腿而已。然而人类如何从鱼类进化而来，考据和论证却远远不足，因而最多只能算作一家之言罢了，鱼类是人类祖先说法还不能成立。我们还不得不回到人类起源于类人猿，回到达尔文进化论、赫胥黎人类在自然界的位置上来。

任何历史学派的形成，离不开历史考察的发现和对已有文献记载的考证。一部人类诞生和发展的学说，也是随着历史不断的新发现而向前推演的。在西方，《圣经》中关于亚当、夏娃的神话流传十分普遍，二人遂成为人类的共同祖先。在中国，流行最为广泛的当属"盘古开天、女娲造人"一说。相传盘古分开天地之后死去，他的身体部分变成天地间的万物；女神女娲从黄河水中捞出泥巴来堆成泥人，并用树枝蘸上泥巴向地面上抛洒，无数个小泥点就变成一个个活人。然而神话就是神话，不能成为依据。依据〔以〕尤瓦尔·赫拉利《人类简史：从万物到上帝》、〔美〕斯塔夫里阿诺斯《全球通史：从史前到21世纪》、〔美〕威尔·杜兰特《世界文明史——东方的遗产》等论著的论述，可以发现，尽管在人类起源和人类文明发展史上存在不同观点的争论，但是也取得一些基本的共识。尤其在下述一些观点上。

在对人类起源做出科学论证的时间上，大致始于19世纪。1809年法国学者拉马克在《动物哲学》一书中，提出高等动物起源于低等动物，得出人类起源于类人猿的结论。不过这一学说，在当时并没有唤起社会的响应。

对古人类探索起决定影响的是英国学者达尔文，1859年他发表《物种起源》（Origin of Species），提出并阐释了动植物是由简单到复杂、由低级到高级不断发展进化的理论。1871年他出版了另一本书《人类的由来》（The Descent of Man），提出并阐发了人类起源于动物，人是由古猿逐渐进化而来的结论。他还提出，最早的人类诞生地当在非洲。

达尔文的结论完全是根据他对动物界的观察进行理论推导而得出来的。差不多就在这一时期，最初的古人类化石被发现。1859年在德国杜塞尔多夫地区的尼安德山谷的洞穴里，发现了尼安德特人古人类的头盖骨和一些骸骨，并推断尼安德特人生活的年代约在距今7万～4万年前。1868年在法国南部克罗马农山洞，发现克罗马农人的一批遗骸，还有若干石器、穿孔海贝和驯鹿骨，距今约4万～1万年。19世纪末和20世纪初的一系列考古发现，打破了古猿人出现的年代纪录。1891年在印度尼西亚爪哇地区，发现以爪哇人命名的一个头盖骨、一根大腿骨，估计他们生活在距今80万年以前。1929年在中国北京周口店发掘出北京人的第一个头盖骨，其后又发掘出5个头盖骨、11个下颌骨、7段股骨骨干、2段肱骨骨干、147颗牙齿和一些骨头碎片。据考证，北京猿人大约生活在距今50万年以前。只可惜，这些被发掘的北京猿人化石，抗日战争时期全部遗失，有说沉船于渤海与黄海之间，有说已被日本侵略者偷偷运走，下落还有待进一步查明发现。值得一提的是，爪哇人和北京人的发现，为人类起源于亚洲提供了某种证据。

1961年美国耶鲁大学一教授发表一篇科学论文，宣称腊玛古猿（Ramapithecus）为已知最早的人科成员物种，距今约3000万～1500万年。这样人类产生的年代被大大提前了，从几十万年提前到1500万年以前。时间一下子提前如此之多，证据又不足，自然引发不少争论。20 世纪 60 年代后期，美国加州大学伯克利分校阿伦·威尔逊（Allan Wilson）和文森特·萨里奇（Vincent Sarich）结合他们的研究专业，通过比较现代人与非洲猿类的血液蛋白结构，得出最早的人类物种的出现，大约距今 500 万年的结论。这一研究结果，否定了 1500 万年以前腊玛古猿是人类祖先的说法。其后进一步的研究表明，最早的人类起源的时间，大约在公元前 500 万 ~ 400 万年，取得比较多的共识。

尽管关于文明起源和阶段划分存在各种各样的观点，但是从总体上观察，不外纵向、横向和纵横交叉形成的特殊文明三种。纵向文明，是按照时间顺序，将人类文明分成若干发展阶段。横向文明，则是按照地理截面分为不同国家、地域形成的人类文明。而纵横交叉形成的文明，即在特定历史时期、特定地域、特定条件下出现的文明，因而可以找出形成的不同脉络。探讨人口、资源、环境文明发展的轨迹，它们之间的关系和相互作用性质的演变，重点主要在纵向文明上。通过不同历史发展阶段的纵向比较研究，找出人类控制系统与自然控制系统位置和作用的变换，理出实现可持续发展的轨迹和规律。

2. 生产工具与文明变迁

经济是思想、科技、教育、文化、政治等社会上层建筑的基础，也是文明产生和发展的基础。经济时代的划分，不是依据生产什么，而是以用什么样的生产工具进行生产和怎样生产衡量。如此，可将人类出现以来的 400 多万年的历史，粗略地划分为手工工具、机器工具和智力工具三个大的时代。手工工具时代对应的是原始文明和农业文明，机器工具时代对应的是工业文明，智力工具时代对应的是现代生态文明。

（1）手工工具对应原始文明和农业文明。衡量生产工具的性质和达到的水平，主要是两项指标：一为生产工具使用的动力，即依靠何种动力驱动。二为生产工具所用的材料、制造工艺、结构性能和生产效率，即以技术和功效为标识的生产工具的性质。按此标准，原始文明、农业文明使用的生产工具，均属手工工具性质。

①手工工具与原始文明。人类自从直立行走、脱离动物界以来，即进入原始共产主义状态，经历艰难曲折的进化过程。对于占全部人类活动史99% 以上的这一漫长的历史时期，一种意见认为无文明可言，是人类发展史上的野蛮阶段；另一种意见认为，劳动在由猿到人进化中起到关键的作用，

劳动创造了工具，劳动完成由猿到人最后的升华，原始后期状态下的人的活动产生了人类最早的文化和文明。虽然这种文明是最简单、后人看来可能是微不足道的；但是需知，当人类第一次站起来直立行走，第一次拿起木棒、石块当工具和武器，第一次从雷电引过来火种，特别是第一次运用击石、钻木取火的时候，他们已经摆脱了赤手空拳的原始状态，最简陋的工具的诞生，无论哪一项，均可与后来人类最伟大的发明创造相媲美，在人类文明发展史上理应占有一席之地。要知道，此等文明的诞生和应用耗时之长，是后来任何文明所望尘莫及的；成功路程之艰辛，也是后来任何一项文明无法比拟的。试想：原始人从爬行到直立行走，从拿起木棒、石块当工具和武器，进而引来火种、发明击石和钻木取火，他们的头脑从只知道觅食——动物的一种本能行为，到完成这种有意识的动作——最初的劳动，需要经过多少次尝试、摔过多少次跤、多少原始人为此而受伤甚至葬身于此。从只知道拿起石头当武器攻击野兽，到对石头进行打磨，加工成锋利的工具和武器；尤其从引进火种到击石和钻木取火，集熟食、取暖和防卫于一身，不仅原始人类走过的道路异常艰难，更为重要的是他们的大脑完成了质的飞跃：由本能到有意识思维的飞跃。有此才有后来一系列文明的发生、发展和升华。不要忘记，这是全部人类文明的源头，后来人类的文明再光辉、再灿烂，也是由这里流出和升华而来的。

②手工工具与农业文明。一般认为，原始人类文明是距今一万年以前的文明，其后逐步进入农耕时代，开启了农业文明新时期。农业文明经历原始农业、传统农业和现代农业三个不同时期。这三个时期的生产工具和生产方式，是逐步改进和升级换代的。

原始农业的出现，在距今 10000 年左右，人类处在旧石器时代晚期和新石器时代，时间跨度当在 5000 年以上。此时的农业生产工具，以磨制的石器为主，木器、骨器应用也比较普遍，属于原始最初级的手工工具。生产方式主要围绕种植、收割、放牧进行，动力主要是人力劳作。

传统农业出现在距今 5000 年左右。生产工具由以石料为主、木料为辅，向以金属特别是以铁器为主过渡，社会生产力获得大幅度提升。目前世界上出土的最古老冶炼铁器是土耳其（安纳托利亚）北部赫梯先民墓葬中出土的铜柄铁刃匕首，距今 4500 年（公元前 2500 年）。目前中国发现最古老冶炼铁器是甘肃省临潭县磨沟寺洼文化墓葬出土的两块铁条，距今 3510～3310 年（公元前 1510～公元前 1310 年）。打破了此前由铁刃铜钺（北京市平谷区出土）保持的"中国最古老铁器"的纪录，同时也打破了由西周虢国玉柄铁剑保持的"中国最古老冶炼铁器"的纪录。① 据考证，早在原始社会后期便出现了耙、铲、锄、镢、犁、铧等农用生产工具，大都以石料为主、木料为辅。到了西周青铜器迅速兴起，春秋战国时期已有铁制的犁、铧、锄等。汉代铁制的犁、铧、车等相当普遍，魏晋南北朝时期出现了人字耙、陆轴等。隋唐时期出现曲辕犁、筒车、立井水车等。宋元时期出现踏犁、鄳刀、推镰、砘车、秧马、耘耥等，明清时期则有代耕架、风力水车等的出现。农业生产工具的这些进步，都同铁器的应用密切相关，铁制工具的广泛应用，增强了各种工具的通用性、配套性和多样性，也为农业生产深耕细作奠定了基础。更为重要的是，铁器使用的便捷性为人力和畜力两种动力的结合提供了条件，牛耕迅速蔓延和发展起来。而铁制的犁、铧、锹、镐等工具为兴修水利提供了新的可能，水利灌溉随之发展起来。于是形成了农业生产的一般范式，产生了以"铁犁牛耕水灌溉"为主要特点的传统农业文明。伴随这种典型的传统农业文明范式，农业生产不断向广度和深度推进，中国在精耕细作和推动"铁犁牛耕水灌溉"发展方面，主要在利用水力、风力推动舟车运输、车水灌田、风车推磨等方面，取得许多领先成果，为农业文明书上浓墨重彩的一笔。

现代农业出现在产业革命之后，是依托工业技术装备武装起来的、以实验科学为指导的、以市场和现代物流为主要流通渠道的农业经济。由于工业革命不断向前发展，新的技术、新的生产和流通方式不断更替，现代农业也随之改变，真正的现代农业以工业化程度较高国家为代表。后工业化国家用现代先进科学技术装备农业，创造了令人震惊、千百倍于前人的农业劳动生产率。

立足不同历史发展阶段的农业文明，传统农业文明最具典型意义。不管传统农业发达程度千差万别，然而最基本的一点，是手工工具为主要的生产工具。与手工工具生产相适应，以家庭为主要生产单位的小农生产方式犹如汪洋大海，这是决定农业社会人类控制系统的基础。毫无疑问，这样的控制系统比起原始文明基本上无人类控制系统可言说来，是一种巨大的进步。但是这一控制系统的控制力比较脆弱，总体上还不能摆脱自然控制系统的束缚，表现出由自然控制系统向人类控制系统的过渡性特征。在这种情况下，

---

① 参见〔南非〕约翰·马克斯韦尔·库切：《人类历史时期》，转引自 http://baike.baidu.com（铁器时代），2016 年 5 月。

自然控制系统表现出比较牢固的稳定性。遭到破坏是有的，如刀耕火种、随意砍伐树木等，造成对自然生态系统一定程度的破坏。然而，一是农业文明占统治地位时期人口规模有限，直到 1900 年世界人口方才增加到 16.5 亿，人口密度为 12.3 人/平方公里，处于人少地多状态，人类活动影响力有限。二是受制于手工工具，人们对土地、山川、河流、大气等的破坏力有限，形不成对整体生态系统的威胁。自然控制系统凭借自身的再生和修复能力，能够很快得以恢复。三是农业时期的破坏，主要属于物理性质的破坏，破坏的力度和影响的深度有限。与工业化以后大量农药、化肥、二氧化碳、有毒液体和气体不同，化学性质的破坏要深刻得多、严重得多。

（2）机器工具时代对应工业文明。18 世纪中叶，首先在英国发生了产业革命，其后相继在欧洲主要国家展开。尽管产业革命不局限于生产力范畴，它还包括社会革命、文化革命等内容。但是作为产业革命开端和标志，生产工具仍具有决定性意义。一是工具性质的改变——纺纱机取代手摇纺车，开始了机器大工业时代。二是动力转换——蒸汽磨取代手推磨，以煤炭、石油等化石原料为驱动力的时代就此开启。

从手工工具到机器工具，是一场深刻的革命。与农业社会采用手工工具、分散劳动、技术长期停滞相比，工业化社会机器工具劳动生产率千百倍地提高了，要求大规模进行生产劳动，发生劳动资料、劳动力、技术、工艺等越来越集中的趋向。这就产生了如未来学家托夫勒所称第二次浪潮的工业文明。即以工业化为基础、以机械化大生产为主导的现代社会文明。通过市场，实现劳动力与资源配置最优化、劳动分工精细化、生产规模扩大化、经济权利集中化、企业利润最大化等目标。出现新的发展趋势：工业化趋势——工业门类越来越多，分工越来越细，占整个国民经济比重越来越高，彰显工业独大特征；城市化——农业人口向工业转移加速，城市人口占比不断提高，城市成为经济、政治、科技、文化的中心。法制化趋势——建立在市场体制基础上的工业化，必须确保企业等市场主体的法人资格和地位。在经济、政治、社会不同层面，建立起相应的法制化、民主化制度；流动性增强趋势——工业化社会劳动生产率不断提高，经济不断增长当是应有之义，因而人、财、物流动性不断增强是必然的、合乎规律的发展。尤其在以微电子技术为前导的新技术革命蓬勃发展的今天，信息化、经济全球化已经覆盖到全球主要角落，流动性增强的速度和规模空前，使地域距离大大拉近了，时间大大缩短了。

然而，以工业化为基础、以机械化大生产为主导的工业文明，在极大地提升了社会生产力，创造了千百倍于前人社会的增量财富，推进科技、文化以及民主、法制建设取得划时代进步同时，风险和危机也日益积累起来，悄悄地向我们袭来。最主要的风险和危机来自三个方面。

一是资源风险和危机。站在以人为本立场，各种劳动工具不外是人体能和智能的延长、物质化和外在化。在这点上，工业文明达到前所未曾有过的高度，甚至可以说做到极致。航天飞机、宇宙飞船，实现了腾云驾雾、遨游苍穹的梦想；高速铁路、高速公路，将日行千里、翻山越岭变成现实；航空母舰、豪华邮轮，在大海、大洋中劈波斩浪、昂首前行；一道道大坝将江河拦腰斩断，一座座核电站给千万个家庭送去光明，一台连接互联网的电脑便将天下事尽收眼底……不过不要忘记，飞机、火车、汽车、船舶、核电站、计算机……都是生产出来的物质产品，是人们通过劳动完成物质变换的结果，都要消耗相当数量的自然资源。随着工业化的不断推进，人类生产和消耗自然资源的本领神奇般地增强起来，如今工业文明已经到了把大部分自然资源耗尽前夜，不可再生资源接连发出黄色警报。虽然航天技术取得巨大进展，最新消息称：宇宙中可能有适宜人类生存的其他星球存在，人类移居其他星球或许将有可能；但是至今，地球还是人类唯一现实的居住繁衍之地，移居其他星球还是一种假说和梦想。我们不能把未来建立在假说和梦想基础上，只能建立在现实可靠的基础之上。地球重要自然资源面临枯竭风险，从根本上动摇着人类生存和发展的基础，这是必须面对和图谋应对的。

二是环境风险和危机。与资源的过度消耗相伴，环境污染接踵而来。超量二氧化碳、二氧化硫、二氧化氮及其他有毒、有害气体排放，导致大气污染、酸雨、臭氧洞增大等日趋严重，温室效应显现。工业特别是传统重化工业废水、废渣、有毒物体的大量排放，加上农业化肥、农药等的过量使用，地下水的过度开采，使得江、河、湖、海水质变坏，地下水受到污染并且水位大幅度下降，一些地区已经面临枯竭困境；同时，土壤受到不同程度的污染，生长和提供的食物安全受到威胁。目前，发达国家在饱尝先建设、后治理带来污染的痛苦之后，治理工业化污染取得可喜成果，取得阶段性胜利；许多发展中国家由于认识不够和受到经济实力限制，不得不重复发达国家走过的老路，环境风险和危机正成为继续发展和可持续发展的障碍。

三是文化风险和危机。在人类控制系统不得不在较大程度上依附于自然控制系统的农业社会，经济运行以男耕女织、自给自足自然经济为主要形式。商品经济不发达，交换是自给自足经济的补充，思想、观念、意识倾向保守和封闭。在这种状态下，就中国而言，形成以忠、孝、节、义为核心的传统文化，遵从孝、悌、忠、信、礼、义、廉、耻一套行为规范，人们以此判断文明还是不文明。以工业化为基础、以机械化大生产为主导的工业文明则相反，自给自足自然经济，让位给自由竞争、等价交换的市场经济；封建一套等级制度、伦理观念，让位给服务于资本的法制化、民主化观念，逐步形成以人本主义为核心的文化。这种以人本主义为中心的理念、思想和思维方式，毫无疑问是历史文化前进中的一大进步；然而任何事物都具有两面性，在推动进步的同时，风险和危机也逐渐暴露出来。人们总是自觉不自觉地把自己放在自然界之上，高估了对自然的支配能力，认为可以随心所欲地开发、利用、改变和驾驭自然。于是就像探囊取物一样，贪婪地向自然界进行索取，导致资源枯竭、生态环境恶化、最终危及到人类自身的生存、安全和发展。工业文明之所以导致人类活动中的某种疯狂，同科技爆炸式推进相关联。对自然界的疯狂，依仗劳动工具的爆炸式进步；对另一些比较落后人群的疯狂，则仰仗武器的爆炸式进步。如果说在原始文明和农业文明时代，哪怕很微小的科技进步都会首先应用在生产劳动上的话，那么在工业文明时代，则会义无反顾地率先应用在武器制造上。核技术之所以在二战中得到突飞猛进式发展，原动力在于寻找打赢这场战争的致命武器。事实上，最早应用也是迄今为止唯一投放在日本广岛、长崎的两颗原子弹，在加速日本侵略者投降上发挥了催化剂的作用。如今，世界储备的核武器具备了足以将地球和人类毁灭 N 次的能量，是同归于尽还是和平相处？这已是超出人类控制系统和自然控制系统博弈之外的另一种博弈，是把两个系统同时推向毁灭的"博弈"。

（3）智力工具对应生态文明。第二次世界大战后，发生以微电子技术为前导的新的技术革命，当前发展到以生命科学为带头学科更新的阶段。作为这一新阶段标志的，是生物技术、基因工程、克隆技术和纳米技术。所谓以微电子技术为前导，现代科学技术发展的实践证明，任何一项新技术都离不开微电子技术的支撑。如今，超大型电子计算机、大数据、云计算的实际应用证明，已经具备了人脑具有的储存、记忆、分析、判断、预测等功能，而效率却是人脑的 N 次方，甚至是人脑无法完成的。2016 年 3 月 9 日 ~3 月 15 日，在韩国首尔进行的韩国围棋九段棋手李世石与人工智能围棋程序"阿尔法围棋"（AlphaGo）的五番棋比赛，人工智能阿尔法围棋以总比分 4

比1战胜人类代表李世石。"阿尔法围棋"亦可视为一种智力工具——集合人类众多围棋高手智力和智能于一身的智力工具，最终战胜了人类的代表者。"阿尔法围棋"也是一部机器人，当下机器人不仅广泛应用于生产领域，也应用在日常生活领域，包括陪伴照料主人，与主人进行简单的情感交流；还包括应用在交通运输领域，无人驾驶的汽车、飞机等；军事应用更早也更有成效，航空、航天无人机已经比较成熟。

生态文明是继工业文明之后兴起的一种现代文明。它打破工业文明单纯发展系统限制，旨在建立一个大一统的人类控制系统与自然控制系统相统一、相协调的系统。生态文明是人类社会与生存环境共同进化、协同推进的更高一级的文明，因而推进生态文明前行，就要进一步研究人类控制系统、自然控制系统在原始文明、农业文明特别是在工业文明中的变动，重点是总结人类控制系统变动的经验和教训，尤其是凌驾于自然控制系统之上的经验教训。这就需要借助更高级的技术手段，需要借助智力工具。人造气象卫星可以将地球大气全部纳入摄像镜头，掌握大气流动规律，准确地预报天气变化，取得应对暴雨、山洪、干旱、冰雪、台风等的准确信息。潜水、声呐、材料等技术的发展，使人类可以潜入几千米以下大海大洋的最底层，观测、研究、揭开海洋深层的秘密，掌握运动的规律。而转基因技术、克隆技术等，更直接将人类活动与外界生物变动联系在一起。生态文明需要兼顾人类自身、环境自身以及二者之间的关系，即在考虑自身变动和发展同时，兼顾二者之间的变动和发展的规律。建立人类控制系统与自然控制系统相统一的大一统控制系统——生态文明控制系统，不仅需要大智慧，也需要高超的技术手段，超越手工工具、机器工具之上的智力工具。

生态文明的终极意义

沿着历史发展的足迹，生态文明是建立在原始文明、农业文明尤其是工业文明基础上新的文明。它给出未来文明发展的走向、趋势和特点，具有继往开来、承前启后的终极意义。

1. 价值取向：由片面发展到和谐发展

任何一种文明，都有一定的价值取向。原始文明建立在人类直接利用自然界有用物资作为生活资料上面，第一价值取向就是满足人类生存的需要，大凡有助于此的行为就是文明的。石器、弓箭、火等被视为最早的原始工具，能够提升人类从事狩猎、采集等活动的能力，增加人类从自然界获取食物和其他有用之物的机会，因而成为原始文明的主要标志。

农业文明不再以自然界提供现成食物等为主要来源，人类自己种植的作物不断扩大，品种不断增加，供给能力不断增强。对自然界可再生能源——畜力、水力、风力等的利用增强，生产工具和武器进步到以冶铁制品为主。农耕和畜牧是主要的生产活动，文字、火药、造纸、印刷、陶瓷技术等的发明，生产工具和武器的不断改进，以发展为核心的人类控制系统逐渐走强，价值取向开始出现向以发展为主转变的特征。

工业文明记录着人类控制系统不断增强、力图驾驭自然控制系统的欲望越来越强烈，成为凌驾于自然界之上、"战胜自然"一类的文明。价值取向在哪里？在资本的自我增值，利润最大化是支配市场经济运转的轴心，也是调整资源配置的神经中枢。不过作用力与反作用力相等是自然界和人类社会的普遍规律，人类控制系统每一次这样的增强和取得的胜利，自然界都以同样的手段报复了我们。付出过于沉重的代价终于唤醒骄傲的人类工业文明，反省肆无忌惮索取造成的严重后果，寻求新的价值取向。

如此，原始文明、农业文明、工业文明在价值取向上表现出某种异同。相异：原始文明价值取向，以满足人类自身生存需要为主。农业文明不同阶级、阶层价值取向表现出一定的差异，广大农民仍以满足生存需要为主，封建地主阶级生存需要、享乐需要、发展需要兼具。不过在总体上，农业文明生存需要还是第一需要，第一价值取向。工业文明以利润最大化为第一价值取向，驱使单一的、片面的经济增长，发展带来资源、环境、文化不同层面的危机。相同：原始、农业、工业文明都以"发展"作为主要的价值取向。也许有人不赞同原始文明存在"发展"一说，因为这段开始于10000年以前的历史，人类只是消极地依附于自然控制系统，并无"发展"可言。然而，事实却不尽然。原始文明是人类文明史时间跨度最长、进步最为迟缓的阶段。但是从人类动手制作第一件石器、第一枝弓箭、引来第一堆火种时起，已有了明确的目的，是有意识的人的劳动，由采摘果实、捕捉鱼虾一类本能行为向有目的劳动的转变。这种有目的或半有目的式的劳动，使人类脱离受本能行为支配的动物界，是从猿进化到人的关键，这不就是"发展"或者带有进化式的"发展"吗？尽管这种"发展"在目的、手段和方式上与今天有天壤之别，那时的"发展"可能只使用一块石器、一枝弓箭，目的可能只想捕捉到一条鱼、一只鸟而已！发展是什么？发展是事物从小到大、从低级到高级完成物质变换的一种过程。原始人类使用最简陋的工具捕捉到一条鱼、一只鸟，通过劳动完成一次最简单的物质变换，一次现在看来微不足道、当时却是了不起甚至是具有划时代意义的"发展"。至于农业文明、工业文明时代，发展的目的性十分明确，使用的工具不断改进，虽然发展的方式迥然不同，但是发展成果效益越来越大，则是明白无误的。问题在于，工业文明"发展"过了头，国家以发展规模大小定强弱，社会以发展程度高低定类型，人的能力以转换发展成果多少定大小，甚至"以 GDP 论英雄"。正是在这种发展观驱使下，产值、产量、利润最大化才成为工业文明普遍追逐的目标，才喊出"人定胜天""战胜自然"将人类置于自然生态系统之上一类口号。不幸的是事与愿违，这样的"发展"带来如上所述的严重后果，尤其是资源匮乏、环境恶化的严重后果。因而片面追求产值、产量、利润最大化的发展观，才终于走到历史的尽头。

生态文明发展观，是人口、资源、环境、经济、社会协同推进的发展观。这一发展观，以人与自然、人与社会、人与人和谐发展为主要价值取向。摒弃以产量、产值最大化为目标、"以 GDP 论英雄"的发展观；抛弃浪费资源、污染环境、损害当代人健康和后代人发展能力的发展观。当大气污染严重、PM2.5 含量达到四级、五级的时候，人们连呼吸新鲜空气的自由都被剥夺了，还要 GDP 干什么，利润最大化有什么用！价值取向改变了，生态文明建设也就有了希望。

2. 层次定位：更高更全面的文明

经济是基础，人们观察文明更多侧重经济文明是自然的、也是无可厚非的。不过文明毕竟不能停留在经济层面，还要涉及思想、观念、论理、道德、法治、政治、文化、制度等各个方面，需要做出全方位的考量。原始文明主要考量人与自然之间的关系，在自然控制系统下人类的文明行为。农业文明考量的方面拓宽许多。为了满足日益增长的人口的需求，农业种植、灌溉、选种、施肥特别是农具革新发展起来，铁器对犁、铧、锹、镐等农具实现全覆盖。随着农业生产的发展，文学、艺术、戏曲、音乐、舞蹈等丰富发展起来，政治等社会上层建筑独具一格，形成农耕与封建等级制相结合的文明。工业文明经济基础建立在市场经济框架之下，意识形态标榜自由、平等、博爱，将人类控制系统置于自然控制系统之上，发生人类与自然位置错位、倒置现象，引来愈演愈烈的风险和危机。生态文明吸取这三个文明的合理内核，如原始文明对自然控制系统的尊重；农业文明生产工具进步产生的积极成果，包括意识形态具有积极意义的进步成果；工业文明形成社会生产力大爆炸，创造出前人无法比拟的科技文明成果等。同时摒弃三种文明主要是工业文明的负面影响，特别给资源、环境、文化带来的风险和造成的危害，寻求建立取三种文明之长、弃三种文明之短，更高级、更全面的新的文明。这是生态文明提出的初衷，也是生态文明在"四种文明"中应有的定位。

实施可持续发展战略

上面的分析表明，在人类诞生以前，自然界保持着良好的生态系统。在经历地球板块漂移、火山、地震等许多重大变动后，依靠地球自身的力量得以修复和完成新的进化，生态平衡良好。人类出现以来，在占据绝大部分时间的原始文明时期，生态平衡保持良好。在五千年的农业文明时期，生态平衡也维持不错，大自然自身进化、转化、消化、净化、物质循环等客观规律未受到大的破坏，人类与自然和平共处、相安无事。小的破坏是有的，如滥砍滥伐、毁林开荒造成原始森林一定程度的损害等，还远达不到对生态平衡破坏的程度。为什么原始文明和农业文明时期维持着比较良好的生态环境？从社会控制系统角度观察，主要有两条原因：

一是人口数量少。人类脱离动物界完成由猿到人转变的时候，估计地球人口只有 5000 万左右，人口密度每平方公里仅为 0.4 人左右。直到 19 世纪末 20 世纪初，世界人口方才增加到 156000 万，人口密度也仅为 11.6 人/平方公里。人口数量少、增长速度缓慢——原始文明时期基本维持在简单人口再生产状态，农业文明时期增长速度有所提升、但提升甚微。因此，人类活动地域有限，人迹罕至的地域大量存在，自然生态系统很少遭到破坏。无疑，这是符合最早自然界和人类社会两大控制系统相互依存变动规律的。

二是生产工具停滞落后。原始文明时期，火、石器和弓箭是最主要的生产工具和武器，是人类发展史上伟大的进步。然而反过来说，毕竟人类这些发明和应用耗时过长，长期处于停滞或半停滞状态。农业文明时期发明了铁制的锹、镐、犁、铧以及火药、印刷、文字等，使生产工具和武器产生质的飞跃。然而这个飞跃局限在手工工具范围内，生产工具均属手工作坊性质，以个人单枪匹马式劳动为基本形式；以人、畜为基本动力，伴以少量水能、风能等的简单应用。在自然界这个庞然大物面前，人类还显得比较渺小，生产力有限、破坏力也很有限，自然控制系统主宰的格局没有根本性改变。

格局的根本性改变，来自工业革命和工业文明。一方面，工业革命仿佛法术般地从地下呼唤出大量人口，2015 年世界人口增长到 730219 万，人口密度达到 54.4 人/平方公里。1900～2015 年 115 年间，世界人口净增 574219 万，增长 2.68 倍，年平均增长率达到 1.35%。人口密度则提升 135.0 倍，每年平均以 4.4% 的速度提升。可以说，20 世纪是由史以来人口增长幅度最大、速度最高、密度提升最快的 100 年。① 这"三个最"，将世界人口送上新的高台阶。工业文明使原始文明和农业文明时期人迹罕至的地方急剧缩减，人类活动对自然生态系统干预的能力神奇般地增强起来，打破了自然界生态平衡自动生成和修复的链条，造成自然生态控制系统失灵，一定程度上受制于人类控制系统支配的局面。

另一方面，人类凭借什么有如此之大的破坏力和杀伤力？回答是：人类手中有着强大无比的工具和武器。前已论及，机器工具把人的骨骼、肌肉和四肢大大向外延伸和扩展开来，极大地增强了人的体能。使人类一下子在大自然面前站立起来、高大起来。人类日益高大、力量无比增强，加上误认为自然界是一座取之不尽、用之不竭的资源宝库，可以随意索取，于是就像抢夺财宝一样一拥而上，八仙过海、各显奇能般地对地球资源疯狂开采、开发、生产和消费。最终在造就大批财富同时，主要自然资源呈现枯竭态势，水、大气、土壤遭到日趋严重的污染，各种有害有毒固体排放物堆积如山，有害有毒污泥浊水横流，迫使人们不得不回过头来审视自己的行为和走过的道路，终于得出工业文明不可持续的结论。

生态文明建立在工业文明基础之上，是工业文明走投无路理性选择的结果。生态文明突出生态环境的重要性，强调人与自然是相互依存、相互作用、同生共处的关系。然而生态文明绝不仅仅表现为人与自然的关系，它还包括人与人、人与社会的关系，囊括人类控制系统与自然控制系统关系的总和。因此，实现生态文明、落实生态文明发展战略，就要协调好人与自然、人与社会、人与人之间的关系，走人口、资源、环境、经济、社会可持续发展道路，实施可持续发展战略。

① United Nations, *World Population Prospects*, *The 2008 Revision*, New York, 2009, p. 48.

参考文献

［1］ 恩格斯：《家庭、私有制和国家的起源》，载《马克思恩格斯选集》（第四卷），人民出版社，1972。

［2］ 〔英〕赫胥黎：《人类在自然界的位置》（中译本），蔡重阳等译，北京大学出版社，2010。

［3］ 〔美〕斯塔夫里阿诺斯：《全球通史：从史前到 21 世纪》（中译本），吴象婴等译，北京大学出版社，2011。

［4］ 〔美〕莱斯特·R. 布朗：《B 模式：拯救地球，延续文明》（中译本），东方出版社，2003。

［5］ 国家人口和计划生育委员会编《中国人口和计划生育史》，中国人口出版社，2007。

［6］ 张维庆、孙文盛、解振华主编《人口、资源、环境与可持续发展干部读本》，浙江人民出版社，2004。

［7］ 田雪原等：《21 世纪中国人口发展战略研究》，社会科学文献出版社，2007。

［8］ 何传启：《现代化科学/国家发达的科学原理》，科学出版社，2010。

［9］ United Nations，"Program of Action at the International Conference on Population and Development，Cairo 1994"，*Population and Development*，Volume 1，1995.

［10］ United Nations，*Population Environment and Development*，New York，1994.

（撰于 2013 年 12 月，选入本文集做了修改）

走现代文明发展之路

　　走生产发展、生活富裕、生态良好的文明发展道路，需要从理论与实践的结合上推进三个转变。

　　一是发展观的转变。人类为什么要发展生产？一般说来，是为了满足人的需要。然而，在传统发展观指导下的生产发展，很难不偏离满足人的需要的轨道。长期以来，人们都把 GDP 作为经济发展的主要甚至是唯一的评价指标，片面追求 GDP 增长的发展风靡一时，以 GDP 增长评价各国发展状况被普遍认同。在这种背景下，相当多的人把 GDP 增长本身当作发展的目的和目标，陷入 GDP 增长等于发展、发展是硬道理等于 GDP 增长是硬道理、以经济建设为中心等于以 GDP 增长为中心的误区，连干部政绩的考核也主要看其分管地区或部门 GDP 增长的速度。这就不可避免地出现在 GDP 快速增长掩盖下的某些缺陷，如三次产业结构和就业结构不合理，城乡、工农、东西部之间发展差距拉大，收入分配不公，有些领导干部弄虚作假、虚报 GDP 增长 "政绩"，社会事业发展相对滞后等。为了追求 GDP 的快速增长，掠夺性开采资源、污染再大的项目也要大干快上，导致人口、资源、环境的矛盾日益尖锐。树立以人为本的科学发展观，走生产发展、生活富裕、生态良好的文明发展道路，明白无误地阐明了生产、生活、生态之间的关系和发展的根本目的。这一目的，就是满足人的全面发展的需要，包括满足人的生理、心理、文化、交往等的需要。我们不能为了满足物质方面的需要而损害其他方面的需要，不能为了 GDP 的增长而损害环境和健康，削弱社会全面发展和可持续发展的能力。在温饱问题基本解决后，满足人们日益增长的文化需求显得越来越重要。而且，人的文化需求不断得到满足，人口素质不断提高，将使我国的人力资源优势转化为人力资本优势，反过来又会促进经济持续快速协调健康发展和社会全面进步。

　　二是经济增长方式的转变。片面追求 GDP 增长的发展，一般以外延式扩大再生产为主要增长方式，以固定资产投资的增加为主要驱动力。目前我国三次产业结构不合理、三次产业内部结构不合理以及企业效益和劳动生产率提高不快的状况，应该说与此有关。要优化结构、提高效益，从高投入、高消耗、低产出、低效率"两高两低"的传统增长方式转变到与之相反的"两低两高"的增长方式，就要在发展的动力和手段上做好文章。任何生产的发展、经济的增长都需要一定的资本积累，但在不同的历史时期，对由自然资本、产出（生产）资本、人力资本和社会资本构成的社会总资本的需求，却有不同的侧重。农业社会及其以前的社会主要依赖自然资本，传统工业社会主要依赖产出资本，现代（后工业化）社会主要依赖人力资本以及同人力资本相关联的社会资本。所谓人力资本，是指人的知识、技能、经验和健康所具有的价值的总和。当前，信息化、经济全球化明显加快，知识经济迅猛发展，使竞争主要表现为人才的竞争和人力资本的竞争。在这样的形势下，生产的发展和经济增长方式的转变，关键在于人力资本的积聚，以及同人力资本紧密相关的信息、管理、制度和市场化程度等社会资本的增强。我们要向人力资本和社会资本要速度、要效益、要结构，不断提升内涵式扩大再生产的水平。

三是人与自然关系的转变。人类诞生以来的 400 多万年，从一个侧面观察，是一部伴随生产发展的人进物退的历史。毋需做更长远的追溯，据估计，纪元初年世界约有 2 亿人口，目前已超过 62 亿，增长了 30 倍；同期我国人口也由 6000 万增加到近 13 亿，增长 20 多倍。与此相对应的，是生态环境的恶化、大量动植物物种的灭绝和矿产资源的急剧减少。这不仅因为人口数量的增加直接导致需求和消费的同步增长，而且由于人们追求高生活质量的欲望是无限的，为满足这一欲望就要加速对自然资源的索取。但是，非再生资源是一个恒定的量，索取多少便减少多少；再生资源则有一个再生的条件和再生的速度问题，很难跟上人口再生产规模的扩大和消费增长的步伐。社会资源也是稀缺的，制度的完善、管理水平的提高等都需要付出一定的成本，变革也需要一定的时间。进入 21 世纪，越来越多的人认识到：人类与自然之间不是谁战胜谁的问题，而是和谐相处，共同组成一个大家庭。我国是世界上人口最多、幅员辽阔的发展中国家，当前面临的生态环境问题不容乐观。虽然控制人口增长取得了举世瞩目的成绩，人口增长的势能减弱许多，但预测表明，2030 年总人口增长到接近 15 亿时才有可能实现零增长；治理废水、废气、固体废物和噪声"三废一噪"的任务艰巨，今后加快建设与治理污染的问题将更为突出；而随着生产发展和生活富裕水平的提高，人口对消费需求的"加权"效应也将更加强烈地表现出来。面对未来发展的重重压力，把"生态良好"纳入文明发展道路之中，既体现了当代人的切身利益，又关乎子孙后代的长远利益，是贯彻科学发展观、实施可持续发展战略的具体体现。

（原载《人民日报》2004 年 6 月 18 日）

论人口与可持续发展

自可持续发展战略提出以来，一系列国际会议做出诸多阐述，形成多项决议、宣言、议定书、行动计划。这些文献多以环境为主。这不奇怪，可持续发展最初由环境角度提出，发展变得不可持续突出表现在环境问题上。1994年开罗世界人口大会提出"可持续发展问题的中心是人"命题，人们对人口在可持续发展中的位置、作用、影响给予越来越多的关注，人口与可持续发展研究随着升温。

可持续发展战略由来与发展

可持续发展也是发展，是发展的一种类型，但是一种全新的类型、带有革命意义的概念。因此，研究可持续发展要从解读发展概念谈起。什么是发展？英国牛津大学出版的《现代高级英汉双解辞典》这样写道：development，1. developing or being developed，是成长、发育、发展、开发、出现、发生之意；2. new stage which is the result of being developing，是攀升的新阶段，新的前行之意。① 《现代汉语词典》则解释为："事物由小到大、由简单到复杂、由低级到高级的变化"。② 从与时俱进视角观察，这样的定义都有值得商榷的地方。发展是事物"由低级到高级的变化"，当无疑义；然而由"小到大"的变化是发展，恐怕不尽然。不错，很多由小到大的变化是发展；然而随着科技的不断进步，有的发展则是由大到小的发展。例如早期的计算机体积很大，发展到个人电脑体积大为缩小，性能却大大提高了。一般的"由简单到复杂"的变化，应当属于发展范畴；但是现代化的发展，却有由复杂向简单变化的趋势。信息化、自动化、智能化的迅速推进，使控制

---

① 参见《现代高级英汉双解辞典》（第10版），牛津大学出版社（香港），1978，第295页。
② 参见《现代汉语词典》（第6版），商务印书馆，2012，第351页。

和操作变得更加容易和简单。因此，要用变化的、发展的新思维看待发展。这个新思维建立在可持续发展基础之上，以是否有利于"可持续发展"作标杆去衡量。有的发展兴师动众、声势浩大，但不是连续的、可持续的发展，因而不是符合根本需要的发展；从长远视角观察，甚至可能是有害的发展。

历史的脚步走到今天，任何发展都应放到可持续天平上去衡量一下，看一看是否符合可持续发展战略精神和要求。所谓可持续发展，按照联合国环境与发展委员会在《我们共同的未来》报告中的解释，是"既满足当代人需求，又不对后代人满足其需求的能力构成危害的发展"。虽然这一定义有些简单，但是它抽象出可持续发展最重要的内涵：着眼于代际公平，将满足当代人和后代人的需求协调起来、统一起来，将人口与资源、环境、经济、社会发展协调起来、统一起来。站在以人为本立场，重心转移到人口与可持续发展上来，需要构建相应的理论体系，做出历史与现实相结合的考量和分析。

1. 早期人口可持续发展思想

人口与经济、社会发展之间的关系，早为历代思想家、政治家、军事家所重视，甚至可以追溯到古代社会。古希腊大思想家柏拉图（Plato，公元前427～前347）在《理想国》一书中，就曾阐述过这样的思想：不可使人口过多而国家过大，也不可使人口过少而国家过小。另一位大思想家亚里士多德（Aristotle，公元前384～前322）在《政治学》中宣称：最完美的国家是维持人口不超过一定的数量。他们都把一定的人口数量视为"理想国"最重要的组成部分，在这个意义上说，有了理想适度人口的思想萌芽。1662年，被誉为"人口学之父"的约翰·格兰特（John Grant）发表了《关于死亡的自然的和政治的观察》一书，将人口学作为一门独立的学科提了出来，人口与发展研究取得长足进展。1798年马尔萨斯（Thomas Robert Malthus）《人口原理》（*An Essay On the Principle of Population*）发表，28年内连续出了6版，产生很大影响。马尔萨斯的观点正确与否另当别论，但由此引起的论争大大推动了人口与经济发展等的研究，则是毋庸置疑的。到19世纪中叶，英国经济学家坎南（Edwin Cannan）提出"适度人口"（Optimum Population）论，其后经道尔顿（H. Dalton）等人的解释和公式化，给"适度"以多重定义。法国人口学家索维（A. Sawvy）区分成经济适度人口，即获得最大经济受益或经济福利的人口；实力适度人口，即国家取得最大实力的人口。1972 年由麦多斯（D. L. Meadows）等人撰著的罗马俱乐部报告《增长的极限》发表，认为如果世界人口、工业化、污染、粮食生产、资源消耗的增长保持目前水平不变的话，100 年内即可达到地球的极限，因而必须实现零增长。也就是在这一年，"可持续发展"首次在斯德哥尔摩召开的国际环境会议上提了出来。

中国作为世界文明古国之一，早在公元前 500 多年的春秋战国时代的诸子百家争鸣中，便有了人口多一些好还是少一些好的不同观点，即众民与寡民之争。其后，虽然历代封建王朝众民主义占据统治地位，但也不无反对者，不断有思想家提出人口数量要适中，清人洪亮吉甚至在马尔萨斯之前就已提出生活资料落后于人口增长的结论。到 20 世纪二三十年代，社会学派节制主义将西方人口学说引入中国，著书立说阐述的一个核心问题是"适中人口"。50 年代中后期马寅初的《新人口论》，论述的中心也是人口增长过快拖了经济增长的后腿儿，人口增长要与经济发展相适应。20 世纪 70 年代后期和 80 年代关于"两种生产"的讨论，一些学者从不同角度对中国适度人口数量做出研究，其中包含一定的可持续发展的思想，探求的是人口与资源相适应、人口与经济发展相协调的发展路子。

2. 可持续发展战略由来和形成

上述情况表明，第二次世界大战结束以来，人口增长和资源、环境的矛盾变得突出起来，引起越来越大的重视。可持续发展作为人们普遍关注的问题，在一系列国际会议上提了出来，并被纳入国际社会和国家层面的发展战略。

1972 年 6 月联合国人类环境会议在瑞典首都斯德哥尔摩召开，会议通过了《联合国人类环境会议宣言》，强调人既是环境的产物，又是环境的塑造者，人类在计划行动时必须审视造成的环境影响，提出"合乎环境要求的发展""无破坏的发展""连续的和持续的发展"等概念。这是各国政府讨论当今环境问题并寻求全球环境保持的第一次会议，将可持续发展提到世人面前。

1987 年由当时挪威首相布伦特兰夫人（Gro Harlem Brundland）主持的联合国世界环境与发展委员会在《我们共同的未来》报告中，从发展的公平性、持续性、共同性"三原则"出发，对可持续发展做出带有定义性的解释：可持续发展是既满足当代人的需求，又不对后代人满足其需求的能力构成危害的发展。这一定义性解释得到广泛认同，对后来产生很大影响。

1992 年 6 月，有 183 个国家和地区代表参加的联合国环境与发展大会在巴西里约热内卢召开，其中有 102 个国家元首或政府首脑出席，通过了《里约热内卢环境与发展宣言》《21 世纪议程》《联合国气象变化框架公约》《生物多样性公约》《关于森林问题的原则声明》等重要文件，否定了工业革命以来高投入、高产出、高消费、高污染的传统发展模式，提出为建立保持环境发展的全球新"伙伴关系"，可持续发展以与会者宣言的形式确定下来。

1994 年 9 月，有 182 个国家参加在埃及开罗召开的国际人口与发展会议，将可持续发展列为会议中心议题。会议通过的《关于国际人口与发展的行动纲领》，提出"可持续发展问题的中心是人"的命题，是对里约热内卢《宣言》和《21 世纪议程》的重要补正。针对世界人口继续有较大幅度增长态势，人口问题成为各国不容回避的基本问题，论证了人口因素在可持续发展中的地位和作用，引起高度重视。

1995 年 3 月在丹麦哥本哈根举行的国际社会发展首脑会议，从社会发展角度讨论可持续发展诸多问题，强调社会公平，强调建立国际的伙伴关系，将可持续发展由环境、资源、人口、经济发展领域扩展到社会领域，成为整个社会的系统工程。

其后还有许多国际组织召开不同的会议，进一步强调可持续发展是 21 世纪人类面临的重大问题，强调控制全球人口增长、节约能源和资源、减少环境污染的重要性。值得一提的是，2007 年 12 月在印度尼西亚巴厘岛召开的联合国气候变化会议。会议讨论了 2012 年《京都议定书》到期以后，如何进一步减少温室气体排放，强调世界上没有人能够逃避气候变化的影响，通过《巴厘岛路线图》，重申了发达国家肩负帮助发展中国家解决温室气体排放的责任。2009 年首度气候谈判在德国波恩举行，以落实《巴厘岛路线图》。其后还有南非会议等，在承担气候变化、环境治理责任等方面取得某些进展，争执也一直不断。不过可持续发展战略必须坚持、共识不断增强，是大势所趋、人心所向。

人口与可持续发展要义

自从可持续发展战略提出以来，主要是作为国际上的一种行动纲领、国家级的一种发展战略取得共识并展开实施的。与此同时，理论研究也逐渐深入，取得某些突破。特别对 1994 年开罗国际人口与发展《行动纲领》提出的"可持续发展问题的中心是人"，人口在可持续发展中的地位和作用的研究，进展更大一些。笔者以为，一切发展都可归纳为资源（包括自然资源和社会资源）的物质变换。从这一立场看待"可持续发展问题的中心是人"，以人为本的可持续发展观和可持续发展理论，当有六重涵义。

①可持续发展的目的是满足人的全面发展需要。首先，可持续发展是为了满足人的全面发展的需要。这一点很重要。发展是为了满足人的需要本属天经地义，然而随着社会生产力的发展，特别是工业革命后竞争日趋激烈，空前积聚起来的资本强烈地表现出自我增殖的本性，国家、企业无不追求发展的速度和规模，很难保证不脱离满足人的需要轨道，甚至走上为发展而发展的道路。这种传统的经济增长＝发展的思维定式和运行模式，即使不偏离满足人的需要轨道，它所满足的也仅是某些方面的需要，没有或很少顾及其他方面的需要。以满足人的全面发展需要为根本目的，就要注重需要的全面性，包括满足人的生理、心理、交往、文化等的全面发展需要。在各种需要中，无疑满足人的生理需要是基础，只有满足人的生理需要，人口的生产和再生产才能不间断地进行，物质资料的生产和再生产才能正常运转。满足人的心理需要，在现代社会中变得越来越重要，因为随着社会运行节奏的加快，人的心理负担的加重，心理健康成为普遍关心的社会问题。按照世界卫生组织的定义，健康不仅是没有疾病，还包括生理健康、心理健康和社会状态的完好。交往的加强也是现代社会的特征，信息化和经济全球化使交往空前扩大，现代化大大拉近了时间和空间的距离，人们对交往的需要增长很快。满足文化的需要，更为当今社会所重视。站在人类发展历史长河的立场观察，经济的发展是早一些、晚一些、领先一些、落后一些的事情，迟早总是要发展的，好比马拉松赛跑一样，不同赛程彼此交替领跑。而文化则具有历史积淀和相对稳定的性质，很难从根本上融和，常常表现为文化冲突。因此，要满足人们对文化特别是先进文化发展的需要，则是更高层次的需要。

其次要注意的，是满足需要后果的全面性，不能因为满足了一个方面的需要而损害到其他方面的需要。如为了满足人的粮食需求，就毁林开荒、变牧为农，结果造成水土流失，气候变得干燥恶劣；加快化肥、农药等的生产，结果造成水、土壤等的严重污染。这样的谷物生产和化学工业的发展，从一个方面看，满足了人们的食品需求，维系了人口再生产的正常进行；从另外一个方面看，则破坏了人口赖以生存的环境，损害到人口健康，又妨碍了人的全面需要的满足。可持续发展着眼于营造有利于人的全面发展的自然环境和社会环境，摒弃有利于一个方面而损害其他方面的发展需要。正是在这个意义上说，1994 年开罗人发会议《行动纲领》提出的"可持续发展问题的中心是人"，这里的"人"指的就是人的全面发展，发展是为了满足人的全面发展的需要。

②可持续发展首先考虑满足当代人发展的需要。可持续发展提出以来，人们常常对联合国环境与发展委会员 1987 年《我们共同的未来》的定义，即可持续发展是"既满足当代人的需要，又不对后代人满足其需要的能力构成危害的发展"产生误读和误导。在一些相关国际会议上，发达国家一些领导人和学者，常以不对后代人发展能力构成危害为藉口，约束和限制发展中国家的发展。经过多次讨论和辩论，取得越来越多共识。认为：可持续发展不是不要发展，更不能以此限制发展中国家发展。明确妨碍可持续发展的全球环境变坏的主要责任在发达国家，是过去发达国家不顾一切地推行工业化、传统工业化严重污染的结果。于是 1992 年里约热内卢国际环发会议通过一项决议，发达国家每年要从国内生产总值中拿出 0.7% 作为海外援助资金（ODA），支援发展中国家尽快摆脱贫困和改善环境。虽然 10 多年来仅有北欧等少数国家兑现了诺言而某些发达国家并没有兑现，但有一点则是明白无误的：可持续发展不是不要发展，相反，发展中国家应加快发展以满足当代人的需要和脱离贫困。如若不能满足当代人对生活资料的需要，就难免"饥寒起盗心"，社会秩序混乱；不能满足当代生产年龄人口在就业上对自然资本、产出（生产）资本的需要，存在大量"无事生非"的失业人口，社会就难以安定，正常的发展就会受到影响，更谈不上可持续发展。所以，可持续发展的前提是发展，首先是满足当代人需要的发展。尤其是发展中国家要牢牢把握住以经济建设为中心宗旨，不要陷入可持续发展是减慢或不发展的误区。

③可持续发展不能损害后代人满足其需要的能力。这是一个问题的两个方面。可持续发展强调发展的连续性，这种连续性主要的不是取决于某一项或几项经济指标，而是取决于人口与经济、社会发展的代际公平，充分体现出人本主义的发展观，也是布氏《我们共同的未来》报告对可持续发展阐述的一个基本观点。传统的发展＝经济增长的发展观，拼命追求高经济增长，结果导致环境污染加剧，资源浪费严重，有些已临近枯竭，给满足后代人需求能力的发展设置了障碍。包括大气在内的地球资源本属于全人类，不

仅包括当代人也包括陆续涌来的后代人。可持续发展立足于代际公平，是一条最基本的原则。如果当代人的发展建立在牺牲后代人利益基础上，给后代人的发展留下障碍，便破坏了代际公平原则，也就无可持续发展可言。

④发展的根本驱动力在人力资本。纵观人类社会发展的不同时代，自然资本、产出资本或生产资本、人力资本、社会资本的作用不断更替。大体上说来，农业及农业以前诸社会形态，经济和社会发展以自然资本为主。18世纪中叶产业革命发生后，产出资本或生产资本地位提升，首先是资本的原始积累成为工业化的条件，传统工业化借助产出资本的不断积累而扩展开来。以自然资本、产出资本为主的经济和社会的发展，大都伴有对资源的掠夺性开采和利用，造成资源的严重破坏和环境的破坏，尤其是传统工业化最为严重。第二次世界大战结束后，发生以微电子技术为前导，包括新材料、新能源、宇航、激光、海洋、生物工程等在内的新的技术革命，使传统工业化升级，并且为过渡到更新的现代技术革命奠定基础。当前以基因技术、生命科学、纳米技术为标志的现代技术革命已经拉开序幕，人类基因组图的提前绘制完成，将揭开生命的奥秘；基因技术、克隆技术的新发展，生命科学的带头作用将开辟一个科学和技术发展的新时代。在这种情况下，人的知识、技能、经验和健康具有的价值，即人力资本以及同人力资本相关联的组织、管理、市场化程度等社会资本的作用，将充分展现，构成发展的决定性要素。从可持续发展角度观察，只有实现以自然资本、产出资本向人力资本以及同人力资本紧密相关的社会资本为主的转变，才能充分利用自然资源，提高资源利用率，有效地节约资源和保护环境。发展以人力资本为主要推动力，是具有原动力性质的发展观的一大转变。

⑤人与自然的和谐发展。可持续发展能力的增强，主要表现在生态环境得到改善，资源利用效率显著提高，促进人与自然的和谐发展上。要实现这样和谐的全面发展，除了要树立协调的经济发展观，包括经济自身发展的集约性和经济与社会发展的协调性；全面的社会发展观，克服现实社会发展中的某些滞后方面之外，从根本上说，就是要谋求人口、资源、环境之间的协调，树立人与自然和谐的发展观。我们强调经济的协调发展和社会的全面进步，最终的目的是更好地解决人口、资源、环境问题，促进三者之间的和谐，人与自然的和谐。即摆正人类在自然界的位置，人类来自自然，也要回归到自然中去。任何藐视自然的观点，任意践踏自然的做法，包括"战胜自然"一类不恰当的口号，都是错误的和有害的。

⑥人口与社会和谐发展。社会是指由一定经济基础和上层建筑组成的总体，反映的是由共同物质条件联系起来的人群之间的关系。由此，社会一是由人口生产、自然资源、劳动就业、社会保障、科学教育、卫生保健、基础建设等社会事业组成的经济基础部分组成；二是由一定的政治、法律、宗教、艺术、哲学观点等的意识形态，以及维护占统治地位意识形态政治的、法律的、军事的等国家机器所组成。社会可持续发展的基本理论，就是要随着社会生产力的发展和生产关系的改变，发展相应的社会事业，建立起促进人的全面发展的经济基础；上层建筑也应随着改变，进步的意识形态和政府管理机构、组织应运而生，推动社会向前发展。人与社会的协调发展带有整合性质，是人口、经济、资源、环境能否协调发展的整合体，强调解决好人口、失业、教育、环境、贫困、安全等社会运行中经常发生的问题，达到促进社会和谐的目的。

人口与可持续发展战略理论体系

可持续发展提出 40 多年来，理论探讨论著很多，行动计划也出台很多，无疑推动着可持续发展战略的实施，这是有目共睹的。站在以人为本立场看待人口与可持续发展战略，自应构建起比较完整的战略体系，以提高战略实施的效率和效益。笔者认为，将人口与可持续发展提升到理论层面，人口与资源、环境、经济、社会发展可以构成一个相互关联、互动平衡的理论体系。支撑这一理论体系的，是这五个方面以可持续发展为目标、为轴心串连起来的相关理论。主要是：

1. 全方位适度人口论

随着国际社会可持续发展战略的推进，作为战略组成之一的人口向何处去？同环境可持续发展一样，应有一个明确的战略目标、行为规范和行动计划，即相应的人口发展战略。这个战略的理论支持，即为全方位适度人口论。迄今为止，"适度人口"还是一个实验室性质的题目，还没有成为哪一个国家指导实际行动的坐标。而且，理论研究也主要限于人口数量变动，没有或很少涉及人口素质和人口结构。因此，全方位适度人口论还是一个新的课题，人口与可持续发展战略需要研究的课题。

全方位适度人口论，首先是人口数量适度。依据联合国人口司提供的数据，2017 年世界人口 74.4 亿，中国 139008 万，占 18.68%，仍是世界第一人口大国。预测表明，要到 2030 年达到 14.65 亿左右时，方可实现零增长。需知，全方位适度人口论不仅立足人口自身人口数量适度，而且要求人口数量与资源、环境、经济发展、社会发展适度。这就要求清楚现实的人口数量是多了还是少了，如何解决多了少了的问题。

全方位适度人口论，也要求人口素质适度。一般认为，提升人口素质本属天经地义，人口素质的提升是一个永恒的命题，提升越快越好、越"适度"。实则并非全然如此，起码要分清是名义上的提升，还是实质上的提升、同社会经济发展需要相适应的提升。以我国 6 岁以上人口人均所受教育程度为例，目前已超过 9 年，新中国成立将近 70 年特别是改革开放 40 年来提升的速度不为不快，达到的程度不为不高。然而要以与社会经济发展相适应、相适度，却是另外的问题，眼下不相适应、不够适度的矛盾就很突出。2010年我国劳动年龄人口越过峰值，2013 年绝对数量越过峰值，社会上在出现"民工荒"同时，却出现"大学生就业难"问题。这是一个什么问题呢？"民工荒"同劳动年龄人口变动相一致，可以理解；"大学生就业难"却有背道而驰之感，道理何在？在于我们的高等教育还有"不适度"的地方。要害在于：名义受教育程度显著提高了，实际动手能力却不能得到相应提升。表现为：受教育年限多了，书本上的知识学习多了，但是动手解决实际问题的能力却没有同步提升，智能科教素质没有同步提升。当前我国正处在经济转方式、调结构、全面深化改革时期。就业需求，一方面需要包括农民工在内的普通型劳动力；另一方面需要具有一定专业知识和技术的熟练劳动者和人才。熟练劳动者需要在劳动实践中去锻炼成长，但在进入劳动岗位之前应当具备必要的基础知识。人才是什么？是具有一定智能、才干的人。反观当今教育，是否同培养人才相适应、相"适度"？恐怕难说。恢复高考进而实施科教兴国战略，是清除"文革"流毒最重要的拨乱反正、正本清源之一，在通往中华民族伟大复兴中国梦路上立下不朽的功勋。然而一不小心，滑到应试式教育陷阱，为争取高考优秀、进入名牌大学而学习、而考试，一大批档次参差不齐的"高考工厂""高考军营"雨后春笋般地破土而出、拔地而起，"为进名校学好考好"是它们的宗旨。按此宗旨培养出来的学生可能具备一定的知识，但最大的优势是会考试、拿高分、进名校。这就偏离了培养智能型人才大方向。高等教育也不同程度地存在类似现象，因为高等院校也要考试，也有部分学生要考研究生、出国留学。考试是督促学习、检阅学习成绩的重要手段，不可轻视和或缺；但考试不是学习的目的，更不能囊括学校的全部生活。学校的根本目的，是培养德智体美全面发展的劳动者和接班人，是培养智能型的人才。不错，现在的普通高校没有校办工厂、农场一类实习基地，不能要求学生高校毕业后即成为熟练劳动者、专业人才，那是进入工作岗位后在实践中锻炼成长的结果。但是这并不排斥知识的实践性，不等于不要与实践相结合的教育。那么为什么当今的教育在这方面却严重缺失、甚至是一片空白呢？既然同教育方针相关，更重要的还在于应试式的教育体制机制。笔者以为，这是教育改革的重中之重，需要着力解决的根本问题。为此提出，以"立德树人"为主导的教育方针、打破应试式体制机制，应成为教育改革的方向和重点，也是提升人口科教素质的根基。

人口结构也相类似。如半个多世纪以来人口城乡结构变动很大，改革开放以来以流入城镇为主的流动人口民工潮经久不衰，促使人口城市化迅速推进。2017 年人口城市化率达到 58.5%，高出世界平均水平一截。不过这是由抽样调查得到的数据，是按城镇常住人口口径计算的，其中包括 2 亿以上进城务工经商的农民工。如果减去这部分进城农业流动人口，城市化率就要降下来 10 多个百分点。当然，城市化虚张主要还表现在城大市小、城多市少甚至有城而无市上。城镇化虚张推动地方政府土地财政持续升温，形成政府购地和出让土地—开发商买地、建房、卖房—居民买房和部分空房并存。遂形成房价持续上涨、包括部分空房在内的空转循环，以土地财政为支撑的体外循环。2 亿以上以进城农民工为主体的流动人口大军，就是这种城市化虚张、体外循环重要的人力支撑。由此看出，只有人口结构变动同社会经济发展相适应、相适度，才有益于社会经济发展，越过相适应、相适度，就会带来相反的影响。

2. 稀缺资源论

按照发展是资源的物质变换定义，包括可持续发展在内的任何发展，都要树立一个科学的资源发展观。所谓资源发展观，是对资源在发展中的地位和作用有一个科学的观点，前提建立在资源主要是自然资源有限的认识上。这个问题如同绝对真理和相对真理一样，既是绝对的、无限的；又是相对的、有限的。绝对的和无限的，指随着科学和技术的不断进步，人类认识、开发和利用资源的潜力无限，能力不断增强，资源的范围也不断扩大，原本未列入资源范畴的成为新的资源，甚至是价值更高的资源。如 60 年前才发现核裂变，然而从第一颗原子弹爆炸到当今大规模核电站的兴建，谁都得承认核能是一种重要的能源，开创新的动力时代的能源。另一方面，在一定经济技术水平条件下，任何资源的数量均有一定限度，人类认识、开发和利用程度受到一定的限制，因而资源又具有相对性和有限性，并非永远取之不尽和用之不竭。正确的资源观应建立在这种绝对与相对、无限与有限相统一基础上。对于可持续发展说来，最主要的是要树立稀缺资源发展观。即对于处于一定发展阶段的人类社会说来，资源特别是自然资源总是稀缺的，要在节约资源和合理开发利用资源中求发展。前面提及的麦多斯等罗马俱乐部的《增长的极限》报告，结论过于悲观，后来他们自己有些也作了某些修正；但该报告提出的人口不断增长和人们追求高生活质量促使经济增长，经济增长加速资源的开发和利用，导致资源消耗超过人口增长速度，则引起很大关注，亮出消费"黄牌"警告。可持续发展必须面对资源的累进消耗，树立稀缺资源发展观。

3. 生态系统论

可持续发展最早由国际环境会议提出，三十多年来可持续发展讨论不断升温，同人们对环境的关注密切相关。发达国家惊呼，世界环境破坏已经到了十分严重的地步，传统工业化发展方式再也不能继续下去了；发展中国家虽然更强调经济发展，但是也对环境的破坏颇为担心，因而能在保护资源和环境问题上形成较多共识。一系列关于可持续发展的国际会议通过的宣言、公约、声明、行动纲领，环境问题是关注的焦点。一些国际组织的环境学家多从环境和生态平衡角度阐述可持续发展，将可持续发展定义为保护和加强环境系统生产和更新能力（国际生态学联合会 INTECOL、国际生物科学联合会 IUBS，1991）；可持续发展是一种最佳生态系统，用以支持生态的完整性和人类全体生存生活愿望的实现，使人类赖以生存的环境得以持续（弗曼 R. T. T. Forman，1991）。维护良好环境和保持生态平衡是可持续发展的终极目的，以这一终极目的看待人口、资源、经济发展和社会发展，树立起生态系统发展观。

4. 总体经济效益论

传统经济发展观追求的是产量最大化和产值最大化，通过产量和产值的最大化实现利润最大化，企业获得明显效果和利益。自从 20 世纪 30 年代凯恩斯（John Maynard Keynes）主义盛行，各国纷纷将国民生产总值（GNP）作为衡量经济发展最主要甚至是唯一的指标以来，这种工业化规模经济模式成为发展的必然选择。可持续发展针对这一发展模式提出质疑，即发展不能仅顾及企业的效益，还应顾及整个社会的效益；不能仅顾及当代的效益，还要顾及子孙后代的效益，树立总体效益经济发展观。如果说利润最大化是指导以往经济运行的基本准则和基本理论，那么总体效益最大化就是可持续发展经济追求的目标，指导经济发展的新的发展观和理论。这一新的经济发展观和理论，有三重意义：

一是质量效益发展观。传统经济发展单纯追求产量、产值、利润的增长，将发展等同于经济增长，经济增长等同于数量的增加，走的是外延式扩大再生产道路。如今这样的工业化已走到尽头，经济的发展不仅取决于产品的数量，还在越来越大的程度上取决于产品的质量。结合工业化推进到现在出现的种种"工业病"，在经济增长数量和质量问题上，可持续的经济发展观看中的是效益，更强调发展的质量，以质量求发展。

二是广义空间效益发展观。就是要跳出仅就本企业、本地区的经济效益狭隘眼界，把包括资源、环境、社会发展在内的外部效应收入评价视野，从经济增长和发展造成的内外部结合上看待效益，对待发展。由此产生两种投入产出：一为狭义经济意义的投入产出，即生产或经营投入成本与产出效益之比；一为广义空间意义的投入产出，即计算全社会对生产或经营投入成本与产出效益之比。传统经济发展观只注重前一种投入产出，可持续发展在注意前一种投入产出的同时，还要注意到后一种投入产出。在设定发展指标体系上，也要跳出国内生产总值 GDP 单一指标束缚，选择更能表现广义空间意义的指标。美国自 20 世纪 60 年代开始，采用包括经济、社会、环境、文化、生活质量等在内的评价发展的指标；世界银行多年来选取人均 GNP、年平均通货膨胀率、人口出生时预期寿命、成人文盲率等，作为评价发展的指标；联合国开发计划署选用"人文发展指数""生活质量指数"指标等。

三是长远时间效益发展观。发展经济注重当前的经济效益自不待言，因为任何经济发展的目标都是具体的，近期的经济效益是明显的。可持续发展总体效益经济发展观，要求在重视近期经济效益的同时，重视长远时间效益，不能以牺牲长远效益为代价获得近期效益。布伦特兰夫人定义"不对后代人满足其需求的能力构成危害"的发展，既有人口生产的代际问题，又有近期和长远时间效益的关系问题，可持续发展更注重长远时间效益是区别于传统工业化发展观的一个根本性标志。由于更注重长远时间效益，发展不仅要看经济增长成果的积累，还要看这种增长对自身能力的影响，有利于增强自身的发展能力，还是不断削弱自身的发展能力，后者是不可持续的。总体效益经济发展观着重点放在可持续发展能力的培育上，保证具有不断涌现的发展潜力，保持发展的连续性。

5. 社会协调发展论

由于社会通过物质资料生产、人口生产、环境生产进行自然资源和社会资源的物质变换，形成社会的经济基础；同时适应生产力和生产关系发展变换，形成特定历史条件下的政治、法律、宗教、艺术、哲学等的意识形态，以及维护占统治地位意识形态的国家机器，即一定的上层建筑，构成社会经济基础与上层建筑矛盾的运动。社会可持续发展的基本理论，就是要随着社会生产力的发展和生产关系的改变，发展相应的社会事业，建立起促进人的全面发展的经济基础；上层建筑也应随着改变，进步的意识形态和政府管理机构、组织应运而生，推动社会向前发展。社会的协调发展带有整合性质，是人口、经济、资源、环境能否协调发展的整合体，强调解决人口、失业、教育、环境、贫困、安全等社会"热点"问题。

参考文献

[1]《中共中央关于全面深化改革若干重大问题的决定》，载《改革开放以来历届三中全会文件汇编》，人民出版社，2013。

[2]《邓小平文选》（第三卷），人民出版社，1993。

[3]《习近平关于实现中华民族伟大复兴的中国梦论述摘编》，中央文献出版社，2013。

[4]《21世纪议程》，联合国环境与发展会议（1992），国家环保局译，环境科学出版社，1993。

[5]《中国21世纪议程——中国21世纪人口、环境与发展白皮书》，中国环境科学出版社，1994。

[6] 马寅初：《新人口论》，北京出版社，1979。

[7] 欧阳淞、高永中主编《改革开放口述史》，中国人民大学出版社，2014。

[8] 国家人口和计划生育委员会编《中国人口和计划生育史》，中国人口出版社，2007。

[9] 张维庆、孙文盛、解振华主编《人口、资源、环境与可持续发展干部读本》，浙江人民出版社，2004。

[10] 陈剑主编《中国改革报告2013》，法律出版社，2013。

[11] 何传启《现代化科学/国家发达的科学原理》，科学出版社，2010。

[12] 田雪原等：《21世纪中国人口发展战略研究》，社会科学文献出版社，2007。

［13］田雪原主编《人口老龄化与"中等收入陷阱"》，社会科学文献出版社，2013。

［14］孙陆军主编《中国涉老政策文件汇编》，中国社会出版社，2009。

［15］郑秉文、孙永勇：《城镇职工基本养老保险半数省份收不抵支》，《上海大学学报》2012 年第 3 期。

［16］王一鸣：《调整和转型：后金融危机时期的中国经济发展》，《宏观经济研究》2009 年第 12 期。

［17］张恺悌主编《中国城乡老年人社会活动和精神心理状况研究》，中国社会出版社，2009。

［18］潘家华、魏后凯主编《中国城市发展报告 No.6》，社会科学文献出版社，2013。

［19］王小鲁：《中国城市化路径与城市规模的经济学分析》，《经济研究》2010 年第 10 期。

［20］〔挪威〕弗里德约夫·南森研究所编《绿色全球年鉴》（2001/2002），国家环境保护总局国际合作司译，中国环境科学出版社，2002。

［21］〔美〕莱斯特·R. 布朗：《B 模式：拯救地球，延续文明》（中译本），东方出版社，2003。

［22］中国老年学会编《21 世纪老年学与老年问题》，中国劳动社会保障出版社，2000。

［23］United Nations：*World Population Prospects*，*The 2008 Revision*，New York，2009.

［24］United Nations：*Population and Development*，U. N. New York，2001.

［25］United Nations：*Long-range World Population Projections*：*Based on the 1998 Revision*，New York，2000.

［26］United Nations：*World Population Projections 1950 - 2150*，New York.

（撰于 2015 年，选入本文集做了修改）

六 人口学研究与学科建设

《人口学研究与学科建设》序言

　　说起怎样走上人口学研究之路，还得从 20 世纪 50 年代末步入大学时候开始。

　　1959 年中华人民共和国成立 10 周年前夕，我抱着少年时期企盼祖国尽快富强起来的志向走进北京大学殿堂，心中好不欢畅！然而入学后不久便赶上第二次批判马寅初校长的《新人口论》，却使学生陷入迷茫。于是便躲在图书馆第五阅览室（期刊阅览室）一隅，找来马老发表的《我的经济理论、哲学思想和政治立场》等文章，同时也找来一大堆批判文章读了起来。读着、读着……越读越觉得老校长关于控制人口数量、提高人口质量的论述讲得颇有道理，更为他那种年近八十誓死捍卫真理、直至战死为止的彻底唯物主义精神所打动；相反，那些连篇累牍的批判文章却讲不出多少道理来，除了贴标签式的政治口号和扣大帽子之外，便是偷换前提一类的逻辑推演，其目的就是要将《新人口论》批臭，把马寅初一巴掌打下去。特别受康生亲临北大点名"属于哪个马家"影响，包括马老居住的燕南园在内的整个燕园，更是大字报铺天盖地，声讨之声不绝于耳，最后马老真的从北大校园、政坛和学坛上"蒸发"了。这着实使我困惑了一阵子，难道这桩公案就这样盖棺定论了不成？当时不清楚，正是这样的认识化为一种情结，埋下后来为马寅初《新人口论》翻案和走上人口科学研究之路的种子。

　　1964 年从北大经济学系毕业后，先是参加两年"四清"，接着便是所谓的十年"文化大革命"和干部下放劳动。除了和这一代人大同小异的经历外，作为系统学习过马克思主义经济学和西方经济学说史的学人说来，原来企盼祖国尽快强盛、人民尽快富裕起来的情结受到莫大的伤害。在"四清"同吃、同住、同劳动过程中，亲身体验到新中国成立十五六年后，许多农民依然过着缺吃少穿的清贫日子；城市也好不到哪儿去，直至 70 年代每人每月只供应几两油、肉、蛋，自行车、手表、缝纫机等日用工业品都要凭票供应，在饥饿、温饱、小康、富裕和最富裕几个发展阶段中，处在由饥饿向温饱过渡阶段。由此不能不对当时的人民公社以及整个国家的计划经济产生疑问：为什西方市场经济国家忧虑的是生产过剩，而高度集中统一的计划经济国家则被经济短缺困扰？第二次世界大战结束后二三十年，我们同西方发达国家的差距不是缩小而是扩大了，国家尽快富强起来的期望跌到了失望的边缘。1978 年底党的十一届三中全会召开，实事求是思想路线的恢复和以经济建设为中心的确立，给我的感觉真的是"忽如一夜春风来，千树万树梨花开"，科学发展的春天来到了！于是即刻投身到理论战线的拨乱反正中去，开始了新的学术生涯。开头发表《调整是目前国民经济全局的关键》《"大会战"是组织经济建设的好形式吗？》等几篇文章，抒发多年蓄积于胸的经济学方面的郁闷，颇有一吐为快之感；但是最大的学术情结还是当年批判马寅初新人口论时投下的阴影，于是提起笔来，奋然撰写并发表《为马寅初先生的新人口论翻案》《控制人口、促进四化》等几篇文章，从此同人口学、人口经济学研究结下不解之缘。

经济学与人口学有着某种近亲血缘关系，但是毕竟属于不同学科，"隔行如隔山"的道理提示我，从经济学转到人口研究必须补上人口学这一课。机会来了，1982 年 5 月美国东西方中心邀请我到那里作高级访问学者，进行人口年龄结构变动方面的合作研究。我则利用这一年多的时间，一方面完成研究课题，另一方面比较系统地阅读了当时主要的人口学论著，并且结识了前往那里访问的著名学者。美国东西方中心坐落在夏威夷群岛檀香山市（HONOLULU），地处太平洋中心，亚洲、大洋洲、美洲三大洲连线交会点，风景如画，既无严寒又无酷暑，每年都有众多知名访问学者光顾。在那里，有机会结识像美国普林斯顿大学 A. 柯尔、芝加哥大学 G. S. 贝克尔和 F. 豪泽、布朗大学 S. 哥德斯坦，英国伦敦大学布拉斯，日本大学黑田俊夫、后生省人口问题研究所河野稠果，澳大利亚国立大学考德维尔等当代大师级人口学家。带着渴望的心情学习他们丰富知识精要，始叩响人口科学的大门，受益匪浅。

1983 年 6 月回国后，即转到中国社会科学院人口研究中心（后更名为人口研究所、人口与劳动经济研究所）从事人口科学研究。人口学作为一门比较成熟的规范化学科，主要面向现实人口问题研究，我的研究也以现实中国人口问题为主，重点是人口理论拨乱反正、人口发展战略与人口政策、宏观人口经济与微观人口经济、人口流动与人口城市化、人口老龄化与老年社会保障等。不过我始终记着"隔行如隔山"这句至理名言，尽可能将研究纳入人口学规范化范畴；同时关注人口学学科建设走向，力求站到学科前沿。在实践中体会最深的，还是"实践—理论—实践"这句老话：通过调查研究，以实证研究的突破，推动理论研究的深入；以理论研究的深入，增加实证研究的厚重。因此，在进行大量实证研究过程中，不忘人口学学科建设，隔一段时间回顾和总结国内外人口科学研究取得的新进展，探索未来的发展趋势，不断开阔研究视野，推进研究创新。加上担任科研行政领导职务和社会兼职需要，对人口学研究和学科建设发表了一定数量的文章和研究报告。中国社会科学院学部决定出版学部委员专题文集，思量将这些文章和报告放到一起出版一个集子，提供来自不同视角的研究成果，对人口学科建设或许是一件有意义的事情，故推出《人口学研究与学科建设》专题文集。

本专题文集集纳 1979~2012 年间发表的 17 篇（部）人口学科建设方面的论文和研究报告，从不同方面反映出不同时期人口科学研究取得的进展、存在的问题和改进的建议；在人口学、人口经济学、老年人口学等研究中新的理论观点和见解；在人口与发展主要在人口与资源、环境、经济、社会可持续发展交叉研究中提出的理论和具体分析。尽管人口学是一门规范性较强的学科，但是任何学科总是要不断向前发展的。笔者也试图做出与时俱进的研究，"孩子社会附加成本—效益"理论的提出和阐发，就是这种创新探索研究成果之一。本文集 17 篇（部）文章中，前 15 篇按照发表的时间顺序排列；第 16 篇（部）《人口政策研究——基于人口学立场》，力图从人口科学研究视角阐发中国人口政策的来龙去脉，主要节选《中国人口政策 60 年》部分章节，《新中国人口政策回顾与展望》为 2009 年岁末《人民日报》发文；第 17 篇（部）《人口与可持续发展——人口学研究新领域》，旨在说明人口学应当与时俱进地纳入可持续发展视野，收录 1995~2004 年发表的人口与可持续发展方面的论文 6 篇，与前面有的文章有时间交叉。就笔者在人口学科建设方面的实际研究情况而论，比较集中的成果当属由笔者主编并于 2004 正式出版的《人口学》专著，除负责全书统稿外，还独自撰写两章、合作撰写两章。不过由于有合作撰写，故未收入本专题文集。

迄今为止，中国仍是世界人口最多的国家，心安理得退居次席也要到

20年以后。然而人口科学发展并不尽如人意，经过几次波折，改革开放以后才获得比较迅速的发展，提以赶上世界总体水平。1986年国家社会科学基金成立，人口学在经济学科组，我为该学科组评审组成员。进入90年代后，按国务院学位委员会学科分类，人口学转到社会学科组。1996年国际人口科学联盟（IUSSP）决定，1997年第23届人口科学大会在北京召开。利用这一时机，我同学科组成员、国家人口计生委副主任杨魁孚同志一起，找到全国社科规划领导小组负责同志，申请将人口学科作为独立学科单列。当时提出三条理由：一为23届国际人口科学大会在北京召开，标志着国际社会对中国人口科学发展状况和水平的承认；二为改革开放以来人口学科发展迅速，目前各种类型、大小不等的人口研究机构近百家，比起某些学科来并不逊色；三为中国是世界上人口最多的国家，人口多基本国情对经济、社会、资源、环境以及各方面发展影响之大、之深，非其他所能比拟，应加强对人口科学研究的指导和支持。经规划办领导小组研究，最后同意了我们的意见，人口学作为同经济、社会等学科一样，成为一门独立学科。独立后，人口学申报和中标项目有了大幅度地增长，发挥了对人口学科研究支持和引领的作用。1986～2012年人口学在国家社科基金立项数和资助金额，分别增长12倍和20倍以上，对人口研究和学科建设导向及发展，起到十分显著的推动作用。

　　回顾30多年在人口学研究和学科建设方面所做出的努力，取得一定成效或者说取得较大进展，但并不令人满意。星移斗转过了古稀之年，眼下还有一些积累，需要整理、编辑和精炼出论著。面对一步步走向高龄化现实，怎样将学术研究科学地融入晚年生活，是需要认真思索并要由实践做出回答的问题。几年前，中国中外名人文化研究会等发来邀请，为《中华名人格言》撰写几则"富含哲理、语言精炼、寓意深刻、耐人寻味"的格言。对于如此之高的要求，未免有些惶恐，只好从日常生活中体会较深并且身体力行的自我约束的警句中，摘出几条发过去。想不到在寄来的书中，还夹有一张被评为"优秀作品"的荣誉证书。优秀不优秀另当别论，也无所谓，有点儿实际的约束力倒是十分紧要的。"年龄可以老化，思想不能僵化，学问不可退化"就是几条中的一条，至少反映出当前我的一种心态和老年做学问的一种自律要求。如何实现老化而不僵化、不退化呢？我在中国社科院老干部局组织编辑出版的一本书中，有一篇文章《我的健康观——PK四种不同类型年龄》：淡化自然年龄、激活生理年龄、平和心理年龄、践行社会年龄，可谓我将老年做学问融入生活的一种理念和写照。愿将主要文字摘录于后，同学术界志士同仁切磋，共同推进学科建设和学术创新。

（略，参见本文集卷首："学然后知不足——我的学术自传"最后部分）

田雪原　于文星阁

2012 年 8 月 1 日

《人口老龄化与中等收入陷阱》绪论

　　如果说 20 世纪是人口暴涨的 100 年，那么 21 世纪就是人口老龄化的世纪——这是笔者在比较两个世纪人口变动大势之后，得出的基本结论。基于这样的认识，任何 21 世纪人口、经济、科技、文化、社会的变动与发展，都不可小视人口老龄化的作用和影响。尤其值得注意的是，当前中国在达到中等收入水平之后，要想实现对"中等收入陷阱"的成功跨越，就不能小视人口老龄化的作用和影响。《人口老龄化与"中等收入陷阱"》着力阐发人口老龄化为跨越"中等收入陷阱"提供的机遇和挑战，从实际出发并充分吸取国际社会正反两方面的经验，提出相应的决策选择，无疑是影响当前和"十二五"社会经济发展全局的一个重要问题，需要认真研究，提供具有实际应用价值的研究成果。

　　《人口老龄化与"中等收入陷阱"》由总论和七篇三十章组成。总论从分析人类发展史上一系列"发展陷阱"入手，阐释"中等收入陷阱"是包括中国在内的发展中国家当前面临的最主要的"发展陷阱"。考察国际社会经济发展的历史发现，尽管落入"中等收入陷阱"的国家有着政治的、经济的、社会的、文化的等多方面的原因，但共同的一点是，没有造就或者虽然造就但没有把握好在走向老龄化过程中或老龄化前期，普遍出现的劳动年龄人口占比上升、老少之和从属年龄人口占比下降，即人口年龄结构变动的"黄金时代"，没有抓住这一时代提供的"人口盈利""人口红利"加快发展。非但没有加快发展，劳动年龄人口从而劳动力占比上升，反倒助推失业率升高，成为国民经济发展的累赘。因而不能有效地解决在从"贫困陷阱"向中等收入过渡，即经济"起飞"阶段积累起来的经济技术落后、产业结构不合理、贫富两极分化、畸形城市化以及腐败蔓延、社会动荡加剧等问题，最终导致这些矛盾集中爆发，落入"中等收入陷阱"，只能在"陷阱"中挣扎着发展。本报告着重指出，老龄化的作用和影响不是孤立的，而是同人口变动、社会经济发展紧密联系在一起的。从跟不上科技进步、信息化、经济全球化步伐，社会矛盾集中爆发的根源、畸形发展的城市化等视角入手，分析落入"中等收入陷阱"的主客观条件，探索其中的某些规律性，找出值得借鉴的正反两方面的经验。探索中总是感到被一条或明或暗、挥之不去的限制线困扰，这就是人口老龄化走势曲线。在走向和跨越"中等收入陷阱"过程中，必须突破和理顺这条曲线，并且因势利导、兴利却弊，才能实现变阻力为动力顺利地发展。

总论对世界和中国人口老龄化趋势、特点、图像做出回顾和预测，指出21世纪前半叶中国人口老龄化具有速度比较快、达到的水平比较高、时间上具有阶段和累进性质、空间上具有城乡和地域分布不平衡的特点。将老龄化趋势和这些特点纳入"十二五"和经济社会长远发展战略全局，同时吸取国际社会正反两方面的经验，着力阐发跨越"中等收入陷阱"必须面对和解决的四个理论和实际问题。

其一，转变经济发展方式。提出并阐发了经济发展方式转变三个基本的方面：发展目的的转变——由片面追求 GDP 增长向以满足人的全面发展需要为宗旨的转变；发展动力的转变——由外需为主向内需为主、内需由固定资产投资为主向消费为主的转变；经济增长模式的转变——由外延式增长为主向内涵式增长为主的转变。从中国实际出发并立足人口老龄化视角，提出加快由高消耗向低消耗、低效率向高效率、低效益向高效益转变的决策选择。

其二，化解社会矛盾集中爆发。分析进入中等收入以后，资源占有和分配不公是各种社会矛盾滋长的土壤，因而是跨越"中等收入陷阱"必须首先解决的基础性矛盾。结合中国实际，提出调整分配格局、提高劳动收入所占比例；完善公共社会体系、提升资源占有公平性；改革收入分配制度、阻断非市场途径"暴富"之路；改进工资形成和调节机制、提高劳动者话语权；改革税收制度、发挥税收调节功能等建议。此外，就技术进步和劳动就业结构，论证了如何由金字塔形转变到橄榄形；就经济增长和社会保障的关系，论证了如何加速社会保障制度建设；就市场机制和政府职能，论证了如何解决二者界限不清、政府从市场退出；就反腐倡廉和社会稳定，论证了如何规范审批权、退出本属于市场范畴的政府权力等，提出针对性较强的改革建议。

其三，走统筹城乡发展的城市化道路。总结国际社会正反两方面的经验，着重阐释要想不跌入像拉美那样的"城市化陷阱"，实现对"中等收入陷阱"的成功跨越，走统筹城乡发展的城市化道路是治本之策。从我国城市化速度驶入快车道、结构步入以大城市为主导实际出发，提出现阶段统筹城乡发展城市化的基本方略，关键在"三个准确定位"和"三个谋求"：一要准确定位城市化内涵，谋求城市化进程同社会经济发展水平相适应。当前，在加快城市化进程中，要把握好加快的速度和节奏。二要准确定位城市化方针，谋求大、中、小城市和乡村的协调发展。当前要跳出仅就城市自身发展局限，发挥以城带乡、城乡相互促进和协调发展的功能。三要准确定位农民工地位，将农民工生产和生活纳入城市规划范畴，妥善解决变农民为市民，谋求城市建设新思路。

其四，兴利却弊地应对老龄化挑战。这是本报告的重点，从理论与实践的结合上，做出五个方面的分析和阐释。

一是要科学把握老龄化前期带来的机遇，力争在老龄化严重阶段到来之前实现对"中等收入陷阱"的成功跨越。通过中、日、韩三国比较分析，说明三国都经历或正在经历 40 年左右的人口年龄结构变动的"黄金时代"。日本抓住二战后出现的这一有利时机，实现对"中等收入陷阱"的跨越；韩国也抓住这一机遇，通过加快发展走出"中等收入陷阱"；中国应该并且一定能够抓住这一战略机遇期，吸取他们成功的做法和经验，推动未来 20 年国民经济平稳较快地发展，创造人口最多发展中国家跨越"中等收入陷阱"的成功范例。

二是从长期发展观察，必须妥善应对老年从属比累进上升的挑战。少年人口从属比在经历了 2000 ~ 2010 年的较快下降以后，虽然其后下降的速度有所减慢，但是直到 2050 年总的趋势还是略有下降的。老年从属比则呈持续累进上升态势，导致老年退休金将于 2030 年以前越过占国民收入 10% 和占工资总额 29% "警戒线"，需要早图良策。本报告提出养老金按时足额征收、填补养老金账户空账、管好用好三方面的具体建议：征收养老金，强调基本养老金缴纳的强制性质，企业、单位和个人必须按时足额缴纳。填补养老金账户空账，提出清理空账、呆账、坏账，分清责任，加速处理，运用多种财政手段尽快退还补齐，坚持资金和账面相统一原则；管好养老金，最重要的是依法办事，严肃法纪，不得挪用、侵占；用好养老金，除了要准确无误地发放外，要按照相关规定参与金融市场活动，在保值基础上增值。

三是在劳动年龄人口变动中，要格外重视劳动年龄人口自身的相对高龄化。认为在总体人口加速走向老龄化过程中，一定程度的劳动年龄人口供给短缺并不可怕，可怕的是劳动年龄人口自身的相对高龄化。预测表明，2000～2050 年 45～59 岁占 15～59 岁比例将升高 7.2 个百分点，60～64 岁占 15～64 岁比例将升高 4.8 个百分点；总体上 45 岁以上劳动年龄人口占 15～64 岁比例将升高 12 个百分点，由 24.46% 上升到 36.46%。现在 45 岁以上较高劳动年龄人口组群为 1965 年以前出生，所受教育要比其后出生人口组群低下一截；较高劳动年龄人口组群受教育水平偏低，不利于技术进步和创新能力的提升，对经济发展和跨越"中等收入陷阱"十分不利。破解之法，除发展一般意义上的教育外，一要大力开展职业培训教育，对全体职工进行分期分批、分层次的职业培训，使他们在过渡到劳动年龄人口高龄化阶段时能够跟上技术前进的步伐。二要对现行教育体制进行调整和改革，由追求数量向追求质量转变，追求大而全的综合性大学向综合性与专业性并重转变，改变贪大、趋同的倾向。推行兼顾综合性与专业性，适当多发展一些专业性强、特色鲜明的高等院校，培养专业学科比较优势，是破解劳动年龄人口相对高龄化创新能力减弱的明智之举，应放到教育调整和改革优先位置。

四是要关注劳动力市场供求关系新变化，工资率上涨和投资率下降带来的影响。2010 年劳动年龄人口占比 74.5% 已达峰值，2011 年绝对数量 10.0 亿也已临近峰值，劳动力供求市场正在发生根本性改变。改变的直接后果，是劳动力价格和工资率的上涨。由于过去欠账较多，工资率需要有一个补偿性的较大增长。然而工资率上涨即是劳动要素成本的上升，从而导致总成本上升和利润率下降。总成本增加和利润率摊薄，则导致边际投资效益不断下降。1990 与 2010 年比较，GDP 与固定资产投资之比由 4.13∶1.00 下降到 1.44∶1.00，2010 年固定资产投资效益仅相当于 1990 年 34.87%，使催生国民经济增长得心应手的投资的作用削弱许多。

五是消费主导型经济转变难度很大，必须破解老年消费乏力难题。人作为消费主体，消费主导型经济转变不仅同人口数量变动直接相联，而且同人口年龄结构变动息息相关。由于我国传统文化影响较深，加上提倡生育一个孩子，独生子女被视为"掌上明珠"，少年组群消费系数偏高；老年组群收入偏低而储蓄率更低，致使老年消费系数也比较高。究其原因，主要是老年人口个人支付的医疗费用占比较高所致。立足于人口年龄结构变动视角寻求扩大消费，无疑首先要提升劳动在一次分配中所占比例，保证工资率稳步较快地增长，夯实劳动年龄人口消费率提升的基础。但是如前所述，劳动年龄人口占比和绝对数量峰值的到来和即将到来，意味着下降和减少的通道已经开启和即将开启，其对消费的长期拉动作用将逐步减弱。随着老年人口占比和绝对数量加速上升，2015 年 65 岁以上老年人口可上升到 10.1%、1.39 亿，2020 年 12.5%、1.74 亿，2030 年 17.4%、2.38 亿，提高老年人口消费系数权重越来越重要。如何才能将老龄化积累起来的消费潜能挖掘出来、释放出来？本《报告》提出：一要稳步提高老年收入，起码要守住老年退休金与物价上涨同步这条底线；二要扩大老年社会保障、社会福利、社会救助覆盖面，提升公共服务水准，解除老年消费后顾之忧；三要大力发展和提升老年公寓、托老所等稀缺资源供给，满足老年特别是高龄老年照护、医疗等的特殊需求，发挥对消费的促进作用。

七篇三十章围绕人口老龄化与"中等收入陷阱"的不同层面展开，在主要相关领域做出深入一步的探讨。

第一篇，人口老龄化与经济增长。在我国走向人口老龄化过程中，"十二五"仍处在人口年龄结构变动"黄金时代"后期，"人口视窗"仍然开启着，还将继续提供相应的"人口盈利""人口红利"。如果"十二五"国民经济能以 8% 左右的速度增长，到 2015 年 GDP 将达到 589954 亿元，人均 GDP 可达 41895 元；按目前不变价格汇率计算，则人均 GDP 可达 6771 美元，向着走出"中等收入陷阱"迈出一大步。若 GDP 年平均增长 6%，则 2015 年 GDP 将达到 537315 亿元，人均 39159 元，折合 6167 美元，迈出的步子要小一些。2030 年代老龄化步入严重阶段以后，"黄金时代"提供的"人口盈利""人口红利"消失殆尽并为"人口亏损""人口负债"所取代，老龄化的负面影响将越来越强烈地表现出来。因此，"十二五"能否充分利用人口年龄结构变动"黄金时代"中后期实现经济平稳较快发展，关系到跨越"中等收入陷阱"基础打得是否扎实，其后能否实现成功跨越根本。"十二五"以后，社会经济发展仍需沿着科学发展主题、转变经济发展方式主线方向推进，实施未雨绸缪、"以盈补亏"、"以利补损"方略。用提高人口素质，以人口素质特别是以教育为核心的人力资本积聚的增强，替代劳动年龄人口数量的减少，逐步完成以质量换数量人口发展战略重点的转移，将科教兴国和可持续发展战略落到实处。

第二篇，人口老龄化与消费。从分析消费演变过程，抽象出"消费陷阱"理念；运用标准消费人理论，依据构建的老年人口有效需求与边际消费倾向模型，阐释人口老龄化与消费需求的关系，指出目前在老龄化程度不高、成年人口标准消费人占比较高情况下，推动经济发展的正面主导作用；2020年以后老年人口绝对数量和占比大幅度上升，对消费需求的抑制效应将日益显现出来。总体上，我国处在老年人口消费率较低、消费总量却在不断增长过程之中。因此，提高老年人口消费率和消费倾向，缩小老年人口消费的区域差异，发展同老龄化关联度较高的居住、医疗、料理、通信、家庭设备等产业，成为解决人口老龄化与消费矛盾的重点。提出适时调整人口生育政策、完善老年社会保障、大力发展老龄产业、挖掘和释放老年人口消费潜力、构建老年服务网络等对策建议。

第三篇，人口老龄化与劳动就业。人口年龄结构老龄化，是出生率下降和预期寿命延长的结果，由此决定着"十二五"劳动年龄人口数量还会有一个微小的增长，占比已于2010年达到74.5%峰值后转为下降，当前处在劳动年龄人口占比下降、绝对数量微小增长两个节点之间，亦即刘易斯第一拐点与刘易斯第二拐点之间。如此，劳动力供给和需求处于交叉状态，既有大学生就业难，又有"劳工荒"相伴随，劳动力过剩与不足同时存在，总体上呈供给减弱、劳动力成本上升趋势。这一趋势，将导致资本对劳动力的替代，进而减少经济发展对劳动力的过度依赖。政策选择，最主要的是深化劳动力市场改革、提高劳动力利用效率、推迟法定退休年龄三项，积极开发利用以低龄为主的老年人力资源。

第四篇，人口老龄化与城市化。当前我国处在人口城市化S曲线中部加速上升时期，本世纪上半叶将有2亿以上农业劳动力转移到城镇工商业。"十二五"在城市化速度驶入快车道、类型转向以大城市和超大城市为主、发展方式转变到城乡协调发展新形势下，一方面要适当加快城市化步伐，但是不能盲目追求速度和规模，要治理已经出现的城市化虚张，着重解决变进城农民为市民；另一方面农村要走农业产业化道路，推进新农村建设。总体上，如何实现由注重城市自身发展为主向城乡协调发展为主的转变，走统筹城乡发展的道路是关键。面对农村人口向城镇转移规模不减，农村"三八六一九九部队"（妇女、儿童、老年）问题凸显，农村人口老龄化成为全部人口老龄化问题的重点和难点。实现同城镇一样养老保障全覆盖，不断提升农村养老水平，提高老年群体城乡协调发展自觉，是城市化健康发展的保证。

第五篇，人口老龄化与社会转型。自20世纪80年代以来制度变革所引发的社会转型开始显现，养老模式呈现出传统与现代并存、城乡之间既有差异又有趋同的态势。2010 年中国社会科学院人口与劳动经济研究所"中国家庭结构和代际关系变动"调查取得的第一手资料表明，现阶段城乡 65 岁以上老年人口生存状况是：其一，在生活费用来源方面：农业人口中享受退休金者为 5.69%，依靠子女等家庭成员提供占 60.77%，依靠自己继续劳动和工作所得收入养老占 25.75%，依靠政府低保占 5.09%；非农业人口中这一比例分别为 75.32%、14.10%、2.56% 和 6.41%。家庭成员赡养和依靠继续劳动自养是农村老年人主要生活来源，城市则以退休金为主，城乡二元养老结构特点突出。其二，在居住方式方面：农村老年人在直系家庭、核心家庭、单人户三种类型家庭生活的比例，分别为 60.29%、20.49% 和 14.78%；城市则分别为 49.28%、26.81% 和 20.06%。这表明，农村多数老年人和一个已婚子女共同生活，城市也有近 50% 的老年人与一个已婚子女居住在一起。不过，老年人特别是城镇老年人空巢和独住的增加，也有子女不在同地工作增多的原因。其三，在老年人生活料理方面：多数 80 岁以下低龄老人，生活起居基本能够自理。如果有健全的社区配套服务，他们基本上能够独自生活，不依赖子女照料的时间还会更长一些。受访者中，父母在 65 岁以上去世者占 50% 以上，多数没有给子代带来很大的照料压力。在当今社会转型加速进行时代，提高老年人生存水平和生活质量，打造跨越"中等收入陷阱"的养老社会保障平台，应大力推进改革。一是适应转型社会需要，推进城乡一体化养老保障体系改革，在城乡二元户籍制度改革上应有新的突破。二是对独生子女父母的养老安排和社会服务需求予以充分关注，政府应建立针对独生子女老年父母的专项基金予以补贴，独生子女父母和计划内生育子女父母奖励扶助政策应全覆盖，水平也应提高。三是谋求建立政府、社会、家庭和个人均应有所贡献和承担的多元养老保障和服务制度。四是从制度上保障老年人的权益，维护老年人的财产、丧偶后再婚以及平等参与经济和社会活动的权益。

第六篇，人口老龄化与养老保障。目前，"碎片化"社会保障体制和机制不适应人口老龄化发展需要，也不利于为顺利度过"中等收入陷阱"打造安全平台。建立积极发展社会供养、继续提倡子女供养、适当组织老年劳动自养，实行"三养"结合互相补充的养老保障体系是切合实际的选择。然而随着市场经济改革的深入，人们价值取向的改变，社会供养入不敷出，子女供养危机四伏，需要探索同市场经济相适应的改革。从养老金筹措视角，提出在社会统筹加个人账户框架下，解决"统账"矛盾"三步走"改革：第一步，严格个人账户监管机制，确保不被侵占，寻求法律保护。第二步，运用多种渠道，填补养老金空账，适当提高国家财政划拨和国有银行、上市公司等的划拨力度。第三步，延长养老金缴费年限。目前缴费15年后达到退休年龄即可按时领取养老金，缴费时间太短，应建立合理延长缴费和推迟领取养老金制度。从养老金保值增值视角，提出三项具体政策建议：一为免征养老金储蓄税、投资免征利息税、投资税；二为定向债券发售政策。国家财政按比例发售养老金债券，利息略高于同期国库券。三为物价补贴政策。对社会基本养老保险基金、全国社会保障基金等，按当年CPI指数给予财政补贴。从养老金支出视角，提出要精算和预测退休人口和退休金的增长，建立必要的机制和制度。通过改革，实现"保基本、广覆盖、有弹性、可持续"养老保障目标。

本篇还增加日本老年护理保险、美国老年护理保险、欧洲居家护理政策改革等内容，介绍了这些国家养老护理保险成功的经验，某些做法效益不高的教训。提出立法制度化，使老年护理在法制框架内运行；精心培训护理队伍，保证护理的高质量；同家庭签订护理协议，明确双方的责任；以及养老服务机构多元化，集市场化运作、社会组织参与、家庭积极配合于一体，使老年护理水平不断提高。提出从实际出发，吸取国际社会成功经验的政策建议。

第七篇，中国20省区市农民养老经济条件及养老状况调查。在农村人口占很大比重且老龄化日渐加剧的背景下，中国从2009年9月开始新型农村社会养老保险试点，现正大面积铺开。为了解农民养老经济条件及新农保实施的实际状况，辽宁大学人口课题组对辽宁省、北京市、内蒙古自治区等20个省区市的农民家庭进行了抽样入户问卷调查，获得比较完整的数据并进行了整理分析。这对于完善农村养老保险体系和提高社会保障水平、扩大内需与拉动农村居民消费，以及刺激经济增长与跨越"中等收入陷阱"，很有意义和实证参考价值。调查报告分为五部分：一是农民的基本状况，包括性别与年龄、受教育程度、健康与婚姻、家庭人口结构等状况。二是农民就业及流动状况，包括经济活动类型、土地生产时间及承包、农民外出务工、农民工社会保障等状况。三是农民家庭收入与消费状况，包括农民家庭总体状况、农民家庭收入与消费等状况。四是农民家庭老年人口供养状况，包括农民家庭供养老年人口数、农村老年人口生活费用及来源、农村老年人口医疗费用及来源、农民家庭养老的意愿与态度等状况。五是新型农村社会养老保险的实施状况，包括新农保参保比例及意愿、新农保政策认知、新农保个人账户参保缴费、新农保个人账户财政补贴、新农保政策满意度与信任度、农民对新农保实施的意见和建议等。

田雪原

2013 年元月　于文星阁

《中国民族人口》序言

　　中国是一个多民族的国家，除汉族外，还有 55 个少数民族。然而，这 55 个少数民族是 1982 年第三次全国人口普查数据汇总后公布的，在此之前则有一段历史的演变过程。1953 年第一次人口普查显示，全国除汉族外有 41 个少数民族，还有 1072642 人属于"其他少数民族"。1964 年第二次人口普查，登记民族人口有 183 种，除将其中 74 种并入中央已识定的 54 种民族外，列为其他少数民族的则有 23 种，因无法识别列为"民族不详"的 32 种。① 不过"三普"以后，则一直认定中国共有 56 个民族，即汉族和 55 个少数民族。

　　众所周知，中国自 20 世纪 80 年代以来，国家实行大力控制人口增长、切实加强计划生育基本国策，生育率以比较快的速度下降到更替水平以下，实现了由高出生、低死亡、高增长向着低出生、低死亡、低增长的过渡，进入后人口转变时期。但是中国的生育政策对汉族和少数民族要求有所不同，少数民族中人数较多和人数较少的民族要求又有所不同。总的情况是：对汉族的要求要严于少数民族，少数民族中对人数较多的民族要求相对要严一些，对人数较少的民族要求相对要宽一些。这就在总体上，形成少数民族人口增长快于汉族，少数民族人口占总人口的比例不断上升的局面。以数据资料相对完整和可靠性更高一些的六次人口普查作为时间节点，少数民族人口由 1953 年 3532 万增长到 1964 年 4002 万、1982 年 6730 万、1990 年 9120 万、2000 年 10643 万、2010 年 11379 万。占总人口的比例，六次人口普查相应年份分别为 6.06%、5.76%、6.68%、8.04%、8.41%、8.49%。这里，有一个情况需要诠释一下：1964 年第二次普查少数民族人口占比下降

---

① 　参见《中华人民共和国 1953 年人口调查统计汇编》第 3 页，国家统计局人口统计司翻印，1986 年 9 月；《中华人民共和国第二次人口普查统计数字汇编》"说明"，国家统计局人口统计司翻印，1986 年 9 月。

0.3 个百分点，是否少数民族人口数量减少了呢？不是的，上述数据显示"二普"比"一普"增加 470 万。那么为什么占比下降了呢？纯属是统计归类造成的，主要是将多种少数民族并入已识别民族和"民族不详"项目中去，从而拉低了少数民族人口占比。从总体上观察，新中国成立 60 多年来少数民族人口增速要快于汉族许多。1953 与 2010 年两次人口普查比较，汉族人口增长 1.24 倍，年平均增长 1.42%；少数民族人口增长 2.22 倍，年平均增长 2.07%，高出汉族 0.65 个百分点。[1]

六次人口普查提供的少数民族人口健康素质、教育素质、年龄结构、城乡结构、婚姻和家庭变动等的数据资料表明，少数民族人口素质提高显著，有些少数民族特别是人数较多少数民族随着出生率的下降，人口年龄结构已步入成年型，有的甚至已迈进老年型门槛。少数民族聚居地区一般城市化水平较低，但是就城市化速度而言，一些地区也推进较快，人口城乡结构发生历史性改变。少数民族婚姻和家庭有着各自的传统，今天多数仍旧保留下来；然而受到市场经济体制改革大潮影响，也受到政治、文化、社会变革等的影响，某些观念、传统、风俗、习惯等也在悄然发生变化；包括汉族在内的民族之间的沟通、理解、交往、融合呈现增强的趋势。随着西部开发、中部崛起、东北振兴发展战略的推进和深入，东部支援西部发展力度的加大，汉族和少数民族之间经济、政治、科技、文化、社会交流的加强，一个各民族大团结、大发展、大繁荣的局面正在形成。而要实现这样的民族大发展、大繁荣，一项基础性工作是开展少数民族人口研究，弄清进入 21 世纪 10 多年以后，少数民族人口数量、质量、结构以及与资源、环境、经济、社会发展现状、问题、未来发展趋势与决策选择，提供具有一定理论意义和实证研究价值的科研成果。

有鉴于此，2013 年国家社科基金人口学科指南设立"中国少数民族人口与发展研究"重点课题，经过评审马正亮教授获得主持该项目研究。马教授和课题组成员，经过二年多深入西北、西南等少数民族人口聚集地区进行调查研究，积累了大量的第一手调查资料；同时联系国际社会信息化、经济全球化、第三次工业革命发展趋势；联系我国全面建设小康社会，21 世纪中叶达到一般发达国家水平发展目标；尤其注重同当前经济稳增长、转方式、调结构、促改革结合起来，同人口发展战略"三步走"进入第二步重

---

[1] 《中国统计年鉴 2012》，中国统计出版社，2012，第 105 页。

点转移结合起来，探讨在全国步入后人口转变形势下少数民族人口特征，开展理论与实践相结合的研究，取得新的研究成果。这一成果不仅进一步推动了少数民族人口科学研究，丰富了我国少数民族人口科学研究成果文库；而且对少数民族地区的社会经济发展，实施人口与资源、环境、经济、社会可持续发展战略，有着现实的实证研究价值。承前启后、继往开来，我国少数民族人口研究相对比较薄弱，近年来取得不少研究成果，包括分民族人口研究的系统成果。这在一个多民族的国家，少数民族人口研究是宏观人口科学研究不可或缺的重要方面，也是研究少数民族聚居地区社会经济发展不容舍弃的重要组成部分，应当继续加强相应的科学研究，不断推出创新性研究成果。

田雪原　于文星阁
2015 年元月

《大国之难》前言

改革开放初期，一般将人口多、底子薄、生产力不发达，概括为中国基本国情的主要特点。而中国作为当今世界第一人口大国，人口多具有基础性质，人口研究和人口问题解决怎样，自然受到国内外的广泛关注。本书《大国之难——当代中国的人口问题》，列入 20 世纪 90 年代后期《中国问题报告》系列出版。出版后，遂引起较大社会反响。出版社在两年内连续出了两版，多家新闻媒体做过报道，2000 年日本新曜社全文翻译出版日文版。前不久，中国社会科学出版社决定将此书再行出版，并提议最好写一篇新"前言"。想一想，一本学术专著作再版本无更多话语可说；不过现在距离第一次出版已有 16 年之久，也应该做出一些说明，以使读者阅读时心中更为明晰，更容易同当前的实际联系起来。如此，做以下两点说明。

第一，该书重新出版，完全忠实于原著，未做任何修改。本来一本学术著作再版，可以做出修改；但是笔者以为，还是以原著原原本本为准出版为好。这样可以使读者看到当年作者对中国人口问题的分析、所持的基本观点、历史的阐述和未来的预测，以及当时所做研究的针对性、科学性和预见性是怎样的。这样做既给读者留出足够的思考空间，思考这是那个时候的人口观和做出的研究；又给作者本人以反思的脚本，反思 16 年来实践与当年研究结果的异同，推动做出与时俱进的研究。

第二，作者在其后的研究中，新近取得的成果与该书基本要义是一脉相承的。也就是说，笔者新的研究成果，如专著《中国人口政策 60 年》、《21世纪中国人口发展战略研究》（第一作者，合著）、《人口老龄化与"中等收入陷阱"》（主编），论文《21 世纪中国发展：关注来自老龄化的影响》、《消费主导型经济与人口结构调整》、《依靠改革推动城市化转型升级》等，可视为《大国之难》一书理论和观点的延伸和发展。列举二例说明，过去和现在的研究既有联系又有区别，好比江河之水，后浪推前浪不间断地向前涌进。

例一，中国人口问题和人口政策研究。《大国之难》开宗明义，指出中国高速开来的人口列车，属于人口和劳动力过剩、人口压迫生产力性质一类人口问题；具有人口基数大、年龄构成轻和增长势能较强特点；选择控制人口数量、提高人口素质、调整人口结构相结合，当前以数量控制为主的战略；大力提倡一对夫妇生育一个孩子，是一段时间内需要坚持的人口生育政策。这一政策实施的结果，导致 20 世纪 90 年代后期生育率下降到更替水平以下，世纪之交人口年龄结构步入老年型并以比较快的速度推进，劳动年龄人口占比由升转降，人口城乡结构发生城镇占比超过农村历史性转变等。所有这一切表明，人口增长势能已经减弱许多，人口发展战略和生育政策也必须随着转变。提出并论证了"三步走"人口发展战略：第一步实行人口数量控制、素质提高、结构调整"控制""提高""调整"相结合，当前以"控制"为重点的战略。第二步由以"控制"为重点转变到"控制"与"提高"、"调整"并重，同时注意到人口与资源、环境、经济、社会相协调的可持续发展战略，时间至 2030 年前后人口零增长为止。第三步转变到"提高"和"调整"为主，以人口与资源、环境、经济、社会可持续发展为目标，实现全方位适度人口战略。所谓全方位适度人口，以人口数量控制、素质提高、结构调整的最佳结合，人口与可持续发展最终目标的实现为宗旨。可见，《大国之难》主要论述的是第一步的人口发展战略目标、趋势、图像和政策选择，涉及第二步、第三步发展战略篇幅有限；不过还是不同程度地提到了，以体现昨天、今天、明天三者之间必然的联系。

例二，人口城市化方针、速度和决策选择。《大国之难》在阐述世界和中国人口城市化趋势以后，着重分析中国人口城市化经历的曲折历程、当前的状况和存在的问题、争论的"热点"和治本的方略。当时我国城镇人口占比越过 35% 不久，即刚刚脱离城市化第一阶段 S 曲线底部，进入第二阶段 S 曲线挺起中部，表明城市化已经驶入"快车道"，将迎来新的发展机遇。16 年来尤其是进入 21 世纪以来的实践说明，速度比原来的预测还要快一些，而且出现新的特点和问题。因此，笔者在《大国之难》基础上，着重做出带有延伸性质的阐发。

其一，中国人口城市化三次历史性转变和政策抉择。①城市化在结束 20 世纪六七十年代的 20 年徘徊以后，改革开放注入新的生机和活力，开始驶入"快车道"，进入 21 世纪以来则成加速推进态势。应对的决策选择，主要应把握好加快的速度和节奏，使其与信息化、工业化、农业现代化相协调。②按照城市化三阶段理论发展模式，我国 20 世纪 90 年代后期步入以大城市为主导的第二阶段，理应摆脱以小城镇为主的传统思维，实施"以大为主、以大带小"的方针，将提高城市化质量放在首位。③过去讲城镇化主要从城镇自身发展考虑，很少顾及到农村、农业和农民。新型城市化一个显著的特点，是要兼顾"三农"问题的解决，实施统筹城乡发展的城市化。

其二，城镇化还是城市化。二者仅一字之差，但是涵义却相去甚远。在联合国人口委员会编著的《人口学词典》中，urbanization 翻译为城市化，指居住在城市地区的人口比例的增长；镇（town）即小城市，在城市化范畴之内，不能译为城市（city）+镇（town）化。在汉语中，"城市"是复合词："城"原指都邑四周为防御而建的城垣，"市"指集中做买卖进行交易的场所，《易·系辞下》中说：日中而市，市罢即自行散去，当初并没有全日制的市场。城市指都邑经常做买卖的地方，是经济发展到一定阶段城与市相结合的产物。因此，城与市不可分割，城是地理意义上的界定，市是城的经济实体，二者相互促进、共同发展。在当代，除个别政治、文化、军事等的需要外，城市主要是工业化扩张和升级的结果，是信息化、工业化的产物。城镇化属"中国制造"或"中国创造"，最早出现在 1984 年世界银行对中国经济考察的背景材料《城镇化：国际经验和中国的前景》一书中。客观地说，将近 30 年强调"以小为主"的城镇化，发挥了应有的作用，输送过相当的正能量，可谓功不可没；然而一是城镇化不是一个规范的概念，城镇化＝城市＋小城市化，有概念部分外延重叠化之嫌。二是在中国 2012 年城市化率达到 52.6%，事实上早已过渡到以大城市为主导的第二阶段情况下，回过头来再走"以小为主"的城镇化道路，实与城市化阶段性发展规律背道而驰。

其三，去城市化虚张。中国城市化曾经受到国际社会高度赞扬，有人称之为可同 21 世纪美国高科技相媲美的两项最伟大的成就之一。然而近年来的事态发展却令人担忧，主要是出现了一系列的城镇化虚张现象。规模虚张，漫无边际地摊大饼式扩张；速度虚张，进入 21 世纪以来城镇化呈加速度推进态势；人口虚张，城镇人口中包含着占比过高的农业人口；最主要的是土地虚张——为了实现以城镇化拉动经济增长，一些地方政府和部门、企业大肆征用土地，房地产商购买土地和开发建设、再以高价出售商品房，如此形成一条以土地为轴心的产业链。即政府的土地财政，成为支撑政府运转的一根财政金融支柱。治理城市化虚张，首先必须从源头上弄清城市化发展的客观规律，在当代是工业化以及相关的信息化、农业现代化发展的结果。因而要坚持以市兴城，杜绝先城后市或有城无市、为了城镇化而城镇化现象发生。其次要进行体制改革，改革政府土地财政制度，加强财政和金融监管。再次要引进市场体制机制，明晰土地所有权、经营权、使用权，政府应从土地交易中淡出，回归制订规划、严格监督、加强管理功能本位，实现由运动员兼裁判员向纯裁判员的角色转换。

举出上述二例，不是要表明继《大国之难》后，作者又做了哪些研究和取得怎样的进展；而是意在说明以前的研究、理出的脉络和得出的结论，同16年来的实践是否吻合，能否和怎样同实践结合起来、融合起来，以推动未来研究的深入。实践是检验真理的唯一标准。目前中国仍作为世界第一人口大国的发展中国家，人口状况和未来变动发展趋势怎样，人口问题解决得怎样，其对经济发展、社会进步、生态建设的重要意义毋需多加赘述；不过需要注意的是，经过30多年大力控制人口增长，已在后人口转变路上走过10多年，情况正在发生变化。一方面，人口发展战略第二步尚未完成，需要兼顾人口数量控制、素质提高、结构调整，还要注意人口与可持续发展；另一方面，随着后人口转变的推进，人口年龄结构老龄化、劳动力供给越过峰值、人口城市化虚张、出生性别比居高不下等相继浮出水面，并且有不断加深的趋势。这种趋势对社会经济发展的影响逐渐强化并显性化，更具有边缘、交叉、综合性特点。这无疑又是新条件下机遇与挑战并存的一对矛盾，需要采取兴利却弊、未雨绸缪的方略。这是新的《大国之难》，需要我们做出更符合实际、创新性更强新的研究。

田雪原　于文星阁
2013 年 6 月

《大国之路——21 世纪中国人口与发展宏观》绪论

　　1996 年，全国少工委和中央电视台策划摄制 14 集电视片《科教兴国》。最后一集从全国 60 多万青少年《写给未来的一封信》中，选出 10 篇优秀作品，在中国科技会堂举行颁奖仪式。同时邀请与来信相关领域的 10 位自然科学家和社会科学家，分别对 10 封来信做出点评，并发表相应的简短演讲。10 封来信和专家的演讲稿，均以 2050 年为"未来"设定的标准时点，描绘在即将到来的半个世纪内相关领域、相关事物变动和发展的趋势、图像、特征，以及怎样为实现这样的梦想而奋斗、做出应有的贡献。据悉，这 10 封来信和专家的演讲稿，均封存在中央电视塔内，要到 2050 年才能启封，看一看来信和专家的预言在多大的程度上应验了。记得我的简单演讲是这样开头的："迄今为止，中国仍是世界第一人口大国。但是根据预测，21 世纪中叶印度人口将超过中国。我们将心安理得地将第一人口大国这把交椅让将出去"。为什么讲"心安理得"地让将出去呢？因为控制人口增长、实现人口零增长和一定程度的负增长，是"三步走"人口发展战略人口数量控制的目标，全面解决中国人口问题、通往中华民族伟大复兴必由之路的一个时间节点，"让出去"是战略顺利推进的重要标识。

　　中国是一个大国，这是毋须回避也是无法回避的事实。大与小、多与少、高与低都是相比较而言，是相对的、不是绝对的。然而比较也只能是同质类事物比较，不能拿老虎与汽车、轮船比较，而只能与大象、马、牛等动物作比较。不附加任何条件、作为总体的国家，大小比较以什么为标准？那就要看国家的规模和构成了。构成国家规模的要素很多，综合起来不外乎人、财、物三大类。人，指人口的数量、素质和结构，一般以数量多少进行比较为主；财，指物质财富，一般以产量和产值多少作比较；物，指在一个国家领土、领海范围内，自然资源禀赋多少而论。按照这样的界定，2015

年中国人口数量达到 137462 万（未包括香港、澳门特别行政区和台湾省人口，以及海外华侨人口，下同），占世界 730219 万 18.8%，居各国首位。国土面积 960 万平方公里，占世界 13429.0 万平方公里 7.2%，排在世界第四位；还有约 400 万平方公里的海洋面积，也是海洋大国之一。自然资源比较丰富，总量也排在世界第 4～5 位。国土面积最大者为俄罗斯，1709.8 万平方公里，占世界 12.7%；其次为加拿大 998.5 万平方公里，占世界 7.4%；再次为美国 983.2 万平方公里，占世界 7.3%。2014 年国内生产总值，世界达到 778688 亿美元，美国 174190 亿美元，占 22.4%；中国 103601 亿美元，占 13.3%；日本 46015 亿美元，占 5.9%。[①] 与 2013 年比较，中国 GDP 占比提升 1.0 个百分点，与占第一位美国的差距进一步缩小，与占第二位日本的差距进一步拉大。可见，在当今世界人、财、物排序中，中国分别占据第一、第二、第 4～5 的位置，与大国脱不了干系，是名副其实发展中的大国。面对这样的现实，就要用大国思维统理国是，总揽国家经济、政治、科技、文化、人口、资源、环境、国防、外交等的发展战略、策略、方针和政策。

这样说，绝不是要抬高自己，更不等于盲目自高自大。相反，是要认识大中有小、大国有大国的难处和应负的责任。名著《红楼梦》有一句很有哲理的话："大有大的难处"。不是吗？我国自然资源比较丰富，然而耕地、淡水等资源不足，铁、铜、石油等矿产资源和能源资源匮乏；改革开放以来经济发展神速，但是产品质量不够高、发展方式粗放、产业结构落后，特别是资源短缺加剧、环境污染逼近上限等问题，困扰着继续向前发展的步伐。经济增长达到前所未有过的规模，然而用目前 137462 万人口去除，许多资源、经济产值和产量的人均占有量，一下子由名列世界前茅跌到名落孙山。因此，我们要用动态眼光，去看待大国发展和发展中人、财、物的变动。在社会经济发展中，物——在发展中演化为自然资本，财——演化为产出资本（生产资本），人——演化为人力资本，我们要与时俱进地掌控各种资本演化的方向、速率、结果和效果，统筹人、财、物的协调发展和可持续发展。

众所周知，经济时代的划分不是依据生产什么，而是依据怎样生产、用什么样的工具进行生产。按此标准划分，笔者以为，迄今为止 400 多万年的人类社会发展史，可粗略地划分为手工工具、机器工具和智力工具三个大的

---

① 《中国统计年鉴 2015》，中国统计出版社，2015，第 964 页。

时代。重要的一点在于：不同经济时代主流生产工具的性质，是截然不同的。在包括原始、奴隶、封建社会在内的手工工具时代，社会经济发展格外垂青于自然资本，人力资本主要体现在劳动力的数量上。因而古代和中世纪文明多出现在土地比较肥沃、雨量比较充足、气候比较温和、水陆交通比较便捷的地方。两河流域古美索不达米亚、尼罗河流域古埃及、恒河流域古印度、黄河流域古中国，以及古希腊"五大文明摇篮"就是典型。中世纪塞尔柱帝国、俄罗斯帝国、法兰西帝国等兴旺起来，也颇得益于自然资本比较优越。然而同世间各种事物一样，一切都在不停顿地变化着、发展着，大国格局也如此。工业革命以来，世界大国格局发生的重大变动，主要有两次。

第一次重大格局变动，发生在产业革命以后。表现为工业化国家将古代文明较早的一些大国抛在后面，甚至把它们变成了被掠夺、压迫、瓜分的对象，变成殖民地、半殖民地贫弱国家。18世纪60年代产业革命兴起，纺纱机取代手摇纺车、蒸汽机取代手推磨，社会经济发展转向主要依靠产出资本或生产资本，大国也转向那些率先进入工业化的国家。英国、法国、西班牙、葡萄牙、荷兰等成为引领发展潮流的工业化国家，拥有大量的殖民地，大不列颠英联邦甚至号称"日不落国"，自然大国的名号也挂在了他们的头上。

第二次重大格局变动，发生在第二次世界大战结束以后。这有着政治、科学技术等的背景。在政治方面，"作用力与反作用力相等"是存在于自然界和人类社会的普遍规律。第二次世界大战后，反殖民主义运动风起云涌，殖民地半殖民地人民奋起反抗，纷纷宣告独立，涌现出规模颇大的一些发展中国家。这使得原来依靠殖民地膨胀起来的"大国"受到莫大的打击，逐渐回归到应有的位置，"日不落国"等已不复存在。在科学技术方面，以微电子技术为前导，包括新材料、新能源、宇航技术、海洋技术、生物工程等的新技术革命，当前进展到以生命科学为主导学科，包括基因工程、克隆技术等新的阶段，极大地改变着人们的生产、生活、思维和行为方式。在这样的背景下，自然资本、产出资本、人力资本、社会资本重新洗牌，世界大国格局发生新的变化。一是传统工业化国家向后工业化转变，转变后形成新的后工业化国家，成为新的发达经济体；二是发展中国家新兴经济体脱颖而出，迅速成为具有举足轻重作用的国家。在这种情况下，世界大国格局发生重大变化。中国作为最大的发展中国家、新兴经济体最具代表性国家，发展同样离不开世界发展的潮流和格局变动趋势。发展之路需要顺应世界大国格局变动新的态势和潮流，从中汲取正反两方面的经验。

外因是变化的条件，内因是变化的依据。中国发展的"大国之路"，必须立足中国实际，从人、财、物发展要素变动的实际出发。众所周知，勤劳勇敢的中华民族曾经创造过光辉灿烂的人类文明，中国是世人公认的文明古国之一。到了清朝"乾隆盛世"前后，据估计，中国财富总量占到全球 1/3 左右，其他国家难以望其项背。然而鸦片战争炸开闭关锁国的大门，一步步沦为半殖民地半封建社会，从大国宝座上跌落下来，并且一跌就是一百多年，变成穷困落后、倍受欺凌的贫弱国家。革命志士前仆后继、英勇不屈奋起反抗，对内推翻满清政府腐败统治，对外驱逐帝国主义列强侵略，1949年中华人民共和国从东方地平线上升起，宣告饱受欺凌和压迫的旧中国的结束和新中国大国发展之路的开始。然而这条新的大国发展之路并不平坦，特别是前 30 年在高度集中统一计划经济体制下，社会经济发展大起大落，最后走到几近崩溃的边缘。改革开放 30 多年来取得令世人瞩目的成绩，中国作为世界数一数二的大国形象已经树立起来，挽回了 1840 年以来 100 多年失去的尊严。然而未来大国之路如何走，仍然是摆在近 14 亿国民面前的一个问题、一道难题。是需要集中全民族的智慧，吸取人类进步文明的精华，并且要由实践做出回答的问题。

之所以说是一道难题，因为它面对的是当今世界人口最多、疆域辽阔、经济体量庞大，涉及面包括生产力和生产关系、上层建筑和经济基础、国内和国际关系各个领域和各个层面，需要拿出一套总揽全局的大国发展战略、策略和行动计划。而这个战略、策略和行动计划的科学制定，必须建立在对最基本、最朴素问题的清醒认识、透彻分析、明确回答的基础之上。

第一，要什么。即发展的目的和目标是什么。我们的目的是要实现全体人民的共同富裕，目标是共产主义。然而共产主义是什么样子？现实生活中还找不到一个样板，有时还常常被假冒者篡改。但是我们知道要建立一个集物质文明、精神文明、生态文明于一体的社会，则是没有疑义的。"三个文明"当是我们所要的具体发展目标。

第二，有什么。"三个文明"不能依靠别人赐予，只能建立在现有发展水平基础之上，因而必须清楚我们"有什么"，才能扬我所长、避己之短。不过，这个"有什么"不限于人、财、物之物质方面，还应包括上层建筑和意识形态精神层面，归结到人口、经济、社会、资源、环境不同层面。

第三，缺什么。只有清楚"缺什么"，才能采取相应的方略填补。同样，这个"缺什么"，也不能单纯就人、财、物之物质层面而论，还应包括政治、科技、思想、意识、观念、制度以及生态环境等层面存在的缺陷和不足，以明确改进、改革的方向和重点。

第四，用什么。即采取什么样的战略、策略、方针、政策和具体的行动计划，去发挥长板的比较优势，补上制约发展的短板。通过改革开放、扬长补短式发展，打造集物质文明、精神文明、生态文明于一体的现代文明大国。

从中国实际出发，人口在上述"四个什么"中占有举足轻重的位置。立足以人为本宗旨，"要什么"离不开人民群众对物质文明、精神文明、生态文明的向往，归根结底是为了满足全体人民对美好生活的需要。"有什么"，前已叙及，中国自然资源比较丰富，当下已发展为全球第二大经济体；但是最为富有的，还是人口和人力资源，是名副其实的人口大国和人力资源大国。因此，人口和人力资源在大国发展中占有特殊重要的地位，与本书冠名《大国之路——21世纪中国人口与发展宏观》相契合。"缺什么"，中国自然资源存在相对短缺和一定程度的绝对短缺。第二大经济体总体上大而不强，环境污染逼近上限，"四个全面"战略布局在很大程度上针对短板和如何补短；即使是人口这块长板，数量、素质、结构本身和三者之间均存在短板，与资源、环境、经济、社会发展存在一定的矛盾，需要寻求协调推进、可持续的发展方略。"用什么"，就是采取什么样的体制机制，运用什么样的战略、策略，进行扬长补短，促进科学发展和可持续发展。需要看到，人口元素在长板和短板上均有所体现。不过2010年以前人口年龄结构变动"黄金时代"前期，提供不断增加的人口盈利、人口红利，人口对发展的长板作用十分抢眼；后期越过刘易斯拐点以来，人口盈利、人口红利呈衰减态势，短板作用逐渐显现。对于人口变动和发展说来，"用什么"同样牵涉到国家发展战略、政策和行动计划，牵涉到社会各个阶层人口。核心是要统一到以人为本宗旨上来，走出人口与资源、环境相协调，与经济、社会发展相适应的可持续发展的大国之路、强国之路。

知难而进，是中华民族自立于世界民族之林经久不衰的传统法宝。只要坚持正确的发展方向、保持持之以恒的发展定力、进行与时俱进的改革，就一定能够走出一条中华民族伟大复兴的大国发展之路。1997年拙著《大国之难——当代中国的人口问题》，从人口入手并联系人口与社会经济发展，做出另辟蹊径的阐释。该书由今日中国出版社出版，一年以后再版；2000

年日本将其全文翻译成日文，由〔日〕新曜社出版并公开发行；三年前中国社会科学出版社将其列入《社科学术文库》推出新的版本，排序应为中文第三版。一本学术著作为何受到国内外如此多的关注？笔者以为，主要是该书抓住了大国人、财、物"三要素"中的人口要素——中国占据世界第一的要素——进行阐发。当然也有一些作者的独立见解，为读者提供某些可能有价值的分析、考证和研究。不过作为该书作者，一直有一个想法多年未曾放下。即尽管在此书出版之后又发表了论文百余篇和几部专著，对《大国之难》提出的问题做出进一步的阐述；但是总觉得有些零散，不构成一个体系。希望有朝一日总结一下近一二十年的实践，结合国际社会信息化、经济全球化，国内全面建设小康社会、本世纪中叶达到中等发达国家水平发展目标，对中国人口问题尤其是人口与社会经济发展问题解决得怎样，进行一番梳理，从一个方面推出支撑大国发展之路的新作。机会来了。进入 21 世纪特别是 2010 年劳动年龄人口越过刘易斯拐点以后，经济增速随之应声下行，GDP 增长率从 2010 年 10.4%，接连下行到 2015 年 6.9%，使多年来考虑的人口与社会经济发展之间的若干关系问题，诸如人口数量变动与消费、劳动年龄人口变动与就业、人口素质与科教兴国战略、后人口转变与经济发展方式、人口城市化与产业结构调整、人口老龄化与养老保障改革、人口流动与生产力布局、人口与资源环境可持续发展等，变得豁然开朗、日益清晰起来，做出深入一些的探讨也就有了条件和可能。如能将这些问题讨论清楚，做出实事求是的研判，找出符合客观发展规律的解决之道，即可从一个方面开启 21 世纪通向中华民族伟大复兴大国之路中一条比较顺畅的车道。这是本书的宗旨，也是本人终生研究最大的志愿。

本书除绪论外，共分为 8 个部分。分别导读如下。

一、人口由增到减变动趋势——走绿色消费适度增长之路。研究人口与经济之间的关系，变动和发展是否协调，总体人口与消费最具宏观意义。总体人口变动，20 世纪与 21 世纪比较，最突出的一点是高速开来的人口列车出现减速趋势。20 世纪世界人口由 16.5 亿增加到 61.15 亿，年平均增长 1.32%。2015 年世界人口增长到 73.02 亿，2000～2015 年人口年平均增长率下降到 1.19%；如以联合国中位预测 2100 年增长到 94.59 亿计算，则 21 世纪世界人口年平均增长率为 0.44%，比 20 世纪降低 0.88 个百分点。[①] 中

---

① 参见 United Nations：*World Population Prospects*，*The 2008 Revision*，New York，2009，p. 48。

国与世界人口变动趋势比较，有相近之处，也有不同之点。以 1949 年新中国成立以来的情况而论，全国人口由 54167 万增长到 2000 年 126743 万，年平均增长率为 1.68%。进入 21 世纪以后，2015 年全国人口增长到 137462 万，年平均增长率下降到 0.54%。较 20 世纪后半叶，降低 1.14 个百分点。中位预测显示，2030 年全国人口增长到 146544 万左右即可实现零增长，如此 2000～2030 年人口年平均增长率仅为 0.29%。[①] 2030 年以后转为负增长，总体人口将出现一定程度减少趋势。

与人口增长趋势放缓相伴，进入 21 世纪以后，世界和中国都出现不同程度的消费疲弱态势。由于 20 世纪末亚洲金融危机、2007～2008 年美国次贷危机相继爆发，欧洲债务危机等接踵而至，世界性金融危机和经济危机也在消费疲软上面表现出来。一些学者和社会人士，力图从传统消费函数理论——消费是利息的函数；凯恩斯（John Maynard Keynes）宏观消费函数理论——资本需求取决于人口变动、生活水平、资本技术三要素；库兹涅茨（Simon Smith Kuznets）、弗里德曼（Milton Friedman）联系消费预期、消费偏好的消费需求理论，做出包括少子高龄化等在内形成原因的阐释，人们还难以取得普遍的共识。我国在改革开放初期的理论拨乱反正中，曾经触及到以往重生产、轻消费的错误理念和带来的后果，在实践中也有所纠正。但是纠正不彻底，一有时机又卷土重来，步入 21 世纪以后消费率持续走低就是一例证。统计数据显示，改革开放前期（1978～2000），消费率处于正常较高状态，年平均消费率为 62.82%。其中低于 60.0% 消费率仅有 6 个年份，其余 17 年均在 60.0% 以上，最高 1981～1985 年平均为 66.36%。改革开放后期以进入 21 世纪以来为例，除 2001、2002 年达到 62.0%、61.0% 外，其余均下降到 60.0% 以下。2008、2010 年更下降到 50.0% 以下，年平均消费率下降到 52.26%。与此相对应，投资率却一升再升，2000 与 2014 年比较，消费率由 63.7% 下降到 51.4%，下降 12.3 个百分点；投资率却由 33.9% 上升到 45.9%，上升 12.0 个百分点。[②] 为什么会出现消费率持续下降、消费持续疲软，怎样纠正和进行改革呢？笔者的建议如下。

一要改革和解决"买不起"问题。"买不起"是消费疲软带有根本性的问题，造成的直接原因是收入水平不高和购买能力有限。1979～2014 年国

---

① 参见田雪原等：《21 世纪中国人口发展战略研究》，社会科学文献出版社，2007，第 443～444 页。

② 《中国统计年鉴 2015》，中国统计出版社，2015，第 77 页。

内生产总值年平均增长9.7%，城镇居民人均可支配收入年平均增长7.4%，农村居民人均纯收入年平均增长7.6%，分别比经济增长率落后2.3和2.1个百分点。2014年人均GDP达到46507元，折合7594美元；按照世界银行给出的划分标准，已跨进中高收入门槛，消费本应该有一个比较大的增长，实际上却下降许多。可见，"买不起"还另有隐情，分配不公、收入差距扩大是主要的原因。亦即城乡居民收入的增长率"被平均"了，"买不起"主要是占人口多数的被平均的低收入阶层。因此，改革和解决的方向和重点，一要适当提高全体居民的收入水平，提高一次分配劳动收入占比；二要改革收入分配制度，适当向低收入者倾斜，累进加大个人所得税率，更加体现公平原则。

二要改革和解决"不敢买"问题。所谓"不敢买"，是指消费者需要并且具有一定的支付能力，但是由于存在医疗、养老等后顾之忧不敢消费。改革和解决的办法，是在当前已有的社会保障体制机制基础上，从实际出发进行改革，实行城乡统一社会保障体系和相应的社会保险制度。目前，全国医疗体制改革正加速进行，养老体制改革城市机关事业单位与企业相统一、农村新农保全覆盖已经启动并进展顺利。需要在现有基础上，总结经验，向着统一、公平、可持续方向加快推进。

三要改革和解决"买不到"问题。这里的"买不到"，是指具有一定普遍性的居民消费，却很难从市场上购买到。众所周知，在市场竞争和平均利润率作用下，一般的普遍性消费很少出现短缺买不到现象；如若出现，多数情况下是体制机制出了问题。当下消费"买不到"正是如此。看病（三甲医院尤其是蜚声国内外的知名医院）难、上学（重点学校特别是名牌高校）难等，关键在医疗、教育等优质资源配置垄断上。改革和解决的重点，应放在打破这种垄断的体制机制，真正发挥市场在资源配置中的决定性作用。

二、劳动年龄人口先升后降变动趋势——走以速度换效益改革发展之路。一切以时间、地点、条件为转移。研究20世纪人口与经济发展之间的关系，往往偏重总体人口的数量变动。随着总体人口变动步入后人口转变阶段，特别是2010年越过刘易斯拐点之后，劳动年龄人口变动对社会经济发展的作用和影响越来越受到更多的关注。从理论与实践的结合上，厘清传统人口转变~后人口转变轨迹，使之与新常态经济发展相衔接、相协调。

人口学家创立了比较完整系统的人口转变理论，晚期在对低出生、低死亡、低增长研究中，继续做出阶段性深入一步的分析，已经具有某种后人口转变涵义。然而理论常常落后于实践。进入低生育水平以后的人口转变向何处去，国内外的实践提供了足够的探索空间。1991 年中国总和生育率下降到 2.1 更替水平以下，标志着后人口转变的开始。笔者提出，后人口转变是生育率下降到更替水平以下至人口零增长止的一个特定区间，可分为前后两个时期。前期除人口自然变动一般性特征外，劳动年龄人口结构变动"黄金时代"前期尤为重要，对社会经济发展作用最为显著。实践和预测显示，1991～2030 年为我国人口后人口转变时期，前期为 1991～2010 年，后期为2010～2030 年，两个时期刚好平分秋色。前期劳动年龄人口占比呈递增趋势，2010 年 15～64 岁劳动年龄人口占比增长到 74.5%峰值；后期转为递降趋势，2030 年可下降到 67.4%，走出"后黄金时代"。"黄金时代"为社会经济发展提供的机遇，主要是劳动年龄人口从而劳动力资源供给充裕，被抚养的老年和少年人口之和占比较低，社会负担较轻。即人口年龄结构变动"黄金时代"，可提供"人口盈利"或"人口红利"。以 2010 年为界，前期"人口盈利""人口红利"不断增加，后期"人口盈利""人口红利"不断衰减。"衰减"不等于"消失"，当今中国人口红利已经"消失"论，是不符合实际的。真正的"消失"，要到 2030 年以后，目前处在"衰减"过程中。

"黄金时代"后期亦可称为"后黄金时代"，此与经济新常态不期而遇。一方面不断衰减的"人口盈利""人口红利"尚存，有利于社会经济发展的机遇犹在；另一方面，"盈利"和"红利"处在不断减少之中，并在 2030年消失殆尽，转而进入"人口亏损""人口负债"期。2010 年以来中国经济步入新常态，经济增长下行压力增大，需要冷静对待。经济增速下行最大的压力，来自就业人口变动。改革开放以来经济增速与就业率之间的相关的分析表明，GDP 增加 1 个百分点可带动 130 多万人就业，城镇登记失业率可下降 0.5 个百分点左右。2014 年 GDP 增长 7.4%，城镇登记失业率为 4.09%。2015 年要控制在 4.5%以内，故 GDP 增速可有 1 个百分点下调空间。如将失业率 5.0%作为经济运行的限制线，则 GDP 增长率存在 2 个百分点的下调余地，即维持在 5.4%以上当无忧虑。跌破此警戒线，失业率上升至 5.0%以上、GDP 增长率下跌到 5.4%以下，则会加大经济运行风险并对社会稳定构成威胁，是不可取的。这一结果，与转方式、调结构，以及跨越中等收入陷阱应有的经济增速相吻合。由此得出未来经济增速的合理区间，应在中高速—中速之间。争取中高速、保住中速增长，是适当的和合理的速度诉求。

鉴于长期形成的速度偏好深入人心，在经济体量相当庞大、质量和效益不高突出情况下，有必要为经济发展速度与质量、效益的关系，做出更科学一些的研判，清除以 GDP 论英雄不良影响。不能讲速度不重要，也不是速度低一些才好；而是要从实际出发，在我国已是世界第二大经济实体、与第一大经济实体差距在不断缩小、当前经济质量和效益不高突出、不解决就不能健康发展新形势下，质量和效益已经成为矛盾的主要方面，健康、协调、可持续发展必须破解的主要难题。新常态经济不仅需要一定的发展速度，更需要经济质量和效益的不断提升。仅有发展速度和数量的增长，已经不能满足经济继续发展的需要，有时甚至事与愿违。中国经济进入新常态，为全面深化经济体制改革提供了新的机遇，从而迎来以增长速度换增长质量、增长效益经济转型升级的重要节点，应当明确提出以速度换质量和效益发展方略和策略。通过以速度换质量和效益，带动经济健康、协调、可持续发展，提高发展的含金量，推动转方式、调结构、惠民生改革。

三、人口老龄化加速推进趋势——走一体化养老保险改革之路。"后人口转变"推进的一个直接的结果，是人口老龄化一步步地加深，21 世纪是人口老龄化的世纪。中国人口老龄化具有速度比较快、达到的水平比较高和城乡、地域分布不平衡特点，以巨大的规模、独具一格的结构融入全球老龄化洪流之中。由于人口老龄化与社会经济发展之间存在一定的"时间差"，未富先老矛盾突出。据测算，按照现行养老金筹集和支付办法计算，2029年养老金支出将占到 GDP 10.0% 以上，占工资总额 29% 以上，有可能突破国际社会公认的警戒线。出路在于改革，改革现行的养老体制机制，走出一条适合我国国情、全国统一的养老保险道路。

2014 年 2 月，《国务院关于建立统一的城乡居民基本养老保险制度的意见》下发。《意见》在总结新型农村社会养老保险（新农保）和城镇居民社会养老保险（城居保）试点经验的基础上，将新农保和城居保两项制度合并实施，在全国范围内建立统一的城乡居民基本养老保险制度。按照全覆盖、保基本、有弹性、可持续的方针，以增强公平性、适应流动性、保障可持续性为重点，全面推进和不断完善覆盖全体城乡居民的基本养老保险制度。目前，建立以个人缴费为主、企业（单位）缴费为辅、全国统一的积累补充型养老保险体制体制改革已经展开。然而从实践情况看，还需要在以下一些关键环节和问题上，取得统一认识和根本性突破。

一要完善养老保障体系顶层设计。养老保障体系的构建，要在厘清养老保障、养老保险、养老体系、养老体制、养老机制等基本概念基础上，确立上、中、下三个层次的合理结构。

最上一个层次，为养老社会保障体系顶层。主要由养老社会保险、养老社会福利、养老社会救助三个子系统支撑（医疗保险、商业保险处于养老辅助地位，也包括在主体结构中）。三者之间是"主体两翼"的关系：养老社会保险是主体，具有中心、主导、辐射性质；养老社会福利和养老社会救助是补充。不过这种补充对于高龄、病、残等更为弱势老年群体说来，则是重要的和不可或缺的。

中间层次，为养老社会保险体制。主要由家庭、聚居（公共）和流动三种类型体制组成，以保障国家、企业（单位）、家庭、老年本人不同养老功能和作用的发挥。主体为家庭户养老类型，辅之以聚居类养老和流动类养老两种类型。

最下一个层次，为支撑家庭户、聚居（公共）、流动类养老三种养老类型的具体形式。主体为支撑家庭户养老的老年户型、父母子女户型、老年复合户型。从发展角度观察，聚居类养老的老年公寓型、老年医护型，流动类养老的托老所型、轮流赡养型等，有一定的发展空间。

二要打破"双二元体制"结构。打破城乡之间养老体制二元结构，新型农村养老保险改革已经基本上全覆盖，只是存在的问题还很多。更为重要的是，要提高总体养老保险水平，真正起到保基本、全覆盖、可持续的功能和作用。城市企业与事业单位养老金并轨改革也已启动，试点改革取得一定的经验。只是此项改革涉及不同所有制企业、机关、事业、个人等多方面的利益，既要使老年人口的切身利益受到应有的保护，又要使企业和机关、事业单位的负担不至于过重，改革的难度颇大。

笔者以为，按照全覆盖、保基本、有弹性、可持续方针，增强公平性、适应流动性、保证可持续性的城市养老金并轨改革，建立积累补充型养老保险体制，首先要坚持以个人缴费积累为主原则。这是改革和所要建立的新体制的基础。此与现行的城镇"社会统筹＋个人账户"体制，既有联系、又有区别。改革所要建立的新体制，强调以个人缴费积累为主，逐步实现个人账户积累与养老金给付直接挂钩。其次，要坚持企业（单位）缴费积累为辅原则。现行城镇养老保险体制企业（单位）负担较重，可以考虑适当降低一些，与目前职工个人缴费更接近一些。再次，要发挥政府与市场两种积极性。政府的主导功能和作用，是制定养老社会保险体制和实施规则、相关的法律法规、自上而下的监管体制机制，以及制定具体的实施办法等。同时要发挥市场在养老资源配置中的决定性作用，鼓励企业、社会组织、个人进行养老保险投资，兴办各种类型养老保险事业和发展养老产业，引进和建立相应的市场体制机制。

三要确保养老金保值增值。在金融市场波动较大情况下，养老金保值增值压力不断增大。出路在于改革，通过改革完善养老金监管制度，运用法律手段铲除养老金被侵占、挪用等的发生，形成从上到下层次分明、独立运行的体制机制。要适度填补养老金个人账户空账，制定一定期间内做实部分个人账户的方案，规定个人账户做实的比例、额度、资金来源、监管规则，有效地提高养老基金抗风险的能力。

四、转移农业人口市民化趋势——走城乡协同发展之路。新中国成立65 年来的城市化历程，可谓一波三折。笔者考察世界城市化水平较高国家，联系中国的实践，在传统人口城市化三阶段理论基础上，提出并论证三阶段划分标准及其与 S 曲线变动相统一的范式。第一阶段为 S 曲线底部，城市化率在 25.0% 以下；第二阶段为 S 曲线挺起中部，城市化率在 25.0% ～ 65.0%；第三阶段为 S 曲线顶部，城市化率在 65.0% 以上。这三个阶段推进、升级演变的基本特征是：第一阶段城市化率提升缓慢，推进方式以小城镇为主；第二阶段城市化驶入快车道，推进方式过渡到以大城市为主；第三阶段城市化率处于减速推进和徘徊状态，大城市中心区人口呈外迁趋势。中国人口城市化经历 1949～1960 年快速增长、1960～1980 年 20 年徘徊震荡、1980 年以来加速增长三个时期。这三个时期与三阶段范式相交叉。如以三阶段 S 曲线范式衡量，1949～1987 年为 S 曲线底部，城市化率由 10.64% 提升到 25.32%，提升 14.68 个百分点，年平均提升 0.39 个百分点。1987 年步入城市化 S 曲线中部挺直阶段，至 2015 年城市化率提升至 56.10%，比 1987 年提升 30.78 个百分点，年平均提升 1.10 个百分点。这一提升速度，为第一阶段年平均提升速度的 2.82 倍。[①]

中国城市化驶入快车道，应得着"蓄之既久，其发必速"成语，有其必然性。然而，激流勇进、大浪淘沙，进入 21 世纪以来城市化的快速推进，带来诸多严重问题。一曰城市化推进速度过快，城大市小矛盾突出。进入第二阶段以后，城市化率年平均提升超过 1.10 个百分点，已经掺杂着某种主

---

① 参见《中华人民共和国 2015 年国民经济和社会发展统计公报》，华夏经纬网，2016 年 3 月 1 日。

观人为因素，特别是将城市化作为拉动经济增长的手段，表现更为明显。如2008 年追加的 4 万亿元投资，城市化成为投资"铁公鸡（基）"第一大户，拉动经济增长最主要的杠杆。致使空城、鬼城不断涌现，虚张严重。二曰土地城市化超前，人口城市化滞后。1990～2012 年，全国城市建设用地面积由 11608 平方公里增加到 45751 平方公里，增长 2.9 倍，年平均增长 6.4%。[①] 同期城市人口由 30159 万增加到 71182 万，增长 1.36 倍，年平均增长 4.0%。相比之下，比城市建设用地面积增长率低 2.4 个百分点。使得钢铁、水泥等严重产能过剩找到"体外循环"出路，借助土地城市化超前、城市规模盲目扩张得以消化。三曰城镇规模盲目扩张，城市功能难以发挥。城市化速度过快、方式粗放和土地城市化超前，一个直接的结果，是"摊大饼"式向周边蔓延。而且，不仅"大饼"越摊越大，还越摊越厚，"垂直城市化热"持续升温；越摊越洋，北京市宣布建设世界型城市后，跟风者竟达七八十家之多，其中不乏连何谓世界型城市还不甚了了的中等城市。似此等城市化向着大、高、洋方向盲目扩张，注重的是城市的外观，容易变为彰显政绩的形象工程，失去作为区域经济中心、辐射、引导的功能，不能起到城市化应有的作用。四曰城市化资源瓶颈收紧，环境质量堪忧。以追求速度、规模为主要目标的城市化，往往重速度、轻效益，重规模、轻成本，重投入、轻产出，致使习惯性高投入、高消耗外延粗放式推进成为一种常态，使本来就很稀缺的土地、淡水、能源等自然资源变得更加稀缺，环境污染进一步加深，发展变得不可持续。

改革的思路，是沿着城乡协同发展的方向推进。这是与以牺牲农村和农民利益为代价的城市化的最大区别，也是改革和规避城市化"拉美陷阱"应有的遵循。从实际出发，一要正视当前城市化进程中自身存在的问题，纠正城大市小、城多市少，甚至有城无市弊病。"城镇化"抽象掉"城市化"中的"市"，使这一概念失去"市"这个核心内涵的支撑，是概念内涵缺位的一种误导。在外延上，则失去"市"对城镇规模、地理地缘界限的自然约束，变成可以由人的主观意志决定的东西。在实践中，将"市"从城市化中抽象掉，变成城归城、镇归镇、市归市，城、镇可以不依赖"市"而单独存在和发展，"市"亦可以不依托城镇而天马行空，这就混淆了正常的城市化与人为造城的界限。甚至出现为城镇化而城镇化，先造城镇、后兴市

---

① 《中国统计年鉴 2013》，中国统计出版社，2013，第 421 页。

"倒过来"的城镇化。

二要解决农转非过程中城乡关系出现的新问题，变进城农民为市民。这是城市化或早或迟必须解决的现实问题。越早解决，收效越大、越主动；越晚解决，收效越小，越被动。结合我国实际，避免重蹈拉美城市化陷阱覆辙的有效办法，最主要的一条是使进城务工经商的农民真正融入城市，变为同原有居民一样的新城市居民。具体建议：其一，给进城农民同市民一样的地位和权利。目前农民工进城务工经商所受限制有所减少，但是许多城市尤其是大城市和特大城市，还是设置着一道道门槛，在就业、购房、农民工子女入学等问题上设置障碍，很容易使进城务工农民被边缘化。其二，给农民工更多的居住和就业的机会。居住和劳动就业是农民工进城最基本的两大需求，解决得怎样直接关系到能否真正融入城市。也是防范城市化落入拉美陷阱的关键，提高城市化质量重要的一环。当前，由于一般农民工文化教育素质较低，没有受过专门的技术训练，一个时期以来一些城市在出现有活无人干"民工荒"同时，也出现农民工进城无活可干的尴尬局面。需要把吸纳农民工就业放在恰当位置，通过职业培训等方式，尽力多创造一些就业机会。其三，为农民工来去自由开辟绿色通道。在城市化过程中要尽量少占用耕地，为进城农民保留一段时间自家的责任田。一旦他们在城里无法生存下去，还可以打道回府，重操农田旧业，保持一定期间内的来去自由。对那些失地的农民，一要给予合理的补偿，不能采取不等价交换剥夺农民；二要安排好失地农民的就业，确保失地农民在城里有较稳定的就业岗位和收入。其四，把农民工生产生活纳入城市发展规划。促进城乡协同发展，就要将农民工在城市的劳动就业、住房建设、学校教育、文化生活、社区管理等纳入城市建设规划。政府在组织规划实施时，还应向进城农民工及其家属作必要的政策倾斜，使他们分享城市建设的成果，坚定他们融入城市政治生活、经济生活、文化生活的信心，努力提升他们成为合格的市民。其五，加强转移农民流出地的新农村建设。中国城市化的一个显著特点，是在城市化过程中不忘记农村，大力推动农业的发展和新农村建设，形成城乡相互促进、协同发展的城市化。即使如此，还是出现了不少发展不同步、不协调问题。特别是大批农民工进城，留下"三八六一九九部队"——妇女、儿童、老年人口，发生农村留守人口年龄、性别结构严重失衡问题；随着转移农业人口进入城镇不断增加，农村流出地出现大片荒芜、半荒芜的耕地，保留或集中起来的新旧宅基地，即土地"空心化"问题；农村土地流转规模如何适度，如何坚持自愿原则，监管体制如何建立等。这些问题的出现，与城市化加速推进关系密切，必须寻求改革之策。本书就一些地方的实践，提出某些建议和决策选择，纳入新农村建设统筹解决。

五、出生性别比缓慢下降趋势——走现代男女平等发展之路。1927年，美国作家 E. M. 海明威（Ernest Miller Hemingway）发表短篇小说集《没有女人的男人》。如今将近90年过去，不期小说中描写的某些情景真的出现了，亚洲男性多出女性将近1亿！中国作为当今世界第一人口大国，一个时期以来出生性别比持续升高，引起国内外各界人士的普遍关注。

国际社会一般将出生性别比称为第二性别比，因为在此之前，有生命的胎儿在母亲腹中已经形成性别，称为第一性别比。出生性别比要以活产婴儿为准计算，正常值在 105 ± 2，即 $103 \sim 107$ 之间。从历史上观察，中国出生人口性别比大致维持在正常值较高水平。新中国成立后30年，出生性别比有所下降，一些年份曾经达到或者接近105标准值。进入20世纪80年代以后情况发生变化，超出正常值上限并呈持续攀升态势，2010年上升到121.21，成为世界屈指可数的高出生性别比国家之一。此后出现微降趋势，2014年下降到115.88。[①]

出生性别比升高，主要带来两个方面的问题。一为男女性别失衡、男性过剩对婚姻、家庭的直接冲击。以1990与2010年两次人口普查比较，0~19岁人口组群性别比由107.61升高到114.84，升高7.23个基点；男性多出女性由15868099人，增加到22186941人，净增6318842人。这在婚姻家庭关系上，已经有所表现；离婚率由1990年0.6%上升到2010年1.4%，升高0.8个百分点；家庭户均人口由3.96人缩小到3.1人，减少0.86人；1人户占比由6.7%上升到14.5%，升高7.8个百分点。说明出生性别比连续升高后，剩男累进增加在婚姻和家庭上折射出的效应。二为性别比升高对经济、社会、文化等发展形成的间接冲击。主要是：对妇女权益的冲击，尤其是性侵犯对妇女生理、心理上的伤害；对社会秩序的冲击，包括对婚姻、生育、就业、教育等法律规范的侵害；对文化的冲击，主要指对性别平等文化的损害，卖淫、嫖娼等向社会输送的负能量，给精神文明建设带来的危害等。

出生性别比升高治理，必须找准升高的原因，特别是找准与人口生育政

---

① 《我国出生人口性别比六连降》，《新华每日电讯》2015年2月4日。

策的关系，才能对症下药、事半功倍。对此，长期存在正相关、部分相关、无关论根本性分歧。笔者主张从实际出发，首先要厘清——支配出生性别比升高的观念或动机是什么、这种观念或动机形成的基础是什么、具体到 20 世纪 80 年代升高的关键或条件是什么——"三个什么"及其相互关系，才能做出由浅入深、由表及里的透视，得出正确的结论。20 世纪 80 年代以来出生性别比陡然升高，属于人为选择性质，因而受人们男性偏好观念影响，是不同意见均可接受的观点。那么男性偏好怎样形成的呢？最主要的原因，当是孩子成本—效益的性别差异，男性孩子对父母的效益，尤其是传宗接代、养儿防老效益是女孩无法比拟的。为什么 20 世纪 80 年代以来出生性别比持续升高？无疑，提倡一对夫妇生育一个孩子，尤其是农村独女户可以生育二孩生育政策的实施，起到关键的作用。对此，第二孩次出生性别比骤然升高，是有力的佐证。因此治理出生性别比升高，也就可以开出对症下药的一剂方子：固然在经济、政治、文化、社会各方面要继续大力推行男女平等的改革，从根本上改变孩子成本—效益有利于男性的倾斜是基础；无奈这是一个难度极大、旷日持久移风易俗的改革，并且要由实践做出证实的历史过程。治理出生性别比升高需要这样的基础性改革，这是没有疑义的。然而面对出生性别比累进增高的态势，将治理的基本点和重点放在这样的基础上，并以"标本兼治"——强调这是治本之道，因而将其他改革放在次要地位，这是贻误战机，造成的后果也是严重的。因此，治理出生性别比升高的当务之急，是结合生育政策调整告别以性别划线、农村独女户可以生育第二个孩子的政策。恰在本书即将完成之际，《中共中央关于制定国民经济和社会发展第十三个五年规划的建议》公布，"全面实施一对夫妇可生育两个孩子政策"应声而出，多年堵塞出生性别比下降的通道终于被打通，向正常值回归也就有了希望。另一项政策和举措，是加强非医学胎儿性别鉴定和选择性人工流产的监管。当下，除鉴别和确认胎儿性别鉴定和选择性人工流产存在一定困难外，赴境外或国外进行性别鉴定和人工流产，甚至利用生物工程技术"定制"所要性别胎儿，正悄然流行。因而必须采取坚决果断的措施，运用公开惩治腐败的做法和经验，抓住典型案例公开曝光，充分发挥新闻媒体传播和监督作用；集中查办一批非医学胎儿性别鉴定和性别选择人工流产案件，依法对当事人、非医学胎儿性别鉴定进行人工流产的相关人员、政府和相关部门责任人进行大张旗鼓的处理，在一定期间内形成足够强大的震慑力量，起到应有的警示作用。同时也不要忘记做深入细致的思想工作，让违法者现身说法。要让全体人民群众懂得：正常的出生性别比受国家法律保护，非法的做法一定要受到惩处。以提高敬畏法律、遵守法规、依法生育意识，按照法律规范行事。

六、人口素质不断提升趋势——走科教兴国创新之路。30 多年前，笔者在主持并主撰《2000 年的中国》首篇研究报告《2000 年中国的人口与就业》时，提出并阐发集控制人口数量、提高人口素质、调整人口结构于一体，当前以数量控制为重点的人口发展战略。之所以强调"当前以数量控制为重点"，是因为重点要随着人口形势的改变而转移，现已处在重点转向人口素质的全面提升，特别是人口结构的合理调整上来。

何谓人口素质？学术界和社会各界，认识并不统一。一般讲素质，指的是事物本来的性质。将其加在人口后面组成新的词组，解释为人口本来的性质，就有些使人费解了。笔者认为，人口素质可用人口素养＋质量组合到一起，构成新的内涵和外延词组诠释。素养，即日常的修养，指对相关知识的了解、运用和形成的行为规范。包括健康、思想、品德、教育、文化、文明素养等。质量，指物体中所含物质的量，推而广之指事物优劣的程度。人口素质，指由体能和健康组成的体能健康素质，由受教育、科技水平组成的智能科教素质，由思想、品德、文化等的修养组成的素养文明素质三部分组成并整合到一起达到的量值。新中国成立 66 年来，人口素质三个组成部分均获得大幅度提升。但是，不同时期提升的重点和速度有所不同，"文革"十年则出现历史性的大倒退。改革开放以来提升加速，尤以智能科教素质提升为显著，这同发展重点转移到以经济建设为中心上来密切相关。然而随着社会经济发展进入"四个全面""五大发展理念"统领发展全局新的历史时期，全面提升人口素质的时代已经到来。三个组成部分构成统一的整体，体能健康素质是基础，智能科教素质是关键，素养文明素质是保证。三者不可分割、相互依存、相辅相成。全面提升人口素质，是"四个全面"战略布局应有的诉求，全面建成小康社会发展目标不可或缺的内涵，本世纪中叶实现现代化基本的人才保证，人口发展战略重点转移必要的承接。应当适时地提出并实施全面提升人口素质发展方略，采取得力措施向前推进。

推进要从实际出发，突出改革重点，走科教兴国创新之路。人口素质三个组成部分所属领域不同，分管的部门不同，改革的指向、要求和目标也各自有别，需要有各自不同的改革方案和行动计划。就宏观而论，体制改革当是三者共同的出发点和重点，特别是打破"应试"式的体制机制改革。科教兴国是改革开放以后提出较早的一大发展战略，在中华民族发展史上占有至关重要的位置。实施科教兴国发展战略，科技是关键，基础在教育，因而打破"应试"式体制机制改革首当其冲。粉碎"四人帮"后，恢复高考一炮打响，起到拨乱反正、正本清源的功效。但是随着时间的推移，在不知不觉中竟然走上"应试"式教育轨道。过于强调书本知识，教师照本宣科的讲授，学生通过考试再将书本知识返回给教师；独立思考、学以致用没有受到应有的重视，发生如同"钱学森之问"所讲的问题："没有一所大学能够按照培养科学技术发明创造人才的模式去办学，老是'冒'不出杰出人才"。"一考定终身"道出"应试"式教育谜底。"高考工厂""高考军营"式中学不断出现，以高升学率特别是高重点高校考取率论英雄。立德树人和德、智、体、美全面发展的教育宗旨很难落实。科研也存在类似的情况。现行科研体制机制规定，科研人员晋升专业职称、职务，必须主持或作为主要成员参加国家课题、省部级课题，在权威刊物、一级刊物、核心刊物发表规定数量的论文、报告。于是便千方百计申请课题、做课题、发表成果、结项鉴定，加上申报和获得不同级别的奖励。对于自己感兴趣、有专长的学科和问题，却无暇下功夫深入钻研，因而"冒"不出杰出人才。体育作为人口体能健康素质的一个重要方面，过去"发展体育运动，增强人民体质"的宗旨被淡化了，在颇大程度上走向为金牌、冠军而战，以金牌、冠军多少论英雄。近年来加强社会主义核心价值观教育，以求提升人口素养文明素质。然而许多努力收效并不显著，在"应试"式教育面前显得有些苍白无力。凡此种种说明，不仅提升人口智能科教素质需要打破"应试"教育，而且提升人口体能健康素质、提升人口素养文明素质，也需要打破"应试"式体制机制。改革的方向，就是遵循人口素质三要素发展的客观规律，建立起促进德、智、体、美全面发展、人口素质全面提升的体制机制。

七、人口生育政策逐步放开趋势——走中国式"家庭计划"之路。中国作为世界文明古国之一，同其他许多国家一样，远在人类社会早期便出现了生殖崇拜。传承下来并纳入儒家学说和行为规范，历经两千多年的封建洗礼，形成多子多福、"不孝有三、无后为大"生育观念和生育文化，并在人口生育政策上得到体现。政策分为直接的和间接的两种。不过随着时间的推移，间接的人口生育政策逐渐占据主导地位，人口生育政策更多地体现在土地、税收、婚姻、家族、职业、户籍、统计等相关规定中，鼓励人们多生多育是主旋律。尽管从春秋战国起就有韩非等反主流声音存在，但是从"小国寡民"到清朝洪亮吉和汪士铎，以及 20 世纪前期社会学派人口节制主义，两千多年始终未能成为主流，只是主流政策奔腾而下荡起的一个个漩涡和洄流而已。近代改良派、革命派涉猎人口问题和人口政策时，曾对传统人口观做出某些修正，不过大都没有脱离多子多福传统思想束缚，未能跳出人口庶众圈子。

新中国成立后，前 30 年的人口生育政策存在与理论不完全对称的情况。理论上，承接苏联政治经济学教科书"人口不断迅速增长是社会主义人口规律"教条，为政策导向立出一根标杆。政策上从不明确到逐渐明确，实际上曲折地逐步推出控制人口增长和实行计划生育的政策。然而由于这 30 年的一个显著特点，即理论、政策随着政治运动推进大趋势，表现出起伏波动较大的特点。理论上，20 世纪 50 年代有社会学派人口节制主义再起，更重要的是马寅初先生发表了颇有影响的《新人口论》；然而这些控制人口、节制生育的理论和主张均遭到批判，人口越多—劳动力越多—发展越快成为正统的理论教条。政策上，50 年代不明确，60 年代中后期受"文革"冲击陷入无政府主义，70 年代控制人口增长和相应的政策陆续出台并逐步升级。正是在这种理论与实践不对称趋于尖锐情况下，1978 年岁末党的十一届三中全会的召开，恢复了实事求是的思想路线，给包括人口科学在内的科学发展送来春天，人口理论拨乱反正和提倡一对夫妇生育一个孩子政策应运而生，从严控制人口增长就此展开。

人口理论拨乱反正剑指"人口不断迅速增长是社会主义人口规律"教条，突破口是为马寅初新人口论翻案。因为不为马寅初新人口论翻案，人口与社会经济发展的关系、人口问题的性质便是一潭浊水，人口越多越好论便不能消除，人口理论拨乱反正就是一句空话。对此，笔者深有体会。1979年 8 月 5 日《光明日报》上《为马寅初先生新人口论翻案》一文发表后，从中央国家机关到一些省、自治区、直辖市，从大专院校、科研院所到某些基层实际部门，邀请前去做学术报告者纷至沓来，着实掀起一股人口理论和人口问题研究热。紧接着，中央召开人口问题座谈会，中国人口政策进入一个新的历史阶段。

1980 年 3 月下旬至 5 月上旬，中央书记处委托中央办公厅连续召开 5 次人口座谈会。出席会议的有中央国家机关相关部门部长、副部长等领导同志25 人，从事神经、妇产等方面的自然科学家 19 人，从事人口、经济、社会等社会科学家 19 人，总共 63 人。会议先后在中南海西楼会议室和人民大会堂举行，最后讨论向书记处的《报告》在中南海勤政殿。受会议委托，本人担负向中央书记处起草报告的任务，五月初正式完成《关于人口座谈会情况的报告》，包括主报告和五个附件。

《报告》分为三个部分：第一部分，大力提倡一对夫妇只生一个孩子，是解决目前我国人口问题的关键。《报告》综合出席会议同志讨论意见，共同认为，对于当前我国存在的人口问题必须给予高度重视，赞同出台提倡一对夫妇生育一个孩子政策。

第二部分，关于一对夫妇生育一个孩子若干问题的讨论。这是报告的重点，分为六个方面的问题。一是关于劳动力和被抚养人口问题。有人担心提倡生育一个孩子会因为人口老龄化，出现劳动力和兵源不足，被抚养人口增多，甚至出现两个劳动力养活四个老人和一个孩子，即所谓 4∶2∶1 代际结构问题。二是关于人口质量问题。提倡一对夫妇生一个孩子，要特别注意提高人口质量，大力开展优生、优育、优教。三是关于举办老年人社会保险问题。这是提倡一对夫妇生育一个孩子迫切需要解决的问题，妥善解决退休、养老、照料服务，从根本上解除群众的后顾之忧。四是关于子女的教育问题。独生子女父母溺爱，容易娇生惯养，占比增高后值得引起重视。独生子女犯罪率是不是会比较高，现在尚无充分的根据，需要予以关注。五是关于避孕方法和器具问题。认为必须加强避孕方法和避孕器具的研究，生产更安全、可靠、简便、高效的药具，并应提倡男性绝育。六是关于男女性别比问题。提醒一对夫妇生育一个孩子以后，一些人由于受到子嗣思想影响，以致溺女婴、弃女婴，值得重视，并应在法律上加以禁止。《报告》对这六个方面的问题，依据座谈会讨论的情况和进行调查论证的结果，分别做出阐释。总的指导思想和结论是：大力控制人口增长，提倡一对夫妇生育一个孩子势在必行；提倡生育一个孩子以后，劳动力、老龄化、代际关系、性别比等问题将会不同程度地显现，应未雨绸缪、及早应对；原则是：既要使人口增长受到有效控制，又要使上述各种问题不致过于严重。即采取两利取其重、两害取其轻原则，权衡轻重缓急，统筹解决。问题的关键在于提倡一对夫妇生育一个孩子的时间多长为宜。时间过短，如三年五载以后旋即中止，虽然也会收到一些效果，但是随着时间的推移效果会逐步淡化消失；时间过长——当时有人提议生育一个孩子搞上 50 年、80 年也不为过——劳动力短缺、老龄化过于严重等问题将会异常突出，给社会经济发展带来的负面影响将会过于沉重。多长时间为宜？形成的共识是：控制一代人的生育率，即 25 年左右，最多不超过 30 年。这样既可以有效控制人口增长，因为控制了一代人的生育率，便控制了下一代做父母人口的数量，因而可以起到有效控制人口数量增长的目的；又可防止劳动力短缺、老龄化过于严重等情况的发生，将负面影响控制在合理范畴之内。因此，25～30 年之后，提倡生育一个孩子的政策即应进行调整，实行新的旨在放宽取向的人口生育政策

第三部分，几点建议。《报告》提出加强宣传教育、尽快颁布计划生育法、成立人口委员会、实行老年人社会保险、做好妇女保健和儿童教养、落实独生子女奖励等建议。

人口生育政策的贯彻实施取得预期效果，1991 年生育率下降到更替水平以下，进入低生育水平国家行列，人口增长势能受到有效控制。同时，原来预计可能出现的劳动力供给、老龄化、家庭代际结构、出生性别比等问题也逐渐显现出来。然而对这些问题的应对却准备不足，生育政策调整也渺无声息。在这种情况下，2009 年笔者在《人民日报》发表《中国人口政策回顾与展望》一文，力主适时进行人口政策调整。指出这是恢复初衷、兑现提倡生育一个孩子政策出台时的承诺，而不是一时的心血来潮。提出"双独生二""一独生二""限三生二"三项政策调整建议。所幸，2013 年《中共中央关于全面深化改革若干重大问题的决定》提出夫妇一方为独生子女者，可生育两个孩子；2015 年《中共中央关于制定国民经济和社会发展第十三个五年规划的建议》提出放开二孩政策，人口生育政策调整终于落了地。笔者认为，放开二孩政策出台，标志着已从原来提倡生育一个孩子转变到生育两个孩子，是带有根本性质的调整。由此，中国式家庭计划已经启动，迈出与国际社会接轨具有决定性的一步。

八、生态文明发展趋势——走人口与可持续发展之路。本书《大国之路——21 世纪中国人口与发展宏观》落脚到哪里？落脚到人口与可持续发展上。一部 400 多万年人类发展的历史，就是文明发生、发展和不断转换升级的历史。经济时代的划分依据生产工具的性质决定，如此可将"四大文明"与"三大工具"联系起来、结合起来，解读为：手工工具对应的是原始文明和农业文明，机器工具对应的是工业文明，智力工具对应的是现代生态文明。以人类控制系统与自然控制系统两大系统博弈而论，原始文明是自然控制系统的一统天下，人类控制系统受制于自然控制系统，表现为适应、顺从自然控制系统特征。究其原因，一是人口数量稀少，地球上第一批由猿进化到人的数量，估计在 5000 万左右；生产工具十分简陋，只有简单的石

块、木棒一类。在大自然面前，人类显得相当渺小，不得不听命于自然界摆布。农业文明打破自然控制系统的垄断性质，人口增加许多，至 18 世纪中叶产业革命发生前，世界人口约为 7.5 亿左右；铁制生产工具普遍应用，人类体能的延长、外在化和物质化获得长足进步。不过手工工具的进步终归有限，人类控制系统还不能与自然控制系统抗衡，在颇大程度上还要听命于自然控制系统。工业文明机器大工业突飞猛进的发展，生产工具和武器作为人体能外在化和物质化的结晶，功能和作用神奇般增长起来。火箭飞天、蛟龙入海、核聚变产生的巨大能量足以将地球炸毁 N 次，骄傲的人类终于喊出"战胜自然""征服自然"一类不知天高地厚的口号，想将自然控制系统置身于人类控制系统之下，干了许多损人（自然）而不利己（人类）的事情。"作用力与反作用力相等"是适用于自然界和人类社会的普遍规律，损害到自然界，自然界便以同样的手段报复了人类。毁坏森林、草场、湖泊、沼泽地开垦为农田，不仅使自然生态系统的天然屏障遭受破坏，而且引发动植物数量和种类的急剧减少，撕裂生物多样性循环的链条。更重要的是铺天盖地而来的工业化立体式推进，迅速地消耗着地上、地下的物质资源，造成资源的匮乏和枯竭；大气、水质、土壤等的污染日趋严重，直接威胁到人类的健康和生存，使发展变得不可持续。于是自 1972 年联合国环境会议首次提出可持续发展以来，受到各国的普遍关注和响应，其后一系列国际会议做出节能减排、保护环境的决议、决定、决策，签订了一项又一项的议定书、行动计划、框架公约等，使节约资源和保护环境成为人类的共识，越来越多的国家和地区宣布并开始实施它们的可持续发展战略和行动计划。

中国作为当今世界人口最多、发展最为迅速的发展中大国，伴随着经济持续高速增长，资源消耗和环境污染大国的形象也日渐显现、挥之不去。尽管中国履行 1992 年联合国环境与发展大会做出的承诺，于 1994 率先推出《中国 21 世纪日程——中国 21 世纪人口、环境与发展白皮书》，20 多年来认真践行并取得明显成绩；但是由于长期以来经济发展方式粗放，经济结构不合理，高投入、高消耗、高污染、低产出、低效益如影随形，直到现在资源海量消耗尚未达峰、环境破坏逼近极限，给社会经济发展出了两道最大的难题。迫使人们从高速经济增长中清醒过来：人类控制系统并不是万能的，只有与自然控制系统携起手来，走共生、共长、共荣的路子才有明天、才有出路。

从中国人口、资源、环境、经济、社会发展实际出发，如何才能走出人与自然共生、共长、共荣可持续发展之路？笔者以为，最重要的是要坚持并努力践行生态系统论、智力工具论和全方位适度人口论。

坚持并践行生态系统论。沿着历史发展的足迹，可以说，生态文明是原始文明、农业文明尤其是工业文明的概括和总结。同时给出未来文明的走向、趋势和特点，具有继往开来、承前启后的终极意义。坚持生态系统论，一要在价值取向上，实现由片面发展到和谐发展的转变。原始文明建立在人类直接利用自然界有用物资作为生活资料上面；农业文明不再以自然界提供现成食物等为主要来源，价值取向发生向以发展为主的转变；工业文明随着机器大工业生产工具性质的改变，市场经济规则通行天下，价值取向集中到产值、利润最大化上来。如此，原始文明、农业文明、工业文明在价值取向上都特别看重"发展"，因为只有通过"发展"才能实现期望的价值取向。而且，这样的发展以自然资源的无限供给为前提，从不顾及或很少顾及发展的后果和影响。现代生态文明也要发展，但要的是通盘考虑发展的前因后果，是以人与自然、人与社会、人与人和谐发展为主要价值取向的发展。摒弃以产量、产值最大化为目标，以浪费资源、污染环境、损害当代人健康和后代人发展能力的"发展"。当大气污染严重、PM2.5 含量达到四级、五级的时候，人们连呼吸新鲜空气的自由都被剥夺了，还要 GDP 干什么，利润最大化又有何用！价值取向改变了，生态文明建设也就有了希望。

坚持并践行智力工具论。智力工具对应现代生态文明，推进生态文明建设必须完成由传统工业化机器工具到现代化智力工具的转变和升级。机器大工业千百倍地延长了人的手臂、腿脚的功能，空前强大地在自然界面前站立起来，滋长起"战胜自然"的幻想和行动。结果遭到大自然的强烈报复，迫使人类改变对大自然的强取豪夺，走节约资源、保护环境内涵式扩大再生产发展道路。内涵式扩大再生产，核心是发展由工业化以产出资本驱动为主，转变到现代化以人力资本驱动为主。就当前我国发展实际而论，主要是：由以增加活劳动数量为主，转变到以提高劳动生产率为主；由高投入、高消耗、高污染、低产出、低效益粗放型发展方式，转变到低投入、低消耗、低污染、高产出、高效益集约型发展方式；产品质量和结构由以中低端为主，转变到以中高端为主。第二次世界大战后掀起的以微电子技术为前导的新技术革命，当前已经推进到以生命科学为主导学科新的阶段。建立在微电子技术基础上的互联网，以"互联网＋"新姿态脱颖而出，将智力工具提升到一个新的高度。既给生产工具插上新的翅膀，增强了人类控制系统的能力；也给人类尊重、顺应、协调人类控制系统与自然控制系统提供了科学思维和技术手段。新技术使我们可以更好地了解自然生态控制系统运行的规律，为人类提供更科学的方法论和应用技术，推进人类与自然界相顺应、相协调、相适应的发展。坚持智力工具论，加快机器工具向智力工具转变，对推动人口与可持续发展战略前行，有着不可替代的意义。

坚持并践行全方位适度人口论。走人口与可持续发展之路，需要从人口与资源、环境、经济、社会两个方面同时入手，寻求相应的发展战略和方针、政策。对于人口多基本国情没有根本改变的中国来说，人口发展战略显得尤为重要。笔者始终坚持"三步走"人口发展战略。第一步，实施控制人口数量、提高人口素质、调整人口结构相结合，以数量控制为重点。主要目标是将高生育率降到更替水平以下，实现人口再生产由高出生、低死亡、高增长向着低出生、低死亡、低增长类型的转变。第二步，在生育率下降到更替水平以下至人口零增长即"后人口转变"期间，继续实行"控制""提高""调整"相结合方针，逐步由以人口数量控制为主转变到以人口素质提高、尤其是结构调整为主上来；协调人口变动与经济、社会发展以及资源、环境之间的关系，促进可持续发展战略的实施。第三步，人口零增长以后，由于惯性作用人口数量将呈一定程度的减少趋势，依据届时的经济、社会发展状况以及资源、环境状况，做出全方位适度人口抉择。所谓全方位适度人口，不仅人口数量是适当的，而且素质是比较高的，年龄、性别、城乡、地域分布等的结构是合理的，与资源、环境、经济、社会发展是协调的，构成支撑国家可持续发展战略的基础组成部分。1991 年生育率下降到更替水平以下，标志着人口发展战略由第一步跨入第二步。第二步可持续到 2030 年人口零增长前后，之后转入第三步，完成的时间可能要更长一些。

坚持并践行全方位适度人口论，走好人口发展战略第二步，提升人口素质是永恒的话题，调整人口年龄、性别、城乡和地域分布结构是重点，对此本书前面已经做出一些论述。当前，还要不要进行人口数量控制，出现较大甚至是根本性分歧。随着人口生育政策调整和战略重点转移逐步明确，国内外有一股反对的声音提高了调门儿，声称要保住"第一人口大国"桂冠、取消计划生育基本国策，甚至对主张控制人口增长者进行辱骂和人格污辱，摆出一副"为民请命"的面孔。本书这部分从理论与实践相结合、理性认识与实际感受相结合上，通过深入一步的分析，阐发中国人口"少了"还是"多了"、应该实行众民主义还是节制主义、计划生育基本国策是进行必需的政策调整还是全盘扬弃。理论阐释还原人口作为生产者与消费相统一、当今全国人口增长到 13.75 亿和未来变动趋势做出阐释：2014 年中国人口密度（人/平方公里）145，为世界 258.9%；人均耕地面积，为世界 33.5%；人均森林面积，为世界 13.0%；人均草原面积，为世界 50.0%；人均淡水拥有量，为世界 31.9%；人均领海面积，为世界 10.0%；人均国内生产总值（美元/人），为世界 70.3%。至于石油、天然气等化石能源，铁、锰、铜等重要矿产资源，总量和人均拥有量均大幅度下降，资源短缺加剧显现，许多不得不主要依赖进口。大气、水、土壤和噪声污染上升势头仍在继续，已经逼近生态允许上限。[①] 经济转方式、调结构之所以如此艰难，固然主要原因在经济体制本身；然而同人口多基本国情脱不了干系，很大程度上是人口和劳动力压迫生产力使然。举例说，"保增长就是保就业"，为了保就业就必须保持较高的经济增长率，影响到转方式、调结构、惠民生等的改革。因此，无论为满足人民对未来美好生活的向往、不断提高幸福指数计，还是为适应当前经济转方式、调结构和以数量换质量和效益需要，人口发展战略第二步在由以数量控制为主向以素质提高和结构调整为主转变过程中，合理控制人口数量增长是必要的和必需的。不仅为人口发展战略自身所必需，而且为推进科教兴国战略、人口与可持续发展战略所必需。只是不要忘记，要把握好人口数量控制的速度和节奏，使出生率、增长率下降与人口素质提高特别是与人口年龄、性别等结构的调整相协调，促进而不是有碍于人口与资源、环境、经济、社会可持续发展战略的实施。

田雪原　于文星阁

2016 年 6 月

---

① 《中国统计年鉴 2015》，第 961 ~ 966 页；张维庆、孙文盛、解振华主编《人口、资源、环境与可持续发展干部读本》，浙江人民出版社，2004，第 171 ~ 187 页。

《教育人口学》序

迄今为止，中国仍是世界上人口最多的国家，人口对社会经济发展有着举足轻重的作用和影响。要想全面解决中国人口问题，尽可能多地向发展输送正能量，减少负能量，就要有一个目标明确、重点突出、阶段分明的人口发展战略，以及与之相适应、与时俱进的人口政策。对此，笔者在相关论著中，提出并阐发将人口数量控制、素质提高、结构调整整合到一起，实行"控制""提高""调整"相结合、不同时期重点有所不同的人口发展战略，概括为人口发展战略"三步走"。即第一步，把高生育率降下来，降到更替水平以下，实现人口再生产由高出生、低死亡、高增长向低出生、低死亡、低增长类型的转变。第二步，稳定低生育水平，直至实现人口的零增长；同时注重人口素质的提高和结构的调整，逐步完成由以人口数量控制为主向以素质提高、结构调整为主的转变；还要注重人口与经济、社会、资源、环境的协调和可持续发展，为第三步发展战略打下基础。第三步，人口零增长以后，由于惯性作用总体人口将呈一定程度的减少趋势，再依据届时的经济、社会发展状况以及资源、环境状况，做出全方位理想适度人口的抉择。所谓全方位适度人口，不仅指人口的数量是适当的，而且人口质量是比较高的，年龄、性别、城乡、地域分布等的结构是合理的；还包括人口与经济、社会、资源、环境是相适应的，发展是可持续的。

上述"三步走"人口发展战略目标，第一步已于20世纪90年代中前期达到，生育率下降到更替水平以下，完成向低、低、低人口再生产类型的转变。第二步也已经走过20年的路程，预计可在2030年前后完成。第三步则是实现人口零增长以后的事情，现在能够做到的，是测算出其后的人口变动趋势，以及人口与经济、社会、资源、环境之间演变的态势，寻求可持续发展的路径选择。适应人口发展战略"三步走"，中国人口科学研究也必须逐步实现研究重点的转移。即从以往以人口数量控制为主，逐步完成向以数量控制与人口素质提高、结构调整并重，再由并重转变到以素质提高和结构调整为主上来；由传统带有统计意义的狭义人口学（demography），向人口与发展广义的人口学（population study，population and development）转变，推进人口学边缘、交叉、综合性研究更快地发展。

令人高兴的是，近年来特别是进入 21 世纪以来，人口科学研究正在向着这样的方向转变：在继续人口数量研究的同时，人口素质、人口结构研究得到加强；在继续人口自身变动研究的同时，人口与经济、社会发展以及资源、环境的研究显著进步，不少新作面世。广东省社会科学院副研究员周仲高《教育人口学》写作完成，就是这样的新作之一。多年来，周老师关注人口学与教育学的交叉研究，承担 2006 年国家社科基金青年项目"中国人口转变的教育学视野"、浙江省哲学社会科学基金重点项目"浙江省受教育程度人口的地域性研究"、广东省社会科学院首批青年基金项目"教育人口学"等，发表多篇论文和专著，取得积极研究成果。在实践方面，他从 2008 年起承担广东省社会科学院人口学硕士点"教育人口学"教学任务，将研究成果运用到讲授中去，颇得教益。在此基础上完成是书，拟由社会科学文献出版社公开出版发行。

《教育人口学》在积极吸纳国际社会已有成果基础上，注重调查研究，注重人口普查和人口调查数据资料的梳理和分析，从中国实际出发，构建出教育人口学学科体系，对人口变动与教育之间的关系，教育人口数量、结构、分布变动与发展的规律等，做出有自己独立见解的阐发。在一定意义上说，教育人口学还是一门新的分支学科，系统的论著尚不多见；周老师潜心研究完成本书属相当不易，求索治学精神难能可贵。在我国，不仅《教育人口学》在学科建设上具有创新性质，而且具有很强的实证研究价值。如前所述，当前人口发展战略处于第二步，正在经历由人口数量控制为主向人口素质提高、结构调整为主转变，包括教育在内的人口素质的提高意义非比寻常。就人口转变而言，虽然人口年龄结构变动的"黄金时代"尚未结束，但是已经越过"人口盈利""人口红利"峰值进入衰减期，对社会经济发展的支持力度将一步步减弱，则是没有疑义的。在这种情况下，后人口转变对社会经济发展的最大支持，寄希望于第二次"人口盈利""人口红利"，主要由人口教育素质提升带来的人力资本积聚的增强。众所周知，无论是原来所提工业、农业、科技、国防"四个现代化"，还是新近所提工业化、信息化、城镇化和农业现代化——新的"四个现代化"，科技是关键、基础在教育则是根本。何谓人力资本？笔者以为，人力资本是人的知识、技能、经验和健康具有的价值。增强人力资本积聚来自人口健康的增进，科学、文化水平的提高，技术能力和经验积累的增强，归根结底主要来自人口教育素质的提升。十年树木，百年树人。提高人口教育素质是百年大计、千年大计，研究和推动教育人口学的深入发展，就是为这种百年大计、千年大计出力献策的具体行动。

田雪原

2013 年 9 月

《扩大内需的人口经济学》评介

中国经过改革开放 30 多年经济的快速发展，已成为世界第二大经济实体，面临产业升级和结构调整巨大压力。虽然提高经济效益、转变经济增长方式、转变经济发展方式提出多年，但是收效并不显著，数量扩张型经济增长仍是发展的主旋律。进入 21 世纪以后，在固定资产投资、外贸出口和消费三大经济增长驱动力中，固定资产投资呈攀升走势，资本形成总额从 2000 年占支出法 GDP 35.3%，攀升至 2011 年占 49.1%，升高 13.8 个百分点；最终消费总额从 2000 年占 62.3% 下降至 2011 年占 48.3%，降低 14.0 个百分点。2012 年投资增速有所下降，消费增速显著上升，但是投资消费失衡状况并没有根本改观。外贸出口占比先升后降，主要受到国际金融危机影响；但在总体上所占比例不高，2000 年占 2.4%、2011 年占 2.6%，故影响有限。因此，转变经济发展方式，主要是从以固定资产投资为主的数量扩张型，转变为以居民消费为主的质量效益型，逐步走上消费主导型经济发展道路。

实现向消费主导型经济发展方式转变，无疑要研究消费主体——人口的数量、质量、结构变动，并将这种变动同消费需求变动结合起来，做出有理论依据、有实践案例解析的阐释。特别要从中国实际出发，阐释为什么固定资产投资长期居高不下，居民消费占比持续下滑，怎样启动消费并走出一条消费主导型经济发展之路等热点和难点，给出消费主导型经济转变的清晰思路。有鉴于此，中国地质大学李通屏教授，利用主持国家社科基金"人口转变、人口政策影响经济增长可持续性研究"课题，运用现代经济学、人口学的相关理论，深入实际考察人口转变对经济增长的影响，针对时弊提出具体改革建议，推出《扩大内需的人口经济学》专著，由商务印书馆出版发行。喜读这一成果，颇受启发；以下几点，愿同同事和读者共同分享。

（1）该项研究成果的现实意义。该书以人口政策、扩大内需和长期经济增长为研究对象，主要内容包括人口转变的后果、人口转变与经济增长、人口增长和人口结构对内需的影响、人口城市化与扩大内需、人力资本投资与消费、人口转变与扩大内需的国际经验、人口变动趋势与经济增长和中国人口政策演变的均衡分析等。运用宏观经济学、发展经济学、人口经济学、制度经济学和计量经济学等多学科交叉研究方法，对书中涉及的如人口转变、人口红利、人口政策、经济增长、可持续性和内需等主要概念进行缜密界定，对提出的主要观点做出实证分析，得出了人口增长不会破坏扩大内需、人口变动对低消费率和高投资率有较强的解释力等重要结论。提出了实现从以物为本到以人为本、由严格控制人口增长向人口适度增长转变，应成为扩大内需战略重点等论断。这对面临经济发展瓶颈、人口转变和人口政策调整契机的中国而言，具有重要的学术意义和应用价值。

（2）构建了扩大内需的人口经济学理论框架。梳理了人口与内需关系的相关思想，揭示了人口因素影响内需和经济增长的机制。人口因素对内需的影响，可以追溯到古典经济学关于人口与生活资料的论述。魁奈（Quesnay）、马尔萨斯（Malthus）论述了人口增长和消费资料的关系。年轻的马尔萨斯把人口增长看作魔鬼并反对人口增长，主要是基于人口法则使资本积累和摆脱低收入陷阱变得更加困难。后来，马尔萨斯提出了"有效需求"理论[①]，强调只消费不生产的集团必须保持足够大的规模，才能保证社会总产品被全部销售，以此避免经济危机。凯恩斯（Keynes）主义者把人口增长看作有效需求增加的要素，认为人口增长的衰减和边际消费倾向递减引起有效消费需求不足。在需求比预期低，且过剩供给不容易改变时，人口增长率下降可能是大灾难。人口增长是经济进步的源泉，为企业家提供乐观预期，打开投资通路，人口增长的下降则关闭了投资通路。第二次世界大战后，斯维齐（Sweezy）把人口增长看作抵消消费不足趋势的五种力量之一。尼奥（Neal）研究了人口增长率下降和投资需求、经济衰退的关系。另外一些模型也涉及人口因素对投资和消费的影响，比较著名的如"生命周期模型"、家庭储蓄模型、稳定状态与黄金分割律模型、最优储蓄模型和发展型式等模型，都从不同侧面涉及诸如年龄结构、人口增长、城市化等人口因素对投资和消费的影响。新中国成立以来，马寅初的《新人口论》最早注意到人口增长对积累和消费的影响，张纯元、吴忠观等出版的《人口经济学》

---

① 马尔萨斯在 1820 年出版的《政治经济学原理》以及与李嘉图的通信中，阐述了关于经济危机必然性及避免经济危机的观点。但马尔萨斯的有效需求理论沉寂了很长时期，直到 100 多年后才被凯恩斯发扬光大，所以凯恩斯称马尔萨斯为"剑桥第一位经济学家"。

也曾论述了人口与积累和消费的关系，还有的研究把人满为患的环境看作是发展中国家经常遭遇通货膨胀之苦的温床。认为人口增长是消费基金膨胀的重要原因，把控制人口看作对付通货膨胀、控制社会总需求的重要方法。我国提出扩大内需政策以来，本人以及彭秀健、于学军等，曾在论著中阐发扩大内需与人口再生产、稳定低生育水平、统筹解决人口问题的关系。《扩大内需的人口经济学》在已有研究基础上，与时俱进，刻意创新，立足中国人口转变和经济发展的新阶段，努力推动人口政策、人口转变纳入现代经济增长与发展理论的分析框架，在构建扩大内需人口经济学理论体系和实证研究方面取得新鲜成果。

（3）提出了扩大内需的新思路。该书指出，人口是一国内需满足的主体，有效扩大内需必须关注人口增长率下降、少子老龄化、人口城市化等趋势蕴含的机遇和挑战。扩大内需取决于多种政策的有效组合，人口适度增长不会破坏扩大内需的长期战略，人口增长是扩大内需的"药引子""催化剂"，可以弥补其他扩大内需动力不足。因此，实现从以物为本到以人为本、由严格控制人口增长向允许人口适度增长转变，应成为扩大内需的战略支撑点。这一结论有很强的针对性，使人耳目一新。

（4）尝试用制度均衡理论方法阐释人口政策。围绕这一命题，分析了中国人口生育政策的均衡和非均衡。该书认为，人口政策本质上是人口均衡发展路径的概要表征和信息浓缩。合理有效的人口政策是各种力量之间形成的一种均衡，在和其他社会经济政策相互依存、相互作用中，获得演进与发展。人口生育政策的演进是人口发展状况、原有人口政策、制度结构中的其他制度安排、经济发展及其战略、人口与资源环境关系和参与人因素博弈的结果。现行人口生育政策的非均衡及其引发的相关问题，应引起决策部门的高度重视。

尽管本书在某些方面的阐发还有待深入，譬如人口变动趋势与经济增长一章，论及未来人口变动的经济影响还可拓展和引向深入；关于城市化与扩大内需、人口政策的阐释等，包括本人在内学术界尚存异议；但我以为，作者潜心研究，刻意创新，是一部理论联系实际、有自己风格特点、颇具新义的佳作，这在当今社会浮躁之风盛吹情况下，是难能可贵的，值得推荐。党的十八大明确提出，要牢牢把握扩大内需这一战略基点，加快建立扩大消费需求长效机制，释放居民消费潜力，保持投资合理增长，扩大国内市场规模的任务。《扩大内需的人口经济学》此时出版，可谓恰逢其时！愿该书给力消费主导型经济转变，给力中华民族复兴伟大事业。

国家社科基金：人口学研究的坚强后盾

——访人口经济学家田雪原

《光明日报》记者　　王斯敏

　　迄今为止，中国仍是世界第一人口大国，人口学研究占有特殊重要的地位，因而得到了国家社科基金的有力支持。对此，中国社科院学部委员、国家有突出贡献专家、国家社科基金人口学科评审专家田雪原研究员日前在接受记者专访时深有感触，他认为，国家社科基金是"推动人口学研究的坚强后盾"，起到了不可替代的作用。

推动学科长足发展

　　田雪原清楚地记得，"七五"伊始，国家社科基金设立，人口学科便在资助之列。然而，当时的人口学被视作经济学下属的一个分支，后又转归社会学，年度立项数仅五六项，支持力度十分有限。

　　1996 年，国际人口科学联盟做出决定：第 23 届国际人口科学大会于 1997 年在北京召开。这是一个难得的契机！田雪原和学科组成员杨魁孚等人一道，向全国社科规划领导小组及相关部门领导提出申请，建议将人口学作为独立学科列入国家社科基金资助学科。他们给出了充足的理由：对中国而言，人口研究质量和人口问题解决程度，直接关系到经济社会发展全局；人口学国际性会议在北京召开，标志着国际社会对中国人口科学成绩的认可；改革开放以来人口研究发展迅速，全国各类大小人口研究机构近百家，科研教学队伍已达到单列标准。

　　这一申请很快得到批准，人口学正式成为国家社科基金资助的 23 个学科之一。"自立门户"后，人口学获得的年度资助项目由原来的五六项增加到了世纪之交的二三十项，2013 年更增至 62 项，增长了 10 多倍；后来设立的重大项目、特别委托项目、西部项目等也频频出现人口学者的身影。资助金额增长更快，增幅达近百倍。此举彻底解除了人口学研究"柴米油盐"的后顾之忧。与此同时，科研成果质量也显著提高，有的成果在国家社科基金《成果要报》上刊发，发挥了服务决策的功效；有的获得"五个一工程"奖、国家图书奖等，在国内外产生了较大影响。

培养大批青年人才

不仅如此，"国家社科基金立项和课题组进行科研的过程，也是发现、培养和造就人才的过程。很多项目都注意到老中青人才梯队的衔接，客观上起到了'传、帮、带'作用。"田雪原如是说。

事实上，国家社科基金提供的，正是这样一个培养人才特别是青年人才的大平台。基金设立 27 年来，青年项目所占比例呈现上升趋势，近年来青年项目占年度项目立项总数一半以上。这得益于政策的适度倾斜：项目评审中明文规定，青年项目可占用一般项目指标，一般项目却不能挤占青年项目指标。这一规定，有效地保证了青年项目立项数的稳步增长。以人口学科组而论，近年来青年项目所占比例均超过 50%，资助额度等同一般项目。

另一个倾斜，是面向西部。评审中，要求在学术、科研队伍同等水平条件下，适当向西部倾斜；年度项目评审完后，还要进行西部项目评审，使西部地区立项得到充分保障。实践中发现，西部项目中青年人才所占比例要更高一些，这在无形中又加大了对青年人才的政策倾斜和激励。当前，高校、社科院、党校、政府研究部门的青年研究人员申报人口学项目非常踊跃，立项率也比较高，一批新人已经茁壮成长起来。青年学者思想活跃、思路开阔、理论和方法追求创新，为人口科学研究增添了新的生机与活力。

引领研究服务现实

国家社科基金资助社科研究提供的是否只是财政支持？田雪原认为，并非如此。"首先是给出了明确的指导思想，帮助学者们把握正确的研究导向。"在田雪原看来，国家社科基金一方面主要面向不同时期关系国家发展的重要应用研究课题，即带有全局性、战略性、实证性的问题进行立项，通过发布课题指南加以引导，开展为现实发展需要服务的研究。另一方面也资助引领学科前沿发展的基础理论研究。每年重大、重点、一般和青年项目及西部项目，除学科组成员参与课题设计外，全国社科规划办还多方征询相关部门、科研单位的意见，使指南尽可能立足前沿、贴近实际、指导实践。

以人口学科而论，20世纪80年代，研究重点是人口的数量控制，围绕人口发展战略、生育政策决策选择、出生率迅速下降引起的劳动年龄人口变动、人口老龄化等问题展开；90年代，围绕市场经济体制下的人口问题开展研究，重点是孩子成本—效益变动对人口再生产的作用、人口控制机制市场取向的改革、人口年龄结构变动"黄金时代"对经济发展的影响等。步入21世纪，人口与经济、社会协调发展，人口与资源、环境可持续发展等边缘、交叉和综合研究范畴日益成为关注重点，立项比例呈上升态势。

正是这种"风向标"和"导航仪"的作用，国家社科基金有效推进了人口学研究的与时俱进、不断创新。

（《光明日报》记者王斯敏，2014年2月17日）

计划生育政策初衷只针对一代人

——专访中国社科院学部委员、人口所原所长田雪原

《21世纪经济报道》记者　定军

重阳节已过，但中国老龄化问题热度不减。

根据全国老龄办数据预测，继1999年中国步入老龄化社会后，2013年中国60岁以上老年人口将突破2亿，预计未来20年是中国老年人口增长最快的时期。2033年前后将翻番到4亿，平均每年增加1000万，最高年份将增加1400多万。本世纪中叶，60岁以上人口将达到峰值4.87亿，占总人口的比重由目前的13.7%上升到2053年的34.8%，将对中国经济、社会、政治、文化发展产生深远的影响。而过去导致老龄化程度加快的人口政策调整，显得日益迫切。

"以大力提倡一对夫妇生育一个孩子为标志的严格控制人口增长政策，如今走过30多年的路程，调整的最佳时点已经错过。不过还犹未为晚，越早调整越主动，越晚调整越被动。"中国社科院学部委员田雪原如是说。

随着国家统计局公布2010年全国1.18的超低总和生育率，调整1980年出台的以提倡一对夫妇生育一个孩子为主导的人口生育政策，已经到了刻不容缓的时候。

调整政策是履行当初向人民做出的承诺

《21世纪》：当年计划生育政策制定的背景和初衷是怎样的？

田雪原：1980年3~5月，中央召开了五次人口座谈会，就要不要提倡一对夫妇生育一个孩子、生育一个孩子会产生哪些后果、采取什么措施等，展开相当深入的讨论。与会者一致认为中国人口太多了，应当大力控制人口

增长，赞成提倡一对夫妇生育一个孩子。提出的问题很多，由于我受命起草会议向中央书记处的报告，对这些问题分别做出梳理，了解较深入一些。

如提倡一对夫妇生育一个孩子会不会引起劳动力供给不足，出生率下降将导致出生人数和未来劳动年龄人口数量减少；会不会引起老龄化过于严重，造成老年负担过重；会不会形成家庭421代际结构（4个老人2个成年人1个孩子），这是生育一个孩子持续下去的自然结果；会不会引起性别比例失调，提倡生育一个孩子受性别偏好驱使更多地选择男孩子等。会议对这些问题进行了各抒己见的讨论，每个问题都做了当时可能做到的详细阐释，进行了科学论证。

最后，问题集中到一点，就是提倡生育一个孩子的时间长短：如果搞两代人以上，这些问题不仅存在，而且会越来越严重；如果主要限定在一代人，那么这些问题就不至于过于严重。因此，提倡一对夫妇生育一个孩子既非权宜之计，也非永久之计，主要着眼点放在控制一代人的生育率，即25~30年、最长不超过30年。30年以后人口增长过快的势头减慢下来，就有条件并有可能对生育政策做出必要的调整，实行新的生育政策了。

30多年的实践表明，当时的分析和估计是实事求是的，比较科学的。也可以说，我们现在谈论的诸多问题，当时差不多都估计到了，并且做出防患于未然的判断和决策选择。

《21世纪》：如何看待政策执行30年后的成效？现在是否到了需要调整政策的时候？

田雪原：一代人就是25年左右，政策目标期就是到2005年最迟到2009年。其间学术界关于政策调整之声不断，然而却不见有调整的迹象。我有些坐不住了，觉得应该把当年的一些情况讲清楚，让广大群众了解提倡生育一个孩子的来龙去脉。因为讲得越清楚，群众心里越明白，于政策的贯彻实施越有利，越有可能收到比较好的效果。于是，我一面撰写列入由中宣部和新闻出版总署组织的"新中国成立60周年重点书系"之一《中国人口政策60年》专著，一面撰写文章《中国人口政策回顾与展望》，《人民日报》2009年12月4日公开发表。专著和论文概括地阐述了1980年中央人口座谈会和会议向中央书记处《报告》始末，特别指出当前要调整人口生育政策不是什么"心血来潮"，而是恢复初衷，履行当初向人民做出的承诺。证明此时调整生育政策不是不符合中央的政策，恰恰相反，是贯彻执行当年既定的人口生育政策。如果说1980年向中央书记处的内部《报告》看不到的话，那么1980年9月25日《中共中央关于控制我国人口增长问题致全体共产党员共青团员的公开信》则写得清清楚楚："30 年过后，尖锐的人口形势可以缓解，也就可以实行新的生育政策了。""新的生育政策"所指，不需诠释，就是对现行政策的调整。

人口形势的五个变化

《21 世纪》：现在人口形势到底发生了什么根本转变？

田雪原：情况发生了很大变化。有几个基本的判断：

第一个判断，是生育率下降和人口转变。在 20 世纪 90 年代中期，生育率下降到更替水平以下。所谓更替水平就是总和生育率低于 2.1，母亲净再生产率下降到 1.0 以下。即人口内在自然增长率已是负数，只是由于人口年龄结构关系，总体人口还要增长一段时间。但是这样的生育率保持下去，就会实现人口的零增长和负增长。现在，这一天的到来已经依稀可见。

这是一个历史性的转变，中国已经启动由人口压迫生产力向着生产力压迫人口方向的转变，即前面提到的由发展中国家人口问题向着发达国家人口问题类型的转变。完成这个转变需要时间，也需要继续付出艰苦的努力。

第二个判断，是劳动年龄人口由升到降拐点的到来和即将到来。

2010 年 15 ~ 64 岁劳动年龄人口所占比例达到 74.5%，表明劳动年龄人口占比拐点刚刚越过；2017 年绝对数量达到峰值，是不久即将迎来的另一个拐点。当前，虽然"黄金（1716.60，3.60，0.21%）时代"尚未结束，但是第一拐点或者叫刘易斯第一拐点已过，第二拐点不久即将到来，"盈利""红利"的减少直到转为"亏损""负债"是不可改变的。这一趋势对社会经济发展的影响是显著的，长期的积累效应是深刻的。

第三个判断，是人口老龄化的加速推进。第六次人口普查 65 岁以上老年人口占比上升到 9.1%，与过去的预测比较，显示出人口老龄化具有速度比较快、达到的水平比较高、城乡和地区分布不平衡的特点。老龄化是人口出生率下降和预期寿命延长的结果，趋势也由此决定。应对人口老龄化挑战，一是要建立可靠的养老保障体系，二是要关注老龄化对社会经济发展的影响。从发展趋势上看，随着老龄化的加深影响将越来越大。

第四个判断，是人口城市化驶入快车道。人口结构还包括人口城乡结构和地区分布结构，其对社会经济发展的作用不可小视。城市化率由 1990 年 26.4% 提升至 2011 年 51.3%，年平均升高 1.2 个百分点，这在世界人口城市化史上是仅见的，也由此引发不同观点的争论。有人惊呼"城市化大跃进"，需要"叫停"；也有人说，中国城市化"落后了"，滞后于工业化。

我以为，虽然"大跃进"论说过了头，但是确实存在城市化速度、数值、占地等的虚张，需要调整。当前和未来的发展，最重要的是坚持走统筹城乡发展的城市化道路，避免城市化"拉美陷阱"。

第五个判断，是出生性别比持续走高的趋势。这个问题1980年向中央书记处的报告曾经提出并建议采取宣传教育、提高妇女地位、运用法律手段等，防止生育上的人为性别选择。据我所知，国家和政府有关部门，对此十分重视，国务院分管领导曾经召开专门会议研究解决，只是成效不大。

政策调整越晚越被动

《21世纪》：鉴于目前人口上述五大形势的转变，我们的政策应怎样调整？

田雪原：不过不同时期重点有别，可分"三步走"。

第一步以控制人口数量增长为主，将高生育率降到更替水平以下，这一步已在20世纪90年代中期实现。

第二步完成由数量控制为主向素质提高和结构调整为主转变，同时协调人口与资源、环境、经济、社会的可持续发展。这是一个渐进的转变过程。当前处于这一过程之中，一方面人口数量控制不能放弃，坚持稳定低生育水平至人口零增长；另一方面人口素质提高尤其是结构调整越来越迫切，权重应逐步提升。

第三步在人口零增长以后，依据届时人口自身以及人口与资源、环境、经济、社会可持续发展的情况，实现全方位的适度人口。

《21世纪》：目前应怎么调整呢？

田雪原：我仍坚持原本提出过的意见。就生育政策来说：一是"双独生二"（夫妻双方都是独生子女可以生2个孩子），现在绝大多数省区市均已实行；二是"一独生二"（夫妻双方有一个独生子女，可以生2个），先农村后城市；三是"限三生二"，即除符合规定的少数民族外，各省、自治区、直辖市在保证不生育三个以上孩子前提下，农村可以普遍生育两个孩子。

（《21世纪经济报道》2012年10月26日）

大国决策：提倡一对夫妇生育一个孩子始末

《华商报》特派北京记者　刘斌

　　田雪原，男，1938 年 8 月生，著名人口经济学专家，为中国人口政策制定做出过突出贡献。现任中国社会科学院学部委员、研究员、博士生导师，国家有突出贡献专家，国家哲学社会科学研究专家咨询委员会委员。著有《新时期人口论》等 29 部专著（含主编），论文 500 余篇，代表作搜集在《田雪原文集》（一、二、三、四）中。曾获国家科技进步一等奖、中华人口奖等多种奖项。英国剑桥名人中心授予"国际知识分子名人"，美国传记协会载入《世界五千名人录》。

"为马寅初先生的新人口论翻案"

　　华商报：说起计划生育政策，我们绕不过新中国成立初期的那段历史。1949 年之后，对于人口的控制问题，它的来龙去脉是怎样的？您是什么时候进入这个研究领域的？

　　田雪原：这个问题和我有点儿情结。1959 年我考进北大之后，正赶上第二次批判马寅初校长的新人口论。于是在课余躲在图书馆一隅，找来《新人口论》也找来批判的文章读了起来。读着读着，被马老先生文章所吸引，觉得他讲的颇有道理；而那些批判文章，却讲不出多少道理，大都是空喊口号一类，跟大字报似的，贴标签、扣大帽子，批判一通了事。这使我着实困惑了一阵子，也朦胧地感到这是一桩错案，说不定将来会有翻案的一天。后来才意识到，正是当时这样的一种情结，引导 20 年后走上人口学、人口经济学研究之路。

　　华商报：所以我看到很多年前的文章，您一直热衷于给马寅初先生平反？

　　田雪原：是的。在前面讲的这种情结驱使下，可以说，20 多年来为马老新人口论翻案时不时地涌上尽头。为新人口论翻案，牵涉到当时人口理论拨乱反正，也牵涉到对中国人口问题性质的认识。为马寅初翻案，为新人口论平反，把颠倒了的历史重新颠倒过来，充分认识中国人口的过剩性质，为大力控制人口增长、实行计划生育基本国策铺平道路，才有了后来的人口生育政策。

提倡一对夫妇生育一个孩子始末

华商报：追溯政策，我发现 1973 年的时候，中央提出的"一个不少，两个正好，三个多了"的人口政策，也基本延续到了 1979 年，可到了 1980 年怎么就突然提出提倡一对夫妇生育一个孩子？

田雪原：新中国成立后，曾有过 1953～1957 年、1962～1973 年两次生育高潮。尤其是第二次生育高潮期间大约出生了 3.2 亿人口，形成人口年龄结构中异常庞大部分，存在一个潜在的新的生育高潮。尽管批判新人口论之后形成人口越多越好的形而上学理论，但在实际上却不尽然，人口快速增长的问题，还是实实在在地感受到了。不是吗？粮食要粮票，买布要布票，自行车、缝纫机、手表等日用工业品都要工业券等票证，短缺经济的矛盾处处显现出来。在这种情况下，人口过剩的矛盾凸显，节育政策也不断强调。20世纪 70 年代提出的"一个不少，两个正好，三个多了"，代表了政策的不断演进过程。而到 70 年代末期，更出现一对夫妇生育一个孩子的口号。领导强调人口控制，群众中也有要求生育一个孩子的声音。如山东省荣成县 136对夫妇签字要求"为革命终生只生一个孩子"。在这种情况下，1980 年 3～5月，中央书记处委托中办召开五次人口座谈会，先在中南海西楼会议室，后转到人民大会堂，最后形成文件在中南海勤政殿。讨论的中心议题，就是提倡一对夫妇生育一个孩子是否可行，会遇到哪些问题，如何应对。

五次座谈会和提倡生育一个孩子

华商报：您当时就为中央提交了控制人口的建议？

田雪原：前面说了，五六十年代将人口政策说成是政治问题，就没人敢研究。十一届三中全会以后，就有一些学者开始研究，对未来的人口预测也起到一定的作用。当时以宋健同志为首的研究小组，做出多种方案的人口预测，分析了未来人口变动的态势。这一研究结果由钱学森、许涤新老一辈科学家呈送当时中央主管人口问题的陈慕华同志，陈慕华时任是中央政治局候补委员、国务院副总理，他是主管人口的。陈副总理将此研究成果转报到中央政治局，受到重视。

1980 年 3~5 月，中央书记处委托中央办公厅，连续召开了 5 次人口座谈会。

华商报：我在看这段历史的时候，怎么从人口越多越好就一下子转变为控制人口了呢？

田雪原：这有几个方面的原因。在理论层面，经过为马寅初平反、正本清源，明确了中国人口问题的过剩性质，控制人口增长名正言顺。中央主要领导同志重视人口控制，发表不少应当怎样控制、采取何种政策讲话。群众层面也有反映，1979 年山东省荣成 136 对夫妇《为革命只生一个孩子》上书，就是例证。这样，1979 年底 1980 年初，提倡一对夫妇生育一个孩子已经呼之欲出了。

华商报：实际上人口应该不单纯是一个人口学的问题，它和其他各个社会问题都是密切相关的。

田雪原：对，控制人口数量增长会产生许多相关问题。如果说这些问题特别严重，那么我们就不能做，就要允许生两个孩子；如果有解决的办法，那么就启动相应的政策。座谈会先是在中南海的西楼会议室，后来又去人民大会堂，然后形成文件再到中南海的勤政殿，有一个从开会、论证到形成文件的过程。

华商报：这段历史好像鲜有披露，当时哪些人出席会议？

田雪原：参加会议的主要有国家计委、公安、统计、卫生、民政、劳动等多个部门的主要领导，也有中科院、社科院、高等院校、科研单位的学者，总计 60 多人。

座谈会由中办副主任主持，他开宗明义地说：中央召开这次人口座谈会，主要讨论提倡一对夫妇生育一个孩子是否可行，会遇到哪些问题，能不能解决，怎样解决。希望大家敞开思想，畅所欲言，展开讨论。

华商报：比如说，有什么问题是您印象比较深刻的？

田雪原：头一个问题，提倡一个孩子会不会引起智商下降？因为民间流行老大憨、老二聪明、小仨最聪明——猴仨说法，生育一个的话，老二和猴仨都没有了，人口智商下降了怎么办？经过论证，虽然民间说法存在，但是并没有科学依据，随着改革人们的婚育观念还会发生变化。

还有一些问题，如会不会发生劳动力短缺，会不会造成年龄结构老龄化严重，会不会形成家庭代际"四二一"结构，甚至会不会引发出生性别比攀升等。经过讨论和调查、论证，最后的结论是：这些问题会不同程度的存在，不过可以控制在一定限度之内。关键在于把握好时间，即主要着眼于控制一代人的生育率和出生率。

控制一代人生育率

华商报：现在我们都不知道计划生育国策是个集体决策的过程，社会上总以为是您和宋健老师两人一手促成的？

田雪原：那不要紧，只要事实在。五次人口座谈会，我受命起草向中央书记处的《报告》，对情况比较清楚。有人在一本书中，说我是中国人口政策的副总设计师，太高抬我了！不言而喻，政策是中央定的，我们只不过研究了人口形势、问题和决策建议，提供研究成果而已。

形势是：一方面要控制人口数量增长，提倡一对夫妇生育一个孩子；另一方面，又要使上述问题不致过于严重。应得着一句老话："有所得必有所失"。那就要"两利取其重，两害取其轻"。

华商报：这是什么意思呢，就是说当年对计划生育这项基本国策其实是设定了时限的？

田雪原：什么意思呢？就是趋利避害。提倡生育一个孩子既非权宜之计，不是我们搞三年五载就解决问题了，那样时间一长效果便淡化了；也不是永久之计，搞上 50 年、100 年上述问题就会严重起来，甚至不可收拾。而是一定时间的一项特殊政策，控制一代人——25 年最多不超过 30 年的一项政策。

控制一代人不仅对现实起到很大作用，而且因为控制了下一代做父母人口的数量，也就可以有效地控制下一代、下几代人口的数量；由于控制一代人，25~30 年不至于使上述人口问题过于严重。一代过后，实行新的生育政策，最终使人口结构等问题得到解决。

华商报：但我们都知道，实际上没有兑现这个承诺？

田雪原：到了 2005 年即政策出台 25 年，我在专著和文章中，阐发了人口发展战略"三步走"思路。阐述经过一代人生育率下降到更替水平以后，要实现人口战略由以数量控制为主，向着数量控制、素质提高、结构调整并重，并且进一步过渡到以素质提高和结构调整为主转变。2009 年 30 年设想时间到了，考虑到当年参加中央人口座谈会的许多领导均离开我们而去了，学者健在的也不多了，并且并不了解深层次的缘由，于是发表《中国人口政策 60 年》专著，列入国家庆祝新中国成立 60 周年重点书系出版；撰写《新中国人口政策回顾与展望》论文，《人民日报》2009 年 12 月 4 日公开发表。

华商报：可是，大家并不知道这个承诺。也就是说很多人都不在了，这样有一些负面的批评其实也就针对您了，那么这么多年，因为计划生育政策，您在思想上有没有压力？

田雪原：我没有压力。因为政策是中央定的，我们只是提供了研究的成果。做学问，站在人民大众立场上，将国家和人民的利益摆在首位，对得起学者的良知，也就心满意足了。

二胎新政难阻中国老龄化、政策影响有限；生育率的下降是趋势、政策只是外部作用

华商报：有人说中国真实生育率非常低，甚至低于一些北欧国家，这会引起人口结构的严重失衡。您怎么看？

田雪原：有一点我不大赞同，就是宣传上说执行了计划生育政策，少生了 4 亿人。这个少生了 4 亿人是按照当年的生育率算下来的，但是反过来问，你不实行计划生育，我们的生育率还能维持 1980 年的水平吗？它也要下来，只不过下来的速度慢一点。所以这个需要全面的评价，就是商品经济、经济社会的发展是生育率下降的基础，政策是它外部起的作用。都归纳到政策里面，我不赞同。

华商报：那像您说的外部作用，到底是多大的作用呢？

田雪原：既不能全归于政策，也要注意到政策的作用，那么就需要给政策一个恰当的定位。

计划生育还是做出了贡献的。第一，是在经济不发达的情况下，生育率率先下降，创造了一个良好的人口环境，增加了社会积累，有利于国民经济的发展和社会进步。第二，中国出现了"人口红利"，打个比方就是干活的人多，吃闲饭的人少，那当然有利于国家发展了。还有控制人口增长，对家庭和国家都一样，可以拿出更多的财力、物力、人力来提高出生人口素质，

有利于教育的发展。客观上家庭对孩子的教育投入增加了。因此，计划生育，不管怎么说，你都无法否认它在历史上的贡献。

华商报：我在网上看到一些文章，您一说可以生二胎，他们就说田雪原"反水"了，您当年发出这篇文章，应该也是鼓足了勇气的吧？

田雪原：当年写出来之后，有的人就说你不是当年积极主张计划生育吗，怎么现在政策又要变了？我说：错！不是变，而是恢复初衷。当年政策就是这么定的，现在30年的实践证明，我们现在已经到了历史的节点。

必须兑现这个承诺，两害取其轻，不让它有害的一面更加严重。如果我们现在再不动作，那么可能进一步问题就比较严重了。时间到了又没有动静，我还有点理论勇气去坚持真理的，就把这个事情公之于众，公开发表，也是对历史负责。

直到今年，中央关于全面深化改革的决定，终于提出了"一独生二"，总算兑现了当年的承诺。双独可以了，单独也可以了，实际上还剩下多少呢？恐怕离"限三生二"也不远了。

"单独放开"新政会起到刺激二胎效果

华商报：作为新中国人口政策的一名先驱学者，对十八届三中全会的人口新政您觉得满意吗？

田雪原：中国有句古话，叫做"亡羊补牢，犹为未晚"。虽然（放开单独二胎）比原定晚了几年，但是出台总比没有好。我的观点一直是，虽然中国人口需要控制，但是其他问题也不要太严重，太严重了对经济社会发展不利。

华商报：有人说，近几年生不生其实已经和政策没关系了，想生的通过弄虚作假各种途径都生了，不想生的你放开二胎又能怎样，我觉得可能是生育价值观改变了？

田雪原：前几年，相关部门做过一定的调查，严格按照全国的数据抽样，大概的结果是70%以上家庭都有生育两个孩子的意愿，一个孩子就行了的占25%～30%。我自己也做过孩子成本—效益的调查，就是生一个孩子要多少钱，有什么效益，面临多少压力，这就是一个生育观念冲突的问题。

人们生育观念的转变不是凭空的，有一个基础，比如发达国家为什么低生育率，不愿意要那么多的孩子呢？因为孩子需要付出的成本多，但是孩子给父母的效益不怎么高，养儿防老没这么一说，能来看看你就不错了。社会学上讲，孩子和父母之间有个"U形"的社会毛细管说，更重要的是发展自己，在事业方面有所作为，不能把前途、精力都给孩子，遂使生育率下降。

旧中国正好相反，到了30岁说我这辈子不行了，30望子，要看下辈人怎么样，结果就为了孩子这么转。过去讲一男一女一枝花，多儿多女赛仙家。中国最起码的观念是儿女双全，所以这个还是有影响的。

华商报：作为独生子女，这一代人背负责任很大，没精力或者说没钱生二胎。您认为政策真的可以起作用吗？

田雪原：当然经济的水平提高了，会导致传统观念的改变，对二胎的生育是有一些影响。那么根据调查，20%～30%的人不愿意要两个孩子了，而且这个比例还在上升，会影响到生育率。15年后这批新生孩子将进入生育和劳动年龄，对挽回生育率和劳动年龄人口的下降，会有所影响。

当然人口计划是个很缓慢的过程，但一旦运作起来，就是停不下来的。关于生育率低，发达国家也有一个说法，就是下降以后你鼓励也鼓励不起来了。但是这个话也不是绝对的，比如近年来北欧的一些国家，生育率有掉头向上的迹象，日本也是如此。所以说生育率低了起不来了，这个事情还得实践检验。

华商报：以前您也提出过要提个观点，就是老龄化严重，也不能完全归结于计划生育？

田雪原：我们说的"未富先老"，应该归结为发展问题。我们现在的65岁以上的人口，差不多达到总人口的10%，比世界总体人口高了，但是比发达国家还差着好大一截子呢。但问题是我们的经济没有发展到人家的水平，就是经济发展和老龄化的这个对比，显得老龄化是严重了一些，两者不匹配。

现在的问题是，出生率下降得比较快。老龄化其实就是两个因素，一个就是出生率下降，一个就是预期寿命延长，这两个因素不是平行的。中国在进入老龄化的前期，主要是出生率下降比较快，后期有可能主要归结为预期寿命的延长。

还有，计划生育政策实行之前，人口高速增长期的那3亿人口，现在也逐渐上了年纪，也将加速着老龄化进程。

现代都在讲总和生育率，有人测算下来就是1.18，但是1.18没人相信，比发达国家还低。经过多次的测算，我研究在1.5左右，农村在2.0左右。

提倡一个家庭生育一个孩子，"提倡"就不是一个严格的说法，对于政策和实际的生育水平，需要做出实事求是的考量。

新政实际影响人口 2500 万左右

华商报：过去计划生育有人不理解，现在放开"单独二胎"实际上还是有人不理解，那么对于中国而言，人口到底是多少才算合适呢？

田雪原：这是两个问题。现在说中国 960 万平方公里的土地，有 18 亿亩的耕地，但是别忘记了，我们还有 400 万平方公里的海洋面积，不能把这块丢了。研究资源的专家认为，陆地的资源耗尽后，以后人类就要靠海洋了。

从这个角度看，中国当然不需要这么多的人口，世界也不需要再增加几十亿达到 100 亿。因为资源是有限的，人口也不能无限增长。美国、澳大利亚、加拿大等国，他们都是人均占有资源多，生活宽松、水平要高一些。相应的日本，就感觉拥挤，生活质量就受到限制。

我们现在讨论适度人口，理论探讨可以，但是不具有多大的可行性。实际一个国家面临现实的人口问题，就是说经济问题是基础，可地理、文化、民族包括社会组织、资源环境都在其内了。所以现实问题的解决只能从现实出发。

华商报：那么对于接下来的人口控制，您认为应当怎么做？

田雪原：人口发展战略在中国可以三步走：第一步是以控制人口的数量为主，但是我们必须同时注意到人口素质的提升和结构的调整。实际上，实现由高出生、低死亡、高增长向低出生、低死亡、低增长的转变，这一步已在 1992 年完成了。接着我们就要考虑第二步的问题，就不能以控制数量为主了，就要以素质提高和结构调整为主，兼顾数量控制。第三步，在转变的过程中就要加进去自然环境的约束，谋求人口与资源、环境、经济、社会可持续发展。

华商报：有人对这次单独二胎放开的政策寄予厚望，认为他可以实现您说的"调整人口结构"，您认为我们应该乐观吗？

田雪原：对于政策调整后的影响大家说的也多了，对于劳动年龄人口数量变动、老龄化的程度和老年人数量的变动影响都有。但影响大不大呢？总体看，影响不很大。因为现在根据各方面提供的数据资料，全国没有兄弟姐妹的人口大约有 1.2 亿，城市占的可能多一点，乡村少一点。1.2 亿当中，领取独生子女证的有 7000 万左右，30 岁以下的占到 70% ~ 80%。其中，去掉"双独生二"一部分人，剩下的就是单独的了。如果我们再去了不愿意生二胎的这部分，剩下的就是有生育二孩意愿的，我的估量在 2500 万左右。

（华商网 – 华商报，http://news.hsw.cn，2013 年 11 月 30 日）

养老事业发展需要民营资本参与

——访中国社科院学部委员田雪原

《中国劳动保障报》记者　王永　黄晓云

养老产业处于起步阶段

记者： 随着老龄化社会的到来以及421家庭结构的固化，养老困境不断加深，老年养老服务业需要有一个较大的发展。我国目前的老龄产业发展的现状如何？

田雪原： 这里有一组统计数据：《2010年中国老龄事业发展统计公报》显示，截至2010年底，全国共有各类养老机构39904个，比上年增加233个，床位314.9万张，比上年增长9.0%；收养老年人口242.6%，比上年末增长6.6%。

但是，老龄产业的发展与老年人的实际需求差距很大，老龄产业还处在起步阶段，呈现出以下四点特征：一是老龄产业规模小、层次低、吸纳就业人数有限，技术比较落后。二是养老服务业发展滞后，供需矛盾突出。三是老龄产业城乡、地区之间发展不平衡，既存在一床难求的情况，也存在床位闲置的现象。四是资金来源渠道狭窄、资金投入数量不足，致使老龄产业发展受到很大限制。

记者： 政府对养老机构采取了很多优惠政策，但是养老院认为这些政策对解决民营养老院发展难题是"杯水车薪"。您认为政府应对民营养老机构进行哪些层面的政策扶持？

田雪原： 政府应进一步加大在土地、用水、用电、用气、税收、财政、金融等方面的优惠力度；同时，各级相关部门应根据国家已经出台的优惠政策，研究操作性更强的配套优惠政策。

适当的扶持不应是搞施舍，政府的扶持应由"输血式"转化为"造血式"。比如，为解决民办养老院成本过高的问题，可以充分调动和保护当前民间资本投资养老服务业的热情。我建议有关部门将开办养老服务机构的所有权和经营相分离，采取承包、租赁、股份制等形式，把经营权、管理权、服务权交由企业、社会组织等政府部门或个人，吸收民间资本，转变经营机制，进而降低养老院的入住价格，吸纳更多老人居住。

双轨多元化运营是根本出路

记者：目前大部分民办养老机构在民政部门登记为"民办非企业单位"，融资途径少，难以做大做强，您认为政府是否应该放开民营养老机构对产业化、市场化的需求？会产生哪些影响？

田雪原：政府需要进一步加大落实对民办养老机构的扶持力度，我一直主张打造"政府主导、市场运作"的多层次养老服务体系，以满足不断增长的老年群体对养老服务的需求。

近年来，国家在鼓励民营资本参与兴办养老机构，推进养老服务产业化方面，创造了多种养老机构的运营模式：一是国家或集体兴办；二是集资兴办；三是政府与非营利机构联办；四是民间资本兴办。第一种模式代表着国办养老机构，可以有效利用现有养老资源，提高资金效能。第四种养老模式应该大力提倡和推广。民间资本投入，自主经营、自负盈亏，既弥补了政府投入的不足，又能提供养老服务，满足了日益增长的需求，同时也能提供大量的就业机会。

记者：一些养老机构开始探索将社区养老与机构养老这两种方式结合起来，打造了一种新型模式，这种新模式是否有发展空间？

田雪原：刚才你提到的新型模式，能给老人带来实际便利。这种模式链接了不同的养老模式，包括居家养老、社区养老与机构养老。它根据老人的年龄与身体状况，分阶段地进行服务，在低龄老人（60～69岁）阶段，老人如果身体很好，可以在家中或者其他社区设施中接受长期护理服务，一旦身体变差，就可以及时将老人转移到更高一级的养老机构里去，提供更加专业的护理，形成一个连续性的长期护理体系，从而发挥三种模式的优势。

医疗护理还需完善体制

记者：养老机构中有很多老人抱怨"看病难"，目前国内养老机构的医疗现状是怎样的？对此您有什么建议？

田雪原：最近几年，虽然医疗保障得到较大改进和提高，但从事老年医疗护理的结构和服务还是太少：专业化部门少、可以报销的费用少、特色服务少。

我的看法是，如果医疗保险制度可以改进的话，老年人医疗护理发放在养老机构里，以满足老人方便就医的愿望。长远来说，不断完善养老机构的医疗体制，大力发展老年人医疗产业、健全完善老年医疗保障制度，这是我国老年人医疗事业发展的必由之路。

记者：有时养老机构不可避免地要面临因老人意外伤害引发的纠纷，造成巨额赔偿。养老机构应如何规避这种风险？

田雪原：开展老年长期护理保险是应对这种挑战的方案。从政府的角度来看，首先是进一步扩大社会医疗保险的保障范围，实现护理保险的制度化，在财政承受范围之内快速发展社会老年护理保险；其次，要对开展长期护理保险的商业保险公司和为员工购买老年护理保险的企业予以政策优惠，如减免部分税收等；同时加强立法，为老年护理保险的开展创造公平、规范化的政策环境。

（《中国劳动保障报》记者　王永　黄晓云　2013 年 8 月 27 日）

在光明网《"五老"评热点》座谈会上的发言（节选）

田雪原：应光明网之邀，参加本次座谈会，感到颇有新义。想谈两点意见：一是对举办《"五老"评热点》的认识，二是提三条建议。

一 很有创意的举措

光明网推出《"五老"评热点》，是一件很有创意的举措。为什么？"五老"都同年龄相关联，他们可代表年龄较高人口层的声音，发声的权重在不断增加。预测表明，65 岁以上老年人口占比可由 2013 年 9.7%，绝对数量 1.32 亿；上升到 2020 年 12.0%，绝对数量 1.74 亿；2040 年 22.0%，绝对数量 3.19 亿。而 60 岁以上老年人口绝对数量，2013 年即达到 2.0 亿，2040 年可超过 4.0 亿。因此，"五老"发声的代表性权重在不断增加。同时，他们受到不同时代的风雨洗礼，他们的声音往往具有较强的历史厚重，可从一个侧面起到某种校正的作用。

二 几点改革建议

其一，各发其声与聚焦发声相结合。就目前已经举办的 100 期《"五老"评热点》来看，彰显了老者的声音，体现了百花齐放、百家争鸣的特点，需要继续发扬光大，把各种老声都唱出来。但是过于分散则很难形成合唱，而只有合唱声音才能更大、更强、更具感染力和影响力。因此，要在已有发声基础上，适当聚焦变成同唱合力，迈上新的做大做强台阶。这就需要找出影响当前经济、政治、社会发展全局性热点问题，进行聚焦讨论，促进形成更多的共识。

　　举例：一个时期以来，有学者论证全国养老金空账 2 万亿元；人社部相关领导讲话表示，近 5 年来全国养老保险基金盈余 1.9 万亿元。一个说亏、一个说盈，谁对谁错？其实，“亏论”源于企业养老金个人账户，该账户养老金余额有较大虚数；“盈论”说的是按当年养老金缴费之和与发放之和比较，5 年累计的剩余额。前者讲的是养老金个人账户空账，后者讲的是现收现付制条件下转移支付的结果，二者非同一口径。这样一解释，又出来“谁养活谁”ABC 问题：有青年人说，是用他们的劳动养活现在已经退休的一代人；老年人则说，退休金是他们一生劳动剩余价值积累，是他们自己创造的。如果就此开展我国养老金改革的讨论，《“五老”评热点》作为重点问题推出，相信可以讨论得更加有声有色、富有成效。

　　其二，分类建立“五老声库”。光明网推出《“五老”评热点》，相信已经搜集到一批“五老”人才。笔者建议：按照智库规范分类建立起各方面的人才库。不仅老专家、老教授可进智库，老干部、老战士、老劳模亦可进智库，他们有更多的来自实践方面的经验，是思想库、智囊团不可多得的人才。特别要吸引知名度较高、更具厚重的“五老”进库，以使《“五老”评热点》工程更具影响力，发挥更大的作用。

　　其三，精心组织和引导。我们常说：老年容易留恋过去，青年常常憧憬未来。《“五老”评热点》，自然要发挥“五老”在弘扬核心价值观、传播优秀文化等方面的亲身经历、独到的见解，彰显他们言传身教的正能量；但是在总体上也存在某些弱点，有时则偏于保守。本人作为古稀之年中的一员，常常以我刊登在《中华名人格言》上的三句话鞭策自己：年龄可以老化，思想不能僵化，学问不可退化。老年发声要告诫自己：需要不断研究新问题、接受新事物、勇于开拓进取，发时代之声、改革之声、与时俱进之声。此点，网站在建立“五老声库”基础上，亦可充分发挥组织、引导、协调功能，提升《“五老”评热点》质量。

（2014.12.26）

人口学家田雪原：明年不会出现
大范围婴儿潮

《法制晚报》记者　纪欣　张莹

　　法制晚报讯（记者　纪欣　张莹）中国社会科学院学部委员田雪原认为，新政落地后，明年可能会多生 300 万左右，不会出现大的婴儿潮，同时他表示现在还没有到需要鼓励生育的发展阶段。

　　作为著名的人口经济学家，田雪原曾受邀参加 1980 年中央书记处委托中央办公厅连续召开的五次人口座谈会，并受会议委托起草了座谈会向中央书记处的报告。这五次人口座谈会之后，"只生一个"成为新人口政策的重要标志。

　　昨天下午，田雪原向《法制晚报》记者展示了这份尘封 30 多年、题为《关于人口座谈会情况的报告（讨论一稿）》的原稿，并讲述了当年一孩政策出台的全过程。

二孩新政解读：明年预计多出生 300 万

　　《法制晚报》（以下简称法晚）：全面二孩政策，对缓解我国人口老龄化有多大帮助？

　　田雪原（以下简称田）：人口的变动在短期内看得并不明显，但是每年多个几百万，十年后不就多了几千万吗？孩子慢慢多了，我国老龄化的速度会逐渐减慢，积少成多，最后达到一个较大的改变。

　　法晚：您预期会出现新一轮婴儿潮吗？

　　田：有没有反弹？肯定有，但我认为不会有大的反弹。特别是在城市中，因为养育孩子的成本高了，所以一部分人不愿意再生。

　　从明年开始就会有一点很微小的变化，明年可能会多生 300 万左右。按照我们现在千分之十二的出生率，也就是出生率最多增加两个千分点的样子。

失独家庭需更多扶助

法晚：针对生二孩影响女性就业、经济压力过大等争议，您怎么看？

田：再生一个孩子，势必会增加成本。那种既想多要一个孩子，又想不增加成本的想法是不现实的。这是一个个人选择的问题，每个人可以根据自己的情况作出选择。在就业问题上，要充分发挥市场资源调控的决定性作用和政府的作用。

法晚：对于失独家庭群体，您怎么看？

田：中央提出要对过去计生家庭给予必要的扶持，这个我非常赞同。在某种程度上讲，失独家庭应该说是为国家解决人口问题，个人做了一定牺牲的。这种牺牲要考虑对他给予必要的扶持。

可以考虑从经济、政策、行政多个层面上给予扶持。比如说，这部分老年人的养老、社会保障，也应该在一定程度上向他们倾斜。

失独家庭需更多扶助还没到鼓励生育阶段

法晚：您对于单独二孩的政策怎么评价？

田：做任何事情都要有一个过程，对于普通百姓来讲，"一独二孩"的接受程度更容易一些，是一个过渡性政策。能够把一独二孩先做起来，是调整的开始吧！

法晚：您觉得现在到了鼓励生育的阶段吗？

田：在这个问题上，我认为要汲取历史的教训，不能匆忙行事。至少我认为现在不必要提倡。我们是世界第一人口大国，自然资源也有限。

从根本上来说，中国是不是要继续大量增加人口，这个问题要全面考虑。

因此，我认为现在也不需要对生育两个孩子的家庭给予奖励，毕竟我们的生育率还没有像其他很多发达国家那么低；换个角度讲，即使实行一点补助，也不见得有很大的作用。

一孩政策揭秘 35 年前起草中央座谈会报告

法晚：哪些人参加了 1980 年这五次人口座谈会？

田：关于参会的人员，报告里写得很明确：参加座谈会的 63 个人，中央和政府机关有部委负责同志 25 人、人口研究专家 19 人、医学专家 19 人，共 63 人。我是 19 位人口研究学者之一。到最后一两次会议时，专家就剩下很少的一些人了。

法晚：当时中央为什么要开这次座谈会？

田：新中国成立之后，在人口这个问题的认识上，存在不同的观点。1953 年第一次人口普查，人口就突破了 6 亿，人口增长速度达到了千分之二十，速度有点快。这时候就不断有学者提出来要节制人口。

1958 年"大跃进"后迎来了我国三年困难时期，经济遇到了前所未有的困难，大家的生活需要就发生了问题，吃饭要粮票，买菜要菜票。经济短缺，人口过剩，问题就出来了。

我是报告的起草人，报告中第一个问题讲的就是"生一个孩子是解决我国目前人口问题的关键"，参会者们也这样认为。

1978 年人们开始敢谈人口问题

法晚：这些情况在报告里是怎么描述的？

田：报告里说明，当时我国人口增长速度比较快，人口基数比较大，人口构成比较轻，具有比较强的人口增长势能。于是，就出现了以下几个问题，人口增长同生产资料增长不相适应，劳动年龄人口同生产资料的增长不相适应，人口发展同科学、卫生、交通等公共事业的发展不相适应。

法晚：与会者对这些问题如何讨论？

田：解决问题有两条路径可选，一是发展经济，二是控制人口增长势头。供给增加一些，需求少一点，这样逐渐解决。

正好 1978 年党的十八届三中全会恢复了实事求是的思想路线，大家开始敢谈人口问题。

法晚：一孩政策当年是怎么提出来的？

田：在控制人口政策方面先后提过一些口号。比如提倡晚婚、晚育、少生，后来又提出来："一个不少，两个正好，三个多了"的口号。

到上世纪70年代末期，开始有领导提倡生育一个，群众当中也有。在这种情况下，1980年3月下旬到5月上旬就召开了人口问题大会。

当年曾提出用保险解决老龄化问题

法晚：组织会议之初就是打算要制定这项政策吗？

田：第一次会议是在中南海西楼会议室召开的，开头就讲是内部讨论会，主要是讨论一下提倡一个夫妇只生一个孩子，到底可行不可行。大家比较有共识，都赞同这个提倡生一个。

法晚：讨论的时候考虑到老龄化、男女性别比这些问题吗？

田：会议讨论后，我起草的报告中提及的问题包括：劳动力和被抚养人口的问题；人口质量问题；举办老年人社会保险问题；独生子女教育问题；男女性别比例问题。

当时预计在2020年后老龄化问题会显现得比较厉害。也就是说，在这之前就要调整政策。当时还提出要实行老年社会保险。此外，还有人口性别比问题，当时提出在法律上禁止溺女婴、弃女婴。

现在来看，我们碰到主要的问题在当年可以说基本上都做了论证。30多年的实践也证明当时的趋势预测是正确的，当然具体问题上不可能完全涉及到，譬如失独问题，当时没有就这个问题单独讨论过。

在该报告的附件二中，明确一个夫妇只生一个孩子的方案可以搞到2010年左右，算下来最多就是30年。

附　录

主要学术论著

专著

1. 《新时期人口论》（独著），黑龙江人民出版社，1981。

2. 《人口预测和人口控制》（第二作者，四人合著），人民出版社，1982。

3. 《中国老年人口》（主编、主撰），中国经济出版社，1991。

4. 《中国老年人口经济》（主编），中国经济出版社，1991。

5. 《中国老年人口社会》（主编），中国经济出版社，1991。

6. 《人口与社区综合发展研究》（主编、主撰），兵器工业出版社，1993。

7. 《中国沿海人口与经济可持续发展》（主编、主撰），人民出版社，1996。

8. 《中国家庭经济与生育研究》（主编、主撰），中国经济出版社，1997。

9. 《大国之难——当代中国的人口问题》（独著），今日中国出版社，1997
   第一版，1999 第二版。

10. 《市场经济与人口控制》（合著，第一作者），中国经济出版社，1997。

11. 《人口城市化之路》（第一主编），中国人口出版社，1998。

12. 《中国各省区少数民族人口》（主编），中国人口出版社，1998。

13. 《中国民族人口》（一）（二）（三）（四）（五）（主编），中国人口出
    版社，2002 ~ 2013。

14. 《人口、资源、环境可持续发展》（第二主编、主撰），浙江人民出版
    社，2004。

15. 《人口、经济、社会可持续发展》（主编、主撰），中国经济出版
    社，2003。

16. 《全面建设小康社会中的人口与发展》（第一主编、主撰），中国人口出
    版社，2004。

17. 《人口文化通论》（主编、主撰），中国人口出版社，2004。

18.《人口学》（主编），浙江人民出版社，2004。

19.《中国人口》（合著，第一作者）（中、英等8种文本），五洲传播出版社，2004。

20.《嵊州市全面建设小康社会人口与经济可持续发展报告》（主编、主撰），浙江古籍出版社，2006。

21.《老龄化：从"人口盈利"到"人口亏损"》（第一作者、三人合著），中国经济出版社，2006。

22.《全面建设小康社会人口与可持续发展报告》（主编、主撰），中国财政经济出版社，2006。

23.《21世纪中国人口发展战略研究》（田雪原等著），社会科学文献出版社，2007。

24.《中国人口政策60年》（独著）（入选"辉煌历程——新中国成立60周年重点书系"），社会科学文献出版社，2009。

25.《人口大国的希望——中国人口转变的理论与实践》（独著）（入选首届"全国哲学社会科学成果文库"），社会科学文献出版社，2010。

26.《人口学研究与学科建设》（独著），中国社会科学出版社，2013。

27.《人口老龄化与"中等收入陷阱"》（主编，入选"中国社会科学院文库"），社会科学文献出版社，2013。

28.《后人口转变迎来新改革机遇》（独著，列入"全面深化改革研究书系"、新闻出版广电总局重点图书），社会科学文献出版社，2014。

29.《大国之路——21世纪中国人口与发展宏观》（独著，列入"中国社会科学院创新工程学术出版资助项目"），中国社会科学出版社，2016。

30. 合著：（俄）*ПРОБЛеМЫ НаРОдОнаселеНNя КНР*，1989.

31. 主编、主撰：（英）*Household Economy and Fertility Studies*（Editor in Chief），China Machine Press，1994.

32. 独著：（日）《大国の难——21世纪中国は人口问题克服できるか》，新曜社，2000。

33. 合著：（法）*POBLACIóN Y DESARROLLO DE CHINA*（Tian Xueyuan and others），China Intercontinental Press，2004.

34. 独著：（英）*The Hope of Country with a Large Population，Theories and Practices of China's Population Transformation.* by Springer Heidelberg New York Dordcrecht London，2014.

35. 主编、主撰：（英）*China's Population Aging and the Risk of 'Middle-income Trap'*, by Springer Heidelberg New York Dordcrecht London, 2017.

论文、研究报告

1. 《调整是目前国民经济全局的关键》，《光明日报》1979.7.7。
2. 《为马寅初先生的新人口论翻案》，《光明日报》1979.8.5。
3. 《控制人口是一项战略任务》，《北京大学学报》1979.5。
4. 《对"人手论"的几点看法》，《人民日报》1980.2.1。
5. 《关于人口老龄化问题》，《人民日报》1980.3.18。
6. 《为社会主义的"托拉斯"恢复名誉》，《光明日报》1980.3.22。
7. 《少数民族人口要不要控制?》，《人口与经济》1981.1。
8. 《三十年来中国人口的发展》，《中国科技史料》1981.9。
9. 《人口和国民经济综合平衡》，《国民经济综合平衡的若干问题》书内，中国社会科学出版社，1981。
10. 《从十亿人口出发建立发展国民经济的基本战备思想》，《中国人口科学论集》，1981.10。
11. 《利用人口年龄结构变动促进现代化建设》，《人民日报》1983.6.15。
12. 《我国人口发展史上的伟大转变》，《人口学刊》1984.6。
13. 《论人口年龄构成变动和人口规划方案的选择》，《中国社会科学》1984.2。
14. 《经济生产年龄人口变动和就业战略重点的转移》，《经济研究》1984.11。
15. 《二〇〇〇年中国的人口和就业》，《经济日报》1985.11.4。
16. 《关于人口发展战略问题》，《社会学与社会调查》1985.3。
17. 《具有深刻历史意义的转变》，《人口学刊》1986.3。
18. 《我国的人口问题》，《国民经济综合平衡的若干理论问题》书内，江苏人民出版社，1986。
19. 《中国城市人口概观》，《中国城市经济社会年鉴》1986。
20. 《人口年龄结构变动和宏观经济发展问题研究》，《中国人口科学》创刊号，1987。
21. 《改革和开放给人口城市化带来新的生机和活力》，《中国人口科学》1988.3。
22. 《沿海经济发展战略人口观》，《经济研究》1988.8。

22. 《中国 1987 年 60 岁以上老年人口抽样调查报告》，《中国人口科学》专刊（1），1988。

23. 《中国老年人口宏观》，《中国人口科学》1988.5。

24. 《中国城市人口划分标准研究》，《人口与经济》1989.1。

25. 《孩子成本—效益理论和人口控制》，《中国人口科学》1989.3。

26. 《人口和经济发展战略》，《经济研究》1989.12。

27. 《人口控制的经济利益原则和人口与经济的协调发展》，《人口动态》1989.3。

28. 《社养、家养、自养"三大支柱"互相补充》，《中华老年报》1989.3.22。

29. 《中日人口老龄化和老年就业比较研究》，《日本问题》1989.4。

30. 《第三世界国家：谋求人口和经济协调的发展战略》，《第三世界国家发展战略》书内，人民出版社，1990。

31. 《三次人口浪潮的冲击和相应的宏观决策选择研究》，《中国人口科学》1990.1。

32. 《80 年代中国人口回顾与展望》，《中国人口年鉴》，1990。

33. 《人口：冲击与抉择》，《发展与抉择》书内，1991。

34. 《发展经济，促进转变，寻求人口与经济发展的良性循环》，《中国人口科学》1991.1。

35. 《90 年代的中国人口问题》，《90 年代中国经济与改革探索》书内，1991。

36. 《削减生育波峰，谋求良性循环》，《人民日报》1991.7.24。

37. 《驾驭 90 年代人口变动趋势》，《人民日报》1992.7.17。

38. 《让中国走下人口生育巅峰》，《经济参考报》1992.7.12。

39. 《"中观"人口控制与社区综合发展》，《中国人口科学》1993.1。

40. 《市场经济体制下的老龄问题和老年科学研究》，《老年学杂志》1993.4。

41. 《论"传宗接代"生育观及姓氏改革》，《人口家庭》1993.2。

42. 《市场经济体制下的人口控制》，《中国社会科学》1993.6。

43. 《生育转变与市场经济》，《海峡两岸人口现象分析》文集，1994。

44. 《市场经济条件下的人口问题和人口科学研究》，《中国人口科学》1994.1。

45. 《流动人口激增的理论思考及其政策选择》，《人民日报》1995.1.26。

46. 《论人口与国民经济的可持续发展》，《中国人口科学》1995.1。

47. 《我国劳动用工制度的重大改革》，《中国改革报》1995.6.23。

48. 《人口与可持续发展》，《人民日报》1996.4.11。

49. 《人口与资源的可持续发展》，《中国人口科学》1996.1。

50. 《中国沿海人口与经济可持续发展总论》，《中国沿海人口与经济可持续发展》书内，人民出版社，1996。

51. 《关于人口文化》，《人口文化论》书内，1996。

52. 《20世纪人口科学发展一瞥》，《人口与经济》1996.5。

53. 《迈向2020年的中国人口》，《迈向2020年的中国》书内，1997。

54. 《迈向21世纪的中国人口城市化》，"中印城市化与挑战双边研讨会"论文，1997。

55. 《孩子社会附加成本—效益理论》，《市场经济与人口控制》书内，1997。

56. 《人口与社会的可持续发展》，《东岳论丛》1997.5。

57. 《人口研究动态》，《经济学动态》1997.6。

58. 《21世纪中国人口发展趋势与决策选择问题研究》，《中国人口科学》1998.1。

59. 《人口科学研究的新进展》，中国社会科学院《领导参阅》1998.17。

60. 《谋求21世纪人口与环境的可持续发展》，1999年在日本"人口、资源、环境国际研讨会"上的演讲。

61. 《以人为本的可持续发展理论及其理论体系》，《中国人口科学》1999.1。

62. 《老龄化的三大社会"冲击波"》，《人口与计划生育》1999.1。

63. 《驾驭老龄化新变动，延长老年人健康期》，提交全国老年科学讨论会论文，1999。

64. 《应高度重视潜在的"性别危机"》，中国社科院《信息专报》2001.4.13。

65. 《西部开发重在人力资本积聚》，《中国社会科学文摘》2001.5。

66. 《自主自立与老年健康》，《老龄问题观察》2002.1。

67. 《中国民族人口》绪论，中国人口出版社，2001。

68. 《中国人口科学发展的昨天、今天与明天》，《人口研究》2002.4。

69. 《人口健康：可持续发展关注的新领域》，《可持续发展研究》2003.1。

70. 《现代化的可持续发展立场》，《市长参考》2003.2。

71. 《人口革命论》序，中国社会科学出版社，2003。

72. 《全国生育文化理论与实践研讨会论文集》序，中国人口出版社，2003。

73. 《走现代文明发展之路》，《人民日报》2004.5.18。

74. 《发展观的转变与人口发展战略》，《学习论坛》2004.6。

75. 《人口文化研究》，《人口文化通论》书内，中国人口出版社，2004。

76. 《中国人口态势：面对行将来临的五大高峰——基于"五普"的数据分析和预测》，"五普"国际研讨会论文，2004。

77. 《中国人口发展战略方案选择和生育政策建议》，全国社科规划办《成果要报》第 21 期，2004.11。

78. 《"未富先老"：机遇与挑战》，《人民日报》2004.11.16。

79. 《人口素质与人口投资》，《瞭望》新闻周刊 2005.2。

80. 《警惕人口城市化进程中的"拉美陷阱"》，《宏观经济研究》2006.2。

81. 《少子高龄化影响 21 世纪中国发展一瞥》，中日少子高龄化研讨会论文，2006.8。

82. 《促进人与自然和谐的几个问题》，《人民日报》2006.12.26。

83. 《和谐：审视 21 世纪老龄化的基本立场》，《光明日报》，2007.3.20。

84. 《老龄化影响 21 世纪中国发展一瞥》，《群言》杂志，2006.12。

85. 《老龄化：中国 21 世纪面临的新挑战》，《构建和谐社会：关注老龄化影响》书内，社会科学文献出版社，2007。

86. 《"人口盈利"与"人口亏损"》，《市场与人口分析》2007.4。

87. 《从群众利益出发，认识解决当今人口问题》，《理论动态》，2007.11。

88. 《中国人口城市化三次历史性的重大转折》，《学部委员与荣誉学部委员文集——纪念改革开放 30 周年》书内，经济管理出版社，2009。

89. 《新中国人口政策 60 年一瞥》，《36 位著名学者纵论新中国发展 60 年》书内，中国社会科学出版社，2009。

90. 《中国人口政策回顾与展望》，《人民日报》2009.12.4。

91. 《"一对夫妇生育一个孩子"政策的由来与展望》，《百年潮》2010.10；《新华文摘》2010.11。

92. 《21 世纪中国少子高龄化趋势与人口发展战略》，《东亚少子高龄化与可持续发展研究》书内，（日）新评论株式会社，2010。

93. 《"中等收入陷阱"的人口城市化视角》，《人民日报》2011.5.5。

94. 《通货膨胀、劳动力市场与工资率走势》，《财贸经济》2011.7。

95. 《消费主导型经济与人口结构调整》，《人民日报》2012.8.30。

96. 《以改革创新推动城镇化转型升级》，《人民日报》2013.7.17。

97. 《新常态经济发展速度之我见》，《社会科学论坛》2015.8。

98. 《把握人口"后黄金时代"机遇期提速经济转型升级》，《现代化》杂志，2016. 11。

99. 《中国人口素质步入全面提升新阶段》，《东岳论丛》2018. 01。

100. 《田雪原文集》(一～五)，社会科学文献出版社，2011～2018。

英文

1. *A Survey of Population Growth Since 1949*, *China's Population Problems and Prospects*, New World Press, 1981.

2. *Changes in the Age Composition of the Population and Policy Option for Population Planning*, Social Sciences in China, 3, September 1984.

3. *Reform and Open Policy: A Vigour Urbanization in China*, Presentation of the International, 1987.

4. *China's Elderly Surveyed*，《北京周报》1988. 14 – 20。

5. *A Study of Standard for the Differentiation of the Urban Population in China*, Population Research, 1989. 2.

6. *A Comparative Research of the Employment of Elderly in China and Japan*, International Symposium on Aging: Policy Issues and Future Challenges, Beijing, China, 1989.

7. *Research on Change in Population Age Structure and Macro-Economic Development Issues*, Chinese Journal of Population Science, 1989.

8. *Costs of Children-Benefit Theory and Population Control*, Chinese Journal of Population Science, Volume, Number 4, 1989.

9. *Reform and More Flexible Policies Promote Urbanization*, Chinese Journal of Population Science, Volume1, Number 3, 1989.

10. *A Macro-View of China's Elderly Population*, Chinese Journal of Population Science, Volume1, Number2, 1989.

11. *Integrating Theory With Practice to Promote Population Science*, Chinese Journal of Population Science, Volume1, Number4, 1989.

12. *The Third Population Boom and Corresponding Macro-Policies*, Chinese Journal of Population Science, Volume1, Number2, 1990.

13. *The Virtuous Cycle of The Population and Economic Development*, The Article for International Semper on Population and Development 1991, Xian, China.

14. *Develop the Economy, Initiate Changes and Promote the Cycle of Population*

and Economic Development, Chinese Journal of population Science, Volume1, Number1, 1992.

15. *Technological Advances and the Transformation of the Cost of Children*, Chinese Journal of Population Science, Volume1, Number1, 1993.

16. *"Intermediary" Population Control and Comprehensive Community Development*, Chinese Journal of Population Science, Volume1, Number2, 1993.

17. *Report on the Sample Survey on Household Economy and Municipalities in China*, International Symposium on Household Economy and Fertility in China, Oct 25 – 30, 1993, Beijing, China.

18. *China's Population Polices and Population Studies*, Social Sciences: Chinese Academy of Social Sciences Forum, China Financial & Economic Publishing House, 2001.

图书在版编目（CIP）数据

田雪原文集：全五册／田雪原著. -- 北京：社会
科学文献出版社，2018.7
ISBN 978 - 7 - 5201 - 3012 - 7

Ⅰ. ①田… Ⅱ. ①田… Ⅲ. ①人口学 - 文集 Ⅳ.
①C92 - 53

中国版本图书馆 CIP 数据核字（2018）第 135286 号

田雪原文集（全五册）

著　　者／田雪原

出 版 人／谢寿光
项目统筹／周　丽　高　雁
责任编辑／陈云卿　孙振远　李玉平　叶灼新　王楠楠

出　　版／社会科学文献出版社·经济与管理分社（010）59367226
　　　　　地址：北京市北三环中路甲 29 号院华龙大厦　邮编：100029
　　　　　网址：www. ssap. com. cn
发　　行／市场营销中心（010）59367081　59367018
印　　装／三河市东方印刷有限公司

规　　格／开本：787mm × 1092mm　1/16
　　　　　印张：135　插页：0.75　字数：2306 千字
版　　次／2018 年 7 月第 1 版　2018 年 7 月第 1 次印刷
书　　号／ISBN 978 - 7 - 5201 - 3012 - 7
定　　价／498.00 元（全五册）